税法遵从

《税法遵从》编写组 编

中国税务出版社
高等教育出版社

图书在版编目（CIP）数据

税法遵从 /《税法遵从》编写组编. -- 北京 : 中国税务出版社, 2023. 7
ISBN 978 - 7 - 5678 - 1355 - 7

Ⅰ. ①税… Ⅱ. ①税… Ⅲ. ①税法 - 基本知识 - 中国 Ⅳ. ①D922. 220. 4

中国国家版本馆 CIP 数据核字(2023)第 084469 号

书　　名: 税法遵从
SHUIFA ZUNCONG
作　　者:《税法遵从》编写组　编
责任编辑: 庞　博　高莉贤
责任校对: 姚浩晴
技术设计: 林立志
出版发行: 中国税务出版社　高等教育出版社
北京市丰台区广安路 9 号国投财富广场 1 号楼 11 层
邮政编码:100055
网址:https://www. taxation. cn
投稿:https://www. taxation. cn/qt/zztg
发行中心电话:(010)83362083/85/86
传真:(010)83362047/49
经　　销: 各地新华书店
印　　刷: 保定市中画美凯印刷有限公司
规　　格: 787 毫米 × 1092 毫米　1/16
印　　张: 29. 25
字　　数: 521000 字
版　　次: 2023 年 7 月第 1 版　2023 年 7 月第 1 次印刷
书　　号: ISBN 978 - 7 - 5678 - 1355 - 7
定　　价: 89. 00 元

税法遵从

《税法遵从》编写组 编

中国税务出版社
高等教育出版社

图书在版编目（CIP）数据

税法遵从 /《税法遵从》编写组编. -- 北京 : 中国税务出版社, 2023. 7
ISBN 978 - 7 - 5678 - 1355 - 7

Ⅰ. ①税… Ⅱ. ①税… Ⅲ. ①税法 - 基本知识 - 中国 Ⅳ. ①D922. 220. 4

中国国家版本馆 CIP 数据核字(2023)第 084469 号

书　　名：税法遵从
SHUIFA ZUNCONG
作　　者：《税法遵从》编写组　编
责任编辑：庞　博　高莉贤
责任校对：姚浩晴
技术设计：林立志
出版发行：中国税务出版社　高等教育出版社
北京市丰台区广安路 9 号国投财富广场 1 号楼 11 层
邮政编码：100055
网址：https://www.taxation.cn
投稿：https://www.taxation.cn/qt/zztg
发行中心电话：(010)83362083/85/86
传真：(010)83362047/49
经　　销：各地新华书店
印　　刷：保定市中画美凯印刷有限公司
规　　格：787 毫米 × 1092 毫米　1/16
印　　张：29. 25
字　　数：521000 字
版　　次：2023 年 7 月第 1 版　2023 年 7 月第 1 次印刷
书　　号：ISBN 978 - 7 - 5678 - 1355 - 7
定　　价：89. 00 元

《税法遵从》编写组

主　　编　汪　康　宋　兰

常务副主编　谢　滨

副 主 编　蔡　宇　李万甫　刘剑文　施正文　樊　勇　董国云　王伟明

主要成员（以姓氏笔画为序）

王　芳　王子霖　王伟安　王怡璞

王增光　巴海鹰　许一丹　李菁菁

吴小强　陈　帆　赵　丹　唐守信

康红喜　韩　淼　程　坦

前　　言

我国宪法规定，中华人民共和国公民有依照法律纳税的义务。现行税法为公民履行纳税义务作出了具体规定，同时也为政府行使征税权明确了法律界限。纳税人依法纳税，征税人依法征税，全社会遵从税法，这是法治中国建设的必然要求。为宣传税法知识，引导税法遵从，中国税务学会、中国注册税务师协会联合牵头，组织北京大学、中国政法大学、中央财经大学、国家税务总局驻北京特派员办事处（驻北京稽查局）、北京华政税务师事务所、北京永大税务师事务所等单位有关专家学者，共同研究编著了《税法遵从》一书。

一、编写意义

近年来，伴随全面依法治国方略深入实施，我国依法治税扎实推进，整个社会税法遵从度明显提高。党的二十大对坚持全面依法治国，推进法治中国建设作出重要部署。对标新目标新要求，我国依法治税水平还有差距。特别是税法遵从在理论和实践上还存在不足，相关理论研究有待深入，实践中不遵从税法的现象还一定程度存在，涉税辅导读物也存在操作性较弱、针对性不强的问题。

适应税法遵从实践的需要，我们汇集税收和法律领域理论和实践工作者的智慧，精心编写了本书。书中总结提炼了国内外税法遵从理论和实践成果，聚焦当前我国税法遵从中的要点、难点问题，通过以案析法有针对性地加以解读阐释。本书对于加强税法宣传教育，增强税法遵从意识，进一步提高税法遵从水平，维护纳税人自身利益和国家税收权益，促进良法善治目标的实现，助力法治中国建设，都具有重要的现实意义。

二、编写原则

本书在编写过程中始终坚持以下原则：

以习近平法治思想为指导。习近平法治思想是新时代全面依法治国的根本遵循和科学指南。本书在编写过程中，坚持运用法治思维分析税法遵从问题，努力在法治中国建设的整体布局中定位和思考税法遵从，确保本书的正确政治方向。

以现行法律法规为基本依据。我国税收实体法、程序法和税收相关法律，是纳税人和征税人享受权利、履行义务、承担责任的法律依据。本书严格依照现行税收法律法规对税法遵从实务进行分析阐释，做到依法释法、依法析理。

理论和实践融合并进。本书由高校从事财税和法学理论研究的知名学者、税收征管领域的资深专家和大型涉税专业服务机构业务专家共同完成。理论和实务工作者相互启发砥砺，彼此取长补短，推动理论和实践深度融合，做到相互促进、共同提高。

三、本书特色

本书的特色主要体现在以下几个方面：

创新发展税法遵从理念。本书从法治视角考察税收领域遵从问题，突破传统的纳税遵从、税收遵从理念，开创性提出税法遵从理念，强调税法遵从不仅适用于纳税人，也适用于征税人乃至社会全体成员，倡导全社会都要遵从税法。这一理念适应了法治中国建设和税收协同共治的时代要求，体现了税收理念的与时俱进。

探索构建税法遵从理论框架。本书是国内首部税法遵从著作。书中首次阐述了税法遵从概念及内涵，对国内外相关成果进行了总结归纳，分析了税法遵从的分类、影响因素等基本问题，梳理了相关理论渊源和法律形式，提出了税法遵从的衡量方法和提升路径，对构建税法遵从的理论框架作了初步探索。

突出实用性、可操作性。书中详细梳理税收法律关系主体的权利、义务和法律责任，深入阐述全部现行18个税种和国际税收遵从实务。在具体内容上，坚持需求导向，聚焦税收征管和纳税人反映的突出问题，阐述遵从要点，解析遵从难点，并以风险示例释法析理，体现了很强的针对性。本书对于学习和宣传税法，提高税法遵从操作能力，都具有指导帮助作用。

注重多学科交叉融合。税法遵从在理论和实践上都涉及多学科知识的综合运用，本书在很多方面体现了其学科交叉融合的特点。如税法遵从理论部分，大量借鉴引用了法学、经济学的研究成果；遵从实务部分，所有风险示例均采用了法理分析方法，税会差异的处理则是税收与会计知识在核算操作层面的直接应用；等等。

本书编写的目的在于宣传税法、引导遵从，可作为全社会学习研究税法的参考读本，也可作为纳税人、涉税专业服务机构的办税辅导，还可作为高等院校经管法类专业本科生、研究生的参考用书，不作为税收执法依据。书中引用的法律法规截止到2023年3月。

由于水平所限，书中错误疏漏在所难免，敬请读者批评指正。

本书编写组

2023年5月

目　录

第一章 税法遵从基本理论

税法遵从基本理论包括税法遵从概述、理论学说、法律形式、风险、影响因素和提升路径等基本问题。随着我国税收现代化的持续推进、税收征管体制改革的不断深化，税法遵从越来越成为政府与社会各界关注的重要话题。

第一节 税法遵从概述

《中华人民共和国宪法》（以下简称《宪法》）规定，中华人民共和国公民有依照法律纳税的义务。自然人、法人与非法人组织应不断提高税法遵从。本节主要从税法遵从的定义、意义、分类、衡量标准与方法等对税法遵从这一主题进行概述。

一、税法遵从定义

税法遵从，是指自然人、法人与非法人组织以宪法和税收法律法规为行为准则，依法行使权利或权力，履行义务或职责，将税法予以实现的行为。税法是国家制定的用以调整税收关系的法律规范的总称，是国家法律的重要组成部分。税法制定的目的是调整国家与社会成员在税收征纳活动中发生的社会关系，维护社会经济秩序和税收秩序。税法遵从强调遵从主体的广泛性与遵从范围的全面性。遵从主体的广泛性，是指税法遵从的适用对象不仅包括纳税人，还包括税务机关等政府机关，以及具有税务师事务所、会计师事务所、律师事务所资质的涉税专业服务机构等社会组织等。税法遵从范围的广泛性，是指税法遵从的适用范围不仅包括税收守法阶段，还涵盖税收立法、执法、司法等阶段。

二、税法遵从意义

税法遵从在税收征管过程中具有重要的意义，是税收能够发挥基础性、支柱性、保障性作用的基础，是税法能够有效实施的重要保证，是依法治税的重要内容。

1. 税法遵从有利于发挥税收职能

一方面，税法遵从有利于国家财政收入的筹集。纳税人遵从税收法律法规，积极主动、按时足额地缴纳税款；税务机关遵从税收程序规范，优化服务、加强征管，维持良好的税收秩序；涉税专业服务机构遵从税收法律规定，规范服务，利用专业知识和技能，就涉税事项向委托人提供的税务代理等服务。另一方面，税法遵从有利于税收调节职能的实现。税收能够在多大程度上影响社会经济生活，很大程度上取决于自然人、法人与非法人组织的遵从行为。全民税法遵从，税收法律真正为人民所掌握、所遵守、所运用，税收对社会与经济的调节职能才能最终实现。

2. 税法遵从有利于推动我国的法治建设

法律是由国家制定或认可的、由国家强制力保证实施的、对全体社会成员具有普遍约束力的行为规则。法律是调整社会关系的规范，具有其他社会规范不能代替的独特作用。习近平总书记指出，法治建设需要全社会共同参与，只有全体人民信仰法治、厉行法治，国家和社会生活才能真正实现在法治轨道上运行。社会主义法治国家的建设不仅需要国家强制力予以保证，还需要全体社会成员共同守法、遵法、崇法。税法遵从的强调，能够推动税收立法、执法、守法、普法，引导全社会将崇尚税法、遵守税法、捍卫税法作为共同追求和自觉行动，对推动税收法治化建设具有重要意义。

3. 税法遵从有利于完善社会治理体系

党的十八届三中全会通过的《中共中央关于全面深化改革若干重大问题的决定》提出，财政是国家治理的基础和重要支柱，科学的财税体制是优化资源配置、维护市场统一、促进社会公平、实现国家长治久安的制度保障。这就将税收治理提高到了国家治理的高度，税收在国家治理中发挥基础性、支柱性、保障性作用。党的二十大报告指出，要加大税收的调节力度，完善个人所得税制度，规范收入分配秩序。税法遵从能够规范政府、企业、个人之间的分配关系，对发挥税收调节收入公平分配、维护社会公平、推进共同富裕有着重要的现实意义。

4. 税法遵从有利于促进社会的发展

全面依法治国是中国特色社会主义的本质要求和重要保障，推进全面依法治国的根本目的是依法保障人民权益。依法治税是依法治国的重要组成部分。制定税法的目的在于调整国家与社会成员在税收征纳活动中发生的社会关系，一方面在保证国家财政收入的同时，保护纳税人的合法权益，在国家征税权和公民财产权之间划定合理的界限；另一方面也能对征税主体的行为形成有力的约束，是制约权力滥用、防止权力异化的有效手段。通过规范税务人员、纳税人与涉税专业服务机构的行为，依靠法治解决税收工作中出现的各种社会矛盾和问题，促进社会的发展。

三、税法遵从分类

税法遵从主要有以下三种分类方式。

1. 根据遵从的主动性，税法遵从可以分为约束遵从、引导遵从、协同遵从与自愿遵从。约束遵从，是指纳税人在税收法律法规的惩罚性措施的约束下为规避惩处而采取的遵从行为。如纳税人在税务机关的强制催告和扣缴措施下不得已进行的遵从行为。引导遵从，是指纳税人在税务机关的积极宣传或服务机构的咨询引导下积极履行纳税义务的行为。如由纳税人进行网上报税，税务机关再进行审核确认。协同遵从，是指纳税人和税务机关形成合力，由税务机关根据纳税人的信息算出税额来请纳税人确认，实现自动算税。自愿遵从，是指纳税人基于对国家税法价值的认同而表现出的主动遵守法律、自觉履行纳税义务的行为。

2. 根据遵从的主体，税法遵从可以分为纳税人的遵从、扣缴义务人的遵从、征税主体的遵从与涉税专业服务机构的遵从等。纳税人的税法遵从，是指纳税人依照税收法律规定，正确计算、及时准确申报、按时缴纳税款，并接受税务机关及税务执法人员依照法定程序进行管理的行为。扣缴义务人的遵从，是指扣缴义务人应及时履行代扣代缴义务，并依照税法的规定，履行其他协力义务的行为。征税主体的税法遵从，主要是指征税机关执法遵从，在执法过程中，严格遵循税收法律法规的要求进行税收征管，不多征，也不少征，严格执法，按程序办税，及时收取税款，依法查处逃、抗、骗税行为，任何时候都不能超越法定的权限的行为。涉税专业服务机构的税法遵从，是指涉税专业服务机构（例如，具有税务师事务所、会计师事务所、律师事务所资质的涉税专业服务机构）在税收法律、法规及规章制度的规定下，秉承独立、客观、公正的原则，利用专业特长，为纳税人提供及时、有效的政策咨询服务及合法、合理、可操作的涉税建议与方案，避免纳税人因为多缴纳税款造成额外的负担与损失，或者因为没有按时缴纳税款或者少缴纳税款造成纳税信用损失的行为。

3. 根据遵从的原因，税法遵从可以分为防卫性遵从、制度性遵从、自我服务性遵从、习惯性遵从、忠诚性遵从、代理性遵从、懒惰性遵从等。防卫性遵从，是指为避免因未履行纳税义务受到处罚而选择遵从行为。制度性遵从，是指纳税人由于税收制度和税收管理十分严密而没有机会不遵从。自我服务性遵从，是指纳税人在追求自身缴纳税款最小化的利益驱动下对收入、成本、费用或者企业架构等因素进行事先谋划，进而达到降低税负的目的。习惯性遵从，是指纳税人长期以来形成良好习惯，能够自觉足额、及时申报纳税。忠诚性遵从，是指纳税人对履行纳税义务具有正确认识而依法纳税。代理性遵从，是指纳税人委托服务机构进行纳税申报，自觉履行纳税义务。懒惰性遵从，是指纳税人不愿意学习和理解复杂的税法规定而尽量选择最简单的方式进行纳税申报。

四、税法遵从衡量标准与方法

税法遵从有多种表现形式。科学有效地度量税法遵从，是分析与提高纳税人遵从的重要前提，可以为税收征管优化的定量研究和政策制定提供更加严谨可行的依据和参考，具有重要的政策意义和应用价值。

（一）税法遵从的衡量标准

税法遵从可以采用税法遵从度来衡量，即通过纳税人实际缴纳的税款与根据税法规定应缴纳的税额间的差额来衡量。税法遵从度可以通过四个指标来反映：①根据税法规定应登记的纳税人和现实登记纳税人之间的差额——反映没有登记的纳税人数量；②登记注册的纳税人与实际申报的纳税人之间数量的差额——反映未申报的纳税人数量；③纳税人申报的税额与根据法律应缴纳的法定税款之间的差额——反映征收率的差异；④纳税人实际申报的税额与实际缴纳的税款之间的差额——反映税款的拖欠程度。

（二）税法遵从的衡量方法

1. 调查数据统计分析

这种方法通过选择纳税人样本人群，调查纳税人的价值观、行为和动机、对税法的理解等，找出各种因素之间的关系。该方法的主要优点是包含了许多社会经济、人文和主观态度方面因素的信息，这是纳税申报表和税务检查所不能提供的；主要缺点是由于对纳税人的调查数据是基于纳税人单方的反映，有些方面（如逃税程度的估计）与实际结果往往相差甚大。

2. 实验结果统计分析

税收实验是研究人员设计成参与者在一个期间内多次申报的模拟实验，参与者自行申报、缴纳税款、接受审计并因被查出不遵从行为而支付罚款，以发现哪一种因素对税法遵从度的影响更显著。该方法的主要优点是可以显示纳税人在风险选择下的基本行为动机；主要缺陷是实验参与者在实验环境下作出的遵从决策很可能与他们在现实环境中的真实决策不同，实验中不少结果可能无法让人完全信服。实地实验是其中一种方法，这类实验通常由税务机关和学术机构基于纳税人行为合作开展研究，按正常征管程序进行，纳税人一般不知道自己是实验的参与者。

3. 历史数据回归分析

历史数据的回归分析是计量经济学采用的一种分析方法。相对来讲，这种方法的主要优点在于成本比较低。主要缺点在于如果数据较少，或者模型构建不够科学等，就会造成误差估计较大的问题。

4. 财务数据比较分析

这种方法是将某一个纳税人或一群纳税人的各期财务数据进行比较，或与另一些纳税人的有关数据进行比较，以预测和判断纳税人是否遵从税法。采用这种方法需要建立基准指标，典型的方式是计算平均值，或根据有关数据的特性，采用移动平均值或中值作为基准值。

第二节 税法遵从的理论学说

不同的理论和学派对于税法遵从形成了多种解释框架，具体而言，税法遵从的理论学说主要包括威慑理论、行为经济学理论、法治理论和治理理论等。

一、威慑理论

威慑理论属于法学研究范畴，是指通过强制性的法律制裁对行为人进行威慑，从而影响行为人，使其不敢或停止某种违法、侵权或者犯罪行为。威慑理论主张通过采取严厉的惩罚措施，用较高的违法成本来约束个体的违法行为。对税法遵从行为的传统研究正是在威慑理论的框架下进行的。税法遵从行为会显著受到税务检查率、处罚力度等因素的影响。政府可以通过提高违法行为被发现的概率和增加违法成本来提高税法遵从水平。我国先秦法家思想也相当重视通过威慑维护法律权威，例如，商鞅在推行新法中就通过制定连坐法、轻罪用重刑的方式保证法令得到贯彻，最终实现“道不拾遗，民不妄取，兵革大治”的效果。

二、行为经济学理论

行为经济学理论是将行为分析理论与经济运行规律、心理学与经济科学有机结合起来的理论。在对税法遵从的研究中，比较典型的行为经济学理论是预期效用理论、前景理论与行为洞察理论。

预期效用理论，是指风险不确定条件下，决策人通过对各种可能出现的结果进行加权评估后，选择预期效用最大的方案。19 世纪 70 年代，阿林厄姆（Allingham）和桑德姆（Sandmo）构建了 A－S 模型，对税法遵从的经济学理论模型进行了开创性研究。他们根据犯罪经济学及风险和不确定性经济学理论，指出纳税人会从预期效用最大化的角度出发，权衡逃税的收益与被查处的风险后，作出是否税法遵从的选择。

前景理论以行为人的有限理性假设为基础，认为个人基于参考点的不同，会有不同的风险态度。前景理论可以解释很多税法遵从理论研究成果与现实状况不一致的现象。例如，现实中税法遵从度会远高于理论推导的结果，这是源于纳税人普遍存在风险规避的偏好，也是社会规范发挥作用的结果。纳税人的公平感越高，越能够有效促进税法遵从，遵从意愿与纳税人对政府的信任之间存在显著的正相关关系。

行为洞察理论认为行为人在作出选择时，会受限于诸多因素，如自身认知、本能及外部环境等。行为洞察理论主张在政策应用的过程中，要利用实验和观察等方式来确定行为人的行为模式，掌握真实的“决策和执行”的证据，并利用这些成果来调整政策规章。2021 年，经济合作与发展组织税收征管论坛（FTA）发布了《行为洞察力促进税收征管的指南》报告，分析和归纳了利用行为洞察理论提升纳税服务质量、优化执法策略、提高税务人员工作效率的方法，为行为洞察理论在税收领域的应用提供了方向。

我国古代赋税思想也提出在进行征税时，要综合考虑人的多种因素。例如：春秋战国时期，以孔子、孟子为代表的儒家，主张“人性本善”，引申出“德治”“仁政”和“人治”的主张；而以荀子为代表的法家，主张“人性本恶”，理应“不别亲疏、不疏贵贱，一断于法”。

三、法治理论

法治理论涵盖法律正当论与税法法定原则两个层面的内容。

法律正当论，是指法律之所以被公民所遵守是因为法律本身具有合法性。法律具有形式合法和内容合法的要件，法律与社会所认同的价值或道德相符，因此法律会被公民接受。具体到税法遵从中，按照法律正当论的观点，税收法律作为法律体系中的一部分，同样具有马克斯·韦伯（Max Weber）所说的“正当性”。纳税人取得收入的前提是国家可以提供包括法律、货币、经济等多元政策在内的制度保障与正常的市场运行。因此，个人对从市场中取得的经济成果负有社会义务，纳税义务是其中重要的体现。

税法法定原则强调法律性是税收的本质属性。税收法律事实一旦存在，税务机关就必须依法行使税收征管职权，纳税主体在法律的框架下服从或履行义务。税法法定原则能增强税法的确定性，使税收法律法规概念明确且稳定，提升纳税人的纳税便利，从而提高税法遵从度。税法法定原则在我国古代赋税史中也存在雏形。西晋的思想家傅玄提出“有常”税收原则，强调税收要有确实的制度，有一个可以遵循执行的定制，使百姓在纳税时心里有数，减少增税减税的任意性，减少征税官吏在征税过程中滥用职权坑害百姓的行为。

四、治理理论

治理理论，是指公共或私人的机构或个体在处理共同事务时，将相互冲突或不同的利益得以调和并采取联合行动的持续过程。治理理论强调多元主体的协同共治。治理理论在税法遵从中得到了广泛的应用。纳税人在国家税收治理过程中的参与感越强，遵从水平就会越高。多涉税主体协同共治，有助于促进纳税人、涉税专业服务机构、税务机关三方形成相互监督制约的税收共治体系。纳税人积极参与税收政策的制定、监督政策的落地和执行，政府能够积极听取意见，根据纳税人的行为来调整相应的治理策略。这种协同共治的体系不仅能激发纳税人的遵从行为，还可以促使纳税人作出超越遵从的行为。

在推进国家治理体系和治理能力现代化的进程中，中国共产党提出了国家治理现代化理论，形成了对马克思主义国家学说的新认识。它全面阐述了国家制度的建设和完善问题，国家治理体系及其构建问题以及国家治理能力及其提升的问题。国家治理现代化理论为税法遵从的内涵注入了新的思想。中国特色社会主义进入新时代，以人民为中心的发展思想，要求通过提升税收法治水平以促进税法遵从。在税收立法阶段，要求立法机关从我国的国情出发，以最大多数人的最大利益为依据进行立法，保障纳税人的权益，让税法的法律权威得到人民的内心拥护和真诚信仰。在税务执法阶段，税务机关征管活动与纳税人缴纳税费，要践行以人民为中心的原则，积极保障征纳双方的合法权益。在税收司法阶段，要有效防止征税权力的滥用，保护纳税人在行使税收权利遇到冲突时得到救济。

第三节　税法遵从法律形式

法律形式，是指根据法的效力来源而划分法的不同形式。我国的法律形式包括宪法、法律、行政法规、部门规章、地方性法规和地方政府规章、国际税收协定、税务规范性文件等。不同法律形式中的某些具体规定强调了纳税人的权利与义务，形成了税法遵从的多种法律形式。

一、宪法

宪法是我国的根本大法，是治国安邦的总章程，具有最高的法律效力。法律、法规、规章等必须以宪法为依据。因此，宪法的相关规定是我国税法的根本依据，是税法的重要渊源。

《宪法》第五十六条规定："中华人民共和国公民有依照法律纳税的义务。"《宪法》有关税收的相关规定仅此一条，但包括了两个内涵。一是把依法纳税作为一项基本义务加以确定，以根本法的形式加以特别强调，从根本上规定了依法自觉纳税的义务，构成了我国税法遵从的根本来源。二是表达了税收法定的原则，体现了遵从行为应以税收法律法规为依据。

二、法律

（一）税收法律

法律是享有立法权的国家机关依照立法程序制定和颁布的规范性文件。税收法律按内容分类，分为税收实体法和税收程序法。目前，我国的18个税种中已经有12个税种进行了立法。这些实体法都对纳税人的遵从进行了规定。例如，《中华人民共和国企业所得税法》（以下简称《企业所得税法》）是规范企业所得税征收行为的基本法律依据，其第一条规定："在中华人民共和国境内，企业和其他取得收入的组织为企业所得税的纳税人，依照本法的规定缴纳企业所得税。"第三十九条规定："扣缴义务人未依法扣缴或者无法履行扣缴义务的，由纳税人在所得发生地缴纳。纳税人未依法缴纳的，税务机关可以从该纳税人在中国境内其他收入项目的支付人应付的款项中，追缴该纳税人的应纳税款。"再如，《中华人民共和国个人所得税法》（以下简称《个人所得税法》）第一条规定，在中国境内有住所，或者无住所而在境内居住满1年的个人，从中国境内和境外取得的所得，依照规定缴纳个人所得税。在中国境内无住所又不居住或者无住所而在境内居住不满 1 年的个人，从中国境内取得的所得，依照规定缴纳个人所得税。这些规定从实体法层面规定了纳税人及纳税义务，是税法遵从的重要法律形式。

《中华人民共和国税收征收管理法》（以下简称《税收征收管理法》）对我国的税收征管关系进行了规定，是调整税收征管程序、保障国家财政收入的基本法律依据。《税收征收管理法》第四条规定："法律、行政法规规定负有纳税义务的单位和个人为纳税人。法律、行政法规规定负有代扣代缴、代收代缴税款义务的单位和个人为扣缴义务人。纳税人、扣缴义务人必须依照法律、行政法规的规定缴纳税款、代扣代缴、代收代缴税款。"此条内容规定了纳税人依法纳税、扣缴义务人依法代扣代缴或代收代缴税款的义务，从税收程序法层面体现了税法遵从的法律形式。此外，该法第八条规定："纳税人、扣缴义务人有权要求税务机关为纳税人、扣缴义务人的情况保密。税务机关应当依法为纳税人、扣缴义务人的情况保密。纳税人依法享有申请减税、免税、退税的权利。纳税人、扣缴义务人对税务机关所作出的决定，享有陈述权、申辩权；依法享有申请行政复议、提起行政诉讼、请求国家赔偿等权利。"这些规定则从程序法层面保护纳税人权利，也是税法遵从的法律形式之一。

（二）其他相关法律

其他相关法律也对税法遵从行为进行了规定。例如，《中华人民共和国刑法》（以下简称《刑法》）在第二编第三章第六节规定了"危害税收征管罪"，对逃避缴纳税款罪、抗税罪、逃避追缴欠税罪、骗取出口退税罪、虚开发票罪等有关涉税违法行为的界定与处罚进行了详细规定。再如，《刑法》第二百零一条规定："纳税人采取欺骗、隐瞒手段进行虚假纳税申报或者不申报，逃避缴纳税款数额较大并且占应纳税额百分之十以上的，处三年以下有期徒刑或者拘役，并处罚金；数额巨大并且占应纳税额百分之三十以上的，处三年以上七年以下有期徒刑，并处罚金。"这些规定从违法层面规定了税法不遵从行为应承担的法律责任，是我国税法遵从法律渊源的重要组成部分。

三、行政法规

行政法规，是指国务院为领导和管理国家各项行政工作，根据宪法和法律，按照行政法规规定的程序制定的政治、经济、教育、科技、文化、外事等各类法规的总称。行政法规的效力仅次于宪法和法律，高于部门规章和地方性法规。税收行政法规是税法遵从的法律形式之一。

例如，《中华人民共和国增值税暂行条例》（以下简称《增值税暂行条例》）第一条规定：“在中华人民共和国境内销售货物或者加工、修理修配劳务，销售服务、无形资产、不动产以及进口货物的单位和个人，为增值税的纳税人，应当依照本条例缴纳增值税。”再如，《中华人民共和国城镇土地使用税暂行条例》（以下简称《城镇土地使用税暂行条例》）第二条规定：“在城市、县城、建制镇、工矿区范围内使用土地的单位和个人，为城镇土地使用税的纳税义务人，应当依照本条例的规定缴纳城镇土地使用税。”这些规定从更具体的角度规定了纳税人及其具体纳税义务，纳税人根据具体规定进行税收活动，构成了税法遵从的渊源之一。

四、部门规章

部门规章是国务院所属的各部委等根据法律和行政法规制定的规范性文件，常见表现形式有实施细则、规定、办法等。在我国税收立法中，税务主管部门制定的税收规章主要是就税收业务具体问题立法，或者对实践中发现的具体问题作出解释。这些解释性规定一般由财政部或国家税务总局制定和发布，对税法遵从行为进行了规定。

例如，《重大税收违法失信主体信息公布管理办法》第十一条规定：“税务机关应当在失信主体确定文书送达后的次月 15 日内，向社会公布失信主体基本情况；失信主体的主要税收违法事实；税务处理、税务行政处罚决定及法律依据；确定失信主体的税务机关；法律、行政法规规定应当公布的其他信息。”第十六条规定：“对按本办法第十一条第一款规定向社会公布信息的失信主体，税务机关将失信信息提供给相关部门，由相关部门依法依规采取失信惩戒措施。”这些规定从更具体的角度规定了税法遵从的具体内容以及税法不遵从可能面临的处罚，构成了税法遵从的渊源之一。

五、地方性法规和地方政府规章

地方性法规和地方政府规章是中国特色社会主义法律体系的组成部分，是对法律、行政法规的必要补充。地方性法规，是指法定的地方国家权力机关依照法定的权限，在不同《宪法》、法律和行政法规相抵触的前提下，制定和颁布的在本行政区域范围内实施的规范性文件。地方政府规章一般指地方政府在其职权范围内制定的，对社会发布的行政管理规章，常用文种为规定、办法、细则等，其内容具有针对某一事项的特定性。相应地，税收地方性法规与地方政府规章是对税收法律法规的必要补充，也对税法遵从进行了相应的规定。

例如，某省颁发的《税费服务和征管保障办法》规定："税务机关按照有关法律、法规、规章，以及国家和省有关规定负责税费服务和征收管理工作。县级以上人民政府有关部门和机构应当按照有关法律、法规、规章和本办法的规定，协同税务机关做好税费服务和征收管理有关工作。税务机关要求县级以上人民政府有关部门和机构提供税费征收管理协同的，应当提前商定协同内容。""纳税人、缴费人应当依法诚信纳税、缴费，自觉维护税费征收管理秩序，依法享有税费减免、缓缴、退税退费等权利。支持行业协会、商会等社会组织加强行业指导和自律管理，反映行业和会员的涉税费诉求，为纳税人、缴费人提供涉税费信息咨询、权益保护等服务。"这些规定对税法遵从行为的内容进行了更具体的规定，也是税法遵从的重要法律形式。

六、国际税收协定

税收方面的国际条约一般被称为国际税收协定，是指国家之间处理征税问题的协定，是缔约国之间处理相关征税权的法律依据。截至 2023 年 3 月 31 日，我国已与 109 个国家签订了避免双重征税协定，签订了 3 个多边税收条约。缔约国各方的相关纳税人都要受税收条约与协定的约束，这也是税法遵从的渊源之一。

例如，《中华人民共和国政府和新加坡共和国政府关于对所得避免双重征税和防止偷漏税的协定》第四条规定："'缔约国一方居民'一语是指按照该缔约国法律，由于住所、居所、管理机构所在地、总机构所在地、注册地或任何其他类似标准，在该缔约国负有纳税义务的人，也包括该缔约国、地方当局或法定机构。"其规定了国家之间的税收分配关系，对纳税人的跨境所得进行了规定，同样属于税法遵从法律渊源的组成部分之一。

七、税务规范性文件

税务规范性文件，是指县以上税务机关依照法定职权和规定程序制定并发布的，影响纳税人、缴费人、扣缴义务人等税务行政相对人权利、义务，在本辖区内具有普遍约束力并在一定期限内反复适用的文件。税务规范性文件同样对税法遵从进行了规定。例如，某省税务局于 2022 年出台了《土地增值税清算管理办法》，要求："房地产开发企业应当向主管税务机关如实申报土地增值税税款，保证纳税申报的真实性、准确性和完整性。""主管税务机关应当依照税收法律、法规及土地增值税有关政策规定，实施项目管理，提供纳税服务，开展土地增值税清算审核，依法办理土地增值税补（退）税手续。"税务规范性文件也是税法遵从的重要法律形式之一。

第四节　税法遵从风险

税法遵从风险主要是指在税收管理过程中，由于主客观原因导致涉税主体或关联方未能全面遵从税法，造成税收利益损失的可能性。

一、税法遵从风险特征

由于税收本身特有的运行机制，税法遵从风险除具有一般风险的共同特征外，还具有相对独立的特征属性。

一是承担主体的多元性、多样性。首先，纳税人是税法遵从风险的重要承担主体。其次，国家也是税法遵从风险的承担主体。税务机关征税是国家凭借政治权力进行的，是依职权行为，一旦具有普遍现象的税法遵从风险发生，税务机关必然要承担管理和执法风险责任。最后，随着税法遵从风险不断积累，税法遵从风险的承担主体演化、传导至社会更多主体，从而导致更大范围的经济损失和社会危害，最终可能演化为国民经济危机，甚至是影响国家政权稳定的社会风险。

二是形成机制的特殊性和复杂性。与一般经济风险相比，税法遵从风险的形成机制具有其特殊性和复杂性。首先，税收制度主观性与客观经济现实性之间的偏差是税法遵从风险产生的首要原因。其次，税收制度、政策及税收管理手段本身存在运行机制方面的缺欠也是导致税法遵从风险形成的原因。最后，纳税人对税法不遵从的原因也是复杂多变的，有的是对税收制度、法律政策理解偏差而产生的，有的是尝试性投机不遵从产生的，有的是主观恶意不遵从产生的。

三是存在形式的隐蔽性和潜伏性。税法遵从风险存在于税收立法、税收征收管理等过程中，其存在的形式具有很强的隐蔽性和潜伏性。一方面，由于税法遵从风险形成机制复杂多变，使得税法遵从风险的表象具有隐蔽性和潜伏性，往往不容易被及时发现、察觉并采取相应措施加以管理。另一方面，税收显性风险更容易被人为利用技术手段处理成隐性风险。例如，各种预征手段和虚收方式虽然暂缓了一时的税收收入压力，但为税收征收管理预期目标的实现埋下了风险隐患，促使风险不断累积，可能引发更大的纳税人利益损失和国家税收流失。

四是影响具有波及性和传导性。与其他风险相比，税法遵从风险更具有广泛的波及性和传导性。主要表现在一定体制下的税务系统内部波及传导，同时也表现在税务系统作为一个开放的系统，与整个社会经济紧密相连、互为依存。首先，税收风险会迅速在上级或下级之间传导与扩散，并导致整个税务系统形成风险共担的局面。其次，税务系统与社会经济的紧密相关性和相互依存性，使得税法遵从风险与国家、经济、社会风险互相影响、互为转化。最后，税收制度和管理决策的失误及缺陷，形成制度性、管理性的税法遵从风险。

二、税法遵从风险分类

税法遵从风险存在于不同的管理层面，贯穿于税收征管活动的始终。不同层面、不同风险主体的税法遵从风险特征和表现形式又有所不同，按照不同的分类标准，税法遵从风险有不同的分类形式。

按照风险层面可以分为战略层面的税法遵从风险和操作层面的税法遵从风险。一是战略层面的税法遵从风险。例如，在经济环境中，经济全球化进程加快带来的税法遵从风险、"地下经济"蕴含的巨大的税法遵从风险、互联网商务的迅速发展和普及带来的税法遵从风险等。二是操作层面的税法遵从风险。例如：发票使用不规范，虚开、虚抵；纳税不申报、不及时、不准确；入库不及时，欠税；财务核算、会计记账管理混乱等。

按照风险主体的行为性质，可以将税法遵从风险划分为程序性不遵从风险、无知性不遵从风险、懒惰性不遵从风险、自私性不遵从风险、象征性不遵从风险、社会性不遵从风险和习惯性不遵从风险。

第五节　税法遵从影响因素

影响税法遵从的因素既包括经济、政治、社会与历史等客观因素，也包括纳税人的诸多主观因素。概括地讲，影响税法遵从的因素涵盖于税收法律制度、征税机关、纳税人和税收社会环境四个层面。

一、税收法律制度

（一）税收法律制度的复杂程度

国内外学者大都认为税收法律制度的复杂程度是影响税法遵从的重要原因。复杂程度从三个方面影响遵从成本：一是货币成本，即纳税人在缴纳税款过程中产生的费用。税收法律制度越复杂，这部分费用就越多。二是时间成本。纳税人按照税法要求进行登记、建账，留存并报送资料，学习税法并应对税务检查，需要投入时间。复杂的税收法律制度会使税收法律制度和申报单变得越来越复杂，纳税人耗费的时间也就越多。三是心理成本。纳税人担心自身因不了解税法少缴税款而受到处罚，或未尽享优惠而多缴纳税款，或者缴了税但没有获得对应的报酬，产生焦虑情绪。税收法律制度越复杂，心理成本越高。

（二）税收法律制度的不确定性

税法不确定性会增加执法难度，增加税法不遵从行为。税法的不确定性表现在以下几个方面：一是税收减免与优惠政策存续时间具有很强的可变性，给纳税人学习税法和税务机关执法都带来了困难。二是经营过程中税基和税率发生变化，导致实际和预期的税额不同。三是税收政策的执行程度存在差异，税收征管以及税务机关对违规违法行为的处理具有不确定性。这些不确定性会助长纳税不遵从的行为。

（三）税收法律制度的公平性

如果人们认为国家的法律制度建立在公平的基础之上，那么他们更可能遵守相关的法律法规。纳税人通过将自身的税负和他所在群体的税负作比较，从而判断是否受到了公平的待遇。如果纳税人认为自身面临的税收法律制度没有坚持公平原则，就可能会通过不遵从来弥补其不公平。

二、征税主体

征税主体，是指在税收法律关系中行使税收征管权，依法进行税款征收行为的一方当事人。征税主体的执法力度和公平程度直接影响税法遵从行为。

（一）税务执法力度

税法作为法律体系中的一部分，政府部门对税收违法行为的查处力度对税法遵从具有重要影响。各国的税收管理实践表明，对逃税的查获概率和处罚率越高，人们逃税的动机就越弱。对违法行为的处理方式可以分为行政处罚和刑事处罚。为了使处罚的威慑有效，就必须使纳税人产生强烈的自体感受。也就是说，一旦纳税人出现违法行为，就极有可能被罚款甚至被刑事起诉，这使得纳税人的违法成本显著增加，对纳税人的震慑效果会更明显。

但是政府对违法行为的识别与查处，需要动用一定的人力、物力和财力，需要付出一定的征管成本。如果税法仅仅依靠税务机关增加处罚力度从而加以实施，可能使社会氛围变得压抑，其管理成本也会升高。另外，随着税务机关征管力度的加强，虽然会在一定程度上提高纳税人的税法遵从度，但是也会削弱纳税人的内在动机，不利于从根本上提高税法遵从度。所以，有关部门应在综合考虑成本和收益的基础上，决定对于税收违法行为的稽查频率以及处罚力度。

（二）税务执法公平

征税主体的执法公平性也是影响税法遵从的重要因素。税务人员在执行公务的过程中展示出来的工作态度和工作能力会直接影响社会公众对税法的认可与信赖，从而影响税法遵从度；税务自由裁量基准的确定也影响纳税人的税法遵从度。因此，让税务执法有法可依、有法必依，使纳税人享受公平待遇，才能促进税法遵从度的提升。

（三）纳税服务

高质量、人性化的纳税服务可以减轻纳税人负担，对纳税人进行及时且有效的反馈可以满足纳税人的特殊需求，从而有助于提高纳税人的税法遵从度。此外，广泛而普遍地向社会公众宣传税法、税收政策和各种办税程序、税收知识等，可以潜移默化地增强全社会的纳税意识，提高纳税人依法履行纳税义务的自觉性，减少纳税人无意识的不遵从行为。

三、纳税人

纳税人是税法规定的负有纳税义务、直接向政府缴纳税款的自然人、法人与非法人组织。纳税人的纳税成本、法律意识会直接影响其税法遵从行为。

（一）纳税人遵从成本

税法遵从成本是衡量税制优化程度、税务管理绩效的重要指标。如果纳税人不遵从税法，则会受到处罚，增加违法成本。一般而言，税法遵从成本高，税法遵从度就会下降；税法遵从成本低，税法遵从度就会上升。

（二）纳税人法律意识

纳税人的法律意识，是指纳税人关于税收法律法规的思想、观点、理论和心理，包括法律心理和法律思想体系两部分。前者涵盖纳税人对税法的本质和作用的看法、对现行法律的要求和态度，常是自发形成的，属于法律意识的初级阶段；后者指纳税人对税法的评价和理解、对涉税行为是否合法的判断以及法制观念等，是基于对自身存在价值和自身权利义务的正确认识而产生的一种对税法的理性认知和自觉奉行精神，属于法律意识的高级阶段。税法是法律体系中的一部分，纳税人的法律意识越强，税法遵从度就会越高。

四、税收环境

广义的社会环境，是指社会法治环境、政治环境、经济环境、科技环境、文化环境等宏观因素的综合。具体到税收环境，主要指税收司法环境、涉税专业服务、税收文化等，也会直接影响税法遵从行为。

（一）税收司法环境

税收司法，是指国家司法机关在法律规定的职权范围和程序框架下，运用税法处理涉税案件的活动。司法的刚性影响纳税人对税法强制性的感知，也对执法部门行为有规范作用。税收司法的刚性建立在完善的法律制度之上，司法实践需要依靠明确的法律才能得以实施。公正的税收司法可以为纳税人提供更规范的权益保护，降低救济成本，提高纳税人的遵从意愿。

（二）涉税专业服务

税收服务不仅包括税务机关提供的咨询、培训服务，还包括涉税专业服务机构提供的专业服务。涉税专业服务的规范、健康发展，可以有效提升全社会的税法遵从。涉税专业服务在服务征纳双方的过程中，起着桥梁和纽带作用，一方面要维护国家的税收利益，另一方面又要维护纳税人的合法权益。涉税专业服务可以优化营商环境，协助畅通税务机关与纳税人之间的交流渠道，配合加大税法宣传力度，推动多部门携手共治。

（三）税收文化

在传统税收文化实践中，根植于纳税人思想深处的“服从观”使得纳税人无法意识到自己权利主体的地位，进而对纳税产生抵触情绪，产生情感型税法不遵从。受各种政治经济文化因素的影响，税收法治还落实得不够到位。随着我国国家治理能力的不断提升，市场法治化、规则化的提升，国家法律更加侧重于关注对政府权力的规范与对纳税人权利的保护，强调政府与公民之间的有效互动，这些税收社会环境的变化将有效提高税法遵从水平。

第六节　税法遵从提升路径

结合我国具体社会环境和税收管理实践，税法遵从的提升路径可以通过健全税收法律制度、提升政府部门税务执法能力、提高纳税人税法遵从能力和加强税收社会环境建设等实现。

一、健全税收法律制度

（一）完善税收立法

推进国家治理现代化，亟待推进全面依法治国。税收法治建设是推进全面依法治国的重要内容，也是发挥税收在国家治理中基础性、支柱性、保障性作用的必然要求。税收法治建设有助于落实税收法定原则，提高税法的权威性和公信力，在很大程度上提高纳税人对税收的认同度，进而提高税法遵从。因此，需要进一步强调税收法治理念，推进税收法定原则的落实。建立健全多层次的税收法律体系，加快税法总则立法，统领并协调各单行税收法律、法规，解决税收共性问题。针对近年来出现的新型经济业态和交易形式进行研究，及时出台新的税收法律法规，保证税收法律体系的稳定性和权威性，确保有法可依。

（二）健全税法体系

党的十九届五中全会通过的《中共中央关于制定国民经济和社会发展第十四个五年规划和二〇三五年远景目标的建议》明确指出，“十四五”时期，我国将建立现代财税金融体制，具体包括：优化税制结构，完善直接税和间接税比例结构，降低间接税比重，为直接税比重的提高和深化改革预留空间；健全地方税体系，确立地方主体税种；深化税收征管制度改革，健全政府债务管理制度。这对我国目前的税制改革提出了更高的要求。除减税降费、降低经济主体负担外，还要从优化税制结构、协调中央地方税收分配以及增进财政可持续性等各方面发力，健全税法体系。

二、提升政府部门税务执法能力

（一）加强税收征管体系建设

1. 加快信息化制度建设

新时代的智慧税务建设应当不断融入现代技术，实现数据、规则双轮驱动闭环运营。实现智慧场景“确认式”预填申报，智慧辅助纳税人申报时，精准匹配纳税人的申报事项，借助数据预填实现轻松申报；利用“头条式”信息推送，精准把握纳税人的涉税业务、涉税行为和身份特征，提供小型化、引导式贴身服务；实现“迅捷式”动态快速反应，智慧助力税务人员在纳税人发票核定、领用、开具时，精准匹配动态风险等级，确保实时阻断控制关键风险。

2. 加强税源风险管理

尽快完善税收风险管理，构建税法遵从风险管理体系，并针对不同税收风险等级，分别采取提示提醒、约谈改正、税务检查、税务稽查等应对措施，减少税法不遵从风险的发生。

3. 规范纳税信用等级评定

从政府层面来看，一是要逐步放开评级结果应用范围，将其与企业负责人的个人信用挂钩，除公布 A 类名单外，考虑公布其他等级名单，强化“黑名单”的声誉压力，并将涉税信息共享至多个领域，提供同行业、同地区的比较信息；二是要优化评级系统，科学设置评级指标，实施动态评分制，根据纳税规模、违规程度等评定各自权重，规避因评价指标笼统诱发寻租行为的可能。从企业层面来看，可把纳税信用归入决策框架，规范自身行为，对内将承担社会责任融入企业文化，对外构建和谐的政企关系，同时及时公开涉及相关利益者的信息，提升信息披露的质量和透明度，减少评级结果的偏误。

（二）提高税收违法行为成本

1. 加大税务执法力度

政府部门执法的随意性及不规范性可能会助长纳税人逃避税款的侥幸心理，从而降低税法遵从度。因此，要加强对政府部门执法行为的监督，规范政府部门的执法行为。第一，要构建有效的内、外部监督机制，加强对执法过程中的随意执法、错误执法行为的监督和打击，严格落实税务行政执法责任制，对税务人员执法过程中出现的不合理行为进行及时纠正和严肃处理。第二，要严厉打击逃骗税行为，捍卫税法权威。同时，查处逃骗税背后的违法行为，维护正常的经济秩序。第三，要避免税务人员在收入任务的驱动下实施不合理、不合法的行为，从而损害纳税人权益。严格遵循税法规定，依法征收。第四，要加快人工智能、大数据在税务执法工作中的应用，提高税务执法的精确性。

2. 推进纳税信用治理

将纳税信用记录作为通用信息，实现纳税信用信息与经贸、金融、工商（现为市场监管）等部门的共享，实行税务机关与其他政府部门联动的约束惩戒机制，从而将税收信息管理与相关的社会治理结合起来。

（三）提高税务人员专业水平

第一，加强税收业务知识培训。采取多形式、多层次的定向培养方式，广泛开展业务辅导及文明执法教育等业务培训，保证税务人员充分了解各职位职责。第二，加强税务人员不同领域和不同学科的学习。可制定相关激励政策，引导干部积极参加注册会计师、税务师等专业技术考试，培养复合型的全能人才，打造一支有先进服务理念、懂业务、善管理、具有较强协调能力的税务专业队伍。第三，树立基层工作导向，增强基层工作人员的责任感、执行力，着力提高基层税务人员素质。第四，增强税务人员依法治税意识，运用法律手段处理征管事务，将税收征管工作的每个环节都纳入法治化的轨道中。第五，完善激励机制。以绩效管理为抓手，建立健全考评机制，从上到下建立起一套科学完善、可量化、可操作、可考核的具体指标，开展岗位练兵、业务竞赛，营造争先创优氛围，激励税务人员提高征管主观努力程度。

（四）改进纳税服务质量

首先，优化征管服务质量。结合数字经济的时代特征，聚焦纳税人及相关群体的新诉求，提供高质量、人性化的纳税服务，对办税程序、审批制度进行全面简并和清理，降低税法遵从成本。其次，创新纳税服务方式。从服务手段入手，创新纳税服务渠道，畅通纳税人对纳税服务的反馈渠道。通过实施“互联网＋税务”功能，切实改善纳税人办税环境，解决办税的时空局限，实现办税的即时沟通。依托网络平台，大力推行电子申报、网上认证、网上抄报税，结合办税服务厅分类分时段申报及开展预约和延时服务，切实减轻纳税人办税成本。探索个性化服务，满足纳税人多元需求。对纳税人实施分类管理，探索个性化服务。逐步建立税收信用评价、激励、监管和惩戒机制，积极构筑诚信、和谐、协调、互动的征纳关系。最后，优化征管服务机制。从服务机制入手，规范依法追究，关注服务细节责任。在建立健全纳税服务新机制的基础上，实现纳税人与税务机关的“互动管理”。税务机关通过为纳税人提供全方位、多向零距离的管理服务，在管理中调整服务，在服务中强化管理，形成税务机关与纳税人的管理互动，最终实现一种管理的稳定性均衡，达到纳税人依法纳税意识、税务人员依法行政水平共同提高的双赢目的。

三、提高纳税人税法遵从能力

（一）增强纳税人的法律主动遵从意识

1. 增强纳税人税法认同感

第一，增强纳税人对纳税身份的认同感。应坚持长期开展全民税收知识宣传，通过各种媒体载体让公众逐渐形成“税收—发展—民生”三者相互联系、相互促进的概念，提高纳税人对税收知识宣传的接受度，并逐步形成纳税人身份的认知，增强纳税人的税法认同感。第二，增强纳税人的纳税荣誉感。通过对纳税人的纳税总额、发生纳税义务的频率、税法遵从度高低等信息进行分析，建立健全纳税人纳税信用制度，根据纳税人信用情况对纳税人进行分类管理，对不同类别的纳税人采取相应的奖惩措施，以此来鼓励纳税人重视税收法律，依法纳税，提高税法遵从度。第三，增强纳税人的责任感。税务机关应积极鼓励纳税人对税务机关的工作和税务人员的行为进行监督，开展第三方评议、纳税人座谈、勤廉评议等活动，让纳税人有充分的机会发表自己的意见和看法，增强纳税人对营造和谐征纳关系的责任感。

2. 加强税收风险自我防范意识

考虑到我国公民税收法治意识欠缺的实际情况，在推进税收治理现代化的过程中对公民税收法治意识的培养迫在眉睫。税务机关应通过各种途径积极宣传税法，营造依法纳税环境，增强纳税人的纳税意识。同时，纳税人必须树立税收风险防范意识，了解纳税义务及不纳税风险，熟知纳税人常见的违法风险点并加以防范，尽可能减少税收风险造成的损失。

（二）提升纳税人税法遵从素质

提高纳税水平，不仅需要税务人员提升其专业能力，还必须让纳税人提升自身的专业知识水平。在日常的征收管理中，税务机关可以根据纳税人的需求定期或不定期开展纳税人税收业务培训；主动向纳税人介绍涉及的税收法律法规和纳税流程；及时在办税服务厅的公告栏上公布出最近开始生效执行的税收政策文件；等等。同时，纳税人也应自觉参与纳税培训活动，主动学习相关税收知识，发挥主观能动性，提高自己的纳税专业水平。

（三）发挥涉税专业服务机构作用

涉税专业服务机构是纳税人与税务机关互动的桥梁。一方面，涉税专业服务机构拥有专业素质较强的税收从业人员，能帮助纳税人减少纳税错误，提高税法遵从度；另一方面，有力的监管要求和必要的信誉约束，促使涉税专业服务机构能够做到对代理申报事项认真负责。因此，规范涉税专业服务机构对于促进税法遵从具有重要意义。

第一，规范涉税专业服务机构的业务范围、服务标准及收费标准，更好地帮助纳税人依法纳税、诚信纳税，真正发挥涉税专业服务机构的专业化税收服务功能。第二，规范涉税专业服务机构的“公告制度”。税务机关应将当地经批准设立的所有涉税专业服务机构名单、规模、业绩等基本情况向纳税人公布，创造公平、有序的竞争环境。第三，严格涉税专业服务机构的行政监管和自律约束。加强行政许可，严格市场准入。各级税务机关要加强对涉税专业服务机构的管理，规范涉税中介服务市场。对行业违规行为实施处罚和惩戒，实施涉税专业服务机构和从业人员退出机制。加强行业协会建设，严格自律约束。要给予税务师协会一定的管理权和监督权，加强行业内部的自律检查和惩戒力度，建立健全行业内部诚信监督监控系统，完善执业准则和职业道德准则体系。

四、加强税收社会环境建设

（一）增强纳税人税收参与度

在税收政策制定过程中，要激发纳税人的主人翁意识，鼓励和邀请纳税人说出自己在纳税过程中存在的问题，增强纳税人的税收参与度。纳税信用等级制度的优化和完善，能进一步对纳税人进行守信激励和失信惩戒，让纳税人积极参与财税工作，提升纳税人的税法遵从度。同时，税务人员应认真听取纳税人对改进税收工作的意见和建议，对在税务机关权限内的事项及时论证核实，对超出权限的事项向上反馈，并及时将处理结果告知纳税人，对有特别需求的纳税人视情况提供点对点服务。

（二）营造税法遵从文化氛围

良好的税收文化在潜移默化中能对人们产生教化作用，形成强大的文化自律效应，随时纠正纳税人的不遵从意识，约束其不遵从行为，逐渐树立崇尚遵从的良好道德风尚。在一个拥有良好税收文化、人人崇尚公序良俗的法治社会中，税法不遵从行为的当事人，不仅会受到法律的惩罚，更会受到公共道德和社会舆论的强烈谴责。因此，在改善税收征管环境的同时，也必须考虑税收文化氛围。税务机关应加大力度营造有利于税法遵从的文化氛围，积极倡导纳税光荣，增强纳税人的税法遵从理念，推动形成良好社会风尚，为税法遵从度不断提高奠定坚实的社会文化基础。

（三）提高财政透明度

财政透明有利于纳税人了解和监督政府、规范政府行为，特别是财政收支决策行为。纳税人对政府信任的提升能有效提高纳税人在税务机关征税时的配合度，减少甚至消灭情感性纳税不遵从，从而提高税法遵从度。

具体来看，财政信息披露是财政透明度的利器。对于财政信息披露而言，最重要的就是在保证信息准确的情况下广开渠道。一要建设自身信息公布渠道。政府部门要在门户网站开辟专栏，及时公布部门应当披露的涉财信息。二要充分调动社会力量开拓信息渠道。在信息社会的今天，各种媒体都相当发达，让这些媒体都参与财政信息披露建设当中。

第二章 税法遵从主体的权利与义务

按各税法遵从主体在税法实施中的权利、义务关系以及税法参与程度划分，我国税法遵从主体包括征税主体、纳税主体和涉税专业服务主体等三类。税收法律分别规定了这三类主体的税收权利和税收义务。如《税收征收管理法》第一条规定："为了加强税收征收管理，规范税收征收和缴纳行为，保障国家税收收入，保护纳税人的合法权益，促进经济和社会发展，制定本法。"

本章分别对各税法遵从主体的税收权利与义务作要点介绍、难点解析以及风险示例，帮助他们明晰税法遵从的关键点、风险点，以此提升税法遵从度。

第一节 税法遵从主体的权利

权利是法律的基本要素。法律权利，是一个和法律义务相对应的概念，是指法律关系主体依法享有的某种权能或利益，它表现为权利享有者可以自己作出的行为，也可以要求他人作出或不作出的行为。一切法律权利都要受到国家的保护，当权利受到侵害时，权利享有者有权向国家的行政机关、司法机关等申诉或请求保护。

本节着重介绍各税法遵从主体税收权利的基本要点、难点和风险示例。

一、遵从要点

根据《税收征收管理法》及其实施细则等规定，税法遵从主体主要有以下税收权利：

（一）在纳税主体方面

纳税主体，是指在税收法律关系中依法履行纳税义务、申报缴纳税款行为的一方当事人。目前关于纳税主体的具体范围主要有两种观点：一是狭义范围，二是广义范围。

狭义范围的纳税主体仅指纳税人，即指依照税法规定直接负有纳税义务的自然人、法人和其他组织。这种观点将纳税主体的范围局限于"直接履行纳税义务"的组织和个人，而认为扣缴义务人、纳税担保人等所负有的扣缴义务、担保税收债务履行的义务是与纳税义务相关的义务，并将其排除在纳税主体之外，称为“相关义务主体”，持这种观点的学者较少。

广义范围的纳税主体，即指在税收征纳活动中所履行的主要义务在性质上属于纳税义务的有关主体，包括纳税人、扣缴义务人、纳税担保人等。这种观点不将纳税主体拘泥于“直接负有纳税义务”的纳税人，而是将所履行的扣缴义务、纳税担保义务等在实质上相当于纳税义务的扣缴义务人、纳税担保人等也包括在纳税主体之中，是为大多数学者主张的观点。本书采用后一种观点，因为赋予这些主体以纳税主体的地位和资格，有助于明确他们在税收征纳活动中的权利和义务，这对依法保护其合法权益是非常必要的。

在本章中，除另有所指外，纳税主体的范围包括纳税人、扣缴义务人和纳税担保人。

依法纳税既是纳税主体的义务，也是纳税主体的权利。同时，《税收征收管理法》还规定，纳税人、扣缴义务人必须依照法律、行政法规的规定缴纳税款、代扣代缴、代收代缴税款；纳税人必须依照法律、行政法规规定或者税务机关依照法律、行政法规的规定确定的申报期限、申报内容如实办理纳税申报，报送纳税申报表、财务会计报表以及税务机关根据实际需要要求纳税人报送的其他纳税资料；等等。

为便于纳税主体全面了解纳税过程中所享有的权利和应尽的义务，帮助纳税主体及时、准确地完成纳税事宜，促进纳税主体与征税主体在税收征纳过程中的合作，根据《税收征收管理法》及其实施细则和相关税收法律、行政法规的规定，2009 年 11 月 6 日，国家税务总局发布了《关于纳税人权利与义务的公告》（国家税务总局公告 2009 年第 1 号），梳理了纳税人的权利和义务。

根据《税收征收管理法》及其实施细则等的规定，纳税主体主要有以下权利。

1. 知情权

纳税人、扣缴义务人有权向税务机关、税务人员了解国家税收法律、行政法规的规定以及与纳税程序有关的情况。具体内容包括：

（1）现行税收法律、行政法规和税收政策规定；

（2）办理税收事项的时间、方式、步骤以及需要提交的资料；

（3）应纳税额核定及其他税务行政处理决定的法律依据、事实依据和计算方法；

（4）与税务机关、税务人员在纳税、处罚和采取强制执行措施过程中发生争议或纠纷时，纳税人、扣缴义务人可以采取的法律救济途径及需要满足的条件。

2. 保密权

（1）纳税人、扣缴义务人有权要求税务机关、税务人员为纳税人、扣缴义务人的情况保密。

（2）税务机关、税务人员将依法为纳税人、扣缴义务人的商业秘密和个人隐私保密。商业秘密和个人隐私主要包括：纳税人、扣缴义务人的技术信息、经营信息，纳税人、扣缴义务人、主要投资人以及经营者不愿公开的个人事项。

3. 税收监督权

（1）纳税人、扣缴义务人对税务机关、税务人员违反税收法律、行政法规的行为，如税务人员索贿受贿、徇私舞弊、玩忽职守，不征或者少征应征税款，滥用职权多征税款或者故意刁难等，可以进行检举和控告。

（2）纳税人、扣缴义务人对其他纳税人的税收违法行为有权进行检举。

4. 纳税申报方式选择权

纳税人、扣缴义务人可以直接到办税服务厅办理纳税申报或者报送代扣代缴、代收代缴税款报告表，也可以按照规定采取邮寄、数据电文或者其他方式办理上述申报、报送事项。

5. 申请延期申报权

（1）纳税人、扣缴义务人按照规定的期限办理纳税申报或者报送代扣代缴、代收代缴税款报告表确有困难，需要延期的，应当在规定的期限内向税务机关提出书面延期申请，经税务机关核准，在核准的期限内办理申报。

（2）纳税人、扣缴义务人因不可抗力，不能按期办理纳税申报或者报送代扣代缴、代收代缴税款报告表的，可以延期办理；但是，应当在不可抗力情形消除后立即向税务机关报告。税务机关应当查明事实，予以核准。

（3）经核准延期办理申报、报送事项的，应当在税法规定的纳税期内按照上期实际缴纳的税额或者税务机关核定的税额预缴税款，并在核准的延期内办理税款结算。

6. 申请延期缴纳税款权

纳税人如有特殊困难，不能按期缴纳税款的，经省、自治区、直辖市和计划单列市税务局批准，可以延期缴纳税款，但是最长不得超过 3 个月。

7. 申请退还多缴税款权

（1）对纳税人超过应纳税额缴纳的税款，税务机关发现后，将自发现之日起 10 日内办理退还手续。

（2）自结算缴纳税款之日起，纳税人 3 年内发现多缴纳税款的，可以向税务机关要求退还多缴的税款并加算银行同期存款利息。税务机关将自接到纳税人退还申请之日起30日内查实并办理退还手续。

8. 依法享受税收优惠权

纳税人可以依照法律、行政法规的规定享受减税、免税。

9. 委托税务代理权

纳税人、扣缴义务人可以委托税务代理人代为办理税务事宜。

10. 陈述权与申辩权

（1）纳税人、扣缴义务人对税务机关作出的决定，享有陈述权、申辩权。

（2）税务机关必须充分听取纳税人、扣缴义务人的意见，对纳税人、扣缴义务人提出的事实、理由和证据，应当进行复核；纳税人、扣缴义务人提出的事实、理由或者证据成立的，税务机关应当采纳。

（3）税务机关不得因纳税人、扣缴义务人陈述、申辩而给予更重的处罚。

11. 对程序不合法的拒绝检查权

税务机关派出的人员进行税务检查时，应当出示税务检查证和税务检查通知书；未出示税务检查证和税务检查通知书的，被检查人有权拒绝检查。

12. 申请行政复议权

纳税人、扣缴义务人对税务机关作出的决定，依法享有申请行政复议等权利。

13. 提起行政诉讼权

纳税人、扣缴义务人对税务机关作出的决定，依法享有提起行政诉讼等权利。

14. 请求国家赔偿权

当税务机关、税务人员的职务违法行为给纳税人、扣缴义务人和其他税务当事人的合法权益造成侵害时，纳税人、扣缴义务人和其他税务当事人可以要求税务行政赔偿。主要情形包括：

（1）纳税人、扣缴义务人在限期内已缴纳税款，税务机关未立即解除税收保全措施，使纳税人、扣缴义务人的合法权益遭受损失的；

（2）税务机关、税务人员滥用职权违法采取税收保全措施、强制执行措施或者采取税收保全措施、强制执行措施不当，使纳税人、扣缴义务人或者纳税担保人的合法权益遭受损失的。

15. 依法要求听证权

对纳税人、扣缴义务人拟作出规定金额以上罚款的行政处罚之前，税务机关应向纳税人、扣缴义务人送达《税务行政处罚事项告知书》，告知纳税人、扣缴义务人已经查明的违法事实、证据、行政处罚的法律依据和拟将给予的行政处罚，并告知纳税人、扣缴义务人有权要求举行听证。纳税人、扣缴义务人要求举行听证的，税务机关将应纳税人、扣缴义务人的要求组织听证。

对应当进行听证的案件，税务机关不组织听证，行政处罚决定不能成立。但纳税人、扣缴义务人放弃听证权利或者被正当取消听证权利的除外。

16. 索取有关税收凭证权

（1）税务机关征收税款时，必须给纳税人开具完税凭证。扣缴义务人代扣、代收税款时，纳税人要求扣缴义务人开具代扣、代收税款凭证时，扣缴义务人应当开具。

（2）税务机关扣押商品、货物或者其他财产时，必须开付收据；查封商品、货物或者其他财产时，必须开付清单。

（二）在征税主体方面

根据我国法律规定和国家行政机构的设置及职责划分，我国征税主体的具体执行部门是财政、税务、海关等部门以及法律、法规明确的委托征税主体和协助征税主体。

征税主体在税收征纳活动中行使的是税收征管权，具体包括税收征收权、税收管理权和税款入库权；征税主体在税收征纳活动中实施的行为是征税行为，即依法将应收税款及时、足额征收入库。

征税主体的税收权力主要来自法律、行政法规的授权。如《税收征收管理法》第五条规定："国务院税务主管部门主管全国税收征收管理工作。"《增值税暂行条例》第二十条第一款规定："增值税由税务机关征收，进口货物的增值税由海关代征。"《中华人民共和国海关法》（以下简称《海关法》）第五十三条规定："准许进出口的货物、进出境物品，由海关依法征收关税。"另外，根据《税收征收管理法》的规定，地方各级人民政府应当依法加强对本行政区域内税收征收管理工作的领导或者协调，支持税务机关依法执行职务，各有关部门和单位应当支持、协助税务机关依法执行职务。

本章主要介绍税务机关、税务人员在税收征纳活动中的权力和义务遵从。根据《税收征收管理法》及其实施细则等的规定，税务机关的税收权力主要包括：

1. 征收税款权

对依法由税务机关负责征收的各项税收进行征收管理。

有根据认为从事生产、经营的纳税人有逃避纳税义务行为的，税务机关可以在规定的纳税期之前，责令限期缴纳应纳税款。

2. 管理发票权

税务机关是发票的主管机关，负责发票印制、领用、开具、取得、保管、缴销的管理和监督。

从事生产、经营的纳税人、扣缴义务人有《税收征收管理法》规定的税收违法行为，拒不接受税务机关处理的，税务机关可以收缴其发票或者停止向其提供发票。

3. 核定税额权

纳税人有法定税额核定情形的，税务机关有权核定其应纳税额。

4. 对关联交易中少缴税额调整权

关联企业之间的业务往来，如果不按照独立企业之间的业务往来收取或者支付价款、费用，而减少其应纳税的收入或者所得额的，税务机关有权进行合理调整。

5. 实施税收保全措施权

经县以上税务局（分局）局长批准，税务机关可以采取税收保全措施。

对从事生产、经营的纳税人限期缴纳税款的，在限期内发现纳税人有明显地转移、隐匿其应纳税的商品、货物以及其他财产或者应纳税的收入的迹象的，税务机关可以责成纳税人提供纳税担保。

对欠缴税款的纳税人或者其法定代表人在出境前未按照规定结清应纳税款、滞纳金或者提供纳税担保的，税务机关可以通知出入境管理机关阻止其出境。

6. 实施强制执行措施权

从事生产、经营的纳税人、扣缴义务人未按照规定的期限缴纳或者解缴税款，纳税担保人未按照规定的期限缴纳所担保的税款，由税务机关责令限期缴纳，逾期仍未缴纳的，经县以上税务局（分局）局长批准，税务机关可以采取强制执行措施。

7. 行使代位权、撤销权

对欠缴税款的纳税人因怠于行使到期债权，或者放弃到期债权，或者无偿转让财产，或者以明显不合理的低价转让财产而受让人知道该情形，对国家税收造成损害的，税务机关可以依照《中华人民共和国民法典》（以下简称《民法典》）第五百三十五条、第五百三十八条和第五百三十九条的规定行使代位权、撤销权。

8. 行使税务检查权

依据《税收征收管理法》及其实施细则的规定，税务机关有权对纳税人、扣缴义务人等进行税务检查。

9. 委托代征税款权

税务机关根据有利于税收控管和方便纳税的原则，可以按照国家有关规定委托有关单位和人员代征零星分散和异地缴纳的税收，并发给委托代征证书。

10. 请求有关机关协助征税权

税务机关实施扣押、查封时，对有产权证件的动产或者不动产，可以责令当事人将产权证件交税务机关保管，同时可以向有关机关发出协助执行通知书。

11. 办理出口退税业务权

根据《增值税暂行条例》《中华人民共和国消费税暂行条例》（以下简称《消费税暂行条例》）的规定，税务机关为出口货物适用退（免）税规定的纳税人、跨境销售服务和无形资产适用退（免）税的个人，办理退（免）税。

（三）涉税专业服务机构

根据《税收征收管理法》等法律、法规及规范性文件的规定，涉税专业服务机构的主要权利有：

1. 受托权

依法接受纳税人、扣缴义务人的委托为其进行涉税专业服务。

2. 获得税务机关提供的专业服务权

涉税专业服务机构有权获得税务机关提供的专业服务。

二、难点解析

（一）在纳税主体方面

1. 税收知情权的主要内容

税收知情权是《税收征收管理法》赋予纳税人、扣缴义务人的一项重要权利，主要包括：

（1）税收政策知情权。纳税人、扣缴义务人对税收政策的全面了解，是纳税人、扣缴义务人依法纳税的前提，是构建和谐征纳关系的基础。因此，纳税人、扣缴义务人有权获知现行税收法律、行政法规和其他税收政策规定。同时，为保障纳税人、扣缴义务人的税收政策知情权，税务机关应当履行好相关宣传、告知、接受咨询等义务。

（2）涉税程序知情权。纳税人、扣缴义务人有权获知各种税收事项的办理时间、方式、步骤以及需要提交的资料。一方面使纳税人、扣缴义务人知晓应如何办理涉税手续，比如办理税务信息确认、纳税申报、发票领用等，便于纳税人、扣缴义务人正确履行纳税义务；另一方面让纳税人、扣缴义务人了解税务机关实施税务检查、税务行政处罚等税务事项时的法定程序，有效保障纳税人、扣缴义务人的合法权益。

（3）应纳税额核定及其他税务行政处理决定知情权。应纳税额核定是指税务机关依法对特定纳税人按规定程序和计算方法作出纳税多少的决定，如个体工商户的定额核定。在接受应纳税额核定前，纳税人有权获知税额核定的法律依据、事实依据以及核定方法等。

（4）法律救济途径知情权。纳税人、扣缴义务人有获知如何申请税务行政复议、提起行政诉讼、请求国家赔偿的权利。

2. 纳税人、扣缴义务人实现税收知情权的主要途径

（1）前往办税服务厅。纳税人、扣缴义务人可以直接到税务机关的办税服务厅提出咨询请求，税务机关将按照文明礼仪规范、服务承诺制和首问责任制等制度要求，为纳税人、扣缴义务人提供准确的咨询服务。

为方便纳税人、扣缴义务人了解有关税收政策和纳税程序，根据政府信息公开和办税公开的要求，税务机关应在办税服务厅存放各类税收宣传资料，并在办税服务厅公告相关信息。

（2）登录税务机关网站。纳税人、扣缴义务人可以登录国家税务总局及各省级税务机关的官方网站，了解和查询有关税收政策、管理规定以及办税程序等内容。

（3）拨打电话语音服务系统。纳税人、扣缴义务人可以拨打全国税务系统统一的纳税缴费服务热线“12366”或者当地税务机关的纳税服务咨询电话，获取有关涉税信息。

（4）参加税收专题辅导会。纳税人、扣缴义务人可以通过税务机关定期或不定期举办的税收专题辅导会获取相关信息。

另外，纳税人、扣缴义务人还可以通过税收管理员、税务报纸杂志、政府公共信息网等渠道来获取相关税收信息。税务机关进行的税法宣传、受理的税务咨询是无偿的。

3. 纳税人可以向税务机关了解的税收政策、办税程序范围

保障纳税人、扣缴义务人的知情权是税务机关的法定义务，税务机关会通过各种途径广泛宣传税收法律、行政法规、税收政策、办税程序以及其他应向纳税人、扣缴义务人公开的信息。具体内容有：

（1）税收政策。包括最新的税收法律、法规和各项税收政策及相关政策解释。

（2）办税程序。包括税务信息确认、发票领用、纳税申报、税款缴纳、涉税

文书受理时限、提交的资料等。

（3）工作规范。包括税务机关制订的有关工作制度和规定。

（4）岗位职责。包括办税服务厅各岗位工作人员的姓名、职务和工作职责。

（5）欠税公告。税务机关会定期将欠缴税款的纳税人予以公告。

（6）定期定额。税务机关会定期公布实行定期定额征收方式的纳税人的定额结果。

（7）收费标准。税务机关会公开各类收费项目或受政府委托的收费项目的收费标准和依据。

4. 目前发布最新税收政策的主要官方网站

目前，发布最新税收政策的官方网站主要是财政部网站（www. mof. gov. cn）、国家税务总局网站（www. chinatax. gov. cn）及国家税务总局各省、自治区、直辖市和计划单列市税务局网站等。纳税人通过网站的“政策法规”栏目等可以了解最新的税收政策。

5. 税务机关应当为纳税人保密的信息种类

根据法律的规定，税务机关（税务人员）应当依法为纳税人的商业秘密和个人隐私及自然人的个人信息保密。

（1）商业秘密。商业秘密是指不为公众所知悉、具有商业价值并经权利人采取相应保密措施的技术信息、经营信息等商业信息。

（2）个人隐私和自然人的个人信息。《民法典》规定，隐私是自然人的私人生活安宁和不愿为他人知晓的私密空间、私密活动、私密信息。自然人享有隐私权。任何组织或者个人不得以刺探、侵扰、泄露、公开等方式侵害他人的隐私权。如纳税人、主要投资人以及经营者不愿公开的个人事项（个人的身份信息、婚姻登记信息、不动产权属登记信息、纳税申报信息及其他商业秘密和个人隐私等）。

在税收管理中，个人隐私指税务机关所掌握的涉及纳税人、扣缴义务人的相关个人信息，包括纳税人、扣缴义务人的储蓄账户账号、存款、个人财产、收入状况、婚姻状况等。自然人的个人信息，是指以电子或者其他方式记录的能够单独或者与其他信息结合识别特定自然人的各种信息，包括自然人的姓名、出生日期、身份证件号码、生物识别信息、住址、电话号码、电子邮箱、健康信息、行踪信息等。个人信息中的私密信息，适用有关隐私权的规定；没有规定的，适用有关个人信息保护的规定。

另外，在税务检查中，税务机关在调查税收违法案件时，可以依照法定程序查询案件涉嫌人员的储蓄存款，税务机关查询所获得的资料，不得用于税收以外的用途。

6. 税务机关应当保密涉税情况（信息）范围

税务机关依法为纳税人、扣缴义务人的下列信息保密：

（1）在税务管理活动中，纳税人、扣缴义务人自行申报的有关信息和税务机关主动获取的相关资料凡涉及商业秘密和个人隐私的。

（2）纳税人、扣缴义务人举报他人税收违法行为信息。

（3）纳税人、扣缴义务人、其他涉税当事人投诉举报税务机关工作人员违法违纪情况。

纳税人、扣缴义务人、其他涉税当事人有确凿证据表明税务机关或其工作人员将纳税人、扣缴义务人的商业秘密、个人隐私泄露给他人的，以及纳税人、扣缴义务人、其他涉税当事人检举他人税收违法行为情况被泄露的，可按有关规定向税务机关进行投诉，维护纳税人、扣缴义务人的合法权益。

7. 不属于税务机关保密的纳税人信息

依照法律的规定，并不是纳税人的所有税收情况都属于保密信息。如纳税人、扣缴义务人和其他涉税当事人的税收违法行为就不属于保密范围，税务机关应当依法公开、公布。具体内容有：

（1）纳税人的欠税信息。

（2）税务违法案件行政处理决定信息。税务机关应当以公告文体或者其他形式将已经生效的税务违法案件行政处理决定进行公告，接受社会监督。

（3）重大税收违法案件信息。税务机关依照有关规定，向社会公布重大税收违法案件信息，并将信息通报相关部门，共同实施严格监管和联合惩戒。

税务机关通过建立重大税收违法案件公布信息系统和利用国家信用信息共享交换平台等渠道，对外公布重大税收违法案件信息，并由相关部门根据这些信息对当事人实施联合惩戒和管理措施。

（4）非正常户公告。非正常户是指，已办理税务信息确认但未按照规定的期限申报纳税，在税务机关责令其限期改正后，逾期不改正，并经税务机关派员实地检查，查无下落并且无法强制其履行纳税义务，由检查人员制作非正常户认定书，存入纳税人档案，税务机关暂停其发票领用簿和发票的使用的纳税人。

税收违法行为，是指涉嫌偷税（逃避缴纳税款），逃避追缴欠税，骗税，虚开、伪造、变造发票，以及其他与逃避缴纳税款相关的税收违法行为。

8. 税收监督权的含义

检举和控告税务机关的税收违法违纪行为是纳税人、扣缴义务人的重要权利。

（1）检举是指纳税人不作为当事人，但有权举报、揭露税务机关的违法违纪行为，实施对税务机关的监督。

（2）控告是指纳税人作为当事人，其合法权益受到不法侵害时，有权为了维护自己的合法权益而提出控诉、揭发。

9. 可行使税收监督权的主要方面

（1）税务机关是否存在违反税收法律、行政法规、规章和规范性文件的行为。

（2）税务机关的工作人员是否存在索贿受贿、徇私舞弊、玩忽职守、不征或者少征应征税款，是否有滥用职权多征税款或者故意刁难纳税人、扣缴义务人的违法违纪行为。

（3）税务机关对纳税人、扣缴义务人行使检举、控告权是否有故意刁难或进行打击报复的行为。

（4）税务机关的纳税服务过程。

（5）对违反发票管理法规的行为，任何单位和个人可以举报。

（6）其他纳税人是否存在违反税收法律、行政法规、规章和税收规范性文件的行为。

10. 纳税人、扣缴义务人行使税收监督权的主要方式

（1）对于税务机关的违法违纪行为，纳税人、扣缴义务人可以向其上一级税务机关进行检举和控告。

（2）对于税务人员的违法违纪行为和其他单位及个人违反税收法律、行政法规的行为，纳税人、扣缴义务人可以向主管税务机关进行检举和控告。

（3）对于税务机关和税务人员的违法违纪行为，纳税人、扣缴义务人也可以直接向有权处理的政府其他部门进行检举和控告。

纳税人、扣缴义务人可以通过电话、传真、电子邮件、信函、来访等方式进行检举、控告。需要注意的是，纳税人、扣缴义务人的检举和控告必须以事实为依据，不得捏造事实、制造假证、诬告陷害他人。

11. 纳税申报的主要方式

目前，纳税人、扣缴义务人纳税申报的主要方式有三种：

（1）上门申报，是指纳税人、扣缴义务人按期自行到主管税务机关办税服务厅办理纳税申报手续的申报方式。申报日期以税务机关签署的日期为准。

（2）邮寄申报，是指纳税人、扣缴义务人将纳税申报表及有关资料装入专用

邮寄信封，按期寄送主管税务机关的申报方式。邮寄申报以寄出的邮戳日期为实际申报日期。

（3）数据电文申报，是指纳税人、扣缴义务人通过税务机关确定的电话语音、电子数据交换和网络传输等电子方式进行纳税申报。数据电文申报以税务机关收到申报数据的时间为实际申报日期。

12. 使用数据电文申报应注意的事项

目前，数据电文申报主要通过登录各省级税务局网站中的“电子税务局”进行纳税申报。这是目前最方便、快捷的纳税申报方式。

纳税人、扣缴义务人如采用电子方式办理纳税申报，应当按照税务机关规定的期限和要求保存有关资料，并定期书面报送给税务机关。

13. 设立“延期申报”制度的意义

设立“延期申报”制度的目的在于加强对延期申报的管理，依法维护税收征收管理秩序，是在纳税人、扣缴义务人发生特殊困难时适用，有利于保护纳税人、扣缴义务人的正常生产经营活动和合法权益。

14. 对延期申报“确有困难”的理解

“确有困难”情形有多种。一般指客观原因造成的“困难”，而不包括主观不作为的情形。如企业的财务核算系统突然出现故障或财务人员临时无法上班等特殊原因造成账务未处理完毕，不能计算应纳税额，不能按照规定的期限办理纳税申报或者报送代扣代缴、代收代缴税款报告表。需要延期纳税申报的，可以在规定的纳税申报期限内，向税务机关提出书面延期申请，经税务机关核准，在核准的期限内办理申报。

15. 对延期申报“不可抗力”的理解

不可抗力是指人们无法预见、无法避免、无法克服的自然灾害，如水灾、火灾、风灾、地震、疫情等。

不可抗力情况涉及某一地区、某一方面较多的纳税人、扣缴义务人时，税务机关可以发布公告，临时延长纳税申报期或通知纳税人、扣缴义务人待不可抗力障碍消除后再行办理申报。例如，为进一步支持疫情防控工作和企业复工复产，便利纳税人、扣缴义务人办理纳税申报事宜，2020 年 3 月 30 日，国家税务总局下发通知，决定延长 2020 年 4 月纳税申报期限：对按月申报、按季申报的纳税人，在全国范围内将纳税申报期限由 4 月 20 日延长至 4 月 24 日；湖北省可以视情况再适当延长，具体适用范围和截止日期由国家税务总局湖北省税务局依法明确。受疫情影响，纳税人在 2020 年 4 月纳税申报期限内办理申报仍有困难的，可以依法向税务机关申请办理延期申报。

16. 延期申报申请的核准机关

纳税人、扣缴义务人应向税务机关提出书面延期申请，经主管税务机关审核，作出核准或者不予批准的决定并答复纳税人、扣缴义务人。

主管税务机关，是指主管其税收工作的基层税务局、税务分局、税务所。

另外，自 2022 年 11 月 1 日起，对纳税人延期纳税申报的核准由行政许可事项调整为按行政征收管理事项。

17. 延期申报不等于延期缴税

纳税人、扣缴义务人经核准延期办理申报、报送事项的，应当在税法规定的纳税期内按照上期实际缴纳的税额或者税务机关核定的税额预缴税款，并在核准的延期内办理税款结算。除非纳税人因特殊困难不能按期缴纳税款，并经税务机关批准延期缴纳税款。

18. 对延期缴税中“特殊困难”的理解

特殊困难是指：

（1）因不可抗力导致纳税人发生较大损失，正常生产经营活动受到较大影响的。

（2）当期货币资金在扣除应付的职工工资、社会保险费后不足以缴纳税款的。

19. 关于延期缴税的滞纳金

纳税人的延期缴纳税款申请批准的，在批准的延期缴纳税款期限内，对延期缴纳的税款不课征滞纳金。

另外，纳税人的延期缴纳税款申请未被批准的，从缴纳税款期限届满之日起加收滞纳金。

20. 延期缴纳税款的申请

申请人应通过主管税务机关办税窗口、电子税务局等途径向主管税务机关提交申请材料。申请人可以委托代理人提出申请，税务机关不得拒绝受理。

另外，纳税人需要延期缴纳税款的，应当在缴纳税款期限届满前提出申请。

自 2022 年 11 月 1 日起，延期缴纳税款核准由行政许可事项调整为按行政征收管理事项。

21. 可以申请退还多缴税款的情形

（1）税务机关发现纳税人多缴税款的，退还多缴的税款无时间限制，无论是多久之前多缴的税款都应退还。但对退还的多缴税款不加算银行同期存款利息。

（2）如果是纳税人发现自己多缴税款的，在自结算缴纳税款之日起 3 年内发现的，可以向税务机关要求退还多缴的税款并加算银行同期存款利息。

另外，加算银行同期存款利息的多缴税款退税，不包括依法预缴税款形成的结算退税、出口退税和各种减免退税。

退税利息按税务机关办理退税手续当天的中国人民银行规定的活期存款利率计算。

对于超过了3年时效期限提出的退税申请，税务机关将不再受理。

22. 对纳税人既有应退税款又有欠缴税款情形的处理

当纳税人既有应退税款又有欠缴税款的，税务机关可以将应退税款和利息先抵扣欠缴税款；抵扣后有余额的，再退还纳税人。

23. 纳税人享受税收优惠不一定需要审批、备案

自2014年以来，根据国务院关于转变职能、简政放权的要求，国家税务总局对包括税收优惠在内的行政审批制度进行了改革，逐步取消了对大多数税收优惠的审批，取而代之的做法是，纳税人享受优惠事项时采取“自行判别、申报享受、相关资料留存备查”的办理方式。

24. 税务代理的含义

税务代理服务目前称为涉税专业服务，即涉税专业服务机构接受委托，利用专业知识和技能，就涉税事项向委托人提供的税务代理等服务。

25. 允许从事涉税专业服务机构的范围

目前，允许从事涉税专业服务的机构包括税务师事务所和从事涉税专业服务的会计师事务所、律师事务所、代理记账机构、税务代理公司、财税类咨询公司等。

详见下文“（三）涉税专业服务机构”中“2. 涉税专业服务的主要内容”，此处不再赘述。

26. “陈述权”“申辩权”的含义

陈述权，是指纳税人、扣缴义务人对税务机关作出的决定享有陈述自己意见的权利。

申辩权，是指纳税人、扣缴义务人对税务机关作出的决定所主张的事实、理由和依据享有申诉和解释说明的权利。

27. “陈述权”“申辩权”的行使方式

纳税人、扣缴义务人要求陈述、申辩的，应在税务机关作出税务行政处罚决定之前向税务机关陈述、申辩。

陈述、申辩可以采取口头形式或书面形式。采取口头形式进行陈述、申辩的，

税务机关应当记录。纳税人、扣缴义务人对陈述、申辩笔录审核无误后应签字或者盖章。

28. “税务检查”的含义

税务检查，是指税务机关依据法律、行政法规的规定对纳税人、扣缴义务人等缴纳或代扣、代收税款及其他有关税务事项进行的审查、稽核、管理监督活动，是税务征收管理的一个主要环节。

税务检查的主体是国家税务机关，其对象是负有纳税义务的纳税人和负有代扣代缴、代收代缴义务的扣缴义务人。

29. 税务检查的基本程序

税务机关和税务人员应当依照《税收征收管理法》及其实施细则的规定行使税务检查职权。

税务检查应当由两名以上具有执法资格的检查人员共同实施，并向被查对象出示税务检查证件、出示或者送达税务检查通知书，告知其权利和义务。

无税务检查证和税务检查通知书的，纳税人、扣缴义务人及其他当事人有权拒绝检查，并可以向税务机关进行检举。

30. 行政复议制度的含义

行政复议，是指行政相对人认为行政主体的具体行政行为侵犯其合法权益，依法向行政复议机关提出复查该具体行政行为的申请，行政复议机关依照法定程序对被申请的具体行政行为进行合法性、适当性审查，并作出行政复议决定的一种法律制度。

行政复议作为行政管理相对人行使救济权的一项重要法律制度，目的是纠正行政主体作出的违法或者不当的具体行政行为，以保护行政管理相对人的合法权益。

31. 可以申请行政复议的具体税务行政行为种类

可申请行政复议具体行政行为包括：征税行为、行政许可、行政审批（备案）行为、发票管理行为、税收保全措施、强制执行措施、行政处罚行为、资格认定行为、不依法确认纳税担保行为、政府信息公开工作中的具体行政行为、纳税信用等级评定行为、通知出入境管理机关阻止出境行为、不依法履行法定职责的行为等。

32. 税务行政复议的管辖（受理机构）

对各级税务局的具体行政行为不服的，向其上一级税务局申请行政复议。对计划单列市税务局的具体行政行为不服的，向国家税务总局申请行政复议。

对税务所（分局）、各级税务局稽查局的具体行政行为不服的，向其所属税务局申请行政复议。

33. 税务行政复议的特殊规定

纳税人、扣缴义务人、纳税担保人同税务机关在纳税上发生争议时，必须先依照税务机关的纳税决定缴纳或者解缴税款及滞纳金或者提供相应的担保，然后可以依法申请行政复议。对行政复议决定不服的，可以依法向人民法院起诉。

当事人对税务机关的处罚决定、强制执行措施或者税收保全措施不服的，可以依法申请行政复议，也可以依法向人民法院起诉。

34. 行政诉讼的含义

行政诉讼，是指公民、法人或者其他组织认为行政机关的行政行为侵犯其合法权益，向人民法院提起诉讼，人民法院依法予以受理、审理并作出裁判的活动。即行政诉讼是人民法院适用司法程序解决行政争议的活动。

35. 税务行政诉讼的基本规定

纳税人、扣缴义务人对税务机关作出的决定，依法享有提起行政诉讼的权利。

税务当事人对税务机关的处罚决定、强制执行措施或者税收保全措施不服的，可以依法申请行政复议，也可以依法向人民法院起诉。

36. 请求国家赔偿的基本规定

纳税人对税务机关及其工作人员在执行公务、实施税收征收管理的过程中，因有违法行为侵犯其合法权益，造成了损害，纳税人有权要求税务机关依照《中华人民共和国国家赔偿法》（以下简称《国家赔偿法》）承担赔偿责任。

37. 可请求税务国家赔偿的主要情形

（1）纳税人在限期内已缴纳税款，税务机关未立即解除税收保全措施，使纳税人的合法权益遭受损失的。

（2）税务机关滥用职权违法采取税收保全措施、强制执行措施或者采取税收保全措施、强制执行措施不当，使纳税人或者纳税担保人的合法权益遭受损失的。

另外，纳税人下列情形遭受的损失，税务机关不承担赔偿责任：

（1）税务机关工作人员与行使职权无关的个人行为。

（2）因纳税人和其他税务当事人自己的行为致使损害发生的。

（3）法律规定的其他情形。如损害已通过其他方式得到补偿、获得保险公司赔偿等。

38. 听证制度的含义

听证，是指行政机关在作出有关行政决定之前，听取行政相对人陈述、申辩、质证的程序。听证是听取利害关系人意见的重要法律程序。

39. 税务听证权的基本规定

税务听证主要是通过纳税人、扣缴义务人的质证、申辩与陈述来核实税务机关拟作出的行政处罚决定主体是否明确，违法事实是否清楚，证据是否真实充分，程序是否合法有效，法律依据是否引用准确。

税务机关对公民作出 2 000 元以上（含本数）罚款或者对法人或其他组织作出 1 万元以上（含本数）罚款的行政处罚之前，应当向当事人送达《税务行政处罚事项告知书》，告知当事人已经查明的违法事实、证据、行政处罚的法律依据和拟将给予的行政处罚，并告知有要求举行听证的权利。

对应当进行听证的案件，税务机关不组织听证，行政处罚决定不能成立。但纳税人放弃听证权利或者被正当取消听证权利的除外。

40. 税收票证的含义

税收票证，是指税务机关、扣缴义务人依照法律法规，代征代售人按照委托协议，征收税款、基金、费、滞纳金、罚没款等各项收入（以下统称税款）的过程中，开具的收款、退款和缴库凭证。税收票证是纳税人实际缴纳税款或者收取退还税款的法定证明。

税收票证包括纸质形式和数据电文形式。数据电文税收票证，是指通过横向联网电子缴税系统办理税款的征收缴库、退库时，向银行、国库发送的电子缴款、退款信息。

41. 税收完税凭证的主要种类

目前，税收完税凭证主要包括：

（1）税收通用缴款书；

（2）出口货物税收专用缴款书；

（3）税收汇总专用缴款书；

（4）税收通用完税证；

（5）税收定额完税证；

（6）税收转账专用完税证；

（7）代扣代收税款凭证；

（8）税收罚款收据；

（9）税收收入退还书；

（10）印花税票等。

（二）在征税主体方面

1. 税务部门征税主体的范围

《税收征收管理法》及其实施细则明确，税务机关是指各级税务局、税务分局、税务所和按照国务院规定设立的并向社会公告的税务机构。按照国务院规定设立的并向社会公告的税务机构，是指省以下税务局的稽查局。

2. 税务机关可采取强制执行措施的对象

《税收征收管理法》第四十条明确，从事生产、经营的纳税人、扣缴义务人未按照规定的期限缴纳或者解缴税款，纳税担保人未按照规定的期限缴纳所担保的税款，由税务机关责令限期缴纳，逾期仍未缴纳的，经县以上税务局（分局）局长批准，税务机关可以采取强制执行措施。

如果非生产、经营纳税人未依法缴纳税款，税务机关责令其限期缴纳而仍不缴纳，同时其对税务机关缴纳税款的决定又不依法提起行政诉讼的，根据《中华人民共和国行政诉讼法》的规定，税务机关可以申请人民法院对税款、滞纳金强制执行。

3. 税务机关可采取强制执行措施的款项范围

根据《税收征收管理法》及其实施细则的规定，税务机关可采取强制执行措施的款项包括：

（1）从事生产、经营的纳税人未按照规定期限缴纳的税款、滞纳金和罚款；

（2）扣缴义务人未按照规定期限解缴的税款、滞纳金和罚款；

（3）非从事生产、经营的纳税人未按照规定期限缴纳的税务行政罚款。

（三）涉税专业服务机构

1. 涉税专业服务机构的范围

涉税专业服务机构，是指税务师事务所和从事涉税专业服务的会计师事务所、律师事务所、代理记账机构、税务代理公司、财税类咨询公司等机构。

2. 涉税专业服务的主要内容

根据《涉税专业服务监管办法（试行）》（国家税务总局公告2017年第13号）第五条的规定，涉税专业服务机构可以从事下列涉税业务：

（1）纳税申报代理。即对纳税人、扣缴义务人提供的资料进行归集和专业判断，代理纳税人、扣缴义务人进行纳税申报准备和签署纳税申报表、扣缴税款报告表以及相关文件。

（2）一般税务咨询。即对纳税人、扣缴义务人的日常办税事项提供税务咨询服务。

（3）专业税务顾问。即对纳税人、扣缴义务人的涉税事项提供长期的专业税务顾问服务。

（4）税收策划。即对纳税人、扣缴义务人的经营和投资活动提供符合税收法律法规及相关规定的纳税计划、纳税方案。

（5）涉税鉴证。即按照法律、法规以及依据法律、法规制定的相关规定要求，对涉税事项真实性和合法性出具鉴定和证明。

（6）纳税情况审查。即接受行政机关、司法机关委托，依法对企业纳税情况进行审查，作出专业结论。

（7）其他税务事项代理。即接受纳税人、扣缴义务人的委托，代理建账记账、发票领用、减免退税申请等税务事项。

（8）其他涉税服务。

其中第（3）项至第（6）项涉税业务，应当由具有税务师事务所、会计师事务所、律师事务所资质的涉税专业服务机构从事，相关文书应由税务师、注册会计师、律师签字，并承担相应的责任。

三、风险示例

（一）税收知情权示例

【示例情况】

小王是A1公司[①]刚入职的财务兼办税员。为了准确办税、合规经营，刚工作的小王就来到主管税务局的办税服务厅，向大厅的税务人员了解与公司业务相关的税收政策和办税程序。

【法理分析】

办税服务厅是纳税人办税的实体窗口。根据国家税务总局《全国税务机关纳税服务规范》的要求，纳税人、扣缴义务人可以直接到税务机关的办税服务厅提出咨询请求，税务机关将按照文明礼仪规范、服务承诺制和首问责任制等制度要求，为纳税人、扣缴义务人提供准确的咨询服务。到办税服务厅了解税收政策是以往纳税人经常采取的方式。

【税务处理】

办税服务厅工作人员告诉小王，通常可以通过两种方式了解与公司经营相关的税收政策和办税程序，并进行了现场演示：

---

① 为方便阅读，本章示例中的企业名称均以序号表示，“A1”表示本章第一个示例中的企业名称。

一是拨打当地的12366纳税缴费服务热线，可以直接咨询相关的问题。

二是登录国家税务总局网站（www. chinatax. gov. cn）或通过该网站的链接引擎登录所在省（自治区、直辖市、计划单列市）税务局网站。在“纳税服务”—“办税指南”中查找所要关注的办税流程和方法。

（二）保密权示例

【示例情况】

2022年7月，某市税务局稽查局稽查人员小王将税务检查中知悉的A2化工厂一个化工新产品有关原料配方数据泄露给了经营化工企业的亲戚，致使A2化工厂经济利益遭受损失。

【法理分析】

《税收征收管理法》规定，税务机关（税务人员）应当依法为纳税人的商业秘密和个人隐私保密。商业秘密，是指不为公众所知悉、具有商业价值并经权利人采取相应保密措施的技术信息、经营信息等商业信息。

【税务处理】

A2化工厂为维护自身合法权益，向上一级税务机关投诉并要求赔偿。上级税务机关在查证事实的基础上，按照有关法律法规的规定，对稽查局有关负责人及稽查人员小王给予了行政处分，并依法作出了赔偿决定。

（三）税收监督权示例

【示例情况】

2022年7月，A3公司为B公司虚开增值税专用发票并按票面金额的1.2%收取开票费。A3公司职工小张，从维护国家利益出发，行使法律赋予的举报权，将这种偷逃国家税款的行为，向市税务局进行了书面举报。

【法理分析】

《中华人民共和国发票管理办法》（以下简称《发票管理办法》）规定，任何单位和个人不得有为他人开具与实际经营业务情况不符的发票行为（虚开发票行为）；对违反发票管理法规的行为，任何单位和个人都可以举报。

【税务处理】

经税务机关查实，A3公司共为B公司虚开增值税专用发票近2亿元，B公司申报抵扣货物运输进项税额近1 800万元。税务机关按有关法律、法规的规定对A3、B公司分别予以处罚，并移送司法机关处理。税务局按照有关规定对举报人小张进行了奖励。

（四）纳税申报方式选择权示例

【示例情况】

2023 年 1 月，A4 公司取得了营业执照。在办理税务信息确认时公司办税人员得知通过电子税务局进行纳税申报既省时又便捷，在经过实名税务认证后便选择电子申报方式进行纳税申报。

【法理分析】

目前，纳税人、扣缴义务人可以采取的纳税申报方式主要有三种：上门申报、邮寄申报和数据电文申报。相较上门申报、邮寄申报方式，数据电文申报省工省时，目前已成为纳税人首选的申报方式。

【税务处理】

A4 公司在经过实名税务认证后选择数据电子申报方式进行了纳税申报。

（五）申请延期申报权示例

【示例情况】

2023 年 3 月 10 日，A5 公司遇到水灾，导致公司账簿等财务资料损毁，无法在规定的申报期限内办理纳税申报，公司财务人员在 3 月 14 日向税务机关申请延期申报，并填写了《延期申报申请审批表》、报送了相关资料。主管税务机关根据企业的情况核准了延期申报申请。

【法理分析】

《中华人民共和国税收征收管理法实施细则》（以下简称《税收征收管理法实施细则》）规定，纳税人、扣缴义务人因不可抗力，不能按期办理纳税申报或者报送代扣代缴、代收代缴税款报告表的，可以延期办理。不可抗力，是指人们无法预见、无法避免、无法克服的自然灾害，如水灾、火灾、风灾、地震、疫情等。

【税务处理】

税务机关受理审核后，根据《税收征收管理法》及其实施细则的规定，作出同意延期申报的决定，并制发了《延期申报通知书》。A5 公司按照规定，于 3 月 14 日按上期实际缴纳的税额 5 万元预缴了税款。

（六）申请延期缴纳税款权示例

【示例情况】

2023 年 3 月 13 日，A6 公司进行了纳税申报，当月应缴税款约 10 万元。公司出纳反映，当日公司账面仅有存款约 15 万元，而 3 月 14 日是公司的发薪日，当月应支付的薪金额约 18 万元。造成企业资金临时短缺的主要原因是上个月一客户未按合同约定支付销售货款 30 万元。因此，A6 公司以资金周转困难为由，于当日向主管税务机关提出延期缴纳税款的申请，并提供有关书面材料。

【法理分析】

根据《税收征收管理法》及其实施细则规定，如果纳税人 A6 公司当期货币资金在扣除应付的职工工资、社会保险费后不足以缴纳税款，可以向税务机关提出延期缴纳税款的申请。企业的资金情况是：2023 年 3 月当月应缴税款约 10 万元，3 月 13 日账面存款 15 万元，3 月 14 日公司应发放职工薪金等约 18 万元，出现了库存资金不足以发放职工薪金问题，符合申请延期缴纳税款的条件。

【税务处理】

主管税务机关对 A6 公司提交的延期缴纳税款申请材料进行核实后，将核实情况和处理意见直报省税务机关。省税务机关认为企业符合法定条件，出具加盖本税务机关印章或者税收业务专用章的《延期缴纳税款通知书》，核准企业延期缴纳税款 10 万元至 2023 年 4 月 15 日。

（七）申请退还多缴税款权示例

【示例情况】

2023 年 3 月 28 日，A7 企业发现公司 2021 年 6 月在申报股票投资收益增值税时未扣除股票的购买金额，多申报销售额 10 万元，多缴纳增值税税款 6 000 元。于是企业于 2023 年 4 月 5 日向主管税务机关提出了退税申请。

【法理分析】

《税收征收管理法》明确，自结算缴纳税款之日起，纳税人 3 年内发现多缴纳税款的，可以向税务机关要求退还多缴的税款并加算银行同期存款利息。A7 企业 2021 年 6 月多申报缴纳税款 6 000 元，在 2023 年 4 月 5 日向主管税务机关提出了退税申请，符合退税的法律规定。

【税务处理】

经主管税务机关审核后，2023 年 4 月 25 日税务局退还 A7 企业多缴的税款，并支付了同期存款利息。

（八）依法享受税收优惠权示例

【示例情况】

A8 公司主要从事计算机技术开发。2023 年 2 月，A8 公司与乙公司签订一项为乙公司开发工业控制项目的技术开发协议，协议约定 A8 公司于 2023 年 5 月将该成果转让给乙公司并收取该项技术转让价款 30 万元。A8 公司考虑将此项业务申报享受企业所得税优惠待遇。

【法理分析】

《中华人民共和国企业所得税法实施条例》（以下简称《企业所得税法实施条例》）第九十条规定，一个纳税年度内，居民企业技术转让所得不超过500万元的部分，免征企业所得税；超过500万元的部分，减半征收企业所得税。

【税务处理】

2023年7月，A8公司在向税务机关办理企业所得税预缴申报时，采取“自行判别、申报享受、相关资料留存备查”的方式享受技术转让所得免征收企业所得税待遇，并按规定留存了以下资料：

（1）所转让的技术产权证明。

（2）技术转让合同（副本）。

（3）技术合同登记证明。

（4）技术转让所得归集、分摊、计算的相关资料。

（5）实际缴纳相关税费的证明资料。

（6）转让技术所有权的，其成本费用情况；转让使用权的，其无形资产费用摊销情况。

（7）技术转让年度，转让双方股权关联情况。

（九）委托税务代理权示例

【示例情况】

2023年1月3日，A9公司与B税务师事务所签订了一年的税务代理协议，委托其代理办理纳税申报事宜。

【法理分析】

《税收征收管理法》第八十九条明确，纳税人、扣缴义务人可以委托税务代理人代为办理税务事宜。

【税务处理】

从2023年1月开始，B税务师事务所可以为A9公司办理纳税申报事宜。

（十）陈述权与申辩权示例

【示例情况】

2022年6月22日，A10公司会计到区局办税服务厅（第一税务所）办理了当月纳税申报。由于是逾期申报，第一税务所依照《税收征收管理法》第六十二条规定，拟对A10公司作出罚款200元的处罚决定。A10公司当即向税务机关提交了逾期申报情况说明。A10公司称，由于会计在出差中受到疫情管控影响，致使公司无法及时报告和按期申报，并非主观上故意拖延，会计在解除疫情管控后立即办理了纳税申报，故要求税务机关不予处罚。同时，会计提供了疫情管控的相关资料。

【法理分析】

《税收征收管理法》第八条第四款规定，纳税人、扣缴义务人对税务机关作出的决定，享有陈述权、申辩权。纳税人、扣缴义务人提出的事实、理由或者证据成立的，税务机关应当采纳。

《中华人民共和国行政处罚法》（以下简称《行政处罚法》）还规定了不予行政处罚的情形：当事人违法行为轻微并及时改正，没有造成危害后果的，不予行政处罚；初次违法且危害后果轻微并及时改正的，可以不予行政处罚；当事人有证据足以证明没有主观过错的，不予行政处罚。

【税务处理】

第一税务所对企业提交的资料进行了情况核实，随后作出了对 A10 公司不予处罚的决定。

（十一）对程序不合法拒绝税务检查权示例

【示例情况】

2022 年 8 月 16 日，A11 公司接到主管税务局税源管理部门小王的电话，电话称，临时接到核查通知，要求企业次日将 2021 年以来的账簿、会计凭证等涉税资料送到税务局接受税务检查。17 日，A11 公司将公司 2021 年以来的账簿、会计凭证等涉税资料送到小王所在的税源管理部门。小王出示了本人的税务检查证，但是由于受疫情影响，税务检查通知书还没有制作完成。

【法理分析】

《税收征收管理法》第五十九条规定，税务机关派出的人员进行税务检查时，应当出示税务检查证和税务检查通知书；未出示税务检查证和税务检查通知书的，被检查人有权拒绝检查。

【税务处理】

由于核查工作急促，税务检查手续在系统中还没有流转完成，没有向企业送达税务检查通知书，在程序上不符合税务检查规定。因此，税源管理部门决定尽快协调税收检查手续，在税务检查手续齐全后再开始对 A11 公司进行税务检查。

（十二）申请行政复议的示例

【示例情况】

2022 年 8 月，某市税务局稽查局在对 A12 公司纳税情况进行检查时，发现 A12 公司 2021 年有一笔 20 万元的房屋出租租金收入未按租金收入申报缴纳房产税，并向 A12 公司出具了税务处理决定书，要求企业按 20 万元租金收入补缴房产税并课征滞纳金。

A12公司认为，公司此前已将出租的房产按原值申报缴纳了房产税，稽查局在计算少缴税额时应将已缴纳的房产税部分扣除。因此，A12公司不同意稽查局的补税处理决定。A12公司在按规定缴纳了补缴的税款后，于2022年10月16日向市税务局提交了行政复议申请，请求市税务局变更稽查局的处理决定。

【法理分析】

《税收征收管理法》规定，纳税人、扣缴义务人对税务机关作出的决定，依法享有申请行政复议等权利。纳税人、扣缴义务人、纳税担保人同税务机关在纳税上发生争议时，必须先依照税务机关的纳税决定缴纳或者解缴税款及滞纳金或者提供相应的担保，然后可以依法申请行政复议。

在本案中，A12公司与税务局稽查局在房产税的计征数额方面存在争议，根据《税收征收管理法》的规定，公司需先缴纳税款或者提供相应的担保，才可以依法申请行政复议。

【税务处理】

市税务局根据有关法律、法规的规定受理了A12公司的税务行政复议申请。

市税务局经复议审查后认为，根据《中华人民共和国房产税暂行条例》的规定，A12公司出租房产应按出租收入征收税款，稽查局在计算少缴税额时，应将A12公司已按房产原值计算缴纳的房产税予以扣除。因此，市税务局根据A12公司的复议申请，依法作出了相应的税务行政复议决定。

（十三）提起行政诉讼的示例

【示例情况】

2022年8月3日，某市税务局稽查局对A13公司以前年度的纳税情况实施检查，发现A13公司向客户收取的“延期付款利息”未申报缴纳增值税。稽查局根据《税收征收管理法》的相关规定，认定其属于采取虚假申报手段进行偷税。9月12日，稽查局对A13公司作出了追缴“延期付款利息”增值税及其附加税费、加收滞纳金，并处偷税数额1倍罚款的处理、处罚决定。

A13公司认为，公司将收取的“延期付款利息”已计入“营业外收入”科目中，并申报了企业所得税，不存在偷税行为。于是，A13公司就税务局的罚款决定向区人民法院提起了行政诉讼。

【法理分析】

《增值税暂行条例》及其实施细则规定，增值税的销售额为纳税人发生应税销售行为收取的全部价款和价外费用。价外费用包括价外向购买方收取的手续费、补贴、基金、集资费、返还利润、奖励费、违约金、滞纳金、延期付款利息、赔偿金、代收款项、代垫款项、包装费、包装物租金、储备费、优质费、运输装卸费以及其他各种性质的价外收费。因此，A13 公司向客户收取的“延期付款利息”属于增值税的销售额，应按规定计提销项税额。

关于偷税行为的认定，《税收征收管理法》第六十三条第一款规定，纳税人伪造、变造、隐匿、擅自销毁账簿、记账凭证，或者在账簿上多列支出或者不列、少列收入，或者经税务机关通知申报而拒不申报或者进行虚假的纳税申报，不缴或者少缴应纳税款的，是偷税。

在本案例中，A13 公司对收取的“延期付款利息”已计入“营业外收入”科目中，并申报了企业所得税，因此，税务局稽查局认定 A13 公司少缴增值税及其附加税费行为认定为偷税的结论值得推敲。

《税收征收管理法》第八十八条第二款规定：“当事人对税务机关的处罚决定、强制执行措施或者税收保全措施不服的，可以依法申请行政复议，也可以依法向人民法院起诉。”因此，A13 公司对税务局的罚款决定不服，可以依法直接向区人民法院提起行政诉讼。

【税务处理】

区人民法院受理了 A13 公司的诉讼请求并公开审理了该案件。

（十四）请求国家赔偿权示例

【示例情况】

因 A14 食杂店存在欠税，2019 年 7 月 10 日，主管税务所依法对 A14 食杂店采取了税收保全措施——扣押商品香烟 2 箱。7 月 22 日，食杂店补缴税款及滞纳金。7 月 23 日税务所解除税收保全措施——返回 2 箱扣押的香烟，但返回的香烟已受潮变质。于是 A14 食杂店以自己的合法权益遭受损失为由向税务所提出了国家赔偿请求。

【法理分析】

《税收征收管理法》第四十三条规定，税务机关采取税收保全措施、强制执行措施不当，使纳税人、扣缴义务人或者纳税担保人的合法权益遭受损失的，应当依法承担赔偿责任。

在本案例中，税收保全是税务机关的具体行政行为，税务所返还的税收保全资产——香烟已经受潮变质，给纳税人造成损失。根据相关法律规定，纳税人有权要求税务机关予以国家赔偿。

《国家赔偿法》第七条第一款规定：“行政机关及其工作人员行使行政职权侵

犯公民、法人和其他组织的合法权益造成损害的，该行政机关为赔偿义务机关。”因此，A14 食杂店针对税务所实施的税收保全措施对自己合法权益造成侵害，有权要求税务机关予以赔偿。

【税务处理】

税务机关受理后，经过调查，对 A14 食杂店的损失依据《国家赔偿法》的有关规定，决定予以赔偿。

（十五）依法要求听证权示例

【示例情况】

2022 年 5 月 26 日，B 市税务局稽查局在税务检查中发现 A15 公司利用取得的虚开增值税专用发票抵扣进项税额 5 万元，造成少缴增值税 3 万元。5 月 28 日，市税务局稽查局依法作出进项税额转出、加收滞纳金的决定，并下达了《税务行政处罚事项告知书》，拟处以 3 万元罚款。5 月 30 日，该公司提出税务行政处罚听证要求。

【法理分析】

在本案例中，税务局稽查局对 A15 公司拟作出处的 3 万元罚款属于“较大数额罚款”决定，根据现行法律的规定，A15 公司有权要求进行听证。

《行政处罚法》第六十三条规定，行政机关拟作出“较大数额罚款”行政处罚决定，应当告知当事人有要求听证的权利，当事人要求听证的，行政机关应当组织听证。国家税务总局《税务行政处罚听证程序实施办法（试行）》（国税发〔1996〕190 号）第三条规定，税务机关对法人或者其他组织作出 1 万元以上（含本数）罚款的行政处罚之前，应当向当事人送达《税务行政处罚事项告知书》，告知当事人已经查明的违法事实、证据、行政处罚的法律依据和拟将给予的行政处罚，并告知有要求举行听证的权利。

【税务处理】

A15 公司对税务局稽查局拟作出处的 3 万元罚款决定有权要求进行听证。B 市税务局稽查局在接到纳税人听证要求后，于 2022 年 6 月 4 日举行了听证会。

（十六）税务局稽查局说理式执法示例

【示例情况】

2021 年以来，国家税务总局某市税务局第二稽查局为进一步优化税务执法方式，在税务稽查工作中实行了以“说清事理，说透法理，说通情理”为主要内容的“说理式”柔性执法措施，收到了较好的执法效果，提高了税法遵从度。

【法理分析】

中共中央办公厅、国务院办公厅在《关于进一步深化税收征管改革的意见》中指出，要不断完善税务执法制度和机制，不断提升税务执法精确度。创新行政执法方式，有效运用说服教育、约谈警示等非强制性执法方式，让执法既有力度又有温度，做到宽严相济、法理相融。

在本案例中，某市税务局第二稽查局的“说理式”柔性执法做法值得肯定。多年来，税务机关在认真贯彻执行国家税收法规、政策的同时，一直在不断探索完善税务执法制度和机制，完善税务监管体系，打造市场化法治化国际化营商环境，更好服务市场主体发展。

涉税专业服务是指涉税专业服务机构接受委托，利用专业知识和技能，就涉税事项向委托人提供的税务代理等服务。《税收征收管理法》第八十九条规定："纳税人、扣缴义务人可以委托税务代理人代为办理税务事宜。"

根据《税收征收管理法》及其实施细则，以及中共中央办公厅、国务院办公厅《关于进一步加强财会监督工作的意见》和相关的法律、法规、规章及规范性文件的规定，涉税专业服务机构具有多项税收权利和义务。

【税务处理】

该市税务局第二稽查局在对某市一家房地产企业进行核查时，检查人员发现该企业存在相关收入未及时确认和少申报缴纳企业所得税的情况。经了解，企业出现这一问题，是因为会计对税收政策理解不到位，在填写企业所得税申报表时，对附表“房地产特定业务计算的纳税调整额”的相关填报事项理解出现偏差，导致填列出错。在追征税款的同时，检查人员向企业人员讲解了相关税收法规政策和房地产业务收入确认的各项要点和注意事项，并给他们解释了申报表数据的钩稽关系和填报计算方式。

第二节　税法遵从主体的义务

法律义务是法律的基本要素，指法律关系主体依法承担的某种必须履行的责任。在税收实体法中，对税法遵从主体的税收义务进行明确和规范。

本节着重介绍各税法遵从主体税收义务的基本要点、难点和风险示例。

一、遵从要点

根据《税收征收管理法》及其实施细则等法律、法规的规定，税法遵从主体主要有以下税收义务。

（一）在纳税主体方面

1. 依法进行税务信息确认

（1）从事生产、经营的纳税人（即企业及其在外地设立的分支机构和从事生产、经营的场所，个体工商户和从事生产、经营的事业单位）应当自领取营业执照之日起30日内，向生产、经营地或者纳税义务发生地的主管税务机关申报办理税务信息确认，并按照税务机关的要求提供有关证件、资料。

（2）纳税人未按照规定的期限申报办理税务信息确认、变更或者税务注销的，由税务机关责令限期改正，可以处2 000元以下的罚款；情节严重的，处2 000元以上10 000元以下的罚款。

2. 依法设置账簿、保管账簿和有关资料

（1）从事生产、经营的纳税人，应当自领取营业执照或者发生纳税义务之日起的15日内，按照国家有关规定设置账簿，并根据合法、有效凭证记账，进行核算。

（2）从事生产、经营的纳税人，必须按照国务院财政、税务主管部门规定的保管期限保管账簿、记账凭证、完税凭证及其他有关资料。

（3）账簿、记账凭证、报表、完税凭证、发票、出口凭证以及其他有关涉税资料应当保存10年。但法律、行政法规另有规定的除外。

3. 依法开具、使用、取得和保管发票

（1）单位、个人在购销商品、提供或者接受经营服务以及从事其他经营活动时，应当依法开具、使用、取得和保管发票。

（2）销售商品、提供服务以及从事其他经营活动的单位和个人，对外发生经营业务收取款项，收款方应当向付款方开具发票；特殊情况下，由付款方向收款方开具发票。

（3）所有单位和从事生产、经营活动的个人在购买商品、接受服务以及从事其他经营活动支付款项时，应当向收款方取得发票。取得发票时，不得要求变更品名和金额。

（4）不符合规定的发票，不得作为财务报销凭证，任何单位和个人有权拒收。

（5）发票应当保存10年。但是，法律、行政法规另有规定的除外。

4. 备案财务、会计制度和会计核算软件

（1）从事生产、经营的纳税人应将其财务、会计制度或者财务、会计处理办法报送主管税务机关备案。

（2）纳税人使用计算机软件（系统）记账的，应当在使用前将会计电算化系统的会计核算软件、使用说明书及有关资料报送主管税务机关备案。

（3）纳税人未按照规定将财务、会计制度或者财务、会计处理办法和会计核算软件报送税务机关备查的，由税务机关责令限期改正，可以处 2 000 元以下的罚款；情节严重的，处 2 000 元以上 10 000 元以下的罚款。

5. 按照规定安装、使用税控装置

纳税人应当按照规定安装、使用税控装置，并按照税务机关的规定报送有关数据和资料，不得损毁或者擅自改动税控装置。

6. 按时、如实纳税申报

（1）纳税人必须依照法律、行政法规规定或者税务机关依照法律、行政法规的规定确定的申报期限、申报内容如实办理纳税申报，报送纳税申报表、财务会计报表以及税务机关根据实际需要要求纳税人报送的其他纳税资料。

（2）扣缴义务人必须依照法律、行政法规规定或者税务机关依照法律、行政法规的规定确定的申报期限、申报内容如实报送代扣代缴、代收代缴税款报告表以及税务机关根据实际需要要求报送的其他有关资料。

（3）纳税人在纳税期内没有应纳税款的，也应当按照规定办理纳税申报。

（4）纳税人享受减税、免税待遇的，在减税、免税期间应当按照规定办理纳税申报。

另外，如果纳税人因有特殊困难不能按期纳税申报的，可以申请延期申报。申请延期申报遵从要点见本章相关内容。

7. 按时缴纳税款

纳税人、扣缴义务人应当按照法律、行政法规规定或者税务机关依照法律、行政法规规定确定的期限，缴纳或者解缴税款。

8. 依法代扣代缴、代收代缴税款

（1）扣缴义务人按照法律、行政法规规定负有代扣代缴、代收代缴税款义务，必须依照法律、行政法规的规定履行代扣代缴、代收代缴税款的义务。

（2）扣缴义务人依法履行代扣代缴、代收代缴税款义务时，纳税人不得拒绝。纳税人拒绝的，扣缴义务人应当及时报告税务机关处理。

9. 接受依法检查

（1）纳税人、扣缴义务人必须接受税务机关依法进行的税务检查，如实反映情况，提供有关资料，不得拒绝、隐瞒。

（2）税务机关依法进行税务检查时，有权向有关单位和个人调查纳税人、扣缴义务人和其他当事人与纳税或者代扣代缴、代收代缴税款有关的情况，有关单位和个人有义务向税务机关如实提供有关资料及证明材料。

10. 及时提供信息

纳税人、扣缴义务人除通过税务信息确认和纳税申报向税务机关提供与纳税有关的信息外，还应及时提供其他信息。如纳税人、扣缴义务人发生经营情况变化、遭受各种灾害等特殊情况的，应及时向税务机关说明，以便税务机关依法妥善处理。

11. 提供关联交易信息

纳税人与关联企业之间发生业务往来，向当地税务机关提供有关的价格、费用标准等资料。

12. 报告企业合并、分立情况

纳税人有合并、分立情形的应当向税务机关报告，并依法缴清税款。

13. 报告全部账号

从事生产、经营的纳税人应当自开立基本存款账户或者其他存款账户之日起15日内，向主管税务机关书面报告其全部账号；发生变化的，应当自变化之日起15日内向主管税务机关书面报告。

14. 处分大额财产时报告

（1）纳税人有欠税情形而以其财产设定抵押、质押的，应当向抵押权人、质权人说明其欠税情况。抵押权人、质权人可以请求税务机关提供有关的欠税情况。

（2）纳税人欠缴税款数额在5万元以上，在处分不动产或者大额资产之前应当向税务机关报告。

（二）在征税主体方面

1. 依法征税。依照法律、行政法规的规定征收税款，不得违反法律、行政法规的规定，擅自作出税收开征、停征以及减税、免税、退税、补税和其他同税收法律、行政法规相抵触（如多征、少征、提前征收、延缓征收或者摊派税款）的决定。

2. 无偿提供税务咨询。税务机关应当广泛宣传税收法律、行政法规，普及纳税知识，无偿地为纳税人提供税务咨询服务。

3. 税务机关应当依法为纳税人、扣缴义务人的商业秘密和个人隐私保密。

4. 秉公执法、文明服务、依法接受监督。税务机关、税务人员必须秉公执法，忠于职守，清正廉洁，礼貌待人，文明服务，尊重和保护纳税人、扣缴义务人的权利，依法接受监督。

5. 不得滥用职权。税务人员不得索贿受贿、徇私舞弊、玩忽职守、不征或者少征应征税款，不得滥用职权多征税款或者故意刁难纳税人和扣缴义务人。

6. 遵守回避制度。税务人员征收税款和查处税收违法案件，与纳税人、扣缴义务人或者税收违法案件有利害关系的，应当回避。税务人员在核定应纳税额、调整税收定额、进行税务检查、实施税务行政处罚、办理税务行政复议时，与纳税人、扣缴义务人或者其法定代表人、直接责任人有特定关系的，应当回避。

7. 对检举人保密和奖励。收到检举的税务机关和负责查处的税务机关应当为检举人保密。税务机关应当按照规定对检举人给予奖励。

8. 违法决定不得执行并上报。地方各级人民政府、各级人民政府主管部门、单位和个人违反法律、行政法规规定，擅自作出的减税、免税决定无效，税务机关不得执行，并应向上级税务机关报告。

9. 征税时开付收据。税务机关征收税款时，必须给纳税人开具完税凭证。税务机关扣押商品、货物或者其他财产时，必须开付收据；查封商品、货物或者其他财产时，必须开付清单。税务机关对纳税人、扣缴义务人及其他当事人处以罚款或者没收违法所得时，应当开付罚没凭证；未开付罚没凭证的，纳税人、扣缴义务人以及其他当事人有权拒绝给付。

10. 及时解除税收保全。纳税人在税务机关采取税收保全措施后，按照税务机关规定的期限缴纳税款的，税务机关应当自收到税款或者银行转回的完税凭证之日起 1 日内解除税收保全。拍卖或者变卖所得抵缴税款、滞纳金、罚款以及拍卖、变卖等费用后，剩余部分应当在 3 日内退还被执行人。税务机关采取税收保全措施的期限一般不得超过 6 个月；重大案件需要延长的，应当报国家税务总局批准。

11. 对特殊资产不得实施税收保全措施和强制执行措施。对个人及其所扶养家属维持生活必需的住房和用品以及单价 5 000 元以下的其他生活用品，不得实施税收保全措施和强制执行措施。

12. 造成侵权要赔偿。纳税人在限期内已缴纳税款，税务机关未立即解除税收保全措施，使纳税人的合法利益遭受损失的，税务机关应当承担赔偿责任。

税务机关滥用职权违法采取税收保全措施、强制执行措施，或者采取税收保全措施、强制执行措施不当，使纳税人、扣缴义务人或者纳税担保人的合法权益遭受损失的，应当依法承担赔偿责任。

13. 公告纳税人欠税情况。税务机关应当对纳税人欠缴税款的情况定期予以公告。抵押权人、质权人可以请求税务机关提供有关的欠税情况。

14. 发现多缴税的立即退还。纳税人超过应纳税额缴纳的税款，税务机关发现后应当立即退还。纳税人自结算缴纳税款之日起3年内发现的，可以向税务机关要求退还多缴的税款并加算银行同期存款利息，税务机关及时查实后应当立即退还。

15. 对部分补税不得加收滞纳金。因税务机关的责任，致使纳税人、扣缴义务人未缴或者少缴税款的，税务机关在3年内可以要求纳税人、扣缴义务人补缴税款，但是不得加收滞纳金。

16. 按预算级次解缴税款。税务机关应当按照国家规定的税收征收管理范围和税款入库预算级次，将征收的税款缴入国库。税务机关的涉税罚没收入，应当按照税款入库预算级次上缴国库。

17. 依法进行税务检查。税务机关派出的人员进行税务检查时，应当出示税务检查证和税务检查通知书，并有责任为被检查人保守秘密。

18. 不得截留税款。税务机关不得占压、挪用、截留税款，不得缴入国库以外或者国家规定的税款账户以外的任何账户。

19. 依法实施税收保全、强制执行措施。税务机关执行扣押、查封商品、货物或者其他财产时，应当由两名以上税务人员执行，并通知被执行人。

20. 执行审计机关、财政机关的决定。审计机关、财政机关依法进行审计、检查时，对税务机关的税收违法行为作出的决定，税务机关应当执行。税务机关应当自收到审计机关、财政机关的决定、意见书之日起30日内将执行情况书面回复审计机关、财政机关。

（三）涉税专业服务机构

1. 在从事涉税专业服务时，应当遵守税收法律、法规及相关税收规定，遵循涉税专业服务业务规范、工作职责，确保独立、客观、公正、规范执业。

2. 为委托人出具的各类涉税报告和文书，税收法律、法规及国家税务总局规定报送的，应当向税务机关报送。

3. 税务师事务所办理商事登记后，应当向省级税务机关办理行政登记。

4. 应当向税务机关提供机构和从事涉税服务人员的姓名、身份证号、专业资格证书编号、业务委托协议等实名信息。

5. 应当以年度报告形式，向税务机关报送从事涉税专业服务的总体情况。

6. 税务师事务所、会计师事务所、律师事务所从事专业税务顾问、税收策划、涉税鉴证、纳税情况审查业务，应当向税务机关单独报送相关业务信息。

7. 应当向主管税务机关报送涉税专业服务基本信息。

二、难点解析

（一）在纳税主体方面

1. 对纳税人进行税务信息确认的目的

税务信息确认，是指税务机关依法对纳税人的生产经营等信息进行确认，并据此对纳税人实施税务管理的一种法定制度，也是纳税人必须依法履行的义务。税务信息确认是税务管理的主要手段和内容。

纳税人应按照规定的期限申报办理税务信息确认、变更和税务注销。不办理将承担法律责任。

2. 应办理税务信息确认的纳税人的范围

除国家机关、个人（自然人）和无固定生产、经营场所的流动性农村小商贩外，纳税人均应申报办理税务信息确认。范围具体有以下三项。

（1）企业，企业在外地设立的分支机构和从事生产、经营的场所，个体工商户和从事生产、经营的事业单位（统称从事生产、经营的纳税人）。

（2）国家机关所属事业单位有经营行为，取得应税收入、财产、所得的。

（3）根据税收法律、行政法规的规定负有扣缴税款义务的扣缴义务人。

3. 多证合一情况下的税务信息确认

随着国家商事制度改革的不断深入，目前已经实现了企业的“三证合一”，即企业领取的营业执照上的 18 位“统一社会信用代码”也是企业的税务登记号码，税务机关不再发放税务登记证。但纳税人领取营业执照后仍需到主管税务机关办理税务信息确认。

目前，办理了营业执照的纳税人的税务信息确认主要分为一照一码户信息确认、个体工商户信息确认、一照一码户信息变更等。在各类税务信息确认管理中，纳税人应该根据税务机关的规定分别提交相关资料，及时办理。

4. 无营业执照纳税人的税务登记

从事生产、经营的纳税人，应办而未办营业执照，或不需办理营业执照而需经有关部门批准设立但未经有关部门批准的（简称无照户纳税人），应当自纳税义务发生之日起 30 日内申报办理税务登记。税务机关对无照户纳税人办理临时税务登记，并限量供应发票。

从事生产、经营的纳税人未办理营业执照但经有关部门批准设立的，应当自有关部门批准设立之日起30日内申报办理税务登记。

5. 可以不设立账簿的情形

对偶尔发生纳税行为的自然人，如个人出售自己的房产等，不要求建立账簿。

6. 账簿设置、保管的税收法律责任

（1）纳税人有以下情形的，税务机关有权核定其应缴税额：①依照法律、行政法规的规定应当设置账簿但未设置的；②擅自销毁账簿或者拒不提供纳税资料的；③虽设置账簿，但账目混乱或者成本资料、收入凭证、费用凭证残缺不全，难以查账的。

（2）纳税人未按照规定设置、保管账簿或者保管记账凭证和有关资料的，由税务机关责令限期改正，可以处2 000元以下的罚款；情节严重的，处2 000元以上10 000元以下的罚款。

（3）纳税人伪造、变造、隐匿、擅自销毁账簿、记账凭证，或者在账簿上多列支出或者不列、少列收入，不缴或者少缴应纳税款的，是偷税。对纳税人偷税的，由税务机关追缴其不缴或者少缴的税款、滞纳金，并处不缴或者少缴的税款50%以上5倍以下的罚款；构成犯罪的，依法追究刑事责任。

（4）扣缴义务人采取伪造、变造、隐匿、擅自销毁账簿、记账凭证，或者在账簿上多列支出或者不列、少列收入，不缴或者少缴已扣、已收税款，由税务机关追缴其不缴或者少缴的税款、滞纳金，并处不缴或者少缴的税款50%以上5倍以下的罚款；构成犯罪的，依法追究刑事责任。

（5）扣缴义务人未按照规定设置、保管代扣代缴、代收代缴税款账簿或者保管代扣代缴、代收代缴税款记账凭证及有关资料的，由税务机关责令限期改正，可以处2 000元以下的罚款；情节严重的，处2 000元以上5 000元以下的罚款。

另外，根据国家税务总局的规定，纳税人、扣缴义务人首次未按规定设置、保管账簿或者保管记账凭证和有关资料的，在税务机关发现前主动改正或者在税务机关责令限期改正的期限内改正的，不予行政处罚。

7. 发票开具、取得的主要规定

（1）发票开具，是指按照经济业务实际发生的情况填制、出具发票。

（2）发票取得，是指单位和个人从发生经济往来的对方获得发票，是发票管理的重要环节。

（3）销售商品、提供服务以及从事其他经营活动的单位和个人，对外发生经营业务收取款项，收款方应向付款方开具发票；特殊情况下由付款方向收款方开具发票。

（4）纳税人在购买商品、接受服务以及从事其他经营活动支付款项时，应当向收款方取得发票。取得发票时，不得要求变更品名和金额。不符合规定的发票，不得作为财务报销凭证，纳税人、扣缴义务人有权拒收。

（5）纳税人开具发票应当按照规定的时限、顺序，逐栏、全部联次一次性如实开具，并加盖单位财务印章或者发票专用章。

（6）纳税人不得转借、转让、代开发票，不得拆本使用发票，不得自行扩大专业发票使用范围，禁止倒买倒卖发票，等等。

（7）纳税人不得跨规定的使用区域携带、邮寄、运输空白发票。禁止携带、邮寄或者运输空白发票出入境。

8. 发票保管、缴销的基本规定

（1）发票保管，是指领购、开具发票的单位和个人存放和管理发票的活动。

（2）发票缴销，是指单位和个人向税务机关缴回已使用或未使用的发票，由纳税人的主管税务机关将其销毁。

（3）纳税人应当按照税务机关的规定存放和保管发票，不得擅自损毁。已开具的发票存根联和发票登记簿，应当保存 5 年。保存期满，报经税务机关查验后销毁。

（4）纳税人应当建立发票使用登记制度，设置发票登记簿，并定期向主管税务机关报告发票使用情况。

（5）纳税人应当在办理变更或者税务注销的同时，办理发票和发票领购簿的变更、缴销手续。

9. 发票违法的法律责任

（1）纳税人违反《发票管理办法》第三十五条规定情形的，由税务机关责令改正，可以处 1 万元以下的罚款；有违法所得的予以没收。

（2）纳税人违反发票管理法规，导致其他单位或者个人未缴、少缴或者骗取税款的，由税务机关没收违法所得，可以并处未缴、少缴或者骗取的税款 1 倍以下的罚款。

（3）纳税人违反规定虚开发票、非法代开发票的，由税务机关没收违法所得。虚开金额在 1 万元以下的，可以并处 5 万元以下的罚款；虚开金额超过 1 万元的，并处 5 万元以上 50 万元以下的罚款；构成犯罪的，依法追究刑事责任。

10. 财务制度的含义

财务制度，是指财务活动的规范，具体规定财务管理的原则、任务和方法，是单位编制财务预算、资金筹集、资产管理（包括固定资产、流动资产、无形资产、递延资产和其他资产的管理)、负债管理、对外投资、成本与费用管理、收入与分配管理以及资产处置、税款缴纳等必须遵循的规则。

财务处理办法是对各项资金的取得、使用、耗费、分配等财务活动的具体处理方法。目前，国家按社会主体的组织类型设立财务制度，在市场主体方面主要有《企业财务通则》(财政部令第 41 号，适用于在中华人民共和国境内依法设立的具备法人资格的国有及国有控股企业。金融企业除外，其他企业参照执行，实行企业化管理的事业单位比照适用)、《金融企业财务规则》(财政部令第 42 号）和《事业单位财务规则》(财政部令第 108 号） 等。

根据国家财务制度的规定，纳税人可根据自己的业务实际情况制定本企业的财务制度等。因此，纳税人要将自己制定的财务制度向税务机关报备。

11. 会计制度的分类

会计制度是组织管理会计核算与会计监督的规范，是经济管理制度的重要组成部分，主要内容包括：会计核算与会计监督的基本原则、会计凭证管理、会计科目与会计账簿设置、记账规则、会计报表的编制与报送、会计资料的分析与利用、会计检查的程序与方法、会计电算化管理、会计档案的保管与监销等。会计处理办法是处理各项会计事务时运用的具体会计核算方法，如编制合并会计报表方法、外币折算方法、收入确认方法、折旧提取方法、应税所得会计处理方法等。

目前，国家按市场组织的类型、规模分别设立会计制度，如《企业会计准则——基本准则》(财政部令第 76 号修改） 及 42 个具体准则、《小企业会计准则》(财会〔2011〕17 号，适用于符合《中小企业划型标准规定》所规定的小型企业标准的企业)、《农民专业合作社会计制度》(财会〔2021〕37 号)、《个体工商户会计制度（试行)》(财会字〔1997〕19 号)、《民间非营利组织会计制度》(财会〔2004〕7 号） 等。

根据国家统一会计制度的规定，纳税人要根据业务实际情况选择本企业适用的会计制度。如规定自己是使用《企业会计准则》还是使用《小企业会计准则》，选择低值易耗品摊销方法（一次摊销法、分期摊销法、五五摊销法)、固定资产的折旧方法（直线折旧法、加速折旧法)、成本核算方法（先进先出法、加权平均法、个别计价法）等。因此，纳税人要将自己的会计制度向税务机关报备。

12. 报备财务、会计制度的必要性

我国有统一的财务、会计制度。国家统一的财务、会计制度由法律、行政法规规定或由国务院财政、税务主管部门依照法律、行政法规的规定制定，并公布施行。纳税人、扣缴义务人的财务、会计制度、财务会计处理办法及会计核算软件应当与国家统一的财务、会计制度相一致。但考虑到不同行业对会计核算和会计监督的特殊要求，国家允许纳税人、扣缴义务人在不违反国家法律、行政法规和国家统一的财务、会计制度的前提下，制定本单位实施国家统一的财务、会计制度的具体办法或补充规定，但是不得与国家的财务、会计制度相抵触。否则，不仅不能真实反映纳税人、扣缴义务人的生产、经营情况和代扣代缴、代收代缴税款情况，还可能造成纳税人之间税赋不公，甚至会导致国家税收流失。

为了加强对纳税人、扣缴义务人的财务、会计监督，规范其财务管理和会计核算行为，国家从监管的实际需要出发，规定税务机关对纳税人、扣缴义务人的财务、会计制度及其处理办法和会计核算软件实施管理，管理的有效方法就是要求纳税人、扣缴义务人报备财务、会计制度。

13. 未按规定报备财务、会计制度的法律责任

纳税人未按照规定将财务、会计制度或者财务、会计处理办法和会计核算软件报送税务机关备查的，由税务机关责令限期改正，可以处 2 000 元以下的罚款；情节严重的，处 2 000 元以上 10 000 元以下的罚款。

另外，根据国家税务总局发布的《第二批税务行政处罚“首违不罚”事项清单》，纳税人未按照规定将财务、会计制度或者财务、会计处理办法和会计核算软件报送税务机关备查的，在税务机关发现前主动改正或者在税务机关责令限期改正的期限内改正的，不予行政处罚。

14. 安装、使用税控装置的基本规范

（1）对增值税一般纳税人，其所开具的发票必须纳入增值税防伪税控系统管理，普通发票纳入增值税防伪税控一机多票系统管理。其他符合规定条件的纳税人，应按照税务机关的统一要求，安装使用税控装置。

（2）纳税人在初次使用或重新领购增值税税控系统专用设备开具发票之前，需要税务机关对增值税税控系统专用设备进行初始化发行，将开票所需的各种信息载入增值税税控系统专用设备。

纳税人增值税税控系统专用设备载入信息发生变更的，税务机关对增值税税控系统专用设备及数据库中的信息作相应变更。

纳税人发生清税等涉及增值税税控系统专用设备需注销发行的，税务机关在增值税税控系统中注销纳税人发行信息档案。需收缴设备的，收缴纳税人增值税税控系统专用设备。

（3）纳税人在使用税控收款机之前，由主管税务机关使用国家税务总局下发的“税控收款机管理系统”实施税控初始化。在经营过程中，无论以现金还是非

现金方式收取款项，都必须通过税控收款机如实录入经营数据，开具由税务机关统一印制的税控收款机发票。具体流程对照税控收款机管理系统软件操作内容，按照国家税务总局印发的《税控收款机管理系统业务操作规程》的规定办理。

15. 未按照规定安装、使用税控装置的法律责任

（1）纳税人未按规定使用税控收款机，或者不如实录入销售或经营数据，或者发生税控收款机丢失、被盗，或者擅自拆卸、改动和破坏税控收款机，造成纳税人申报的计税依据明显偏低，又无正当理由的，由主管税务机关核定纳税人的应纳税额。

（2）纳税人未按照规定安装、使用税控装置，或者损毁、擅自改动税控装置，由税务机关责令限期改正，可以对纳税人处2 000元以下的罚款；情节严重的，处2 000元以上10 000元以下的罚款。

（3）纳税人如果未按照规定开具税控发票，税务机关将按照有关规定处理。

（4）未按照规定安装、使用税控装置，造成不缴或者少缴税款的，应当补缴税款、滞纳金。

16. 按时、如实进行纳税申报的意义

纳税申报，是指纳税人、扣缴义务人按照税法规定期限和内容向税务机关提交有关纳税事项书面报告的法律行为，是纳税人、扣缴义务人履行纳税义务或扣缴义务、承担法律责任的主要依据，是税务机关实施税务管理的主要信息来源和税务管理的一项重要制度。

按时申报，是指应在规定的申报期限内进行申报；如实申报，是指客观、正确地反映纳税人、扣缴义务人的计税依据和应纳税额。

另外，如果纳税期限的最后一日是法定休假日的，以休假日期满的次日为期限的最后一日；在期限内有连续3日以上法定休假日的，按休假日天数顺延。如果15日为周末等法定休假日，则期限的最后一日为休假日后的第一个工作日。

17. 当期没有应缴纳税款也需要进行纳税申报

《税收征收管理法实施细则》第三十二条第一款规定，纳税人在纳税期内没有应纳税款的，也应当按照规定办理纳税申报。

扣缴义务人应当按照规定的申报期限，将代扣代缴、代收代缴情况进行申报，并报送代扣代缴、代收代缴税款报告表，以及税务机关要求报送的其他有关资料。

18. 未按期纳税申报的法律责任

纳税人未按照规定的期限办理纳税申报和报送纳税资料的，或者扣缴义务人未按照规定的期限向税务机关报送代扣代缴、代收代缴税款报告表和有关资料的，

由税务机关责令限期改正，可以处2 000元以下的罚款；情节严重的，可以处2 000元以上10 000元以下的罚款。

另外，“纳税人未按照规定的期限办理纳税申报和报送纳税资料”属于国家税务总局税务行政处罚“首违不罚”清单项目，纳税人首次发生上述事项且危害后果轻微，在税务机关发现前主动改正或者在税务机关责令限期改正的期限内改正的，不予行政处罚。

19. 对纳税期限的理解

纳税期限，是指税收法律规定的，纳税人发生纳税义务后缴纳税款的法定期限。

理论上讲，纳税人只要发生了应税行为，就必须申报纳税。但是在实际征税过程中，由于纳税人的生产经营情况比较复杂，财务会计核算的难易程度也不一样，很难以纳税义务发生日作为纳税日。因此，为了规范征收和缴纳税款行为，从方便纳税人缴纳税款、税务机关征收税款的角度考虑，税收法律、行政法规对纳税期限作了规定。纳税人、扣缴义务人须按照法律、行政法规规定或者税务机关依照法律、行政法规的规定确定的期限，缴纳或者解缴税款。

法定期限包括两种，一是法律、行政法规规定的缴纳税款和解缴税款的期限；二是税务机关依照法律、行政法规的规定确定的不同的纳税人和扣缴义务人缴纳税款和解缴税款的具体期限。如《增值税暂行条例》第二十三条规定，增值税的纳税期限分别为1日、3日、5日、10日、15日、1个月或者1个季度。纳税人的具体纳税期限，由主管税务机关根据纳税人应纳税额的大小分别核定；不能按照固定期限纳税的，可以按次纳税。纳税人以1个月或者1个季度为1个纳税期的，自期满之日起15日内申报纳税；以1日、3日、5日、10日或者15日为1个纳税期的，自期满之日起5日内预缴税款，于次月1日起15日内申报纳税并结清上月应纳税款。扣缴义务人解缴税款的期限，依照上述规定执行。

20. 缴纳税款的主要方式

目前，为了方便纳税人、扣缴义务人缴纳税款，税务机关根据实际情况设定了多种缴款方式，纳税人、扣缴义务人可以根据自身条件，选择税务机关认可的现金、支票、银行卡或者电子结算等缴款方式。

21. 逾期缴纳税款的法律责任

（1）纳税人未按照规定期限缴纳税款的，扣缴义务人未按照规定期限解缴税款的，税务机关除责令限期缴纳外，从滞纳税款之日起，按日加收滞纳税款万分之五的滞纳金。

（2）从事生产、经营的纳税人、扣缴义务人未按照规定的期限缴纳或者解缴税款，纳税担保人未按照规定的期限缴纳所担保的税款，由税务机关责令限期缴纳，逾期仍未缴纳的，经县以上税务局（分局）局长批准，税务机关可以采取强制执行措施。

（3）纳税人、扣缴义务人在规定期限内不缴或者少缴应纳或者应解缴的税款，经税务机关责令限期缴纳，逾期仍未缴纳的，税务机关除依照规定采取强制执行措施追缴其不缴或者少缴的税款外，可以处不缴或者少缴的税款 50% 以上 5 倍以下的罚款。

22. 代扣代缴、代收代缴、代扣税款和代收税款的含义

（1）代扣代缴，是指税收法律、行政法规已经明确规定负有扣缴义务的单位和个人在支付款项时，代税务机关从支付给负有纳税义务的单位和个人的收入中扣留相应税款并向税务机关解缴的行为。

（2）代收代缴，是指税收法律、行政法规已经明确规定负有扣缴义务的单位和个人在收取款项时，代税务机关向负有纳税义务的单位和个人收取相应税款并向税务机关缴纳的行为。

23. 扣缴义务人的其他法律责任

（1）扣缴义务人应扣未扣、应收而不收税款的，由税务机关向纳税人追缴税款，对扣缴义务人处应扣未扣、应收未收税款 50% 以上 3 倍以下的罚款。

（2）扣缴义务人编造虚假计税依据的，由税务机关责令限期改正，并处 5 万元以下的罚款。

24. 税务检查的内容和主要方法

（1）查账，即检查纳税人的账簿、记账凭证、报表和有关资料，检查扣缴义务人代扣代缴、代收代缴税款账簿、记账凭证和有关资料。

（2）现场检查，即到纳税人的生产、经营场所和货物存放地检查纳税人应纳税的商品、货物或者其他财产，检查扣缴义务人与代扣代缴、代收代缴税款有关的经营情况。

（3）要求提供资料，即责成纳税人、扣缴义务人提供与纳税或者代扣代缴、代收代缴税款有关的文件、证明材料和有关资料。

（4）询问有关情况，即询问纳税人、扣缴义务人与纳税或者代扣代缴、代收代缴税款有关的问题和情况。

（5）检查运输邮寄货物单据，即到车站、码头、机场、邮政企业及其分支机构检查纳税人托运、邮寄应纳税商品、货物或者其他财产的有关单据、凭证和有

关资料。

（6）查询存款账户和储蓄存款，即经县以上税务局（分局）局长批准，凭全国统一格式的检查存款账户许可证明，查询从事生产、经营的纳税人、扣缴义务人在银行或者其他金融机构的存款账户。税务机关在调查税收违法案件时，经设区的市、自治州以上税务局（分局）局长批准，可以查询案件涉嫌人员的储蓄存款。税务机关查询所获得的资料，不得用于税收以外的用途。

25. 配合税务检查的要求

纳税人、扣缴义务人必须接受税务机关依法进行的税务检查，如实反映情况，提供有关资料，不得拒绝、隐瞒，并且做到：

（1）应当按照税务机关的要求如实提供纳税人、扣缴义务人的账簿、记账凭证、报表和有关资料；

（2）配合税务机关对纳税人的生产、经营场所和货物存放地进行检查；

（3）按照税务机关的要求提供与纳税或者代扣代缴、代收代缴税款有关的文件、证明材料和有关资料；

（4）如实回答税务机关对纳税人纳税或者代扣代缴、代收代缴税款有关的询问；

（5）如实反映情况，提供有关资料，不得拒绝、隐瞒或阻挠，并配合税务机关记录、录音、录像、照相和复制。

26. 逃避、拒绝或者以其他方式阻挠税务机关检查的法律责任

纳税人、扣缴义务人有下列情形之一的，由税务机关责令改正，可以处1万元以下的罚款；情节严重的，处1万元以上5万元以下的罚款。

（1）提供虚假资料，不如实反映情况，或者拒绝提供有关资料的；

（2）拒绝或者阻止税务机关记录、录音、录像、照相和复制与案件有关的情况和资料的；

（3）在检查期间，纳税人、扣缴义务人转移、隐匿、销毁有关资料的；

（4）有不依法接受税务检查的其他情形的。

另外，车站、码头、机场、邮政企业及其分支机构拒绝协助检查纳税人有关情况的，由税务机关责令改正，税务机关可以对其处1万元以下的罚款，情节严重的处1万元以上5万元以下的罚款。

银行或者其他金融机构拒绝接受依法检查纳税人、扣缴义务人存款账户的，税务机关可对其处10万元以上50万元以下的罚款，对其直接负责的主管人员和其他直接责任人员处1 000元以上1万元以下的罚款。

27. 履行提供涉税信息义务的方式

纳税人、扣缴义务人应当按照法律、法规的规定，通过税务信息确认和纳税申报等方式向税务机关如实提供相关涉税信息。

纳税人、扣缴义务人除通过税务信息确认和纳税申报向税务机关提供与纳税有关的信息外，还应及时提供其他信息。

另外，自 2022 年 7 月 14 日起，纳税人因自然灾害、事故灾难、公共卫生事件、社会安全事件等原因造成经营困难，按照《中华人民共和国市场主体登记管理条例》（国务院令第 746 号）第三十条规定办理歇业的，不需要向税务机关报告。

28. 关联企业的含义

关联企业，是指在资金、经营、购销等方面存在直接或者间接的控制关系，或直接或者间接地同为第三者控制，或在利益上具有相关联的其他关系的企业。

29. 应提交关联交易信息的项目

关联企业间的下列交易信息属于应提供的关联交易信息：

（1）有形资产使用权或者所有权的转让。有形资产包括商品、产品、房屋建筑物、交通工具、机器设备、工具器具等。

（2）金融资产的转让。金融资产包括应收账款、应收票据、其他应收款项、股权投资、债权投资和衍生金融工具形成的资产等。

（3）无形资产使用权或者所有权的转让。无形资产包括专利权、非专利技术、商业秘密、商标权、品牌、客户名单、销售渠道、特许经营权、政府许可、著作权等。

（4）资金融通。资金包括各类长短期借贷资金（含集团资金池）、担保费、各类应计息预付款和延期收付款等。

（5）劳务交易。劳务包括市场调查、营销策划、代理、设计、咨询、行政管理、技术服务、合约研发、维修、法律服务、财务管理、审计、招聘、培训、集中采购等。

30. 关联交易应报送的资料

（1）企业向税务机关报送年度企业所得税纳税申报表时，应当就其与关联方之间的业务往来，附送年度关联业务往来报告表。

（2）税务机关在进行关联业务调查时，纳税人及关联方应当按照税务机关规定的时限提供下列相关资料：

①与关联业务往来有关的价格、费用的制定标准、计算方法和说明等同期

资料；

②关联业务往来所涉及的财产、财产使用权、劳务等再销售（转让）价格或者最终销售（转让）价格的相关资料；

③与关联业务调查有关的其他企业应当提供的与被调查企业可比的产品价格、定价方式以及利润水平等资料；

④其他与关联业务往来有关的资料。

31. 企业不提供关联交易信息的法律责任

企业不提供与其关联方之间的业务往来资料，或者提供虚假、不完整资料，未能真实反映其关联业务往来情况的，税务机关有权依法核定其应纳税所得额。

32. 企业合并、分立应报告的目的

随着市场经济的不断深入发展和企业重组的不断深化，企业合并、分立事例层出不穷。但是有一些纳税人借口企业改制重组甚至不惜搞假破产来逃避纳税义务，损害国家税收权益，一些纳税人借企业改制重组之机，拒绝履行纳税义务，致使改制重组前企业应纳税款无人承担。

另外，由于多数的合并、分立企业存在经营困难并有欠税问题，而改制重组后的企业，有的又拒绝承担改制重组前企业欠缴的税款，因而税务机关难以追缴税款，造成国家税收流失。

为了防止企业利用改制重组规避纳税义务，《税收征收管理法》第四十八条规定："纳税人有合并、分立情形的，应当向税务机关报告，并依法缴清税款。纳税人合并时未缴清税款的，应当由合并后的纳税人继续履行未履行的纳税义务；纳税人分立时未缴清税款的，分立后的纳税人对未履行的纳税义务应当承担连带责任。"

33. 企业合并、分立不报告的法律责任

合并时未缴清税款的，应当由合并后的纳税人继续履行未履行的纳税义务；分立时未缴清税款的，分立后的纳税人对未履行的纳税义务应当承担连带责任。

34. 应报告的存款账户种类

纳税人的下列存款账户应向税务机关报告：

（1）基本存款账户，是存款人办理日常转账结算和现金收付的账户。存款人的工资、奖金等现金的支取，只能通过该账户办理。

（2）一般存款账户，是存款人在基本存款账户以外的银行或者其他金融机构借款转存、与基本存款账户的存款人不在同一地点的附属非独立核算单位开立的账户。存款人可以通过该账户办理转账结算和现金缴存，但不能办理现金支取。

（3）临时账户，是存款人因临时经营活动需要开立的账户。存款人可以通过该账户办理转账结算和根据国家现金管理的规定办理现金收付。

（4）专用存款账户，是存款人因特定用途需要开立的账户，如基本建设资金账户、更新改造资金账户及其他需要专户管理的资金账户。

按照中国人民银行的有关规定，存款人只能在银行或者其他金融机构开立一个基本存款账户。国家另有规定的除外。

纳税人的上述存款账户都应向税务机关报告。

35. 不报告全部银行账号的法律责任

纳税人未按照规定将其全部银行账号向税务机关报告的，由税务机关责令限期改正，可以处2 000元以下的罚款；情节严重的，处2 000元以上1万元以下的罚款。

36. 大额欠缴税款纳税人应当向税务机关报告的目的

现实中，纳税人欠缴税款的原因比较复杂。一是一些纳税人因经营不善，效益不佳而发生欠税，对这类有特殊困难的欠税人，法律允许经税务机关批准可以在一定时间内延期缴纳税款；二是一些欠缴税款的纳税人不积极主动缴纳税款，有逃避纳税义务倾向，当税务机关查核后准备采取必要措施时则闻风而逃，人去楼空，将其不动产或者大额资产处分掉，导致税款流失。因此为了掌握、控制欠税情况，防止税款流失，《税收征收管理法》第四十九条规定："欠缴税款数额较大的纳税人在处分其不动产或者大额资产之前，应当向税务机关报告。"

《税收征收管理法》的规定给欠缴税款数额较大的纳税人增加了一项法律义务，即在其处分不动产或者大额资产之前，应当向税务机关报告，如果其没有履行报告义务，就构成一种违法行为。实际上报告本身并不是目的，采取这种措施的真正用意，一方面是让税务机关及时掌握纳税人的动态，便于控制欠税情况，防止税款流失；另一方面也是督促纳税人自觉清缴欠税。

（二）在征税主体方面

1. 税务机关应当保密的涉税情况（信息）的范围

纳税人、扣缴义务人的下列信息，税务机关、税务人员应当依法保密：

（1）在税务管理活动中，纳税人（扣缴义务人）自行申报的有关信息和税务机关主动获取的相关资料，涉及商业秘密和个人隐私的。

（2）纳税人、扣缴义务人举报他人税收违法行为的信息。

（3）纳税人、扣缴义务人、其他人投诉举报税务人员违法违纪情况。

纳税人、扣缴义务人、其他人有确凿证据表明税务机关或其工作人员将纳税人、扣缴义务人的商业秘密、个人隐私泄露给他人的，以及纳税人、扣缴义务人、其他人检举他人税收违法行为情况被泄露的，可按有关规定向税务机关进行投诉，维护自身的合法权益。

2. 税务机关、税务人员在处理检举中的义务

检举，是指单位、个人采用书信、电话、传真、网络、来访等形式，向税务机关提供纳税人、扣缴义务人税收违法行为线索的行为。税收违法行为，是指涉嫌偷税（逃避缴纳税款），逃避追缴欠税，骗税，虚开、伪造、变造发票，以及其他与逃避缴纳税款相关的税收违法行为。

根据《税收征收管理法》及其实施细则、《税收违法行为检举管理办法》（国家税务总局令第49号）的规定，税务机关在处理税收违法行为检举中应履行的义务主要有：

（1）市（地、州、盟）以上税务局稽查局应设立税收违法案件举报中心。举报中心应当对外挂标识牌。

（2）税务机关应当向社会公布举报中心的电话（传真）号码、通信地址、邮政编码、网络检举途径，设立检举接待场所和检举箱。

（3）举报中心可以应来访的实名检举人要求出具接收回执。

（4）税务机关应当合理设置检举接待场所。

（5）举报中心应当在检举事项受理之日起15个工作日内完成分级分类处理，特殊情况除外。

（6）查处部门应当在收到举报中心转来的检举材料之日起3个月内办理完毕；案情复杂无法在期限内办理完毕的，可以延期。

（7）举报中心可以视具体情况采取口头或者书面方式答复实名检举人。

（8）实名检举事项的处理情况、查处结果，由作出处理行为的税务机关的举报中心答复。

（9）实名检举人要求答复检举事项查处结果的，检举事项查结以后，举报中心可以将与检举线索有关的查处结果简要告知检举人，但不得告知其检举线索以外的税收违法行为的查处情况，不得提供执法文书及有关案情资料。

（10）检举事项经查证属实，为国家挽回或者减少损失的，税务机关应按照财政部和国家税务总局的有关规定对实名检举人给予相应奖励。

（11）检举事项的受理、登记、处理及查处的税务机关工作人员，应当依照国家有关法律、行政法规等规定严格保密。

①检举人不愿提供个人信息或者不愿公开检举行为的，税务机关应当予以尊重和保密。

②税务人员与检举事项或者检举人、被检举人有直接利害关系的，应当回避。

③严禁泄露检举人的姓名、身份、单位、地址、联系方式等情况，严禁将检举情况透露给被检举人及与案件查处无关的人员。

④调查核实情况和立案检查时不得出示检举信原件或者复印件，不得暴露检举人的有关信息，对匿名的检举书信及材料，除特殊情况以外，不得鉴定笔迹。

⑤宣传报道和奖励检举有功人员，未经检举人书面同意，不得公开检举人的姓名、身份、单位、地址、联系方式等情况。

（三）涉税专业服务机构

1. 对税务师事务所实行行政登记的目的

国务院第91次常务会议决定将“税务师事务所设立审批”调整为“具有行政登记性质的事项”，因此，税务机关应当对税务师事务所实施行政登记管理。

税务师事务所行政登记，是指税务机关对在商事登记名称中含有“税务师事务所”字样的行政相对人进行书面记载的行政行为。未经行政登记不得使用“税务师事务所”名称，不能享有税务师事务所的合法权益。对符合行政登记条件的税务师事务所颁发《税务师事务所行政登记证书》。

另外，从事涉税专业服务的会计师事务所和律师事务所，依法取得会计师事务所执业证书或律师事务所执业许可证的，不需要单独向税务机关办理行政登记。

2. 未按照要求报送基本信息、业务信息的责任

涉税专业服务机构未按照《涉税专业服务监管办法（试行）》（国家税务总局公告2019年第43号）的规定向主管税务机关报送涉税专业服务基本信息、业务信息的，或报送信息与实际不符的，由税务机关责令限期改正或予以约谈；逾期不改正的，由税务机关降低信用等级或纳入信用记录，暂停受理所代理的涉税业务（暂停时间不超过6个月）；情节严重的，由税务机关纳入涉税服务失信名录，予以公告并向社会信用平台推送，其所代理的涉税业务，税务机关不予受理。

三、风险示例

（一）未依法办理税务信息确认的风险示例

【示例情况】

A16服装厂2022年3月1日取得了营业执照。2022年5月5日，县税务局S税务所税收管理人员在税收管理系统中发现辖区内A16服装厂发生涉税业务应当办理税务信息确认，但该服装厂一直未办理相关手续。实地核查发现该服装厂已经开业经营。根据核查结果，税务所根据《税收征收管理法》第六十条第一款

第（一）项的规定，于5月6日向A16服装厂下达了《责令限期改正通知书》，责令该服装厂于2022年5月10日前到税务所办理税务信息确认。

【法理分析】

在本案例中，A16服装厂违反了税收管理的规定，未按期办理税务信息确认。《税收征收管理法实施细则》第十二条第一款规定，从事生产、经营的纳税人应当自领取营业执照之日起30日内，向生产、经营地或者纳税义务发生地的主管税务机关申报办理税务登记，如实填写税务登记表，并按照税务机关的要求提供有关证件、资料。

《税收征收管理法》第六十条第一款第（一）项规定，纳税人未按照规定的期限申报办理税务登记的，由税务机关责令限期改正，可以处2 000元以下的罚款；情节严重的，处2 000元以上1万元以下的罚款。自2016年10月1日起，正式实施“五证合一、一照一码”[①] 登记制度。该登记制度改革并非将税务登记取消了，税务登记的法律地位仍然存在。已实行“多证合一、一照一码”登记模式的纳税人，首次办理涉税事宜时，对市场监督管理等部门共享信息进行确认。

因此，税务所有权责令A16服装厂限期办理税务信息确认。

【税务处理】

5月9日，A16服装厂会计人员到税务所办理税务信息确认，并说明了未及时办理税务信息确认的原因。鉴于A16服装厂的违法行为系一年内首次违反且危害后果轻微，并在税务机关责令限期内改正，A16服装厂也出具了承诺书，根据该省的税务行政处罚裁量基准规定，税务所决定对A16服装厂不予税务行政处罚。

（二）未按照规定保管账簿、记账凭证的风险示例

【示例情况】

2021年6月，国家税务总局某市税务局第一稽查局对A17企业进行税务检查。因A17企业未能提供2020年部分增值税发票抵扣联和发票联，记账凭证、出入仓单、相关账目明细账等资料，稽查局向该企业发出了《责令限期改正通知书》，企业未能在规定的期限内改正。对上述税收违法事实，稽查局取得了该企业出具的《账簿丢失的情况说明》和该企业确认记载上述事实的《税务稽查工作底稿》。

2021年6月25日，稽查局向该企业送达了《税务行政处罚事项告知书》，该

---

① “五证合一、一照一码”登记制度是指企业分别由市场监督管理部门核发工商营业执照、质量技术监督部门核发组织机构代码证、税务部门核发税务登记证、劳动保障行政部门核发的社会保险登记证和统计部门核发的统计登记证，改为一次申请、由市场监督管理部门核发一个加载法人和其他组织统一社会信用代码营业执照的登记制度。

企业未提出陈述、申辩意见，也未在规定期限内提出听证申请。

2021 年 7 月 25 日，稽查局对 A17 企业作出了《税务行政处罚决定书》：根据《税收征收管理法》第六十条第一款第二项的规定，决定对该企业未按规定保管账簿、记账凭证的行为处以 2 000 元罚款。

【法理分析】

在本案例中，纳税人因未保管好账簿而未能向稽查局提供 2020 年部分增值税发票抵扣联和发票联，记账凭证、出入仓单、相关账目明细账等资料，并且在稽查局规定的期限内未予以改正，属于纳税人未按规定保管账簿、记账凭证行为，违反了《税收征收管理法》第十九条的规定。《税收征收管理法》及其实施细则规定，从事生产、经营的纳税人应当自领取营业执照或者发生纳税义务之日起 15 日内，按照国家有关规定设置账簿。根据《税收征收管理法》第六十条第一款第（二）项的规定，纳税人未按照规定设置、保管账簿或者保管记账凭证和有关资料的，由税务机关责令限期改正，可以处 2 000 元以下的罚款；情节严重的，处 2 000 元以上 1 万元以下的罚款。据此，稽查局有权对 A17 企业进行处罚。

【税务处理】

根据《税收征收管理法》第六十条第一款第（二）项规定，税务机关在发现纳税人不能提供账簿、记账凭证、涉税资料时，应责令纳税人限期改正，情节轻微的可以处 2 000 元以下的罚款；情节严重的，处 2 000 元以上 1 万元以下的罚款。

另外，在税务检查时，如果纳税人不能提供账簿、记账凭证，还有可能违反《税收征收管理法》第七十条的规定，构成纳税人逃避、拒绝或者以其他方式阻挠税务机关检查行为，被处以较大数额的罚款。《税收征收管理法》第七十条规定，纳税人、扣缴义务人逃避、拒绝或者以其他方式阻挠税务机关检查的，由税务机关责令改正，可以处 1 万元以下的罚款；情节严重的，处 1 万元以上 5 万元以下的罚款。显然，《税收征收管理法》第七十条的处罚力度要大于第六十条。

纳税人不向税务机关提供账簿、记账凭证及有关资料，究竟构成何种违法行为，主要取决于相关的事实和取得的证据。如果是客观不能提供（如账簿、记账凭证及有关资料遗失等），属于保管不当；如果是主观不提供（如故意丢失、损毁或拒不提供等），则可构成逃避、拒绝或者以其他方式阻挠税务机关检查。

（三）未依法取得发票的风险示例

【示例情况】

2021 年 11 月 22 日至 2022 年 1 月 13 日，国家税务总局某市税务局第三稽查局对 A18 商贸有限公司 2020 年 3 月 18 日至 2021 年 9 月 30 日的纳税情况进行了检查。发现该企业让他人为自己虚开增值税专用发票17份，金额1 699 985.04元，进项税额220 997.96元，价税合计1 920 983元，已申报抵扣进项税额220 997.96元。

根据检查中收集到的证据，确认A18商贸有限公司抵扣接受虚开增值税专用发票进项税额220 997.96元。

根据企业的税收违法事实，依据税收法律、法规的规定，2022年1月17日，稽查局对该企业作出了《税务处理决定书》，要求A18公司补缴增值税及附加税费，允许企业所得税税前扣除，并加收滞纳金。

【法理分析】

本案例为一起接受虚开增值税专用发票抵扣进项税额、少缴增值税案件。根据现行税收法律、法规的规定，通常的税务处理是：

（1）对接受虚开发票行为（事实）进行认定。《发票管理办法》第二十二条第二款规定，任何单位和个人不得有下列虚开发票行为：①为他人、为自己开具与实际经营业务情况不符的发票；②让他人为自己开具与实际经营业务情况不符的发票；③介绍他人开具与实际经营业务情况不符的发票。如果收集到的证据表明纳税人至少有上述行为之一的，则认定构成（接受）虚开发票行为。

（2）要求纳税人将接受虚开增值税专用发票已申报抵扣的进项税额予以转出，并计算是否补缴增值税及其附加税费。纳税人接受虚开增值税专用发票取得的进项税额不得在企业所得税税前扣除。

《增值税暂行条例》第九条规定，纳税人购进货物、劳务、服务、无形资产、不动产，取得的增值税扣税凭证不符合法律、行政法规或者国务院税务主管部门有关规定的，其进项税额不得从销项税额中抵扣。《国家税务总局关于纳税人虚开增值税专用发票征补税款问题的公告》（国家税务总局公告2012年第33号）规定，纳税人取得虚开的增值税专用发票，不得作为增值税合法有效的扣税凭证抵扣其进项税额。在本案中，企业应转出的进项税额为220 997.96元。由于该企业原有增值税留抵税额，因此补税额为55 256.62元。

（3）纳税人接受虚开增值税专用发票涉及的采购金额不得计入企业所得税的成本或费用中，不得税前扣除。虚开增值税专用发票为税收上的不合法税收凭证。《企业所得税税前扣除凭证管理办法》（国家税务总局公告2018年第28号）第十二条规定，企业取得私自印制、伪造、变造、作废、开票方非法取得、虚开、填写不规范等不符合规定的发票，以及取得不符合国家法律、法规等相关规定的其他外部凭证，不得作为税前扣除凭证。因企业存在亏损，故不需要补缴企业所得税。

（4）对滞纳的税款按日征收滞纳金。《税收征收管理法》第三十二条规定，纳税人未按照规定期限缴纳税款的，税务机关除责令限期缴纳外，从滞纳税款之日起，按日加收滞纳税款万分之五的滞纳金。

【税务处理】

（1）增值税。根据《增值税暂行条例》第一条、第九条和《国家税务总局关于纳税人虚开增值税专用发票征补税款问题的公告》（国家税务总局公告2012年第33号）的规定，对取得已确认虚开的增值税专用发票并已申报抵扣的进项税额220 997.96元进行调减，补缴增值税55 256.62元，其中，2021年4月补缴增值税17 840.39元，2021年6月补缴增值税37 416.23元。

（2）城市维护建设税、教育费附加、地方教育附加。应补缴城市维护建设税3 867.96元、补缴教育费附加1 657.70元和地方教育附加1 105.13元。

（3）企业所得税。根据《企业所得税法》第一条第一款、第八条的规定，补缴的城市维护建设税3 867.96元、补缴的教育费附加1 657.70元和地方教育附加1 105.13元，合计6 630.79元，允许在企业所得税税前扣除，由企业自行调整申报。

（4）滞纳金。根据《税收征收管理法》第三十二条的规定，对未按规定期限缴纳的税款，从滞纳之日起至实际缴纳税款之日止，按日加收万分之五的滞纳金。

（四）未备案财务、会计制度的风险示例

【示例情况】

A19公司于2019年11月27日成立。因未在规定的时间内报备财务、会计制度，2020年1月27日，主管税务机关向其下达了《税务行政处罚决定书》，根据《税收征收管理法》第六十条第一款第（三）项及该省税务行政处罚裁量基准规定，决定给予A19公司600元罚款的行政处罚。

【法理分析】

报备财务、会计制度是纳税人的一项义务。《税收征收管理法实施细则》第二十四条第一款规定，从事生产、经营的纳税人应当自领取税务登记证件之日起15日内，将其财务、会计制度或者财务、会计处理办法报送主管税务机关备案。同时，《税收征收管理法》第六十条第一款第（三）项规定，纳税人未按照规定将财务、会计制度或者财务、会计处理办法和会计核算软件报送税务机关备查的，由税务机关责令限期改正，可以处2 000元以下的罚款；情节严重的，处2 000元以上1万元以下的罚款。

在案例中，A19 公司未在税法规定的期间内报备企业的财务、会计制度，违反了《税收征收管理法》的规定，税务机关应对其进行行政处罚。

【税务处理】

A19 公司接到《税务行政处罚决定书》后，应在限期内向税务机关报备企业财务、会计制度，并接受税务机关的行政处罚。

（五）未按规定安装、使用税控装置的风险示例

【示例情况】

2022 年 10 月 18 日，某税务局对 A20 加油站进行专项检查，发现该加油站加油机的部分税控装置已经损坏。税务机关经过调查，发现税控装置的损坏时间超过 1 个月。税务局依据《税收征收管理法》第六十条第一款第（五）项的规定，向该加油站发出责令限期改正通知书，并作出罚款 500 元的决定。

【法理分析】

加油站的税控加油机属于税控装置。纳税人应按照税务机关的要求安装、使用税控装置。《税收征收管理法》第二十三条规定，纳税人应当按照规定安装、使用税控装置，不得损毁或者擅自改动税控装置。同时，《税收征收管理法》第六十条第一款第（五）项规定，纳税人未按照规定安装、使用税控装置，或者损毁、擅自改动税控装置，税务机关将责令纳税人限期改正，可以对纳税人处 2 000 元以下的罚款；情节严重的，处 2 000 元以上 1 万元以下的罚款。

在本案例中，由于加油站未按规定使用税控加油机，违反了《税收征收管理法》的规定，应接受税务机关的行政处罚。

【税务处理】

A20 加油站应在税务机关责令的限期内予以改正。税务机关可以根据纳税人的违法情节，对违法的纳税人处以一定数额的罚款。

（六）未按时纳税申报的风险示例

【示例情况】

截至 2023 年 4 月 17 日，A21 公司（增值税小规模纳税人）未对第一季度增值税及其附加税费、企业所得税进行申报，4 月 18 日，主管税务机关向其发出责令限期（到 4 月 20 日）改正通知书。4 月 19 日，A21 公司完成了第一季度各税种的纳税申报，无应缴税额。根据《税收征收管理法》第六十二条的规定，主管税务机关对 A21 公司作出不予处罚的决定。

【法理分析】

按期进行纳税申报是纳税人的法定义务。《税收征收管理法》第二十五条第一

款规定，纳税人必须依照法律、行政法规规定或者税务机关依照法律、行政法规的规定确定的申报期限、申报内容如实办理纳税申报，报送纳税申报表、财务会计报表以及税务机关根据实际需要要求纳税人报送的其他纳税资料。

纳税人当期没有应缴纳税款的也要按期进行纳税申报。《税收征收管理法实施细则》第三十二条第一款规定，纳税人在纳税期内没有应纳税款的，也应当按照规定办理纳税申报。

纳税人应当在4月17日之前申报纳税。《企业所得税法》规定，分季预缴企业所得税的，应当自季度终了之日起15日内向税务机关报送预缴企业所得税纳税申报表；《增值税暂行条例》规定，纳税人以1个季度为1个纳税期的，自期满之日起15日内申报纳税。因2023年4月15日为星期六，为法定休假日，因此顺延至4月17日。

截至4月17日，A21公司未申报第一季度增值税和企业所得税，违反了《税收征收管理法》的规定，应接受税务行政处罚。

另外，2021年3月31日，国家税务总局发布了《税务行政处罚"首违不罚"事项清单》（国家税务总局公告2021年第6号），规定自2021年4月1日起，对于首次未按照《税收征收管理法》及其实施细则等有关规定的期限办理纳税申报且危害后果轻微，在税务机关发现前主动改正或者在税务机关责令限期改正的期限内改正的，不予行政处罚。由于A21公司第一季度没有应纳税款，并且是在限期内进行改正的，因此，主管税务机关可对A21公司作出不予处罚的决定。

【税务处理】

由于A21公司的违法行为危害后果轻微（不涉及欠缴税款），并且在税务机关责令限期改正的期限内改正，因此，税务机关对A21公司2023年首次未按期纳税申报行为不予行政处罚。

（七）未按时缴纳税款的风险示例

【示例情况】

2022年7月5日，A22公司取得了营业执照，经营范围是服装加工、销售。2022年第三季度A22公司未实际经营，但应税合同产生印花税500元。主管税务机关核定A22公司应税合同印花税按季度申报缴纳。2022年10月10日，A22公司申报了印花税，但因公司办税人员工作失误未在10月25日之前缴纳印花税税款。10月26日，税务机关对其发出责令限期（10月27日前）改正通知书。A22公司于10月27日缴纳了第三季度的印花税。

【法理分析】

根据国家关于2022年部分节假日的安排，2022年10月的申报纳税期限延至10月25日。因截至10月25日A22公司未缴纳当期的印花税，违反了《税收征收管理法》关于纳税人应按期缴纳税款的规定。

【税务处理】

2022年10月27日，A22公司缴纳了第三季度的印花税500元，税款逾期2天。根据《税收征收管理法》及其实施细则的规定，500元税款2天的滞纳金为0.50元（500×2×0.5‰）。根据《国家税务总局关于1元以下应纳税额和滞纳金处理问题的公告》（国家税务总局公告2012年第25号）规定，滞纳金为1元以下的按0计算，即不征收0.50元的滞纳金。因此，对A22公司逾期缴纳的印花税不予以课征滞纳金。

（八）未按规定代扣代缴税款的风险示例

【示例情况】

2022年3月22日，税务机关接到举报A23公司未按规定代扣个人所得税的信件。随后，税务机关对A23公司进行了税务检查，发现A23公司自2022年1月以来每月向甲、乙、丙三名特别岗位新招录的员工（签订劳动合同）分别支付工资5 200元、5 600元和5 800元，无其他应发放或应扣除项目。但公司未按照规定进行个人所得税代扣代缴申报，也未代扣代缴个人所得税。3月25日，税务机关向该公司发出责令限期改正通知书，并按规定对其作出罚款的决定。3月29日，A23公司申报了甲、乙、丙三人的个人所得税并缴纳了代扣代缴的个人所得税。

【法理分析】

在本案例中，A23公司是甲、乙、丙三名员工工资、薪金个人所得税的扣缴义务人。A23公司的行为违反了《个人所得税法》第九条第一款的“个人所得税以所得人为纳税人，以支付所得的单位或者个人为扣缴义务人”的规定。

《税收征收管理法》第六十九条规定，扣缴义务人应扣未扣、应收而不收税款的，由税务机关向纳税人追缴税款，对扣缴义务人处应扣未扣、应收未收税款50%以上3倍以下的罚款。因此，对A23公司未履行甲、乙、丙三名员工工资、薪金个人所得税扣缴义务的行为，税务机关可以处应扣未扣税款50%以上3倍以下的罚款。

【税务处理】

A23公司作为个人所得税的扣缴义务人，应当按照国家规定办理全员全额扣缴申报，并向纳税人提供其个人所得和已扣缴税款等信息，违反规定应接受税务机关的处罚。

（九）未接受依法检查的风险案例

【示例情况】

2022 年 3 月 28 日，某市税务局稽查局接到举报电话称，A24 公司 2021 年度存在逃避纳税行为。经过分析，批准对 A24 公司实施立案检查。检查人员依法对 A24 公司负责人、财务人员进行了询问，并要求 A24 公司提供 2021 年度的经营账簿及相关资料，但 A24 公司以种种理由拒绝提供经营账簿。根据《税收征收管理法》第七十条，稽查局对 A24 公司拒绝提供经营账簿的行为，责令其限期改正，并处以罚款处罚。

【法理分析】

对纳税人进行税务检查是《税收征收管理法》赋予税务机关的权力，依法接受税务检查、提供经营账簿及相关资料是纳税人应尽的义务。纳税人拒绝提供经营账簿的，构成“逃避、拒绝或者以其他方式阻挠税务机关检查”的行为。《税收征收管理法》第七十条规定，纳税人、扣缴义务人逃避、拒绝或者以其他方式阻挠税务机关检查的，由税务机关责令改正，可以处 1 万元以下的罚款；情节严重的，处 1 万元以上 5 万元以下的罚款。

【税务处理】

A24 公司以种种理由拒绝提供经营账簿的行为，构成“逃避、拒绝或者以其他方式阻挠税务机关检查”的行为。根据情节，税务机关可对 A24 公司处 1 万元的罚款。

（十）未报告全部账号的风险示例

【示例情况】

2022 年 5 月 12 日，某税务局在日常管理中发现 A25 公司在银行开设了三个账户，除基本账户外，其余账户均未向税务机关报告。2022 年 5 月 18 日，该税务局根据《税收征收管理法》第六十条第一款第（四）项的规定，责令 A25 公司在 10 日内向税务机关报告全部银行账号。5 月 24 日，A24 公司向该税务局报告了另外两个账号。

【法理分析】

向税务机关报告全部银行账号是纳税人的一项义务。《税收征收管理法实施细则》第十七条规定，从事生产、经营的纳税人应当自开立基本存款账户或者其他存款账户之日起 15 日内，向主管税务机关书面报告其全部账号；发生变化的，应当自变化之日起 15 日内，向主管税务机关书面报告。本案例中，A25 公司仅向主管税务机关书面报告了一个基本账号的行为违反了《税收征收管理法》及其实施细则的规定。

【税务处理】

A25 公司的行为违反了《税收征收管理法》及其实施细则的规定，应接受税务行政处罚。由于 A25 公司的违法行为危害后果轻微，并且在税务机关责令限期改正的期限内改正，因此，根据国家税务总局“首违不罚”的规定，该税务局决定对 A25 公司的违法行为不予行政处罚。

（十一）涉税专业服务机构违规执业的风险示例

【示例情况】

2022 年，A26 财务管理有限公司通过互联网平台发布“个人车辆出售给公司，少缴纳税款”等涉税虚假宣传信息，歪曲解读税收政策，误导社会公众。

某市税务局根据互联网数据监测线索，联合当地网信、市场监管部门对该公司进行约谈，责令其删除违规视频内容、及时消除影响，依据《涉税专业服务监管办法（试行）》（国家税务总局公告 2017 年第 13 号）规定，将其列为重点监管对象，暂停受理其所代理的涉税业务，将该公司涉税专业服务信用等级予以降级，扣减其涉税专业服务信用积分。

【法理分析】

《涉税专业服务监管办法（试行）》规定，涉税专业服务机构从事涉税业务，应当遵守税收法律、法规及相关税收规定，遵循涉税专业服务业务规范。A26 公司通过互联网平台发布“个人车辆出售给公司，少缴纳税款”等涉税虚假宣传信息，歪曲解读税收政策，误导社会公众，违反了涉税专业服务业务规范。中共中央办公厅、国务院办公厅印发的《关于进一步深化税收征管改革的意见》要求，加强对涉税中介组织的执业监管和行业监管。因此，税务机关应对 A26 公司的歪曲解读税收政策行为予以处理。

【税务处理】

根据《涉税专业服务监管办法（试行）》的规定，该市税务局联合当地网信、市场监管部门对该公司进行约谈，责令其删除违规视频内容、及时消除影响，将其列为重点监管对象，暂停受理其所代理的涉税业务，将该公司涉税专业服务信用等级予以降级，扣减其涉税专业服务信用积分。

第三章　税法遵从主体法律责任

税法遵从主体法律责任，是指税法遵从主体因违反税收法律规定而承担的法律后果。本章从纳税主体、征税主体、涉税专业服务机构三方面介绍税法遵从主体的法律责任。如无特殊说明，本章中的征税主体即税务机关。

第一节　纳税主体的法律责任

纳税主体的法律责任，是指纳税人、扣缴义务人等因实施税收违法行为而应承担的否定性法律后果。明确纳税主体的税收法律责任，有助于确保纳税主体依法履行纳税义务，保障国家的税收利益。

一、遵从要点

（一）纳税人违法行为及其行政责任

1. 违反税务登记、账簿凭证管理

纳税人有下列行为之一的，由税务机关责令限期改正，可以处2 000元以下的罚款；情节严重的，处2 000元以上1万元以下的罚款：

（1）未按照规定的期限申报办理税务登记、变更或者注销登记的；

（2）未按照规定设置、保管账簿或者保管记账凭证和有关资料的；

（3）未按照规定将财务、会计制度或者财务、会计处理办法和会计核算软件报送税务机关备查的；

（4）未按照规定将其全部银行账号向税务机关报告的；

（5）未按照规定安装、使用税控装置，或者损毁或者擅自改动税控装置的。

纳税人不办理税务登记的，由税务机关责令限期改正；逾期不改正的，经税务机关提请，由工商行政管理机关（现为市场监管部门）吊销其营业执照。

纳税人未按照规定使用税务登记证件，或者转借、涂改、损毁、买卖、伪造税务登记证件的，处2 000元以上1万元以下的罚款；情节严重的，处1万元以上5万元以下的罚款。

2. 违反纳税申报

纳税人未按照规定的期限办理纳税申报和报送纳税资料的，或者扣缴义务人未按照规定的期限向税务机关报送代扣代缴、代收代缴税款报告表和有关资料的，由税务机关责令限期改正，可以处 2 000 元以下的罚款；情节严重的，处 2 000 元以上 1 万元以下的罚款。

（1）偷税（逃避缴纳税款）①

《税收征收管理法》规定，纳税人伪造、变造、隐匿、擅自销毁账簿、记账凭证，或者在账簿上多列支出或者不列、少列收入，或者经税务机关通知申报而拒不申报或者进行虚假的纳税申报，不缴或者少缴应纳税款的，是偷税。对纳税人偷税的，由税务机关追缴其不缴或者少缴的税款、滞纳金，并处不缴或者少缴的税款 50% 以上 5 倍以下的罚款；构成犯罪的，依法追究刑事责任。

（2）进行虚假申报或不进行申报

纳税人、扣缴义务人编造虚假计税依据的，由税务机关责令限期改正，并处 5 万元以下的罚款。

纳税人不进行纳税申报，不缴或者少缴应纳税款的，由税务机关追缴其不缴或者少缴的税款、滞纳金，并处不缴或者少缴的税款 50% 以上 5 倍以下的罚款。

（3）逃避追缴欠税

纳税人欠缴应纳税款，采取转移或者隐匿财产的手段，妨碍税务机关追缴欠缴的税款的，由税务机关追缴欠缴的税款、滞纳金，并处欠缴税款 50% 以上 5 倍以下的罚款；构成犯罪的，依法追究刑事责任。

（4）骗取出口退税

以假报出口或者其他欺骗手段，骗取国家出口退税款，由税务机关追缴其骗取的退税款，并处骗取税款 1 倍以上 5 倍以下的罚款；构成犯罪的，依法追究刑事责任。

对骗取国家出口退税款的，税务机关可以在规定期间内停止为其办理出口退税。

（5）抗税

以暴力、威胁方法拒不缴纳税款的，是抗税，除由税务机关追缴其拒缴的税款、滞纳金外，依法追究刑事责任。情节轻微，未构成犯罪的，由税务机关追缴

---

① 2009 年《中华人民共和国刑法修正案（七）》将《刑法》第二百零一条中“偷税”改为“逃避缴纳税款”。

其拒缴的税款、滞纳金，并处拒缴税款 1 倍以上 5 倍以下的罚款。

（6）拖欠税款

纳税人在规定期限内不缴或者少缴应纳或者应解缴的税款，经税务机关责令限期缴纳，逾期仍未缴纳的，税务机关除依照《税收征收管理法》第四十条的规定采取强制执行措施追缴其不缴或者少缴的税款外，可以处不缴或者少缴的税款 50% 以上 5 倍以下的罚款。

3. 阻挠税务机关依法检查

纳税人、扣缴义务人逃避、拒绝或者以其他方式阻挠税务机关检查的，由税务机关责令改正，可以处 1 万元以下的罚款；情节严重的，处 1 万元以上 5 万元以下的罚款。

根据《税收征收管理法实施细则》第九十六条规定，纳税人、扣缴义务人有下列情形之一的，依照《税收征收管理法》第七十条的规定处罚：

（1）提供虚假资料，不如实反映情况，或者拒绝提供有关资料的；

（2）拒绝或者阻止税务机关记录、录音、录像、照相和复制与案件有关的情况和资料的；

（3）在检查期间，纳税人、扣缴义务人转移、隐匿、销毁有关资料的；

（4）有不依法接受税务检查的其他情形的。

4. 拒不接受税务机关处理

从事生产、经营的纳税人、扣缴义务人有《税收征收管理法》规定的税收违法行为，拒不接受税务机关处理的，税务机关可以收缴其发票或者停止向其发售发票。

5. 未按规定设置、保管代扣代缴、代收代缴税款账簿、凭证

扣缴义务人未按照规定设置、保管代扣代缴、代收代缴税款账簿或者保管代扣代缴、代收代缴税款记账凭证及有关资料的，由税务机关责令限期改正，可以处 2 000 元以下的罚款；情节严重的，处 2 000 元以上 5 000 元以下的罚款。

6. 应扣未扣、应收不收税款

扣缴义务人应扣未扣、应收而不收税款的，由税务机关向纳税人追缴税款，对扣缴义务人处应扣未扣、应收未收税款 50% 以上 3 倍以下的罚款。

（二）纳税主体犯罪行为及其刑事责任

1. 逃避缴纳税款

《刑法》第二百零一条规定：①纳税人采取欺骗、隐瞒手段进行虚假纳税申报或者不申报，逃避缴纳税款数额较大并且占应纳税额 10% 以上的，处 3 年以下有

期徒刑或者拘役，并处罚金；数额巨大并且占应纳税额30%以上的，处3年以上7年以下有期徒刑，并处罚金。②扣缴义务人采取上述第①项所列手段，不缴或者少缴已扣、已收税款，数额较大的，依照上述第①项规定处罚。

对多次实施上述第①、②项行为，未经处理的，按照累计数额计算。

有上述行为，经税务机关依法下达追缴通知后，补缴应纳税款，缴纳滞纳金，已受行政处罚的，不予追究刑事责任；但是，5年内因逃避缴纳税款受过刑事处罚或者被税务机关给予2次以上行政处罚的除外。

2. 抗税

以暴力、威胁方法拒不缴纳税款的，处3年以下有期徒刑或者拘役，并处拒缴税款1倍以上5倍以下罚金；情节严重的，处3年以上7年以下有期徒刑，并处拒缴税款1倍以上5倍以下罚金。

3. 逃避追缴欠税

纳税人欠缴应纳税款，采取转移或者隐匿财产的手段，致使税务机关无法追缴欠缴的税款，数额在1万元以上不满10万元的，处3年以下有期徒刑或者拘役，并处或者单处欠缴税款1倍以上5倍以下罚金；数额在10万元以上的，处3年以上7年以下有期徒刑，并处欠缴税款1倍以上5倍以下罚金。

4. 骗取出口退税

以假报出口或者其他欺骗手段，骗取国家出口退税款，数额较大的，处5年以下有期徒刑或者拘役，并处骗取税款1倍以上5倍以下罚金；数额巨大或者有其他严重情节的，处5年以上10年以下有期徒刑，并处骗取税款1倍以上5倍以下罚金；数额特别巨大或者有其他特别严重情节的，处10年以上有期徒刑或者无期徒刑，并处骗取税款1倍以上5倍以下罚金或者没收财产。

纳税人缴纳税款后，采取上述规定的欺骗方法，骗取所缴纳的税款的，依照《刑法》第二百零一条的规定定罪处罚；骗取税款超过所缴纳的税款部分，依照上述规定处罚。

5. 其他税收犯罪行为

（1）虚开增值税专用发票或者虚开用于骗取出口退税、抵扣税款的其他发票罪

虚开增值税专用发票或者虚开用于骗取出口退税、抵扣税款的其他发票，是指有为他人虚开、为自己虚开、让他人为自己虚开、介绍他人虚开行为之一的情形。

虚开增值税专用发票或者虚开用于骗取出口退税、抵扣税款的其他发票的，

处3年以下有期徒刑或者拘役，并处2万元以上20万元以下罚金；虚开的税款数额较大或者有其他严重情节的，处3年以上10年以下有期徒刑，并处5万元以上50万元以下罚金；虚开的税款数额巨大或者有其他特别严重情节的，处10年以上有期徒刑或者无期徒刑，并处5万元以上50万元以下罚金或者没收财产。

单位犯上述规定之罪的，对单位判处罚金，并对其直接负责的主管人员和其他直接责任人员，处3年以下有期徒刑或者拘役；虚开的税款数额较大或者有其他严重情节的，处3年以上10年以下有期徒刑；虚开的税款数额巨大或者有其他特别严重情节的，处10年以上有期徒刑或者无期徒刑。

（2）伪造或者出售伪造的增值税专用发票罪

伪造或者出售伪造的增值税专用发票的，处3年以下有期徒刑、拘役或者管制，并处2万元以上20万元以下罚金；数量较大或者有其他严重情节的，处3年以上10年以下有期徒刑，并处5万元以上50万元以下罚金；数量巨大或者有其他特别严重情节的，处10年以上有期徒刑或者无期徒刑，并处5万元以上50万元以下罚金或者没收财产。

单位犯此罪的，对单位判处罚金，并对其直接负责的主管人员和其他直接责任人员，处3年以下有期徒刑、拘役或者管制；数量较大或者有其他严重情节的，处3年以上10年以下有期徒刑；数量巨大或者有其他特别严重情节的，处10年以上有期徒刑或者无期徒刑。

（3）非法出售增值税专用发票罪

非法出售增值税专用发票的，处3年以下有期徒刑、拘役或者管制，并处2万元以上20万元以下罚金；数量较大的，处3年以上10年以下有期徒刑，并处5万元以上50万元以下罚金；数量巨大的，处10年以上有期徒刑或者无期徒刑，并处5万元以上50万元以下罚金或者没收财产。

（4）非法购买增值税专用发票、购买伪造的增值税专用发票罪

非法购买增值税专用发票或者购买伪造的增值税专用发票的，处5年以下有期徒刑或者拘役，并处或者单处2万元以上20万元以下罚金。

非法购买增值税专用发票或者购买伪造的增值税专用发票又虚开或者出售的，分别依照《刑法》第二百零五条、第二百零六条、第二百零七条的规定定罪处罚。

（5）伪造、擅自制造或者出售伪造、擅自制造的可以用于骗取出口退税、抵扣税款的其他发票罪

①伪造、擅自制造或者出售伪造、擅自制造的可以用于骗取出口退税、抵扣

税款的其他发票的，处3年以下有期徒刑、拘役或者管制，并处2万元以上20万元以下罚金；数量巨大的，处3年以上7年以下有期徒刑，并处5万元以上50万元以下罚金；数量特别巨大的，处7年以上有期徒刑，并处5万元以上50万元以下罚金或者没收财产。

②伪造、擅自制造或者出售伪造、擅自制造的上述规定以外的其他发票的，处2年以下有期徒刑、拘役或者管制，并处或者单处1万元以上5万元以下罚金；情节严重的，处2年以上7年以下有期徒刑，并处5万元以上50万元以下罚金。

③非法出售可以用于骗取出口退税、抵扣税款的其他发票的，依照上述第①项的规定处罚。

④非法出售上述第③项规定以外的普通发票的，依照上述第②项规定处罚。

（6）盗窃或使用欺骗手段增值税专用发票或者可以用于骗取出口退税、抵扣税款的其他发票罪

盗窃增值税专用发票或者可以用于骗取出口退税、抵扣税款的其他发票的，依照盗窃罪定罪处罚。

《刑法》第二百六十四条规定，盗窃公私财物，数额较大的，或者多次盗窃、入户盗窃、携带凶器盗窃、扒窃的，处3年以下有期徒刑、拘役或者管制，并处或者单处罚金；数额巨大或者有其他严重情节的，处3年以上10年以下有期徒刑，并处罚金；数额特别巨大或者有其他特别严重情节的，处10年以上有期徒刑或者无期徒刑，并处罚金或者没收财产。

使用欺骗手段骗取增值税专用发票或者可以用于骗取出口退税、抵扣税款的其他发票的，依照诈骗罪定罪处罚。

《刑法》第二百六十六条规定，诈骗公私财物，数额较大的，处3年以下有期徒刑、拘役或者管制，并处或者单处罚金；数额巨大或者有其他严重情节的，处3年以上10年以下有期徒刑，并处罚金；数额特别巨大或者有其他特别严重情节的，处10年以上有期徒刑或者无期徒刑，并处罚金或者没收财产。另有规定的，依照规定。

二、难点解析

（一）税收策划、避税与税收违法行为的区分

税收策划，是指纳税人通过选择民事法律行为或法律形式来让“应当进行的税务处理（含发票处理）”对自己有利，且不存在滥用法律形式选择权。这是税法调整功能的基础，不将其评价为税收违法行为。

避税，也称滥用法律形式选择权，是指纳税人以税收利益为主要或唯一目的，故意选择迂回、复杂、异常的法律形式，从而让“应当进行的税务处理（含发票处理）”对自己有利。通常认为，避税不属于违法行为，但这种情况下税务机关可以启动反避税程序，根据实质重于形式原则进行纳税调整。

如果“应当进行的税务处理（含发票处理）”与“实际进行的税务处理（含发票处理）”不一致，就会导致税收违法行为，但纳税人没有过错或者放弃税收实体法律关系中纯获利的权利除外。

（二）逃避缴纳税款、抗税以及逃避追缴欠税三种犯罪行为的区别

1. 犯罪主体不同

逃避缴纳税款罪的主体是负有纳税义务或负有代扣代缴、代收代缴税款义务的自然人和单位；抗税罪的主体只能是负有纳税义务或代扣代缴、代收代缴税款义务的自然人；逃避追缴欠税罪的主体只能是转移或隐匿财产并使税务机关无法追缴欠缴税款，数额达万元以上的欠税自然人或单位。

2. 犯罪目的不同

逃避缴纳税款罪和抗税罪意图通过欺骗、隐瞒或是暴力、威胁税务机关，达到不缴或者少缴应纳税款的目的；而逃避追缴欠税罪意图达到逃避税务机关追缴其所欠缴的应纳税款的目的。

3. 犯罪客观方面不同

逃避缴纳税款罪表现为纳税人采取欺骗、隐瞒手段进行虚假纳税申报或者不申报，逃避缴纳税款的行为；抗税罪则表现为以暴力、威胁方法拒不缴纳税款的行为；逃避追缴欠税罪表现为行为人采取转移或者隐匿财产的手段致使税务机关无法追缴欠缴税款的行为。逃避缴纳税款罪的行为具有欺骗性、隐瞒性，抗税罪的行为具有公开性，逃避追缴欠税罪的行为具有秘密性。

4. 其他要件不同

逃避缴纳税款罪是情节严重才构成犯罪，适用于纳税人逃避缴纳税款数额较大并且占应纳税额10%以上的情况；抗税罪不要求数额较大，只要以暴力、威胁方法拒不缴纳税款就构成犯罪。逃避追缴欠税罪数额较大才构成犯罪，适用于故意欠缴税款数额在1万元以上的情况。

（三）扣缴义务人的具体认定标准

扣缴义务人是税收法律关系中一方重要的当事人，在税收征收管理中具有重要地位。由纳税人以外的第三人代扣代缴、代收代缴税款，是税收征收管理的一种方法，称为源泉征收。实行源泉征收，主要是因为向纳税人直接征收税款有困

难，而源泉征收能够确实、高效地征收税款，有利于保证国家及时、可靠地取得税收收入。从保证税款征收出发，在由纳税人以外的第三人代扣代缴、代收代缴税款的过程中，纳税人与税务机关之间不发生直接关系，两者是通过扣缴义务人联系在一起：纳税人不承担自己直接缴纳税款的义务，只承担向扣缴义务人给付相当于税款金额的义务，而扣缴义务人则承担直接向纳税人收取税款或扣除纳税人的应纳税款并向税务机关解缴的义务。也就是说，纳税义务转化为代扣代缴、代收代缴税款的义务，或者说，后者是纳税义务的延伸。由此看来，代扣代缴、代收代缴义务的设定和履行直接关系到纳税义务的履行，关系到国家的税收利益、纳税人的利益以及扣缴义务人自身的经济利益，必须以法律、行政法规的规定为依据，只有法律、行政法规规定负有代扣代缴、代收代缴义务的单位和个人，才为扣缴义务人。

按照《税收征收管理法》第四条第二款的规定，扣缴义务人有三个特征：其一，扣缴义务人是法律、行政法规确定的；其二，扣缴义务人是依法负有代扣代缴、代收代缴税款义务的人；其三，扣缴义务人可以是自然人，也可以是法人。

（四）纳税主体骗取出口退税的行为特征

出口退税，是指为了避免双重征税，国家对出口企业实行的退还有关国内税收的一种税收措施。在我国，有出口经营权的企业出口和代理出口的货物或服务，可在货物或服务报关出口并在财务上做销售处理后，凭有关凭证按月报送税务机关批准，按规定的税率退还增值税和消费税。对出口企业实行出口退税，是避免出口货物双重征税的一项国际通行做法。然而，在实践中，一些不法分子与出口企业、政府部门的有关人员相勾结，采取假报出口或者其他欺骗手段，骗取国家出口退税款，影响了出口退税工作的顺利进行及我国出口贸易的发展，损害了国家利益，破坏了正常的外贸秩序。

骗取出口退税的行为具有以下特征：一是违法行为人不限于纳税人，而是包括所有以欺骗手段骗取国家出口退税款的人。二是行为人在主观上具有骗取国家出口退税款的故意。三是违法行为人实施了以假报出口或者其他欺骗手段，骗取国家出口退税款的行为。假报出口，指的是没有出口货物或服务，而向税务机关提供办理出口退税发票或者税票、出口货物销售明细账、出口货物报关单、出口收汇单证等有关凭证，冒充已出口货物或服务，骗取国家出口退税的行为。所谓采取其他欺骗手段，在实践中主要表现为虚报出口货物或服务的数量，以少报多、虚报出口货物或服务价格，以低报高、虚报出口货物或服务种类，以低税率报高税率等。

三、风险示例

（一）纳税人虚开增值税专用发票

【示例情况】

2020年，张某在担任某中药材公司业务经理期间，经人介绍认识了从事相关生意的吕某、丁某夫妇。吕某以自己公司向某电子商务有限公司供货而发票不够为由，让张某代开增值税专用发票，约定按价税总额的2%左右支付开票费（事实上吕某并未给该电子商务有限公司供货）。此后，张某在三份拟定好的电子商务有限公司与中药材公司的购销合同上加盖中药材公司的印章，并按合同金额开具了价税合计1 830万元的增值税专用发票。电子商务有限公司将1 830万元货款汇入中药材公司后，张某让公司财务人员范某留存439 250元后，将剩余款项转到吕某指定的账户。留存的款项中有29 241.3元汇入张某账户，其余款项由中药材公司留存，用于缴纳税款及公司运营。张某开具的增值税专用发票分三次进行，前两次电子商务有限公司均出具了入库单，最后一次价税合计670万元的增值税专用发票没有电子商务有限公司的入库手续，税款金额为663 964元，上述发票均已被电子商务有限公司用于抵扣税款。在案件审理过程中，张某亲属已代为退缴违法所得29 241.3元。

【法理分析】

张某在不存在真实业务往来的情况下为他人虚开增值税专用发票价税合计670万元，税额663 964元，主观目的就是通过虚开增值税专用发票获取非法利益。张某的行为违反了国家关于增值税专用发票管理的规定，所开具的增值税专用发票被电子商务有限公司用于抵扣税款，具有社会危害性和可惩罚性，应当以虚开增值税专用发票罪追究其刑事责任。

【处理意见】

依照《刑法》第五十二条、第六十四条、第六十七条、第七十二条、第七十三条和第二百零五条规定：第一，张某犯虚开增值税专用发票罪，判处有期徒刑3年，缓刑4年，并处罚金人民币16万元。第二，追缴张某违法所得29 241.3元（已缴纳）。

（二）纳税人逃避缴纳税款

【示例情况】

某公司为增值税一般纳税人，主要从事工程设计等业务，客户群体基本都在省内。该公司自成立以来均处于正常经营状态。2015—2017年，该公司每月都有领用增值税普通发票的记录，但开票后不久，就将其中大部分发票于当月在开票软件内进行了作废操作。这段时间，除有 8 个月时间没有作废发票操作外，其余每个月均有发票作废。经统计，该公司在这 3 年里共对外开具增值税普通发票 7 536 份，开票后不久即作废的发票竟然多达 6 679 份，占开票总数的 8 成以上，价税合计 5.54 亿元。结合公司疑点和核查结果，检查人员认为，该公司具有以作废发票方式隐匿销售收入、偷税的重大嫌疑。于是，税务局稽查局决定立即对该公司立案调查。最终的核查结果显示，该公司作废的 6 679 份增值税普通发票中有 4 116 份属于业务真实发生，公司收到了对方业务款，但故意欺瞒受票企业，违规操作将相关发票进行了作废处理。经核实，该公司通过这种方式共隐匿业务收入 3.26 亿元。

【法理分析】

这是一起增值税发票虚开案件。公司通过虚假的发票作废操作，掩盖了真实销售额。根据《税收征收管理法》第六十三条第一款规定："纳税人伪造、变造、隐匿、擅自销毁账簿、记账凭证，或者在账簿上多列支出或者不列、少列收入，或者经税务机关通知申报而拒不申报或者进行虚假的纳税申报，不缴或者少缴应纳税款的，是偷税。"根据该法第五十二条第三款规定："对偷税、抗税、骗税的，税务机关追征其未缴或者少缴的税款、滞纳金或者所骗取的税款，不受前款规定期限的限制。"这表明对于偷税的，税务机关可以无限期追征其未缴或者少缴的税款、滞纳金。

【处理意见】

针对企业违法事实，税务机关依《税收征收管理法》将其行为定性为偷税，作出追缴相关税费、加收滞纳金、并处罚款共 1.04 亿元的处理决定。

第二节　征税主体的法律责任

征税主体需承担的法律责任，是指税务机关和税务人员由于实施税收违法行为而应依法承担的否定性法律后果。明确征税主体的法律责任，有利于确保税务机关和税务人员履行法定职责。为了规范征税主体的执法行为，《税收征收管理法》和《刑法》等法律法规对税务机关和税务人员的法律责任做了明确规定。如果征税主体违反税务系统的行政纪律，或受到行政处分，须承担行政责任；如果征税主体在从事与其职务和身份有关的活动时触及《刑法》，须承担刑事责任。

一、遵从要点

（一）征税主体违法行为及其行政责任

征税主体的违法行为是相对于犯罪行为而言的，主要包括两个方面：一是违反税务系统的行政纪律，但尚未达到行政处分标准的，应当承担行政责任的违法行为。对这种违法行为的责任追究，主要通过税务执法责任制实现。二是应当承担行政责任，受到行政处分的违法行为。根据《中华人民共和国公务员法》的规定，行政处分主要分为警告、记过、记大过、降级、撤职和开除。

《税收征收管理法》对于应给予行政处分的税收职务违法行为进行了规定。该法第七十六条规定，税务机关违反规定擅自改变税收征收管理范围和税款入库预算级次的，责令限期改正，对直接负责的主管人员和其他直接责任人员依法给予降级或者撤职的行政处分。第七十七条规定，税务人员徇私舞弊，对依法应当移交司法机关追究刑事责任的不移交，情节严重的，依法追究刑事责任。第七十九条规定，税务机关、税务人员查封、扣押纳税人个人及其所扶养家属维持生活必需的住房和用品的，责令退还，依法给予行政处分；构成犯罪的，依法追究刑事责任。第八十条规定，税务人员与纳税人、扣缴义务人勾结，唆使或者协助纳税人、扣缴义务人有《税收征收管理法》第六十三条、第六十五条、第六十六条规定的行为，构成犯罪的，依法追究刑事责任；尚不构成犯罪的，依法给予行政处分。

除《税收征收管理法》外，《税收违法违纪行为处分规定》也对税收违法违纪行为及其对应的行政处分进行了规定，其部分内容如下。

1. 税务机关及税务人员有下列行为之一的，对有关责任人员，给予警告或者记过处分；情节较重的，给予记大过或者降级处分；情节严重的，给予撤职处分：

（1）违反法定权限、条件和程序办理开业税务登记、变更税务登记或者注销税务登记的；

（2）违反规定发放、收缴税控专用设备的；

（3）违反规定开具完税凭证、罚没凭证的；

（4）违反法定程序为纳税人办理减税、免税、退税手续的。

2. 税务机关及税务人员有下列行为之一的，对有关责任人员，给予记过或者记大过处分；情节较重的，给予降级或者撤职处分；情节严重的，给予开除处分：

（1）违反规定发售、保管、代开增值税专用发票以及其他发票，致使国家税收遭受损失或者造成其他不良影响的；

（2）违反规定核定应纳税额、调整税收定额，导致纳税人税负水平明显不合理的。

3. 税务机关及税务人员有下列行为之一的，对有关责任人员，给予记过或者记大过处分；情节较重的，给予降级或者撤职处分；情节严重的，给予开除处分：

（1）对管辖范围内的税收违法行为，发现后不予处理或者故意拖延查处，致使国家税收遭受损失的；

（2）徇私舞弊或者玩忽职守，不征或者少征应征税款，致使国家税收遭受损失的。

4. 税务机关及税务人员违反规定要求纳税人、扣缴义务人委托税务代理，或者为其指定税务代理机构的，对有关责任人员，给予记过或者记大过处分；情节较重的，给予降级或者撤职处分；情节严重的，给予开除处分。

5. 税务机关私分、挪用、截留、非法占有税款、滞纳金、罚款或者查封、扣押的财物以及纳税担保财物的，对有关责任人员，给予记大过处分；情节较重的，给予降级或者撤职处分；情节严重的，给予开除处分。

6. 税务机关及税务人员有下列行为之一的，对有关责任人员，给予记过或者记大过处分；情节较重的，给予降级或者撤职处分；情节严重的，给予开除处分：

（1）隐匿、毁损、伪造、变造税收违法案件证据的；

（2）提供虚假税务协查函件的；

（3）出具虚假涉税证明的。

7. 有下列行为之一的，对有关责任人员，给予警告或者记过处分；情节较重的，给予记大过或者降级处分；情节严重的，给予撤职处分：

（1）违反规定作出涉及税收优惠的资格认定、审批的；

（2）未按规定要求当事人出示税收完税凭证或者免税凭证而为其办理行政登记、许可、审批等事项的；

（3）违反规定办理纳税担保的；

（4）违反规定提前征收、延缓征收税款的。

8. 有下列行为之一的，对有关责任人员，给予记过或者记大过处分；情节较重的，给予降级或者撤职处分；情节严重的，给予开除处分：

（1）违反法律、行政法规的规定，摊派税款的；

（2）违反法律、行政法规的规定，擅自作出税收的开征、停征或者减税、免税、退税、补税以及其他同税收法律、行政法规相抵触的决定的。

9. 有下列行为之一的，对有关责任人员，给予记大过处分；情节较重的，给予降级或者撤职处分；情节严重的，给予开除处分：

（1）违反规定为纳税人、扣缴义务人提供银行账户、发票、证明或者便利条件，导致未缴、少缴税款或者骗取国家出口退税款的；

（2）向纳税人、扣缴义务人通风报信、提供便利或者以其他形式帮助其逃避税务行政处罚的；

（3）逃避缴纳税款、抗税、逃避追缴欠税、骗取出口退税的；

（4）伪造、变造、非法买卖发票的；

（5）故意使用伪造、变造、非法买卖的发票，造成不良后果的。

税务人员有上述第（2）项所列行为的，从重处分。

（二）征税主体违法行为及其刑事责任

职务犯罪，是指国家工作人员和其他社会团体、企（事）业单位中依照法律法规或组织规章等从事公务的人员在履行职责过程中，利用职务上的便利条件所实施的违背职责要求的，依照《刑法》的规定应受《刑法》处罚的行为的总称。税收职务犯罪则是指税务机关工作人员在从事与其职务和身份有关的活动时触及《刑法》而需要承担刑事责任的行为。

常见的税收职务犯罪及其对应的法律责任如下。

1. 徇私舞弊不征、少征税款

根据《刑法》第四百零四条规定，税务机关的工作人员徇私舞弊，不征或者少征税款，致使国家利益遭受重大损失的，处5年以上有期徒刑或者拘役；造成特别重大损失的，处5年以上有期徒刑。

涉嫌下列情形之一的，应予立案：

（1）徇私舞弊不征、少征应征税款，致使国家税收损失累计达10万元以上的；

（2）上级主管部门工作人员指使税务机关工作人员徇私舞弊不征、少征应征税款，致使国家税收损失累计达10万元以上的；

（3）徇私舞弊不征、少征应征税款不满10万元，但具有索取或者收受贿赂或者其他恶劣情节的；

（4）其他致使国家税收遭受重大损失的情形。

2. 徇私舞弊发售发票、抵扣税款、出口退税罪

根据《刑法》第四百零五条规定，税务机关的工作人员违反法律、行政法规的规定，在办理发售发票、抵扣税款、出口退税工作中，徇私舞弊，致使国家利益遭受重大损失的，处5年以下有期徒刑或者拘役；致使国家利益遭受特别重大损失的，处5年以上有期徒刑。

涉嫌下列情形之一的，应予立案：

（1）徇私舞弊，致使国家税收损失累计达 10 万元以上的；

（2）徇私舞弊，致使国家税收损失累计不满 10 万元，但发售增值税专用发票 25 份以上或者其他发票 50 份以上或者增值税专用发票与其他发票合计 50 份以上，或者具有索取、收受贿赂或者其他恶劣情节的；

（3）其他致使国家利益遭受重大损失的情形。

3. 其他罪责

以上罪责是《刑法》中专门针对税务机关工作人员的犯罪行为。大多数关于国家机关工作人员的犯罪行为及处罚方式对税务机关工作人员也适用。例如：《刑法》第一百六十八条、第二百五十四条、第三百九十七条等规定了国家机关工作人员滥用职权或玩忽职守行为及处罚标准；第三百八十四条规定国家工作人员挪用公款罪；第三百八十五条至第三百八十八条规定国家工作人员受贿罪认定标准及处罚措施；第八章对国家工作人员的贪污受贿罪进行规定；第四百一十七条规定了国家机关工作人员帮助犯罪分子逃避处罚罪及处罚标准等。

二、难点解析

征税主体徇私舞弊发售发票、抵扣税款、出口退税罪分析。

1. 犯罪主体

该罪的主体是税务机关的工作人员。

2. 犯罪客观方面

违反该罪的行为是违反法律、行政法规的规定，在办理发售发票、抵扣税款、出口退税工作中，徇私舞弊。在上述工作中徇私舞弊，是指对不应发售发票的，予以发售；对不应抵扣或者应少抵扣税款的，擅自抵扣或者多抵扣，对不应出口退税或者应少出口退税的，违法予以退税或者多退税。

3. 犯罪主观方面

该罪责任形式是故意。这里的故意，是指明知是徇私舞弊发售发票、抵扣税款、出口退税的行为而有意实施的主观心理状态。此外，该罪须出于徇私的动机。

4. 立案标准

该罪是结果犯，立案需要有犯罪后果，即致使国家利益遭受重大损失。这里的致使国家利益遭受重大损失，应参照《最高人民检察院关于人民检察院直接受理立案侦查案件立案标准的规定（试行）》（高检发释字〔1999〕2 号）的规定确定。

三、风险示例

（一）征税主体徇私舞弊不征、少征税款及受贿

【示例情况】

2017 年 1 月至 8 月，徐某利用其担任某税务局审核员的职务便利，伙同该单位协税员，接受请托人孙某、田某的请托，在办理某市区 16 套房产房屋交易纳税的过程中，明知纳税人以伪造的房屋赠与公证书、伪造的商品房预售合同等虚假材料申报纳税而不审批，通过将二手房交易虚构为无偿赠与或一手房交易的手段不缴、少缴应缴税款，造成国家税收损失共计人民币 1 100 余万元。在办理上述房屋交易缴税的过程中，徐某为请托人孙某、田某不缴、少缴国家应缴税款提供帮助，先后多次收取钱款近 100 万元。2017 年 8 月 29 日，徐某被查获归案，如实供述了犯罪事实，并提供线索，反映了该税务局保存一批有问题完税档案的情况，检察机关据此线索对其他几名工作人员立案侦查。在法院审理期间，徐某亲属退缴人民币 15 万元。

【法理分析】

徐某身为国家税务机关工作人员，收受他人贿赂数额巨大，徇私舞弊不征、少征税款，致使国家税收遭受特别重大损失，其行为已构成徇私舞弊不征、少征税款罪、受贿罪，依法应数罪并罚。但徐某归案后如实供述犯罪事实（包括部分办案单位尚未掌握的事实），提供重要线索从而使检察机关侦破其他案件，有立功表现，其亲属退缴部分违法所得，故对其所犯罪行依法从轻处罚。

【处理意见】

徐某犯徇私舞弊不征、少征税款罪，判处有期徒刑 5 年。犯受贿罪，判处有期徒刑 4 年，罚金人民币 20 万元。最终决定执行有期徒刑 7 年，罚金人民币 20 万元。此外，将继续追缴徐某违法所得近 90 万元。

（二）征税主体玩忽职守

【示例情况】

2014 年 3 月至 2018 年 9 月，李某担任某税务局税务所科员，负责窗口代开发票工作。2016 年 11 月至 2017 年 5 月，李某违反税务机关有关实名办税及办税人员申请代开发票需提交身份证件等规定，未对办税人员身份信息进行采集比对，直接根据办税人员所提供的虚假身份证复印件、自产证明等材料，先后开具增值税普通发票共计 342 份，其中 340 份已抵扣，价税合计金额 157 226 893 元，抵扣税额 20 439 496.09 元，造成国家税款巨额损失。2019 年 3 月，李某因涉嫌犯玩忽

职守罪被监察委员会留置，同年4月被刑事拘留并逮捕。

【法理分析】

李某作为国家机关工作人员，未能正确履行职责，致使国家利益遭受重大损失，情节特别严重，其行为构成玩忽职守罪。经查，李某在推行实名办税的过渡期内，存在违反《国家税务总局关于纳税人申请代开增值税发票办理流程的公告》（国家税务总局公告2016年第59号）关于“自然人申请代开发票需提交身份证件及复印件”规定的行为，致使在过渡期内办税人员持虚假身份证复印件取得增值税普通发票，故其在过渡期内违规开票的行为亦应认定为玩忽职守行为。涉案企业使用李某提供的增值税发票进项税额抵扣之后，造成国家税收损失，税务机关依职权作出的后续追缴行为不影响税款损失金额的认定。

【处理意见】

李某犯玩忽职守罪，判处有期徒刑6年零8个月。刑期从判决执行之日起计算。判决执行以前先行羁押的，羁押1日折抵刑期1日。即自2019年3月8日起至2025年11月7日止。

第三节　涉税专业服务机构的法律责任

维护正常税收秩序，保障国家税收利益，不仅需要征税主体依法征税、纳税主体依法纳税，同时也需要其他相关主体如涉税专业服务机构按照税法规定开展各项涉税服务活动。涉税专业服务机构就涉税事项向委托人提供专业服务，应遵守国家法律法规，违反法律法规将承担相应的法律责任。

一、遵从要点

（一）涉税专业服务机构违法行为及其行政责任

《税收征收管理法实施细则》第九十八条规定，税务代理人违反税收法律、行政法规，造成纳税人未缴或者少缴税款的，除由纳税人缴纳或者补缴应纳税款、滞纳金外，对税务代理人处纳税人未缴或者少缴税款50%以上3倍以下的罚款。

《涉税专业服务监管办法（试行）》第十四条规定，涉税专业服务机构及其涉税服务人员有下列情形之一的，由税务机关责令限期改正或予以约谈；逾期不改正的，由税务机关降低信用等级或纳入信用记录，暂停受理所代理的涉税业务（暂停时间不超过6个月）；情节严重的，由税务机关纳入涉税服务失信名录，予以公告并向社会信用平台推送，其所代理的涉税业务，税务机关不予受理：

（1）使用税务师事务所名称未办理行政登记的；

（2）未按照办税实名制要求提供涉税专业服务机构和从事涉税服务人员实名信息的；

（3）未按照业务信息采集要求报送从事涉税专业服务有关情况的；

（4）报送信息与实际不符的；

（5）拒不配合税务机关检查、调查的；

（6）其他违反税务机关监管规定的行为。

税务师事务所有上述（1）情形且逾期不改正的，省税务机关应当提请市场监管部门吊销其营业执照。

《涉税专业服务监管办法（试行）》第十五条规定，涉税专业服务机构及其涉税服务人员有下列情形之一的，由税务机关列为重点监管对象，降低信用等级或纳入信用记录，暂停受理所代理的涉税业务（暂停时间不超过6个月）；情节较重的，由税务机关纳入涉税服务失信名录，予以公告并向社会信用平台推送，其所代理的涉税业务，税务机关不予受理；情节严重的，税务师事务所由省税务机关宣布《税务师事务所行政登记证书》无效，提请市场监管部门吊销其营业执照，提请全国税务师行业协会取消税务师职业资格证书登记、收回其职业资格证书并向社会公告，其他涉税专业服务机构及其从事涉税服务人员由税务机关提请其他行业主管部门及行业协会予以相应处理：

（1）违反税收法律、行政法规，造成委托人未缴或者少缴税款，按照《税收征收管理法》及其实施细则相关规定被处罚的；

（2）未按涉税专业服务相关业务规范执业，出具虚假意见的；

（3）采取隐瞒、欺诈、贿赂、串通、回扣等不正当竞争手段承揽业务，损害委托人或他人利益的；

（4）利用服务之便，谋取不正当利益的；

（5）以税务机关和税务人员的名义敲诈纳税人、扣缴义务人的；

（6）向税务机关工作人员行贿或者指使、诱导委托人行贿的；

（7）其他违反税收法律法规的行为。

（二）涉税专业服务机构犯罪行为及其刑事责任

《刑法》第一百六十三条规定，公司、企业或者其他单位的工作人员，利用职务上的便利，索取他人财物或者非法收受他人财物，为他人谋取利益，数额较大的，处3年以下有期徒刑或者拘役，并处罚金；数额巨大或者有其他严重情节的，处 3 年以上 10 年以下有期徒刑，并处罚金；数额特别巨大或者有其他特别严重情节的，处 10 年以上有期徒刑或者无期徒刑，并处罚金。

公司、企业或者其他单位的工作人员在经济往来中，利用职务上的便利，违反国家规定，收受各种名义的回扣、手续费，归个人所有的，依照上述规定处罚。

《刑法》第二百零五条规定，单位犯虚开增值税专用发票或者虚开用于骗取出口退税、抵扣税款的其他发票之罪的，对单位判处罚金，并对其直接负责的主管人员和其他直接责任人员，处 3 年以下有期徒刑或者拘役；虚开的税款数额较大或者有其他严重情节的，处 3 年以上 10 年以下有期徒刑；虚开的税款数额巨大或者有其他特别严重情节的，处 10 年以上有期徒刑或者无期徒刑。

《刑法》第二百二十九条规定，承担资产评估、验资、验证、会计、审计、法律服务、保荐、安全评价、环境影响评价、环境监测等职责的中介组织的人员故意提供虚假证明文件，情节严重的，处 5 年以下有期徒刑或者拘役，并处罚金；有下列情形之一的，处 5 年以上 10 年以下有期徒刑，并处罚金：

（1）提供与证券发行相关的虚假的资产评估、会计、审计、法律服务、保荐等证明文件，情节特别严重的；

（2）提供与重大资产交易相关的虚假的资产评估、会计、审计等证明文件，情节特别严重的；

（3）在涉及公共安全的重大工程、项目中提供虚假的安全评价、环境影响评价等证明文件，致使公共财产、国家和人民利益遭受特别重大损失的。

有上述行为，同时索取他人财物或者非法收受他人财物构成犯罪的，依照处罚较重的规定定罪处罚。

上述情形（1）中，严重不负责任，出具的证明文件有重大失实，造成严重后果的人员，处 3 年以下有期徒刑或者拘役，并处或者单处罚金。

二、难点解析

（一）涉税专业服务机构的主要违法行为

涉税专业服务机构存在的违法行为可能包括以下六个方面：

1. 未经许可从事税务代理业务

涉税专业服务机构从事税务代理业务必须依法取得相关许可证。如果未经许可擅自从事税务代理业务，将会受到行政处罚。

2. 提供虚假的税务代理证明

涉税专业服务机构在为客户代理税务事务时，需要提供税务代理证明。如果提供虚假的税务代理证明，可能被认定为欺诈行为。

3. 违反税务代理行业规范

税务代理行业有一些规范和标准，如果涉税专业服务机构的行为违反了这些规范和标准，也可能被认定为违法违规行为。

4. 不按规定程序提供服务

涉税专业服务机构在为客户代理税务事务时，必须按照规定程序提供服务，如不得提供虚假信息、不得违反税收政策等。

5. 泄露客户隐私信息

涉税专业服务机构必须保护客户的隐私信息，如个人身份信息、税务信息等。

6. 接受贿赂、行贿

涉税专业服务机构的工作涉及纳税人的利益。如果其接受贿赂或行贿，将会被认定为违法违规行为。

（二）非国家工作人员受贿罪解读

《刑法》第一百六十三条第一款规定，公司、企业或者其他单位的工作人员利用职务上的便利，索取他人财物或者非法收受他人财物，为他人谋取利益，数额较大的，处3年以下有期徒刑或者拘役并处罚金；数额巨大或者有其他严重情节的，处3年以上10年以下有期徒刑，并处罚金。第二款规定，公司、企业或者其他单位的工作人员在经济往来中，利用职务上的便利，违反国家规定，收受各种名义的回扣、手续费，归个人所有的，依照第一款规定处罚。

1. 本罪主体

本罪的主体是特殊主体，即公司、企业或者其他单位的工作人员。根据最高人民法院、最高人民检察院《关于办理商业贿赂刑事案件适用法律若干问题的意见》(法发〔2008〕33号)，“其他单位”，既包括事业单位、社会团体、村民委员会、居民委员会、村民小组等常设性的组织，也包括为组织体育赛事、文艺演出或者其他正当活动而成立的组委会、筹委会、工程承包队等非常设性的组织。“公司、企业或者其他单位的工作人员”，包括国有公司、企业以及其他国有单位中的非国家工作人员。

2. 本罪的客观方面

非国家工作人员受贿罪的客观方面表现为：①利用职务上的便利；②索取他人财物或者非法收受他人财物；③为他人谋取利益；④数额较大或者数额巨大。

这四个方面必须同时具备，但是否为他人谋取到利益以及该利益是否正当，不影响本罪的构成。

另外，公司、企业或者其他单位的工作人员在经济往来中，利用职务上的便利，违反国家规定，收受各种名义的回扣、手续费，归个人所有的，以非国家工作人员受贿罪定罪处罚。

3. 非国家工作人员与国家工作人员共同受贿的处理

根据最高人民法院、最高人民检察院《关于办理商业贿赂刑事案件适用法律若干问题的意见》（法发〔2008〕33 号）的规定，非国家工作人员与国家工作人员通谋，共同收受他人财物，构成共同犯罪的，根据双方利用职务便利的具体情形分别定罪追究刑事责任：

（1）利用国家工作人员的职务便利为他人谋取利益的，以受贿罪追究刑事责任；

（2）利用非国家工作人员的职务便利为他人谋取利益的，以非国家工作人员受贿罪追究刑事责任；

（3）分别利用各自的职务便利为他人谋取利益的，按照主犯的犯罪性质追究刑事责任，不能分清主从犯的，可以受贿罪追究刑事责任。

三、风险示例

（一）涉税专业服务机构违法套用税收优惠政策

【示例情况】

2022 年，某市税务部门在查处一起虚开发票案件过程中发现，该市某财务咨询有限公司法定代表人闫某及数名独立从事涉税服务人员帮助犯罪团伙虚开增值税发票，谋取非法利益，遂依法对其进行税务稽查。

经查，闫某及数名独立从事涉税服务人员与虚开团伙相勾结，以税务代理为掩护，虚假注册空壳公司，违规办理实名认证、变更登记、领用发票、代理记账，违法套用疫情防控税收优惠政策并对外虚开发票，虚开发票 1.7 万份，价税合计金额 15.94 亿元。

【法理分析】

闫某及其团伙的行为涉嫌虚开发票罪、偷税罪、非法经营罪等。其中，虚开发票罪和偷税罪的构成要件包括虚构交易、虚开发票、逃避税款等，非法经营罪包括违反行政法规和国家规定，未经核准、未取得许可证等非法经营行为。

【处理意见】

该市人民法院依法对18名被告人以虚开增值税发票罪分别判处8个月至15年不等有期徒刑，没收全部违法所得并处以相应罚金。其中，闫某被判处有期徒刑1年零6个月，其他涉税服务人员分别被判处有期徒刑8个月至7年不等。

（二）涉税专业服务机构出具文件重大失实

【示例情况】

某市农村信用社合作联社（以下简称农信社）拍卖处置其位于该市区委旁的资产，其中的房地产部分被他省某有限公司购得。农信社在为该公司办理过户时，其财务人员寇某及财务部经理潘某向办税服务厅主任程某咨询如何缴纳税款之事。程某告知寇、潘二人，如果无法确定纳税申报数额，可以找中介机构鉴证。于是，寇、潘二人找到当时担任该市某涉税专业服务机构负责人的蔡某，请其帮忙做税务鉴证。蔡某接受农信社的委托后，将该笔业务交给了员工侯某。侯某接受蔡某的安排后，在出具鉴证报告的过程中，丧失专业操守，严重不负责任，计算错误，出具的企业纳税鉴证报告上土地增值税仅显示339 478.42元，而实际应缴土地增值税为1 830 900.98元，造成国家税款流失1 491 422.56元。

【法理分析】

此案件涉及税务方面的违法行为，主要包括以下两个方面：一是农信社财务人员和财务部经理未按照税法规定缴纳土地增值税款，严重违反了税法规定；二是涉及中介机构的税务鉴证过程中，侯某在出具鉴证报告时计算错误、严重不负责任，导致企业纳税鉴证报告上土地增值税数额与实际应缴纳的土地增值税数额相差巨大，造成国家税款流失，侵害了国家财产利益，涉嫌出具证明文件重大失实罪。

【处理意见】

经法院判决，被告单位所犯出具证明文件重大失实罪，判处罚金人民币10 000元（罚金已缴纳）。被告人蔡某犯出具证明文件重大失实罪，免予刑事处罚。被告人侯某犯出具证明文件重大失实罪，免予刑事处罚。

（三）涉税专业服务机构受贿

【示例情况】

2010—2016年，某涉税专业服务机构法人代表喻某，利用职务便利，在为某工业集团进行企业所得税汇算清缴、税收策划等税务服务过程中，自行指派工作人员帮助该工业集团在财务资料中增加经营成本、减少纳税申报金额、少缴税款，先后从工业集团财务负责人罗某处收受“好处费”共计65.4万元现金。2018年，该省税务局稽查局调查核实后，要求该工业集团自行补缴税款。该涉税专业服务机构经自查，补缴企业所得税 3 315 615.85 元、滞纳金 2 373 431.62 元。2019 年，喻某在接到某公安局经侦支队电话通知后自行到案。

【法理分析】

该案件中，喻某利用担任公司法人代表以及管理公司全面事务的职务便利，非法收受他人财物，为他人谋取利益，数额较大，其行为已构成非国家工作人员受贿罪。喻某自动投案并如实供述犯罪事实，系自首，且当庭认罪，依法从轻或减轻处罚。此外，喻某已退缴全部犯罪所得，量刑时酌情予以考虑。

【处理意见】

依照《刑法》第六十七条第一款、第七十二条、第七十三条和第一百六十三条的规定，处理如下：喻某犯非国家工作人员受贿罪，判处有期徒刑 3 年，缓刑 5 年；喻某退缴犯罪所得人民币 65.4 万元，上缴国库。

第四章　货物和劳务税法遵从

货物和劳务税，是指以货物和劳务的流转额为征收对象的税种总称，是我国取得税收收入最多的税类。货物和劳务税作为税收体系中的重要组成部分，主要具备以下特点：一是税收负担具有转嫁性，二是税收负担具有累退性，三是税收征管具有便利性，四是收入取得具有可靠性和稳定性。本章将货物和劳务税涉及的相关法律法规统称货物和劳务税法，涉及的税种包括增值税、消费税、关税、车辆购置税、城市维护建设税以及烟叶税。

第一节　增值税法遵从

增值税是对在中华人民共和国境内销售货物或者加工、修理修配劳务，销售服务、无形资产、不动产以及进口货物进行征税的税种。目前我国增值税实行13%、9%和6%三档税率和零税率结构，增值税小规模纳税人以及增值税一般纳税人的简易计税适用3%或5%的征收率。我国一般纳税人的增值税应纳税额采用购进扣税法，等于当期销项税额中减去当期进项税额后的余额。增值税的税收优惠方式主要有免税、即征即退、先征后退（返）等，在保持税收中性的基础上，体现出税收支持国家经济社会发展的政策目标。

我国于1979年引进增值税，在部分城市试行。1994年我国在试点的基础上在全国范围内全面推行增值税，此时的增值税属于生产型增值税。2009年在全国范围内实施增值税转型改革，将购进固定资产纳入增值税抵扣范围，完成生产型增值税向消费型增值税的转变。2016年5月我国全面推开营改增试点，增值税完成对国民经济三次产业的全面覆盖。目前，增值税已成为我国第一大税种，我国开始形成增值税普遍征收、消费税特定调节的货物和劳务税制结构。

一、遵从要点

（一）纳税主体

1. 纳税人

在中华人民共和国境内销售货物或者加工、修理修配劳务（以下简称劳务），销售服务、无形资产、不动产以及进口货物的单位和个人，为增值税的纳税人。

进口货物的收货人或办理报关手续的单位和个人，为进口货物增值税的纳税人。

资管产品运营过程中发生的增值税应税行为，以资管产品管理人为增值税纳税人。

单位以承包、承租、挂靠方式经营的，承包人、承租人、挂靠人（以下统称承包人）以发包人、出租人、被挂靠人（以下称发包人）名义对外经营并由发包人承担相关法律责任的，以该发包人为纳税人。否则，以承包人为纳税人。

建筑企业与发包方签订建筑合同后，以内部授权或者三方协议等方式，授权集团内其他纳税人（以下称第三方）为发包方提供建筑服务，并由第三方直接与发包方结算工程款的，由第三方缴纳增值税，与发包方签订建筑合同的建筑企业不缴纳增值税。

2. 扣缴义务人

中华人民共和国境外的单位或者个人在境内销售劳务，在境内未设有经营机构的，以其境内代理人为扣缴义务人；在境内没有代理人的，以购买方为扣缴义务人。

境外单位或个人在境内销售服务、无形资产或者不动产，在境内未设有经营机构的，以购买方为增值税扣缴义务人。财政部和国家税务总局另有规定的除外。

3. 一般纳税人与小规模纳税人

增值税纳税人分为一般纳税人和小规模纳税人。

（1）一般纳税人的登记

增值税纳税人，年应税销售额超过财政部和国家税务总局规定的小规模纳税人标准的，除另有规定外，应当向主管税务机关办理一般纳税人登记。

年应税销售额未超过规定标准的纳税人，会计核算健全，能够提供准确税务资料的，可以向主管税务机关办理一般纳税人资格登记。

除国家税务总局另有规定外，一经登记为一般纳税人后，不得转为小规模纳税人。

（2）小规模纳税人的登记

小规模纳税人标准为年应税销售额500万元及以下。

年应税销售额超过规定标准的其他个人不属于一般纳税人，按小规模纳税人纳税。

年应税销售额超过规定标准但不经常发生应税行为的单位和个体工商户可选择按照小规模纳税人纳税。

（二）课税对象

增值税应税行为的具体范围可分为五大类，包括销售或进口货物，提供劳务，销售服务、无形资产和不动产。

1. 销售、进口货物

在中华人民共和国境内销售、进口货物，属于增值税征税范围。其中：

（1）在境内销售货物，是指销售货物的起运地或者所在地在境内。

（2）货物，是指有形动产，包括电力、热力、气体在内。

（3）销售货物，是指有偿转让货物的所有权。有偿，是指从购买方取得货币、货物或其他经济利益。

2. 提供劳务

在境内提供劳务，属于增值税征税范围。其中：

（1）在境内提供劳务，是指提供的加工、修理修配劳务发生在境内。

（2）提供劳务，是指有偿提供加工、修理修配劳务。单位或者个体工商户聘用的员工为本单位或者雇主提供加工、修理修配劳务，不属于应税劳务。

3. 销售服务

销售服务，是指提供交通运输服务、邮政服务、电信服务、建筑服务、金融服务、现代服务、生活服务。

（1）交通运输服务

交通运输服务，是指利用运输工具将货物或者旅客送达目的地使其空间位置得到转移的业务活动，包括陆路运输服务、水路运输服务、航空运输服务和管道运输服务。

（2）邮政服务

邮政服务，是指中国邮政集团公司及其所属邮政企业提供邮件寄递、邮政汇兑和机要通信等邮政基本服务的业务活动，包括邮政普遍服务、邮政特殊服务和其他邮政服务。

（3）电信服务

电信服务，是指利用有线、无线的电磁系统或者光电系统等各种通信网络资源，提供语音通话服务，传送、发射、接收或者应用图像、短信等电子数据和信息的业务活动，包括基础电信服务和增值电信服务。

（4）建筑服务

建筑服务，是指各类建筑物、构筑物及其附属设施的建造、修缮、装饰，线路、管道、设备、设施等的安装以及其他工程作业的业务活动，包括工程服务、安装服务、修缮服务、装饰服务和其他建筑服务。

（5）金融服务

金融服务，是指经营金融保险的业务活动，包括贷款服务、直接收费金融服务、保险服务和金融商品转让。

（6）现代服务

现代服务，是指围绕制造业、文化产业、现代物流产业等提供技术性、知识性服务的业务活动，包括研发和技术服务、信息技术服务、文化创意服务、物流辅助服务、租赁服务、鉴证咨询服务、广播影视服务、商务辅助服务和其他现代服务。

（7）生活服务

生活服务，是指为满足城乡居民日常生活需求提供的各类服务活动，包括文化体育服务、教育医疗服务、旅游娱乐服务、餐饮住宿服务、居民日常服务和其他生活服务。

4. 销售无形资产

销售无形资产，是指转让无形资产所有权或者使用权的业务活动。无形资产，是指不具实物形态，但能带来经济利益的资产，包括技术、商标、著作权、商誉、自然资源使用权和其他权益性无形资产。

5. 销售不动产

销售不动产，是指转让不动产所有权的业务活动。不动产，是指不能移动或者移动后会引起性质、形状改变的财产，包括建筑物、构筑物等。

转让建筑物有限产权或者永久使用权的，转让在建的建筑物或者构筑物所有权的，以及在转让建筑物或者构筑物时一并转让其所占土地的使用权的，按照销售不动产缴纳增值税。

6. 视同销售行为

（1）视同销售货物

①将货物交付其他单位或者个人代销、销售代销货物；

②设有两个以上机构并实行统一核算的纳税人，将货物从一个机构移送其他机构用于销售，但相关机构设在同一县（市）的除外；

③将自产、委托加工的货物用于非增值税应税项目、用于集体福利或者个人消费；

④将自产、委托加工或者购进的货物作为投资提供给其他单位或者个体工商户、分配给股东或者投资者以及无偿赠送其他单位或者个人。

（2）视同销售服务、无形资产或者不动产

①向其他单位或者个人无偿提供服务，但用于公益事业或者以社会公众为对象的除外；

②向其他单位或者个人无偿转让无形资产或者不动产，但用于公益事业或者以社会公众为对象的除外；

③财政部和国家税务总局规定的其他情形。

7. 混合销售和兼营行为

（1）混合销售

一项销售行为如果既涉及服务又涉及货物，为混合销售。从事货物的生产、批发或零售的单位和个体工商户的混合销售行为，按照销售货物缴纳增值税，其他单位和个体工商户的混合销售行为，按照销售服务缴纳增值税。

但纳税人销售活动板房、机器设备、钢结构件等自产货物的同时提供建筑、安装服务，不属于混合销售，应分别核算货物和建筑服务的销售额，分别适用不同的税率和征收率。

（2）兼营行为

兼营行为，是指纳税人的经营范围既包括销售货物和劳务，又包括销售服务、无形资产或者不动产。

纳税人兼营销售货物、劳务、服务、无形资产或者不动产，适用不同税率或者征收率的，应当分别核算适用不同税率或者征收率的销售额；未分别核算的，从高适用税率。纳税人兼营免税、减税项目的，应当分别核算免税、减税项目的销售额，未分别核算的，不得减税、免税。

8. 不属于在境内销售服务或无形资产

（1）境外单位或者个人向境内单位或者个人销售完全在境外发生的服务；

（2）境外单位或者个人向境内单位或者个人销售完全在境外使用的无形资产；

（3）境外单位或者个人向境内单位或者个人出租完全在境外使用的有形动产；

（4）财政部和国家税务总局规定的其他情形。

9. 不征收增值税的规定

（1）代为收取的满足条件的政府性基金或者行政事业收费；

（2）单位或者个体工商户聘用的员工为本单位或者雇主提供取得工资的服务；

（3）单位或者个体工商户为聘用的员工提供服务；

（4）各党派、共青团、工会、妇联、中科协、青联、台联、侨联收取党费、团费、会费，以及政府间国际组织收取会费，属于非经营活动，不征收增值税；

（5）存款利息；

（6）被保险人获得的保险赔付；

（7）根据国家指令无偿提供的铁路运输服务、航空运输服务，属于规定的用于公益事业的服务，不征收增值税；

（8）房地产主管部门或者其指定机构、公积金管理中心、开发企业以及物业管理单位代收的住宅专项维修资金；

（9）在资产重组过程中，通过合并、分立、出售、置换等方式，将全部或者部分实物资产以及与其相关联的债权、负债和劳动力一并转让给其他单位和个人，不属于增值税的征税范围，其中涉及的货物转让，不动产、土地使用权转让行为，不征收增值税；

（10）纳税人在资产重组过程中，通过合并、分立、出售、置换等方式，将全部或者部分实物资产以及与其相关联的债权、负债经多次转让后，最终的受让方与劳动力接收方为同一单位和个人的，也不属于增值税的征税范围，其中货物的多次转让，不征收增值税；

（11）纳税人取得的财政补贴收入，除与其销售货物、劳务、服务、无形资产、不动产的收入或者数量直接挂钩的其他情形的财政补贴收入，不属于增值税应税收入，不征收增值税。

（三）税率、征收率及预征率

1. 税率

我国增值税的税率目前有13%、9%、6%三档和零税率。一般纳税人按照一般计税方法适用税率计算增值税。详见表4-1。

表 4－1　　增值税税率

应税范围		税率
销售或进口货物（另有列举的除外）、销售劳务、有形动产租赁服务		13%
销售或进口货物	粮食等农产品、食用植物油、鲜奶、食用盐	9%
	自来水、暖气、冷气、热水、煤气、石油液化气、天然气、二甲醚、沼气、居民用煤炭制品	
	图书、报纸、杂志、音像制品、电子出版物	
	饲料、化肥、农药、农机、农膜	
销售服务	交通运输服务、邮政服务、基础电信服务、建筑服务、不动产租赁服务	9%
	增值电信服务、金融服务、现代服务（租赁服务除外）、生活服务	6%
销售不动产	转让建筑物、构筑物等不动产所有权	9%
销售无形资产	转让土地使用权	9%
	技术、商标、著作权、商誉、自然资源使用权（不含转让土地使用权）和其他权益性无形资产	6%
出口货物，国际运输服务、航天运输服务； 向境外提供的完全在境外消费的下列服务：研发服务、合同能源管理服务、设计服务、广播影视节目（作品）的制作和发行服务、软件服务、电路设计及测试服务、信息系统服务、业务流程管理服务、离岸服务外包业务、转让技术		0

2. 征收率

我国目前的增值税征收率有3%和5%两档，对一般纳税人选择简易计税方法计税的情形和小规模纳税人简易计税方法的情形，适用相应的征收率，详见表4－2。

表 4－2　　增值税征收率

纳税人	应税范围	征收率
小规模纳税人	销售货物（不含销售使用过的固定资产、销售旧货）、劳务、服务（不含不动产租赁）、无形资产	3%
	跨县（市）提供建筑服务	
	销售自己使用过的固定资产、销售旧货	3%减按2%
	销售、出租不动产	5%
	劳务派遣服务及安全保护服务选择差额计税的	

续表

纳税人	应税范围			征收率
一般纳税人	选择简易计税方法	生产销售特定货物（列举部分）	自产的建筑用和生产建筑材料所用的砂、土、石料； 以自己采掘的砂、土、石料或其他矿物连续生产的砖、瓦、石灰（不含粘土实心砖、瓦）； 自产的商用混凝土（仅限于以水泥为原料生产的水泥混凝土）； 自产的自来水； 生产销售和批发、零售罕见病药品及抗癌药	3%
		销售特定服务（列举部分）	公共交通运输服务； 经认定的动漫企业为开发动漫产品提供的动漫相关服务，以及在境内转让动漫版权； 电影放映服务、仓储服务、装卸搬运服务、收派服务和文化体育服务； 提供非学历教育服务、教育辅助服务	
		建筑服务	以清包工方式提供的建筑服务	
			为甲供工程提供的建筑服务	
			为建筑工程老项目提供的建筑服务	
			跨县（市）提供建筑服务选择简易方法计税的	
		金融服务	资管产品管理人运营资管产品过程中发生的增值税应税行为暂适用简易计税方法； 农村金融服务	
		不动产相关	转让、出租营改增之前取得的不动产、土地使用权	5%
			房地产开发企业纳税人销售自行开发的房地产老项目	
			不动产经营租赁、不动产融资租赁	
		提供劳务派遣服务、安全保护服务		
		提供人力资源外包服务		
		收取试点前开工的一级公路、二级公路、桥、闸通行费		
		自 2019 年 1 月 1 日至 2023 年 12 月 31 日，纳税人生产销售新支线飞机		
		中外合作油（气）田开采的原油、天然气按实物征收增值税		
	适用简易计税方法	销售自己使用过的不得抵扣且未抵扣进项税额的固定资产		3% 减按 2%
		销售旧货		

3. 预征率

增值税预征率是为了保障税款按期均衡入库，对课税对象先行征收税款的征收比例。

纳税人转让不动产、提供不动产经营租赁服务、跨县（市、区）提供建筑服务、房地产开发企业销售其自行开发的房地产项目，这四类特定交易行为在计算缴纳增值税时，需要向不动产所在地或建筑服务发生地的主管税务机关预缴增值税，预缴时按照预征率预缴税款，再向机构所在地主管税务机关申报纳税。目前，上述四类特定交易行为适用的预征率有2%、3%、5%。

另外，经财政部和国家税务总局批准的总机构试点纳税人及其分支机构按照相关政策规定计算缴纳增值税时，分支机构发生规定范围内的应税服务，按照应征增值税销售额和预征率计算缴纳增值税，预征率由财政部和国家税务总局规定，并适时予以调整。

（四）税款计算

1. 一般计税方法销项税额的计算

一般计税方法下，增值税应纳税额等于当期销项税额减去当期可以抵扣的进项税额。正确计算应纳税额，首先需要准确核算作为增值税计税依据的销售额。当期销项税额等于当期销售额乘以增值税适用税率。

（1）销售额的一般规定

销售额为纳税人发生应税销售行为收取的全部价款和价外费用，但是不包括收取的销项税额。

向购买方收取的各种价外费用具体包括手续费、补贴、基金、集资费、返还利润、奖励费、违约金、滞纳金、延期付款利息、赔偿金、代收款项、代垫款项、包装费、包装物租金、储备费、优质费、运输装卸费以及其他各种性质的价外收费。

价外费用无论其会计制度如何核算，都应并入销售额计税。但价外费用不包括：①受托加工应征消费税的消费品所代收代缴的消费税；②承运部门的运输费用发票开具给购买方，且纳税人将该项发票转交给购买方的代垫运输费用；③销售货物的同时代办保险等而向购买方收取的保险费，以及向购买方收取的代购买方缴纳的车辆购置税、车辆牌照费；④代为收取的符合条件的政府性基金或者行政事业性收费。

（2）视同销售行为销售额确定

纳税人视同销售货物而无销售额者，按下列顺序确定销售额：

①按纳税人最近时期同类货物的平均销售价格确定。

②按其他纳税人最近时期同类货物的平均销售价格确定。

③按组成计税价格确定。

$$组成计税价格 = 成本 \times （1 + 成本利润率）$$

属于应征消费税的货物，其组成计税价格中应加计消费税税额。成本利润率由国家税务总局确定。

（3）特殊销售额的确定

①采取折扣方式销售：纳税人发生应税行为，将价款和折扣额在同一张发票上分别注明的，以折扣后的价款为销售额；未在同一张发票上分别注明的，以价款为销售额，不得扣减折扣额。

②以旧换新方式：应按新货物的同期销售价格确定销售额，不得扣减旧货物的收购价格。对金银首饰以旧换新业务，可以按销售方实际收取的不含增值税的全部价款征收增值税。

③以物易物：以物易物双方都应作购销处理，以各自发出的货物确定销售额。

④包装物押金：纳税人为销售货物而出租出借包装物收取的押金，单独记账核算的，不并入销售额征税。但对因逾期未收回包装物不再退还的押金，应按所包装货物的适用税率征收增值税。纳税人为销售货物出租出借包装物而收取的押金，无论包装物周转使用期限长短，一年（含）以上仍不退还的均并入销售额征税。此外，对销售除啤酒、黄酒外的其他酒类产品而收取的包装物押金，无论是否返还以及会计上如何核算，均应并入当期销售额征税。

（4）差额确定销售额的情形（列举部分）

①金融商品转让的销售额；

②融资租赁和融资性售后回租业务的销售额；

③经纪代理服务，以取得的全部价款和价外费用，扣除向委托方收取并代为支付的政府性基金或者行政事业性收费后的余额为销售额；

④航空运输企业的销售额，不包括代收的机场建设费和代售其他航空运输企业客票而代收转付的价款；

⑤纳税人提供旅游服务，可以选择以取得的全部价款和价外费用，扣除向旅游服务购买方收取并支付给其他单位或者个人的住宿费、餐饮费、交通费、签证费、门票费和支付给其他接团旅游企业的旅游费用后的余额为销售额；

⑥一般纳税人提供客运场站服务，以其取得的全部价款和价外费用，扣除支付给承运方运费后的余额为销售额；

⑦提供物业管理服务的纳税人，向服务接受方收取的自来水水费，以扣除纳税人支付的自来水水费后的余额为销售额；

⑧房地产开发企业中的一般纳税人销售其开发的房地产项目（选择简易计税方法的房地产老项目除外），以取得的全部价款和价外费用，扣除受让土地时向政府部门支付的土地价款后的余额为销售额；

⑨一般纳税人提供劳务派遣服务，可以按照规定选择差额纳税，以取得的全

部价款和价外费用，扣除代用工单位支付给劳务派遣员工的工资、福利和为其办理社会保险及住房公积金后的余额为销售额。

2. 一般计税方法进项税额的抵扣

（1）准予从销项税额中抵扣的进项税额的一般规定

①从销售方或者提供方取得的增值税专用发票（含税控机动车销售统一发票，下同）上注明的增值税税额。

②从海关取得的海关进口增值税专用缴款书上注明的增值税税额。

③购进农产品，除取得增值税专用发票或者海关进口增值税专用缴款书外，按照农产品收购发票或者销售发票上注明的农产品买价和规定的扣除率计算的进项税额。

④自境外单位或者个人购进劳务、服务、无形资产或者境内的不动产，从税务机关或者扣缴义务人取得的代扣代缴税款的完税凭证上注明的增值税税额。

（2）准予从销项税额中抵扣的进项税额的特殊规定

①一般纳税人支付的通行费，按照增值税电子普通发票上注明的增值税额抵扣进项税额。

②纳税人购进的国内旅客运输服务（限于与本单位签订了劳动合同的员工，以及本单位作为用工单位接受的劳务派遣员工发生的国内旅客运输服务），其进项税额允许从销项税额中抵扣。

取得增值税电子普通发票的，为发票上注明的税额。增值税电子普通发票上注明的购买方“名称”“纳税人识别号”等信息，应当与实际抵扣税款的纳税人一致，否则不予抵扣。

纳税人取得注明旅客身份信息的航空运输电子客票行程单的，按照下列公式计算进项税额：

航空旅客运输进项税额 =（票价 + 燃油附加费）÷（1 +9%）×9%

纳税人取得注明旅客身份信息的铁路车票的，按照下列公式计算进项税额：

铁路旅客运输进项税额 = 票面金额 ÷（1 +9%）×9%

取得注明旅客身份信息的公路、水路等其他客票的，按照下列公式计算进项税额：

公路、水路等其他旅客运输进项税额 = 票面金额 ÷（1 +3%）×3%

（3）不得从销项税额中抵扣的进项税额

①纳税人取得的增值税扣税凭证不符合法律、行政法规或者国家税务总局有关规定的，其进项税额不得从销项税额中抵扣；纳税人凭完税凭证抵扣进项税额

的，应当具备书面合同、付款证明和境外单位的对账单或者发票。资料不全的，其进项税额不得从销项税额中抵扣。

②用于简易计税方法计税项目、免征增值税项目、集体福利或者个人消费的购进货物、劳务、服务、无形资产和不动产。

③非正常损失的购进货物，以及相关的劳务和交通运输服务。

④非正常损失的在产品、产成品所耗用的购进货物（不包括固定资产）、劳务和交通运输服务。

⑤非正常损失的不动产，以及该不动产所耗用的购进货物、设计服务和建筑服务。

⑥非正常损失的不动产在建工程所耗用的购进货物、设计服务和建筑服务。纳税人新建、改建、扩建、修缮、装饰不动产，均属于不动产在建工程。

⑦购进的贷款服务、餐饮服务、居民日常服务和娱乐服务。

⑧适用一般计税方法的纳税人，兼营简易计税方法计税项目、免征增值税项目而无法划分不得抵扣的进项税额，按照下列公式计算不得抵扣的进项税额：

$$\text{不得抵扣的进项税额}=\text{当期无法划分的全部进项税额}\times\left(\text{当期简易计税方法计税项目销售额}+\text{免征增值税项目销售额}\right)\div\text{当期全部销售额}$$

⑨纳税人接受贷款服务向贷款方支付的与该笔贷款直接相关的投融资顾问费、手续费、咨询费等费用，其进项税额不得从销项税额中抵扣。

⑩财政部和国家税务总局规定的其他情形。

上述第④、⑤项所称货物，是指构成不动产实体的材料和设备，包括建筑装饰材料和给排水、采暖、卫生、通风、照明、通信、煤气、消防、中央空调、电梯、电气、智能化楼宇设备及配套设施。

3. 简易计税方法应纳税额的计算

简易计税方法按销售额和规定征收率计算应纳税额，不得抵扣进项税额。

$$\text{应纳税额}=\text{不含税销售额}\times\text{征收率}$$

$$\text{不含税销售额}=\text{含税销售额}\div(1+\text{征收率})$$

4. 进口环节增值税应纳税额的计算

纳税人进口货物，按组成计税价格和适用的税率计算增值税应纳税额，不得抵扣任何税额。

$$\text{应纳税额}=\text{组成计税价格}\times\text{税率}$$

其中：

$$\text{组成计税价格}=\text{关税完税价格}+\text{关税}+\text{消费税}$$

或者：

组成计税价格 =（关税完税价格 + 关税）÷（1 – 消费税税率）

5. 特定企业或交易行为预缴、申报增值税税额的计算

（1）转让不动产（不含房地产开发企业）预缴及申报（见表4 – 3）

表4 – 3 转让不动产（不含房地产开发企业）预缴及申报

取得方式	计税方法	预缴计算	申报计算
非自建取得	简易计税方法	预缴税额 =（全部价款和价外费用 – 不动产购置原价或者取得不动产时的作价）÷（1 + 5%）×5%	应纳税额 =（全部价款和价外费用 – 不动产购置原价或取得时的作价）÷（1 + 5%）×5% – 预缴税额
	一般计税方法		应纳税额 = 全部价款和价外费用 ÷（1 + 9%）×9% – 进项税额 – 预缴税额
自建取得	简易计税方法	预缴税额 = 全部价款和价外费用 ÷（1 + 5%）×5%	应纳税额 = 全部价款和价外费用 ÷（1 + 5%）×5% – 预缴税额
	一般计税方法		应纳税额 = 全部价款和价外费用 ÷（1 + 9%）×9% – 进项税额 – 预缴税额

（2）提供不动产经营租赁预缴及申报（见表4 – 4）

表4 – 4 提供不动产经营租赁预缴及申报

纳税人		计税方法	预缴计算	申报计算
一般纳税人		一般计税方法	预缴税额 = 含税销售额 ÷（1 + 9%）×3%	应纳税额 = 含税销售额 ÷（1 + 9%）×9% – 进项税额 – 预缴税额
一般纳税人 小规模纳税人		简易计税方法	预缴税额 = 含税销售额 ÷（1 + 5%）×5%	应纳税额 = 含税销售额 ÷（1 + 5%）×5% – 预缴税额
个人出租住房	个体工商户	—	预缴税额 = 含税销售额 ÷（1 + 5%）×1.5%	应纳税额 = 含税销售额 ÷（1 + 5%）×1.5% – 预缴税额
	其他个人		无须预缴	应纳税额 = 含税销售额 ÷（1 + 5%）×1.5%

（3）跨县（市、区）提供建筑服务预缴及申报（见表4 – 5）

表4 – 5 跨县（市、区）提供建筑服务预缴及申报

计税方法	预缴计算	申报计算
一般计税方法	预缴税额 =（全部价款和价外费用 – 支付的分包款）÷（1 + 9%）×2%	应纳税额 = 全部价款和价外费用 ÷（1 + 9%）×9% – 进项税额 – 预缴税额
简易计税方法	预缴税额 =（全部价款和价外费用 – 支付的分包款）÷（1 + 3%）×3%	应纳税额 =（全部价款和价外费用 – 支付的分包款）÷（1 + 3%）×3% – 预缴税额

（4）房地产开发企业销售其自行开发的房地产项目预缴及申报（见表4－6）

表4－6　　房地产开发企业销售其自行开发的房地产项目预缴及申报

计税方法	预缴计算	申报计算
一般计税方法	预缴税额＝预收款÷（1＋9%）×3%	应纳税额＝（全部价款和价外费用－当期允许扣除的土地价款）÷（1＋9%）×9%－进项税额－预缴税额 其中： 当期允许扣除的土地价款＝（当期销售房地产项目建筑面积÷房地产项目可供销售建筑面积）×支付的土地价款
简易计税方法	预缴税额＝预收款÷（1＋5%）×3%	应纳税额＝全部价款和价外费用÷（1＋5%）×5%－预缴税额

6. 留抵退税

一般计税方法下：

当期应纳税额＝当期销项税额－当期进项税额

计算结果出现负数，则产生留抵税额，留抵税额允许结转下期继续抵扣。

因此：

当期应纳税额＝当期销项税额－当期进项税额－上期留抵税额

我国自2019年4月1日起，在全行业试行增值税期末留抵退税制度，符合条件的纳税人，可以向主管税务机关申请退还增量留抵税额。

自2022年4月1日，进一步加大增值税期末留抵退税实施力度，将先进制造业按月退还增量留抵税额的政策范围扩大到所有小微企业和制造业等六个重点行业。自2022年7月1日，将全额退还增值税留抵税额政策的行业范围进一步扩大至批发零售业等行业。对所有符合条件的小微企业和制造业、批发零售业等行业企业在2019年4月1日前形成的存量留抵税额予以退还，并按月全额退还增量留抵税额。

（1）申请留抵退税需同时符合的条件

符合条件的制造业、批发零售业等行业企业需满足以下②至⑤条件。符合条件的小微企业，在2022年12月31日前，退税条件按以下②至⑤条件执行。其他企业，需满足以下全部条件。

①自2019年4月税款所属期起，连续6个月（按季纳税的，连续2个季度）增量留抵税额均大于零，且第6个月增量留抵税额不低于50万元。

②纳税信用等级为A级或者B级。

③申请退税前36个月未发生骗取留抵退税、骗取出口退税或虚开增值税专用

发票情形。

④申请退税前36个月未因偷税被税务机关处罚两次及以上。

⑤自2019年4月1日起未享受即征即退、先征后返（退）政策。

（2）退税额计算

①小微企业，制造业、批发零售业等行业企业留抵退税额计算

允许退还的增量留抵税额＝增量留抵税额×进项构成比例×100%

允许退还的存量留抵税额＝存量留抵税额×进项构成比例×100%

②其他企业留抵退税额计算

允许退还的增量留抵税额＝增量留抵税额×进项构成比例×60%

③增量留抵税额的确定原则

纳税人获得一次性存量留抵退税前，增量留抵税额为当期期末留抵税额与2019年3月31日相比新增加的留抵税额。

纳税人获得一次性存量留抵退税后，增量留抵税额为当期期末留抵税额。

④存量留抵税额的确定原则

纳税人获得一次性存量留抵退税前，当期期末留抵税额大于或等于2019年3月31日期末留抵税额的，存量留抵税额为2019年3月31日期末留抵税额；当期期末留抵税额小于2019年3月31日期末留抵税额的，存量留抵税额为当期期末留抵税额。

纳税人获得一次性存量留抵退税后，存量留抵税额为零。

⑤进项构成比例的确定

进项构成比例，为2019年4月至申请退税前一税款所属期已抵扣的增值税专用发票（含带有“增值税专用发票”字样全面数字化的电子发票、税控机动车销售统一发票）、收费公路通行费增值税电子普通发票、海关进口增值税专用缴款书、解缴税款完税凭证注明的增值税税额占同期全部已抵扣进项税额的比重。

（3）与其他增值税政策的衔接

①留抵退税与出口退（免）税政策

纳税人出口货物劳务、发生跨境应税行为，适用免抵退税办法的，应先办理免抵退税。免抵退税办理完毕后，仍符合规定条件的，可以申请退还留抵税额；适用免退税办法的，相关进项税额不得用于退还留抵税额。

②留抵退税与即征即退、先征后返（退）政策

纳税人自2019年4月1日起已取得留抵退税款的，不得再申请享受增值税即征即退、先征后返（退）政策。纳税人可以在2022年10月31日前一次性将已取得的留抵退税款全部缴回后，按规定申请享受增值税即征即退、先征后返（退）政策。

纳税人自2019年4月1日起已享受增值税即征即退、先征后返（退）政策的，可以在2022年10月31日前一次性将已退还的增值税即征即退、先征后返（退）税款全部缴回后，按规定申请退还留抵税额。

7. 出口退（免）税

（1）基本政策

出口退（免）税，是指在国际贸易业务中，对报关出口的货物或者劳务退还或免征在国内各生产环节和流转环节按税法规定已缴纳的增值税和消费税。我国的出口货物劳务的增值税基本政策包括：免税并退税［以下称出口退（免）税政策］、免税不退税，以及针对国家限制或者禁止出口的某些货物劳务视同内销环节征税，在出口环节既不免税也不退税。

根据国家税务总局相关政策规定，出口退（免）税政策的适用范围包括出口企业出口货物、出口企业或其他单位视同出口货物、符合条件的生产企业的外购货物视同出口自产货物，以及出口企业对外提供劳务。出口退（免）税包括：

①免抵退税办法。生产企业出口自产货物和视同自产货物及对外提供劳务，以及列名生产企业出口非自产货物，免征增值税，相应的进项税额抵减应纳增值税税额（不包括适用增值税即征即退、先征后退政策的应纳增值税税额），未抵减完的部分予以退还。

②免退税办法。不具有生产能力的出口企业（以下称外贸企业）或其他单位出口货物劳务，免征增值税，相应的进项税额予以退还。

（2）出口退税率

①一般规定。除财政部和国家税务总局根据国务院决定而明确的增值税出口退税率（以下称退税率）外，出口货物的退税率为其适用税率。国家税务总局根据上述规定将退税率通过出口货物劳务退税率文库予以发布，供征纳双方执行。退税率有调整的，除另有规定外，其执行时间以货物（包括被加工修理修配的货物）的出口货物报关单（出口退税专用）上注明的出口日期为准。

②特殊规定。外贸企业购进按简易计税方法征税的出口货物、从小规模纳税人购进的出口货物，其退税率分别为简易计税方法实际执行的征收率、小规模纳税人征收率。上述出口货物取得增值税专用发票的，退税率按照增值税专用发票上注明的税率和出口货物退税率孰低的原则确定。

出口企业委托加工修理修配货物，其加工修理修配费用的退税率，为出口货物的退税率。

③适用不同退税率的货物劳务，应分开报关、核算并申报退（免）税，未分

开报关、核算或划分不清的，从低适用退税率。

（3）计税依据

出口货物劳务的出口退（免）税的计税依据，按出口货物劳务的出口发票（外销发票）、其他普通发票或购进出口货物劳务的增值税专用发票、海关进口增值税专用缴款书确定。

（4）免抵退税的计算

①计算当期应纳税额

$$\text{当期应纳税额}=\text{当期销项税额}-(\text{当期进项税额}-\text{当期不得免征和抵扣税额})$$

$$\begin{matrix}\text{当期不得免征}\\\text{和抵扣税额}\end{matrix}=\begin{matrix}\text{当期出口}\\\text{货物离岸价}\end{matrix}\times\begin{matrix}\text{外汇人民}\\\text{币折合率}\end{matrix}\times\left(\begin{matrix}\text{出口货物}\\\text{适用税率}\end{matrix}-\begin{matrix}\text{出口货物}\\\text{退税率}\end{matrix}\right)-\begin{matrix}\text{当期不得免征和}\\\text{抵扣税额抵减额}\end{matrix}$$

$$\begin{matrix}\text{当期不得免征和}\\\text{抵扣税额抵减额}\end{matrix}=\begin{matrix}\text{当期免税购进}\\\text{原材料价格}\end{matrix}\times\left(\begin{matrix}\text{出口货物}\\\text{适用税率}\end{matrix}-\begin{matrix}\text{出口货物}\\\text{退税率}\end{matrix}\right)$$

对于进料加工出口货物来说，当期不得免征和抵扣税额按下列公式计算。

$$\begin{matrix}\text{当期不得免征}\\\text{和抵扣税额}\end{matrix}=\begin{matrix}\text{当期全部出口}\\\text{货物的离岸价}\end{matrix}-\begin{matrix}\text{当期全部进料加工出口货物}\\\text{耗用的保税进口料件金额}\end{matrix}$$

其中：

$$\begin{matrix}\text{进料加工出口货物耗用的}\\\text{保税进口料件金额}\end{matrix}=\begin{matrix}\text{进料加工出口}\\\text{货物人民币离岸价}\end{matrix}\times\begin{matrix}\text{进料加工}\\\text{计划分配率}\end{matrix}$$

②计算当期免抵退税额

$$\begin{matrix}\text{当期免抵}\\\text{退税额}\end{matrix}=\begin{matrix}\text{当期出口}\\\text{货物离岸价}\end{matrix}\times\begin{matrix}\text{外汇人民}\\\text{币折合率}\end{matrix}\times\begin{matrix}\text{出口货物}\\\text{退税率}\end{matrix}-\begin{matrix}\text{当期免抵退税}\\\text{额抵减额}\end{matrix}$$

$$\text{当期免抵退税额抵减额}=\text{当期免税购进原材料价格}\times\text{出口货物退税率}$$

③计算当期应退税额和免抵税额

当期期末留抵税额≤当期免抵退税额，则：

$$\text{当期应退税额}=\text{当期期末留抵税额}$$

$$\text{当期免抵税额}=\text{当期免抵退税额}-\text{当期应退税额}$$

当期期末留抵税额＞当期免抵退税额，则：

$$\text{当期应退税额}=\text{当期免抵退税额}$$

当期免抵税额＝0。

当期期末留抵税额为当期增值税纳税申报表中“期末留抵税额”。

（5）免退税的计算

①外贸企业出口委托加工修理修配货物以外的货物

增值税应退税额＝增值税退（免）税计税依据×出口货物退税率

②外贸企业出口委托加工修理修配货物

$$\text{出口委托加工修理修配货物的增值税应退税额}=\text{委托加工修理修配的增值税退（免）税计税依据}\times\text{出口货物退税率}$$

（6）与其他增值税政策的衔接

纳税人既有增值税即征即退、先征后退项目，又有出口等其他增值税应税项目的，增值税即征即退和先征后退项目不参与出口项目免抵退税计算。出口企业应分别核算出口免抵退项目和增值税即征即退、先征后退项目，分别申请享受免抵退税政策、增值税即征即退和先征后退。

用于增值税即征即退或者先征后退项目的进项税额无法划分的，按照下列公式计算：

$$\text{无法划分的进项税额中用于增值税即征即退或者先征后退项目的部分}=\text{当月无法划分的全部进项税额}\times\text{当月增值税即征即退或者先征后退项目销售额}\div\text{当月全部销售额、营业额合计}$$

（7）海南自由贸易港退（免）税政策

①国际运输船舶退税政策

自2020年10月1日至2024年12月31日，对境内建造船舶企业向运输企业销售且同时符合条件（购进船舶在“中国洋浦港”登记且购进船舶从事国际运输和港澳台运输业务）的船舶，实行增值税退税政策，由购进船舶的运输企业向主管税务机关申请退税。

购进船舶运输企业的应退税额，为其购进船舶时支付的增值税额。不符合退税条件的应补缴税款。

②启运港退税政策

自2021年1月1日起，为支持海南自由贸易港建设，海南自由贸易港试行以下启运港退税政策。

对符合条件的出口企业从启运地口岸（以下称启运港）启运报关出口，由符合条件的运输企业承运，从水路转关直航或经停指定口岸（以下称经停港），自离境地口岸（以下称离境港）离境的集装箱货物，实行启运港退税政策。

对从经停港报关出口、由符合条件的运输企业途中加装的集装箱货物，符合上述规定的运输方式、离境地点要求的，以经停港作为货物的启运港，也实行启运港退税政策。危险品不适用启运港退税政策。

③海南离岛旅客免税购物政策

海南离岛免税店销售离岛免税商品，按规定免征增值税和消费税；销售非离岛免税商品，按规定向主管税务机关申报缴纳增值税和消费税；兼营应征增值税、消费税项目的应分别核算离岛免税商品和应税项目的销售额，未分别核算的不得免税。

海南离岛旅客免税购物政策，是指对乘飞机、火车、轮船离岛（不包括离境）旅客实行限值、限量、限品种免进口税购物，在实施离岛免税政策的免税商店内或经批准的网上销售窗口付款，在机场、火车站、港口码头指定区域提货离岛的税收优惠政策。离岛免税政策免税税种为关税、进口环节增值税和消费税。

（8）境外旅客购物离境退税政策

境外旅客离境时，对其在退税商店购买的退税物品满足条件时退还增值税。

应退增值税额 = 退税物品销售发票含税金额 × 退税率

自 2019 年 4 月 1 日起，适用 13% 税率的境外旅客购物离境退税物品，退税率为 11%；适用 9% 税率的境外旅客购物离境退税物品，退税率为 8%。

退税币种为人民币。退税方式包括现金退税和银行转账退税两种方式。退税额未超过 1 万元的，可自行选择退税方式。退税额超过 1 万元的，以银行转账方式退税。除上述退税方式外，近年来各省市逐步推行离境退税便捷支付方式，如北京市、上海市、广州市等均出台规定，可选择微信、支付宝等作为便捷退付方式办理境外旅客购物离境退税。

（9）外交人员在华购买货物和服务退税政策

中华人民共和国政府在互惠对等原则的基础上，对外国驻华使（领）馆及其馆员在中华人民共和国境内购买的货物和服务，实行增值税退税政策。货物和服务，是指按规定征收增值税、属于合理自用范围内的生活办公类货物和服务。生活办公类货物和服务，是指为满足日常生活、办公需求购买的货物和服务。工业用机器设备、金融服务以及其他财政部和国家税务总局规定的货物和服务，不属于生活办公类货物和服务。

使（领）馆馆员个人购买货物和服务，除车辆和房租外，每人每年申报退税销售金额（含税价格）不超过 18 万元人民币。

使（领）馆及其馆员购买货物和服务，增值税退税额为发票上注明的税额；发票上未注明税额的，为按照不含税销售额和增值税征收率计算的税额。购买电力、燃气、汽油、柴油，发票上未注明税额的，增值税退税额为按照不含税销售额和相关产品增值税适用税率计算的税额。即：

$$\text{增值税退税额} = \text{发票金额（含增值税）} \div \left(1 + \text{增值税适用税率}\right) \times \text{增值税适用税率}$$

（五）税收优惠

增值税优惠类型主要有免税、减税、即征即退、先征后返（退）等，以下列举部分增值税优惠项目。

1. 与货物相关的免税项目

（1）农业生产者销售的“自产”农产品（包括“公司 + 农户”模式养殖销售的畜禽、制种），外购农产品生产、加工后销售的农产品不属于免税的范围。

（2）避孕药品和用具、古旧图书。

（3）直接用于科学研究、科学试验和教学的进口仪器、设备。

（4）外国政府、国际组织无偿援助的进口物资和设备。

（5）由残疾人的组织直接进口供残疾人专用的物品。

（6）其他个人（自然人）销售的自己使用过的物品。

（7）从事蔬菜批发、零售的纳税人销售的蔬菜。

（8）从事农产品批发、零售的纳税人销售的部分鲜活肉蛋产品。

（9）“承担粮食收储任务的国有粮食购销企业”销售的粮食、大豆及政府储备食用植物油。

（10）销售饲料（用于动物饲养的产品或其加工品）免征增值税，免税饲料产品范围包括单一大宗饲料、混合饲料、配合饲料、复合预混料、浓缩饲料，豆粕、宠物饲料除外。

（11）自 2019 年 1 月 1 日至 2023 年 12 月 31 日，对边销茶生产企业销售自产边销茶及经销企业销售的边销茶免征增值税。

（12）自 2019 年 1 月 1 日至 2023 年供暖期结束，对供热企业向居民个人供热而取得的采暖费收入免征增值税。

（13）特定机构进口科研、教学用图书报刊，销售给国内大专院校、科研单位、国务院部委，免征国内销售环节增值税。

（14）自 2021 年 1 月 1 日至 2030 年 12 月 31 日，对卫生健康委员会委托进口的抗艾滋病病毒药物，免征进口关税和进口环节增值税。

（15）对饮水工程运营管理单位向农村居民提供生活用水取得的自来水销售收入，免征增值税。

（16）自2018年11月30日至2023年11月29日，对经国务院批准对外开放的货物期货品种保税交割业务，暂免征收增值税。

（17）自2019年1月1日至2025年12月31日，对单位或者个体工商户将自产、委托加工或购买的货物通过公益性社会组织、县级及以上人民政府及其组成部门和直属机构，或直接无偿捐赠给目标脱贫地区的单位和个人，免征增值税。在政策执行期限内，目标脱贫地区实现脱贫的，可继续适用上述政策。

2. 与服务、无形资产、不动产相关的免税项目

（1）以下生活、养老、医疗、教育、文化相关的项目，免征增值税。

①托儿所、幼儿园提供的保育和教育服务；

②养老机构提供的养老服务；

③婚姻介绍服务；

④殡葬服务；

⑤自2019年6月1日至2025年12月31日，为社区提供养老、托育、家政等服务的机构，提供社区养老、托育、家政服务取得的收入；

⑥医疗机构提供的医疗服务；

⑦从事学历教育的学校提供的教育服务；

⑧政府举办的从事学历教育的高等、中等和初等学校（不含下属单位），举办进修班、培训班取得的全部归该学校所有的收入；

⑨政府举办的职业学校设立的主要为在校学生提供实习场所，并由学校出资自办、由学校负责经营管理、经营收入归学校所有的企业，从事《销售服务、无形资产或者不动产注释》中“现代服务”（不含融资租赁服务、广告服务和其他现代服务）、“生活服务”（不含文化体育服务、其他生活服务和桑拿、氧吧）业务活动取得的收入；

⑩纪念馆、博物馆、文化馆、图书馆等单位在自己的场所提供文化体育服务取得的第一道门票收入；

⑪寺院、宫观、清真寺和教堂举办文化、宗教活动的门票收入；

⑫自2021年1月1日至2023年12月31日，对科普单位的门票收入，以及县级及以上党政部门和科协开展科普活动的门票收入；

⑬自2019年1月1日至2023年12月31日，对电影主管部门（包括中央、省、地市及县级）按照各自职能权限批准从事电影制片、发行、放映的电影集团公司（含成员企业）、电影制片厂及其他电影企业取得的销售电影拷贝（含数字拷贝）收入、转让电影版权（包括转让和许可使用）收入、电影发行收入以及在农

村取得的电影放映收入免征增值税，对广播电视运营服务企业收取的有线数字电视基本收视维护费和农村有线电视基本收视费免征增值税。

（2）非经营性活动类项目，免征增值税。非经营性活动类项目包括社会团体收取的会费，福利彩票、体育彩票的发行收入。

（3）以下涉及学生、残疾人、军队和随军家属等特殊人群的项目，免征增值税。

具体包括：①学生勤工俭学提供的服务；②残疾人福利机构提供的育养服务；③残疾人员本人为社会提供的服务；④随军家属就业、军队转业干部就业，3 年内免征增值税；⑤军队空余房产租赁收入免征增值税。

（4）以下涉及个人家庭和住房土地类的项目，免征增值税。

具体包括：①个人转让著作权；②个人销售自建自用住房；③个人将购买 2 年以上（含 2 年）的普通住房对外销售；④涉及家庭财产分割的个人无偿转让不动产、土地使用权。

（5）以下利息收入免征增值税。

具体包括：①国家助学贷款；②国债、地方政府债；③人民银行对金融机构的贷款；④住房公积金管理中心用住房公积金在指定的委托银行发放的个人住房贷款；⑤外汇管理部门在从事国家外汇储备经营过程中，委托金融机构发放的外汇贷款；⑥统借统还业务中，企业集团或企业集团中的核心企业以及集团所属财务公司按不高于支付给金融机构的借款利率水平或者支付的债券票面利率水平，向企业集团或者集团内下属单位收取的利息；⑦自 2019 年 2 月 1 日至 2023 年 12 月 31 日，企业集团内单位（含企业集团）之间的资金无偿借贷行为；⑧自 2018 年 11 月 7 日起至 2025 年 12 月 31 日，境外机构投资境内债券市场取得的债券利息收入；⑨自 2018 年 9 月 1 日至 2023 年 12 月 31 日，金融机构向小型企业、微型企业和个体工商户发放小额贷款取得的利息收入。

（6）保险公司开办的一年期以上人身保险产品取得的保费收入，免征增值税。

（7）下列金融商品转让收入免征增值税。

①合格境外投资者（QFII）委托境内公司在我国从事证券买卖业务；

②香港市场投资者通过沪港通和深港通买卖上海证券交易所和深圳证券交易所上市 A 股，内地投资者通过沪港通买卖香港联交所上市股票；

③对香港市场投资者通过基金互认买卖内地基金份额；

④证券投资基金管理人运用基金买卖股票、债券；

⑤个人从事金融商品转让业务。

（8）金融同业往来利息收入免征增值税。

（9）被撤销金融机构以货物、不动产、无形资产、有价证券、票据等财产清偿债务，免征增值税。

（10）国家商品储备管理单位及其直属企业承担商品储备任务，从中央或者地方财政取得的利息补贴收入和价差补贴收入，免征增值税。

（11）纳税人提供技术转让、技术开发和与之相关的技术咨询、技术服务免征增值税。

3. 增值税即征即退

（1）对一般纳税人提供管道运输服务、经批准从事融资租赁业务的一般纳税人提供有形动产融资租赁服务和有形动产融资性售后回租服务，实际税负超过3%的部分实行即征即退政策。

（2）对安置残疾人的单位和个体工商户，由税务机关按纳税人安置残疾人的人数，限额即征即退增值税。

（3）纳税人销售自产的资源综合利用产品和提供资源综合利用劳务，可享受增值税即征即退政策，按一定比例退还增值税。

（4）自2015年7月1日起，对纳税人销售自产的利用风力生产的电力产品，实行增值税即征即退50%的政策。

（5）对飞机维修劳务增值税实际税负超过6%的部分即征即退。

（6）上海期货交易所会员和客户通过上海期货交易所销售标准黄金（持上海期货交易所开具的《黄金结算专用发票》），发生实物交割但未出库的，免征增值税；发生实物交割并已出库的，由税务机关按照实际交割价格代开增值税专用发票，并实行增值税即征即退政策。

（7）对进口铂金免征进口环节增值税，国内铂金生产企业自产自销的铂金实行增值税即征即退政策。

4. 增值税先征后退

（1）各党派机关报纸和机关期刊、中小学的学生教科书、专为少年儿童与老年人出版发行的报纸期刊等，出版环节先征后退100%。

（2）其他各类图书、期刊、音像制品、电子出版物，出版环节先征后退50%。

（3）少数民族文字出版物印刷、制作业务，增值税先征后退100%。

5. 减征增值税

（1）销售使用过的不得抵扣且未抵扣进项税额的固定资产，按3%征收率减按2%征收增值税。

（2）个人出租住房应按照5%的征收率减按1.5%计算应纳增值税。

（3）住房租赁企业适用简易计税方法的，按照5%的征收率减按1.5%征收增值税。

（4）自2023年1月1日至12月31日，小规模纳税人适用3%征收率的，减按1%征收。

（5）对进口抗癌药品和罕见病药品，减按3%征收进口环节增值税。

6. 扣减增值税

（1）退役士兵、重点群体创业就业符合条件的，在限额内扣减增值税，限额标准由各省、自治区、直辖市人民政府根据本地区实际情况确定。

（2）初次购买增值税税控系统专用设备，可凭购买增值税税控系统专用设备取得的增值税专用发票，在增值税应纳税额中全额抵减（抵减额为价税合计额），不足抵减的可结转下期继续抵减。

（3）税控系统技术维护费可凭技术维护服务单位开具的技术维护费发票，在增值税应纳税额中全额抵减，不足抵减的可结转下期继续抵减。

（六）纳税地点

（1）固定业户应当向其机构所在地的主管税务机关申报纳税。总机构和分支机构不在同一县（市）的，应当分别向各自所在地的主管税务机关申报纳税；经国务院财政、税务主管部门或者其授权的财政、税务机关批准，可以由总机构汇总向总机构所在地的主管税务机关申报纳税。

（2）固定业户到外县（市）销售货物或者劳务，应当向其机构所在地的主管税务机关报告外出经营事项，并向其机构所在地的主管税务机关申报纳税。未报告的，应当向销售地或者劳务发生地的主管税务机关申报纳税；未向销售地或者劳务发生地的主管税务机关申报纳税的，由其机构所在地的主管税务机关补征税款。

（3）非固定业户销售货物或者劳务，应当向销售地或者劳务发生地的主管税务机关申报纳税；未向销售地或者劳务发生地的主管税务机关申报纳税的，由其机构所在地或者居住地的主管税务机关补征税款。

（4）进口货物，应向报关地海关申报纳税。

（5）扣缴义务人应当向其机构所在地或者居住地的主管税务机关申报缴纳其扣缴的税款。

（6）纳税人出租不动产及转让不动产，不动产与机构所在地不在同一县（市、区）的以及跨县（市）提供建筑服务的，应向不动产所在地、建筑服务发生地主管税务机关预缴税款，向机构所在地主管税务机关申报纳税。

（七）申报纳税

1. 纳税义务发生时间

（1）纳税人销售货物、劳务、服务、无形资产、不动产，纳税义务发生时间为收讫销售款项或者取得索取销售款项凭据的当天；先开具发票的，为开具发票的当天。

（2）纳税人进口货物，纳税义务发生时间为报关进口的当天。

（3）纳税人提供租赁服务采取预收款方式的，其纳税义务发生时间为收到预收款的当天。

（4）采取直接收款方式销售货物，不论货物是否发出，纳税义务发生时间均为收到销售款或者取得索取销售款凭据的当天。

（5）视同提供应税服务的，其纳税义务发生时间为服务、无形资产转让的当天或者不动产权属变更的当天；视同销售货物行为，为货物移送的当天。

（6）增值税扣缴义务发生时间为纳税人增值税纳税义务发生的当天。

2. 纳税期限

（1）增值税的纳税期限分别为 1 日、3 日、5 日、10 日、15 日、1 个月或者 1 个季度。纳税人的具体纳税期限，由主管税务机关根据纳税人应纳税额的大小分别核定。以 1 个季度为纳税期限的规定适用于小规模纳税人、银行、财务公司、信托投资公司、信用社，以及财政部和国家税务总局规定的其他纳税人。不能按照固定期限纳税的，可以按次纳税。

（2）纳税人以 1 个月或者 1 个季度为 1 个纳税期的，自期满之日起 15 日内申报纳税；以 1 日、3 日、5 日、10 日或者 15 日为 1 个纳税期的，自期满之日起 5 日内预缴税款，于次月 1 日起 15 日内申报纳税并结清上月应纳税款。

（3）扣缴义务人解缴税款的期限，按照上述（1）、（2）两项规定执行。

（4）纳税人进口货物，应当自海关填发海关进口增值税专用缴款书之日起 15 日内缴纳税款。

二、难点解析

（一）价外费用的判定

增值税销售额为纳税人发生应税销售行为收取的全部价款和价外费用，但是不包括收取的销项税额。向购买方收取的各项价外费用，应与销售价款一并征收增值税。价外费用包含的项目种类较多，性质上与已经发生或者部分发生的交易履约事项相关，可以将这些费用按照该交易履约事项对应应税项目的适用税率据以征税。

如果是销售合同解除收取的违约金、赔偿金，合同未执行未发生应税行为，对收取的或没收的违约金、诚意金、订金等，不缴纳增值税。已发生应税行为，中途解约收取的违约金、赔偿金，一般认为，若与应税行为的质量、数量等有因果关系，则属于价外费用，应计入销售额计算缴纳增值税。

（二）特殊租赁行为的增值税辨析

1. 有形动产融资租赁与融资性售后回租

（1）有形动产融资租赁，是指具有融资性质和所有权转移特点的有形动产租赁业务，即出租人根据承租人要求的规格、型号、性能等条件购入有形动产租赁给承租人。有形动产出租给承租人，合同期内承租人只拥有使用权，所有权仍属于出租人，合同期满付清租金后，承租人有权按照残值购入有形动产，以拥有其所有权。不论出租人是否将有形动产按照残值销售给承租人，均属于融资租赁。

有形动产融资租赁服务实质上是一种租赁服务，在增值税具体征税范围中，应当按照“租赁服务——有形动产租赁服务”，适用13%的税率。

融资租赁的有形动产在购进的时候可以取得增值税专用发票，可以抵扣进项税额，所以在计算销项税额时不能从租金中扣除本金，而应以租金收入扣除借款利息、发行债券利息和车辆购置税后的余额为销售额。

（2）融资性售后回租业务中，承租方并没有实质出售设备，不属于增值税征收范围。而出租方在这个业务中，实质上是发生了一种贷款行为，因此收取的利息和利息性质的收入应按照“金融服务——贷款服务”，适用6%的税率。

融资性售后回租业务中，出售资产的行为不征收增值税，所以出租方购进资产仅能取得增值税普通发票，无法抵扣进项税额；而出租方收到的租金按照贷款服务缴纳增值税，仅针对利息及利息性质的收入，因此需要扣除本金，以不含本金的全部价款和价外费用，再扣除借款利息、发行债券利息后的余额作为销售额。

2. 光租、干租与程租、期租、湿租

水路运输服务中的光租业务与航空运输服务中的干租业务，都是指提供运输服务的一方仅提供运输工具而不配备操作人员的业务。这实质上是提供了有形动产的租赁，按照“租赁服务——有形动产租赁服务”适用13%的税率。

对比而言，水路运输服务中的程租、期租以及航空运输服务中的湿租，既提供运输工具又提供人员服务，则需要按“交通运输服务”适用9%的税率。

3. 出租建筑施工设备

出租建筑施工设备的业务中，如不配备操作人员，仅出租有形动产，按照“租赁服务——有形动产租赁服务”适用13%的税率。

配备操作人员，实质上既提供了有形动产租赁又提供了服务，按“建筑服务”适用9%的税率。

4. 广告位的出租

广告位的出租具体按哪项税目征收增值税，主要取决于广告位所在的位置。飞机、车辆等有形动产上的广告位出租，按“租赁服务——有形动产租赁服务”适用13%的税率；建筑物、构筑物等不动产上的广告位出租，则按照“租赁服务——不动产租赁服务”适用9%的税率。

（三）购进农产品增值税进项税额的计算抵扣和核定抵扣

一般情况下，增值税进项税额凭票抵扣，即按照票面注明的税额直接抵扣，而企业购进农产品需按照购进的买价和规定的扣除率计算可抵扣的进项税额。

1. 根据购进农产品取得的抵扣凭证计算抵扣

取得一般纳税人开具的增值税专用发票、海关进口增值税专用缴款书，因其税率和扣除率均为9%，可以根据其注明的增值税额作为进项税额抵扣。

取得农产品销售发票、农产品收购发票，计算抵扣的进项税额等于买价乘以基本扣除率9%。从适用3%征收率的小规模纳税人取得增值税专用发票，以增值税专用发票上注明的金额和9%的扣除率计算进项税额。但收购烟叶时应当包括烟叶税，即准予抵扣的烟叶进项税额等于收购烟叶实际支付的价款总额和烟叶税应纳税额之和乘以扣除率。

购进农产品用于生产销售或者委托加工13%税率的，适用10%扣除率。其中，农产品采购入库时按照基本扣除率9%抵扣，在生产领用农产品当期，加计1%抵扣进项税额。

但须注意，纳税人从批发、零售环节购进的适用免征增值税优惠政策的蔬菜、鲜活肉蛋而取得的增值税普通发票，不得计算抵扣。

2. 特定农产品的核定扣除

以购进农产品为原料生产销售液体乳及乳制品、酒及酒精、植物油的一般纳税人，其购进农产品无论是否用于生产上述产品，均按照《农产品增值税进项税额核定扣除试点实施办法》（财税〔2012〕38号附件1）核定扣除。核定方法包括投入产出法、成本法、参照法。

（四）不同情形下进项税额转出的计算

1. 购进的货物、劳务、服务（除购入固定资产、不动产、无形资产外），专用于不得抵扣项目的，按已抵扣的进项税额直接进行转出，兼用于可抵扣和不可抵扣项目的，应按比例划分不可抵扣部分；无法划分不得抵扣的进项税额，按照下列公式计算不得抵扣的进项税额：

$$\text{不得抵扣的进项税额}=\text{当期无法划分的全部进项税额}\times\left(\text{当期简易计税方法计税项目销售额}+\text{免征增值税项目销售额}\right)\div\text{当期全部销售额}$$

2. 购入的固定资产、不动产、无形资产（不包括其他权益性无形资产），租入的固定资产、不动产，专用于不得抵扣项目的，进项税额不可抵扣，作转出处理；兼用的，可以全额抵扣。其他权益性无形资产无论用于什么项目，无论专用或兼用，均可以抵扣进项税额。

已抵扣进项税额的固定资产、不动产、无形资产，需要转出进项税额的，按下列公式计算不得抵扣的进项税额：

$$\text{不得抵扣的进项税额}=\text{固定资产、不动产或者无形资产的净值}\times\text{适用税率}$$

3. 计算抵扣的农产品需要转出进项税额的，按下列公式计算不得抵扣的进项税额：

$$\text{不得抵扣的进项税额}=\text{农产品的账面成本}\div\left(1-\text{农产品抵扣时适用的扣除率}\right)\times\text{扣除率}(9\%\text{或}10\%)$$

（五）进口货物增值税的抵扣管理

从海关取得的海关进口增值税专用缴款书上注明的增值税税额允许从销项税额中抵扣。

1. 代理进口的抵扣管理

对海关代征进口环节增值税开具的增值税专用缴款书上标明有两个单位名称，即既有代理进口单位名称，又有委托进口单位名称的，只准予其中取得增值税专用缴款书原件的一个单位抵扣税款。申报抵扣税款的委托进口单位，必须提供相应的海关代征增值税专用缴款书原件、委托代理合同及付款凭证，否则，不予抵扣进项税额。

对海关代征进口环节增值税开具的增值税专用缴款书上仅标明一个单位名称的，以海关开具的增值税专用缴款书注明的纳税人为增值税纳税人。即对报关进口货物，凡是海关的增值税专用缴款书开具给委托方的，对代理方不征增值税；凡是海关的增值税专用缴款书开具给代理方的，对代理方应按规定征收增值税。

2. 增值税税额确认或比对后方可抵扣

一般纳税人取得仅注明一个缴款单位信息的海关进口增值税专用缴款书，无须申请稽核比对，可在增值税发票综合服务平台查询确认。通过综合服务平台查询到的增值税专用缴款书信息与实际情况不一致或未查询到对应信息的，应当上传增值税专用缴款书信息，经系统稽核比对相符后，其增值税税额方能作为进项税额从销项税额中抵扣。

一般纳税人取得注明两个缴款单位信息的海关缴款书，应当上传海关缴款书信息，经系统稽核比对相符后，其增值税税额方能作为进项税额从销项税额中抵扣。

3. 进口货物价差或退款的抵扣管理

纳税人进口货物报关后，境外供货商可能向国内进口方退还或返还资金，或进口货物向境外实际支付的货款低于进口报关价格而造成价格差额。对于此类情况，纳税人应按照从海关取得的海关进口增值税专用缴款书上注明的增值税税额从销项税额中抵扣，其进口货物取得的合法海关进口增值税专用缴款书，是计算增值税进项税额的唯一依据，价格差额部分以及从境外供应商取得的退还或返还的资金，不作进项税额转出处理。

4. 进口免税设备解除监管补缴进口环节增值税的抵扣

进口减免税货物，应当由海关在一定年限内进行监管，提前解除监管的，应向主管海关申请办理补缴税款。

对于纳税人在 2008 年 12 月 31 日前免税进口的自用设备，由于提前解除海关监管，从海关取得 2009 年 1 月 1 日后开具的海关进口增值税专用缴款书，其所注明的增值税税额准予从销项税额中抵扣。纳税人销售上述货物，应当按照增值税适用税率计算缴纳增值税。

（六）金融商品转让和持有期间取得收益的增值税处理

1. 金融商品转让实务中情形较多，不同情形下是否属于增值税征税范围需要具体判断。例如：

（1）转让上市公司的股权，需要按照金融商品转让缴纳增值税。转让非上市公司股权，其股权不属于有价证券，转让其股权不属于增值税征收范围，不需要缴纳增值税。

（2）购入基金、信托、理财产品等各类资产管理产品持有到期赎回，不属于金融商品转让，无须缴纳增值税。但转让持有未到期的理财产品（保本或者非保本），应按照金融商品转让缴纳增值税。

2. 金融商品持有期间取得的收益需依据是否为保本收益来判断是否属于增值税征税范围。例如：

（1）上市公司股票在持有期间取得的收益属于非保本收益，不属于增值税征税范围，无须缴纳增值税。

（2）购入基金、信托、理财产品等各类资产管理产品的合同中明确承诺到期本金可全部收回的，其持有期间取得的投资收益属于保本收益，属于增值税征税范围，应按照贷款服务缴纳增值税；各类资产管理产品持有期间取得的非保本收益，不属于利息或利息性质的收入，不征收增值税。

（七）超过企业报销标准的交通费的进项税额处理

《财政部　税务总局　海关总署关于深化增值税改革有关政策的公告》（财政部　税务总局　海关总署公告2019年第39号）第六条规定，纳税人购进国内旅客运输服务，其进项税额允许从销项税额中抵扣。但该政策的前提条件是，国内旅客运输服务的购买方为费用实际承担人。

企业对员工差旅费通常会制定内部报销标准。对于超出标准的交通费，需分情况进行进项税额的处理。如果企业对交通费予以全额报销，即对于超标准的交通费也可以报销，则全部费用的承担方为企业，其超支部分对应的进项税额可以抵扣。如果企业仅报销标准内的交通费，超支部分需个人承担，则超支部分的费用承担方为个人，超支部分的进项税额不得抵扣；如果企业已抵扣该部分进项税额，则需要将进项税额进行转出处理。

（八）销售旧货和自己使用过的固定资产的不同处理方式

已使用过的固定资产，是指纳税人根据财务会计制度已经计提折旧的固定资产。旧货，是指进入二次流通的具有部分价值的货物（含旧汽车、旧摩托车和旧游艇），但不包括自己使用过的物品。例如：甲生产企业淘汰自己生产经营用的旧设备，即为销售自己使用过的固定资产；乙企业是专门从事二手生意的经销商，这台旧设备被卖到乙企业手中，即属于乙企业的存货，乙企业再把这台旧设备对外出售，则属于销售旧货。

一般纳税人如销售其使用过的、按照规定不得抵扣且未抵扣进项税额的固定资产，可适用简易计税方法依照3%的征收率减按2%缴纳增值税；其余情况下销售自己使用过的固定资产，需按照适用税率缴纳增值税。

一般纳税人销售旧货，按照简易计税方法依照3%征收率减按2%缴纳增值税。

（九）留抵退税应以自身主要经济活动确定行业归属

《财政部　税务总局关于扩大全额退还增值税留抵税额政策行业范围的公

告》（财政部　税务总局公告2022年第21号）规定，可以适用100%存量和增量留抵退税的行业已由制造业等六大行业扩大至批发零售业等十三个行业。同时，还规定，留抵退税遵循以主要经济活动确定行业归属的原则，即可以适用留抵退税的企业，其对应业务发生的增值税销售额占全部增值税销售额的比重应超过50%。

实务中纳税人由于经营范围较广，可能出现税务信息确认的行业类型与实际经营有差别的情况。纳税人在适用留抵退税政策时，不能简单根据登记信息判断其所属行业类型是否满足政策适用条件，否则可能出现政策适用不准确的问题。纳税人应依据《财政部　税务总局关于扩大全额退还增值税留抵税额政策行业范围的公告》（财政部　税务总局公告2022年第21号）的规定，遵循以主要经济活动确定行业归属的原则，以上一会计年度从事《国民经济行业分类》对应业务增值税销售额占全部增值税销售额比重最高的行业确定。

（十）即征即退项目进项税额的抵扣管理

企业经营范围较广且复杂，存在同时经营多种增值税应税项目的情形，享受多种增值税优惠政策，需要关注涉及的增值税核算及管理。

1. 分别申请、分别享受

企业既有增值税即征即退、先征后退项目，又有出口等其他增值税应税项目的，增值税即征即退和先征后退项目不参与出口项目免抵退税计算。企业需要分别核算增值税即征即退、先征后退项目和出口等其他增值税应税项目，分别申请享受增值税即征即退、先征后退和免抵退税政策。

2. 兼营项目分别核算

企业兼营即征即退项目与非即征即退项目的，通过增值税纳税申报表的设置可以看出，对一般货物及劳务和即征即退货物及劳务的进项税额需要单独列示。因此建议企业对即征即退项目与非即征即退项目的进项税额予以分别核算。

3. 无法准确划分时进项税额的处理

企业兼营即征即退项目与非即征即退项目，进项税额无法准确划分的，应严格按规定比例分摊进项税额，防止发生将属于即征即退项目负担的进项税额计入一般货物及劳务的进项税额中，导致少缴纳增值税的情况发生。

$$\text{即征即退增值税项目当月进项税额} = \text{当月无法划分进项税额中用于增值税即征即退项目的部分} + \text{当月可准确划分用于即征即退增值税项目的进项税额}$$

其中：

$$\text{当月无法划分进项税额中用于增值税即征即退项目的部分}=\left(\text{当月全部进项税额}-\text{当月可准确划分用于即征即退、非即征即退增值税项目的进项税额}\right)\times\left(\text{当月即征即退增值税项目的销售额}\div\text{当月全部增值税应税行为销售额}\right)$$

（十一）出口企业放弃退（免）税权后征退税率变化的，可恢复适用退（免）税

出口企业出口货物适用退（免）税政策，按照现行政策放弃免税、减税后，36个月内不得再申请免税、减税。但因政策原因导致增值税税率或出口退税率发生变化的，出口企业可在增值税税率或出口退税率发生变化之日起的任意增值税纳税申报期内，按照现行规定申报出口退（免）税，恢复适用出口退（免）税政策，同时一并提交《恢复适用出口退（免）税政策声明》。

（十二）向境外提供的服务免征增值税政策适用条件解析

纳税人向境外单位提供的服务满足以下三个条件，可以免征增值税：①服务接受方为境外单位；②服务完全在境外消费或使用；③服务类别特定，包括电信服务、知识产权服务、物流辅助服务（仓储服务、收派服务除外）、鉴证咨询服务、专业技术服务、商务辅助服务、广告投放地在境外的广告服务。

对于“完全在境外消费”的理解，需要根据不同的服务具体判断，具体包括：

1. 向境外单位销售的完全在境外消费的电信服务：向境外单位或者个人提供的通过境外电信单位结算费用、服务接受方为境外电信单位的电信服务，属于完全在境外消费的电信服务。

2. 向境外单位销售的完全在境外消费的知识产权服务：服务的实际接受方须为境外单位或个人；服务实际接受方为境内单位或者个人的知识产权服务，不属于完全在境外消费的知识产权服务。

3. 向境外单位销售的完全在境外消费的物流辅助服务（仓储服务、收派服务除外）：境外单位从事国际运输和港澳台运输业务经停我国机场、码头、车站、领空、内河、海域时，纳税人向其提供的航空地面服务、港口码头服务、货运客运站场服务、打捞救助服务、装卸搬运服务，属于完全在境外消费的物流辅助服务。

4. 向境外单位销售的完全在境外消费的鉴证咨询服务：服务的实际接受方须为境外单位或者个人；对境内的货物或不动产进行的认证服务、鉴证服务和咨询服务，不属于完全在境外消费的鉴证咨询服务。

5. 向境外单位销售的完全在境外消费的专业技术服务：服务的实际接受方须为境外单位或者个人。

下列情形不属于完全在境外消费的专业技术服务：

（1）对境内的天气情况、地震情况、海洋情况、环境和生态情况进行的气象服务、地震服务、海洋服务、环境和生态监测服务；

（2）为境内的地形地貌、地质构造、水文、矿藏等进行的测绘服务；

（3）为境内的城、乡、镇提供的城市规划服务。

6. 向境外单位销售的完全在境外消费的商务辅助服务：服务的实际接受方须为境外单位或个人。

下列情形属于完全在境外消费的商务辅助服务：

（1）纳税人向境外单位提供的代理报关服务和货物运输代理服务，属于完全在境外消费的代理报关服务和货物运输代理服务。

（2）纳税人向境外单位提供的外派海员服务，属于完全在境外消费的人力资源服务。外派海员服务，是指境内单位派出属于本单位员工的海员，为境外单位在境外提供的船舶驾驶和船舶管理等服务。

（3）纳税人以对外劳务合作方式，向境外单位提供的完全在境外发生的人力资源服务，属于完全在境外消费的人力资源服务。对外劳务合作，是指境内单位与境外单位签订劳务合作合同，按照合同约定组织和协助中国公民赴境外工作的活动。

下列情形不属于完全在境外消费的商务辅助服务：

（1）对境内不动产的投资与资产管理服务、物业管理服务、房地产中介服务。

（2）拍卖境内货物或不动产过程中提供的经纪代理服务。

（3）为境内货物或不动产的物权纠纷提供的法律代理服务。

（4）为境内货物或不动产提供的安全保护服务。

7. 向境外单位销售的广告投放地在境外的广告服务：广告投放地在境外的广告服务，即为在境外发布的广告提供的广告服务。

（十三）资管产品管理人取得收入的增值税处理

无论是银行理财、私募基金还是资产支持计划、资金信托等，都是管理人受托设立的一种投融资工具。资管产品本身不是独立纳税实体，其运营过程中取得的收入最终会分配给其投资人、管理人及其他相关主体。税法规定，运营资管产品过程中发生的增值税应税行为，以资管产品管理人为增值税纳税人，暂适用简易计税方法，按照3%的征收率缴纳增值税。

资管产品运营过程中可能发生的增值税应税行为有两类：一是投资于其他金融产品的持有收益，若该收益为保本型收益，需要按照“贷款服务”征税，管理人须就取得的利息性质的收益按3%征收率纳税；二是将其持有的金融产品转让取得的“金融商品转让”收益，管理人须按照卖出价扣除买入价后的余额为销售额，按3%征收率纳税。

但须注意，仅运营资管产品过程中发生的增值税应税行为才适用此项规定，管理人应分别核算资管产品运营业务和其他业务的销售额和增值税应纳税额，未分别核算的，资管产品运营业务不得适用简易计税办法。

（十四）地下商业及仓储相关土地价款能否作为计算销售额时允许扣除的土地价款的判断

房地产开发企业中的一般纳税人销售自行开发的房地产项目，采用一般计税方法计税，其销售额的计算公式为：

$$销售额=\left(\begin{matrix}全部价款和\\价外费用\end{matrix}-\begin{matrix}当期允许扣除\\的土地价款\end{matrix}\right)\div(1+9\%)$$

$$\begin{matrix}当期允许扣除的\\土地价款\end{matrix}=\left(\begin{matrix}当期销售房地产\\项目建筑面积\end{matrix}\div\begin{matrix}房地产项目可供\\销售建筑面积\end{matrix}\right)\times\begin{matrix}支付的\\土地价款\end{matrix}$$

当期销售房地产项目建筑面积，是指当期进行纳税申报的增值税销售额对应的建筑面积。房地产项目可供销售建筑面积，是指房地产项目可以出售的总建筑面积，不包括销售房地产项目时未单独作价结算的配套公共设施的建筑面积。支付的土地价款，是指向政府、土地管理部门或受政府委托收取土地价款的单位直接支付的土地价款。同时，《国家税务总局关于土地价款扣除时间等增值税征管问题的公告》（国家税务总局公告2016年第86号）规定，“房地产项目可供销售建筑面积”及“当期销售房地产项目建筑面积”，是指计容积率地上建筑面积，不包括地下车位建筑面积。由于地下所有业态的建筑面积都不属于计容面积，根据上述文件理解，地下商业、仓储、车位等非地上计容建筑面积均不参与当期允许扣除的土地价款的计算。有观点认为，文件的后半部分只明确了不包括地下车位建筑面积，对于地下商业、仓储等没有提及，也没有“等”字，地下商业、仓储应参与当期允许扣除的土地价款的计算。

地下商业、仓储等与地上建筑的功能类似，且随着城市的发展，土地资源日益紧张，地下空间的开发越来越普遍，地下建筑面积不计入当期允许扣除的土地价款的比例计算的规定，有待进一步完善。从税法遵从的角度来看，由于税法明确“房地产项目可供销售建筑面积”及“当期销售房地产项目建筑面积”仅包括计容积率地上建筑面积，建议房地产开发企业在实际申报中，将地下建筑面积从以上两项建筑面积中剔除，或执行当地税务机关口径。

三、风险示例

（一）纳税人未将其当期全部销售收入进行纳税申报

【示例情况】

A公司成立于2014年4月，系增值税一般纳税人，税款征收方式为查账征收。该公司于2015年8月、11月分两次从澳大利亚某公司报关进口机器备件，含增值税金额1 726 299.41元（2017年2月付清货款）。海关代征进口环节增值税分两次抵扣，其中，2015年11月申报抵扣114 734.85元，2015年12月该申报抵扣136 094.98元，两次共计抵扣增值税250 829.83元。2015年11月该公司把其中大部分长壁备件运送到山西B能源有限公司。2016年11月、12月该公司与山西B能源有限公司签订了备件的购销合同，合同金额11 203 512.19元（11月合同1 223 393.21元、12月合同9 980 118.98元），山西B能源有限公司于2016年12月至2017年6月分6次付清了货款。

A公司将收取的货款计入“预收账款——山西B能源有限公司”账户，并以“未能顺利申领增值税发票”，致使其无法向山西B能源有限公司提供增值税发票为由，未在2015—2017年各个纳税期限的纳税申报材料中申报该笔款项。①

【法理分析】

申领增值税专用发票与纳税申报属于两项不同的税务管理活动，在发票管理与纳税申报两者的关系上，发票的申请与核准并非纳税申报的前提。一般纳税人《增值税及附加税费申报表》及其附列资料也明确要求纳税人应当将其当期全部销售收入（包括开具增值税发票的部分和未开具增值税发票的部分）进行纳税申报。

根据《增值税暂行条例》第十九条规定，发生应税销售行为，增值税纳税义务发生时间为收讫销售款项或者取得索取销售款项凭据的当天；先开具发票的，为开具发票的当天。A公司已收讫货款并将货物交付使用，销售行为已成立，纳税义务已发生，应对该货款收入进行纳税申报。

【处理意见】

上述示例中，A公司的销售货款应结转销售收入，并依法在2015—2017年的各个纳税期的增值税纳税申报表中，将上述未开票货款填入“未开票收入”申报纳税，待实际开具发票当期不用再次申报纳税。

A公司少列收入导致少缴增值税，税务机关除向其追缴税款外，还将征收滞纳

---

① 整理自中国裁判文书网。

金，并可能处以罚款。具体按照《税收征收管理法》第六十三条有关规定处理。

2018 年税务机关作出税务处理决定，A 公司应补缴增值税 1 452 205. 44 元，并缴纳滞纳金。同时，对其进行税务行政处罚，处少缴税款 50% 的罚款。

（二）统借统还利息增值税的处理

【示例情况】

A 公司为集团母公司（系增值税一般纳税人），下设多家全资子公司。2021 年，A 公司向金融机构取得一笔三年期贷款 1 亿元，年利率为 4. 6%。A 公司将该笔借款借给下属全资企业 B 公司，年借款利率为 4. 6%，期限三年。同年，A 公司将自有资金 2 000 万元，借给另一全资企业 C 公司，年借款利率为 4. 6%。A 公司就两项借款取得的利息均按照统借统还免征增值税处理。

【法理分析】

根据《营业税改征增值税试点过渡政策的规定》（财税〔2016〕36 号附件 3）规定，统借统还业务中，企业集团或企业集团中的核心企业以及集团所属财务公司按不高于支付给金融机构的借款利率水平或者支付的债券票面利率水平，向企业集团或者集团内下属单位收取的利息，免征增值税。

统借统还业务，是指：

（1）企业集团或者企业集团中的核心企业向金融机构借款或对外发行债券取得资金后，将所借资金分拨给下属单位（包括独立核算单位和非独立核算单位，下同），并向下属单位收取用于归还金融机构或债券购买方本息的业务。

（2）企业集团向金融机构借款或对外发行债券取得资金后，由集团所属财务公司与企业集团或者集团内下属单位签订统借统还贷款合同并分拨资金，并向企业集团或者集团内下属单位收取本息，再转付企业集团，由企业集团统一归还金融机构或债券购买方的业务。

根据上述规定，A 公司收到 B 公司的借款利息，如果 B 公司在 A 公司取得的《企业集团登记证》中已登记，或者 A 公司通过国家企业信用信息公示系统向社会公示的集团成员中包括 B 公司，则 B 公司符合“集团内下属单位”条件，且 A 公司借给 B 公司的利率与 A 公司借入资金利率均为 4. 6%，所以 A 公司与 B 公司之间符合统借统还模式，A 公司向 B 公司收取的利息可以适用统借统还免征增值税政策。

A 公司借给 C 公司的资金为企业自有资金，所以不符合统借统还政策。A 公司收到 C 公司的借款利息不能免征增值税，应向 C 公司开具 6% 税率的贷款服务增值税发票。A 公司存在少缴纳增值税的风险。

【处理意见】

A 公司收取 C 公司的利息，应按 6% 税率重新申报缴纳增值税，如果已经超过申报期，则应进行更正申报。此外，纳税人少缴税款，税务机关将向其追缴滞纳金，并可能处以罚款，具体按照《税收征收管理法》第六十三条、第六十四条等有关规定处理。

（三）境外单位为境内单位提供咨询服务，未在境内扣缴增值税

【示例情况】

2021 年 10 月，北京市东城区 B 公司计划未来在香港进行项目投资及融资，聘请香港 A 有限公司为其提供咨询服务。A 公司未派人到内地实地工作，咨询工作通过网上传输相关资料和在香港本地进行分析论证进行，咨询服务收费 212 万元，10 月 31 日款项已收取完毕，未在内地扣缴或缴纳增值税。

【法理分析】

纳税人在境内销售服务需要缴纳增值税，但《营业税改征增值税试点实施办法》（财税〔2016〕36 号附件 1）第十三条规定，境外单位或者个人向境内单位或者个人销售完全在境外发生的服务，不属于在境内销售服务。对该规定的理解需把握三个要点：一是应税行为的销售方为境外单位或者个人，二是境内单位或者个人在境外购买，三是所购买的应税行为必须完全在境外使用或消费。在该示例中，境外 A 公司虽然未派人到内地工作，但 B 公司实际是在境内接受其咨询服务，不属于“完全在境外使用或消费”。

境外单位或个人在境内销售服务，境外单位在境内未设经营机构的，以境内的购买方作为增值税的扣缴义务人。因此 A 公司提供的服务需要在境内缴纳增值税。双方应在合同中约定增值税承担主体，B 公司负有扣缴义务，应向 A 公司收取并扣缴增值税，同时按规定向主管税务机关申报纳税。

【处理意见】

A 公司应纳增值税 = 212 ÷（1 + 6%）× 6% = 12（万元），B 公司应当于 2022 年 11 月 15 日前向其主管税务机关进行增值税扣缴申报并缴纳税款。B 公司作为扣缴义务人，应与 A 公司协商确认税款承担方后，补扣缴相应税款并补充申报。此外，由于应扣未扣税款，B 公司可能被税务机关处以罚款，具体按照《税收征收管理法》第六十九条有关规定处理。

（四）转让矿产勘探权未缴纳增值税

【示例情况】

2021 年 10 月，内蒙古呼和浩特市 A 公司向北京市东城区 B 公司转让其位于内

蒙古呼和浩特市甲地块的矿产勘探权，权利期限为10年，转让价款为1亿元。A公司认为营改增后，矿产勘探权不属于增值税征税范围，在2021年11月初申报缴纳增值税时未考虑该事项。

【法理分析】

营改增相关文件对销售无形资产的范围进行了界定。根据《营业税改征增值税试点实施办法》（财税〔2016〕36号附件1）所附《销售服务、无形资产、不动产注释》规定，销售无形资产，是指转让无形资产所有权或者使用权的业务活动。无形资产包括自然资源使用权，自然资源使用权又包括探矿权。因此A公司转让矿产勘探权属于增值税征税范围，应按照销售无形资产缴纳增值税，A公司存在少缴增值税的风险。

【处理意见】

A公司应按照销售无形资产缴纳增值税 = 10 000 ÷ （1 + 6%） × 6% = 566.04（万元）。A公司应向其主管税务机关重新申报并补缴税款566.04万元，如果已经超过申报期，则应进行更正申报。此外，纳税人少缴税款，税务机关将向其追缴滞纳金，并可能处以罚款，具体按照《税收征收管理法》第六十三条、第六十四条等有关规定处理。

（五）代扣代缴个人所得税取得的手续费返还未缴纳增值税

【示例情况】2021年4月，B公司（系增值税一般纳税人）取得个人所得税手续费返还金额为10 600元。财务人员误认为这笔收入是“税收返还”，不属于增值税征税范围，在2021年5月初申报缴纳增值税时未考虑该事项。

【法理分析】

个人所得税手续费返还属于企业的一项收入，是企业提供了代扣代缴服务而取得的服务费。根据现行税法规定，代扣代缴个人所得税的手续费返还属于增值税征税范围，应按照“商务辅助服务——经纪代理服务”缴纳增值税。而税收返还，指的是政府按照国家有关规定采取先征后返（退）、即征即退等办法向企业返还的税款，属于以税收优惠形式给予的一种政府补助。在此项业务中，B公司存在少缴增值税的风险。

【处理意见】

B公司取得的个人所得税手续费返还应按照商务辅助服务缴纳增值税，适用税率为6%。应纳增值税 = 10 600 ÷ （1 + 6%） × 6% = 600（元）。

B公司应重新申报并补缴税款600元，如果已经超过申报期，则应进行更正申报。此外，纳税人少缴税款，税务机关将向其追缴滞纳金，并可能处以罚款，具体按照《税收征收管理法》第六十三条、第六十四条等有关规定处理。

（六）车辆停放服务未按不动产经营租赁服务缴纳增值税

【示例情况】

A 物业公司属于增值税一般纳税人，采用一般计税方法。2021 年 1 月，A 物业公司与 B 公司签订停车场租赁协议，协议约定 A 物业公司将 10 个车位租赁给客户 B 公司，租赁费用 25 万元/年。2021 年 1 月底，A 物业公司取得车位租赁费 25 万元，并于 2021 年 2 月初按经纪代理服务 6% 税率申报缴纳了增值税 14 150.94 元。

【法理分析】

根据《营业税改征增值税试点实施办法》（财税〔2016〕36 号附件 1）所附《销售服务、无形资产、不动产注释》规定，车辆停放服务、道路通行服务（包括过路费、过桥费、过闸费等）等按照不动产经营租赁服务缴纳增值税。因此，提供车位租赁服务属于不动产经营租赁服务，应当按照“租赁服务——不动产经营租赁服务”，适用 9% 的税率，计算缴纳增值税。A 物业公司存在少缴增值税的风险。

【处理意见】

A 物业公司取得的车位租赁费应缴纳增值税 = 250 000 ÷ （1 + 9%） × 9% = 20 642. 20（元）。A 物业公司应重新申报并补缴税款 6 491. 26 元，如果已经超过申报期，则应进行更正申报。此外，纳税人少缴税款，税务机关将向其追缴滞纳金，并可能处以罚款，具体按照《税收征收管理法》第六十三条、第六十四条等有关规定处理。

（七）进项构成比例中可抵扣凭证判断有误造成多退留抵税额

【示例情况】

A 先进制造企业 2019 年 4 月至 2022 年 4 月准予抵扣的进项税额为 2 600 万元，包括取得的增值税专用发票抵扣进项税额 1 000 万元、海关进口增值税专用缴款书抵扣进项税额 1 200 万元、道路通行费增值税电子普通发票抵扣进项税额 100 万元、航空旅客运输凭行程单抵扣进项税额 200 万元、农产品收购发票抵扣进项税额 100 万元。该企业按照 100% 的进项构成比例计算允许退还的增量留抵税额。

【法理分析】

《财政部　税务总局关于进一步加大增值税期末留抵退税政策实施力度的公告》（财政部　税务总局公告 2022 年第 14 号）规定的进项构成比例是一个分子式。

分子为：2019年4月至申请退税前一税款所属期已抵扣的增值税专用发票（含带有“增值税专用发票”字样全面数字化的电子发票、税控机动车销售统一发票）、收费公路通行费增值税电子普通发票、海关进口增值税专用缴款书、解缴税款完税凭证注明的增值税。如纳税人有转出的进项税额，无须自分子中的进项税额中扣减。

分母为：同期全部已抵扣进项税额。

进项构成比例的扣税凭证类型是正列举，不在列举范围的凭证所列税额不可计入分子的计算中，例如，航空运输电子客票行程单、农产品收购发票，不在该范围内。A先进制造企业存在多退留抵税款的风险。

【处理意见】

A先进制造企业进项构成比例＝（1 000＋1 200＋100）÷2 600×100%＝88%，应按照88%的进项构成比例计算允许退还的留抵税额。纳税人因留抵退税政策适用有误，多退留抵税款的，应按照《财政部　税务总局关于进一步加大增值税期末留抵退税政策实施力度的公告》（财政部　税务总局公告2022年第14号）第十二条规定，在下个纳税申报期结束前缴回相关留抵退税款。

（八）销售使用过的固定资产开具增值税专用发票仍减按2%纳税

【示例情况】

甲建筑公司为增值税一般纳税人，2019年8月销售自己使用过的设备一台，取得含增值税销售额8.24万元，并应对方单位要求向其开具了增值税专用发票。上述设备系甲建筑公司2015年10月购进。假定甲建筑公司当月无可用于抵扣的进项税额，2019年9月初申报缴纳增值税1 600元［82 400÷（1＋3%）×2%］。

【法理分析】

对于一般纳税人销售自己使用过的固定资产，需要综合考虑是否抵扣过进项税额以及计税办法来确定适用税率或者征收率。具体可以分为以下情况：

（1）一般纳税人销售自己使用过的不得抵扣且未抵扣进项税额的固定资产，按照简易计税方法依照3%的征收率减按2%征收增值税，此情况下不得开具增值税专用发票。

（2）一般纳税人销售自己使用过的不得抵扣且未抵扣进项税额的固定资产，可以放弃减税，按照简易计税方法依照3%征收率缴纳增值税，可以开具增值税专用发票。

（3）一般纳税人销售自己使用过的已抵扣过进项税额的固定资产，适用一般计税方法，按照13%的税率计算销项税额。

示例中甲建筑公司为一般纳税人，销售营改增前购进的设备，且需开具增值税专用发票，应属于第二种情形，应当按照3%征收率计算缴纳增值税，甲公司存在少缴增值税的风险。

【处理意见】

甲建筑公司应缴纳增值税 = 82 400 ÷ （1 + 3%） × 3% = 2 400（元），已申报缴纳 1 600 元，需重新申报并补缴税款 800 元。如果已经超过申报期，则应进行更正申报，此外，税务机关还将向其追缴滞纳金并可能处以罚款，具体按照《税收征收管理法》第六十三条、第六十四条等有关规定处理。

（九）取得销售返利未作进项税额转出

【示例情况】

A 公司为手机经销商（系增值税一般纳税人），2021 年初与上游手机品牌方 B 公司签订手机采购合同，约定若 2021 年度 A 公司采购手机达到 1 000 台，B 公司将给予一定金额的返还。2021 年，A 公司多次从 B 公司采购手机，B 公司按采购价开具增值税专用发票，A 公司均在当月认证抵扣。2021 年 12 月，A 公司采购手机数量达到返利条件，向 B 公司发起返利结算，并收到 B 公司的返利结算确认单，可返利金额 22.6 万元（含增值税）。A 公司未就取得返利事项进行增值税处理。

【法理分析】

企业收到达量返利，实质上是销售方提供的一种折扣，在减少企业采购成本的同时，对应的进项税额不得抵扣。根据《国家税务总局关于纳税人折扣折让行为开具红字增值税专用发票问题的通知》（国税函〔2006〕1279 号）规定，纳税人销售货物并向购买方开具增值税专用发票后，由于购货方在一定时期内累计购买货物达到一定数量，或者由于市场价格下降等原因，销货方给予购货方相应的价格优惠或补偿等折扣、折让行为，销货方可按现行《增值税专用发票使用规定》的有关规定开具红字增值税专用发票。由于 A 公司此前已按采购原价对应的进项税额进行了抵扣，A 公司应要求 B 公司开具红字增值税专用发票，并对返利金额对应的进项税额作转出处理，A 公司存在少缴增值税的风险。

【处理意见】

A 公司应作进项税额转出处理的金额 = 22.6 ÷ （1 + 13%） × 13% = 2.6（万元），A 公司应在增值税发票管理系统填开并上传《开具红字增值税专用发票信息表》（以下简称《信息表》），暂依《信息表》所列增值税税额 2.6 万元进行进项税额转出，待取得 B 公司开具的红字增值税专用发票后，与《信息表》一并作为记账凭证。如果已超过申报期，则应进行更正申报及补缴税款，税务机关还将向其追缴滞纳金并可能处以罚款，具体按照《税收征收管理法》第六十三条、第六十四条等有关规定处理。

第二节　消费税法遵从

消费税是对在中华人民共和国境内生产、委托加工和进口应税消费品的单位和个人，以及国务院确定的销售应税消费品的其他单位和个人征收的一种税。消费税征税范围具有选择性，并不是对所有消费品征税，而是对一些特定的消费品征税。其主要目的是促进环境保护、节约资源、引导合理消费和筹集财政收入。

我国于1994年开征消费税。2006年消费税征收范围首次大幅调整，新增成品油、木制一次性筷子、实木地板、游艇、高尔夫球及球具和高档手表6项税目。2014年又进行了一次重大调整，取消气缸容量250毫升（不含）以下的小排量摩托车消费税，取消汽车轮胎税目，取消酒精消费税，“酒及酒精”品目相应改为“酒”，并按照相关消费税政策执行；取消含铅汽油消费税的二级子目，统一按照无铅汽油税率征收消费税。2015年将电池、涂料纳入消费税征税范围。2016年取消对普通美容、修饰类化妆品征收消费税，将“化妆品”税目名称更改为“高档化妆品”；对超豪华小汽车在零售环节加征10%的消费税。2022年将电子烟按烟的二级子目纳入消费税征收范围。消费税历经多次变革，调整征收范围、环节和税率，形成目前15个税目、多环节征收的政策体系。

一、遵从要点

（一）纳税主体

在中华人民共和国境内生产、委托加工和进口《消费税暂行条例》规定的消费品的单位和个人，以及国务院确定的销售《消费税暂行条例》规定的消费品的其他单位和个人，为消费税的纳税人。在中华人民共和国境内，是指生产、委托加工和进口属于应当缴纳消费税的消费品的起运地或者所在地在境内。

跨境电子商务零售进口商品按照货物征收进口环节消费税，以购买跨境电子商务零售进口商品的个人为纳税人，电子商务企业、电子商务交易平台企业或物流企业可作为代收代缴义务人。

（二）课税对象

我国现行消费税税目共15个。

1. 烟。包括卷烟、雪茄烟、烟丝、电子烟4个子目，凡以烟叶为原料加工生产的产品，不论使用何种辅料，均属于消费税的征收范围。

2. 酒。包括白酒、黄酒、啤酒和酒精度在1度以上的其他酒。调味料酒和酒精不征收消费税。

3. 高档化妆品。包括高档美容、修饰类化妆品，高档护肤类化妆品和成套化妆品。舞台、戏剧、影视演员化妆用的上妆油、卸妆油、油彩、发胶和头发漂白剂等不属于消费税的征税范围，不征收消费税。

4. 贵重首饰及珠宝玉石。包括各种金银珠宝首饰和经采掘、打磨、加工的各种珠宝玉石。

5. 鞭炮、焰火。体育用发令纸和鞭炮药引线不属于应税消费品，不征收消费税。

6. 成品油。包括汽油、柴油、石脑油、溶剂油、航空煤油、润滑油、燃料油7个子目，其中符合条件的暂不征收或免征消费税。但变压器油、导热类油等绝缘油类产品不属于应税消费品，不征收消费税。

7. 摩托车。气缸容量250毫升及以上的摩托车属于应税消费品。250毫升以下的不属于应税消费品，不征收消费税。

8. 小汽车。包括乘用车、中轻型商用客车、超豪华小汽车。电动汽车、车身长度大于7米（含）且座位在10～23座（含）以下的商用客车、沙滩车、雪地车、卡丁车、高尔夫车均不属于应税消费品，不征收消费税。

9. 高尔夫球及球具。包括高尔夫球、球杆（杆头、杆身、握把）、球包（袋）。但高尔夫球帽、球车不在征税范围内，不征收消费税。

10. 高档手表。高档手表，是指不含增值税销售价格每只在10 000元（含）以上的各类手表。

11. 游艇。包括艇身长度大于8米（含）小于90米（含），内置发动机，可以在水上移动，一般为私人或团体购置，主要用于水上运动和休闲娱乐等非营利活动的各类机动艇。非机动艇不属于征税范围，不征收消费税。

12. 木制一次性筷子。未经打磨、倒角的木制一次性筷子也属于征税范围。

13. 实木地板。未经涂饰的素板也属于征税范围。

14. 电池。包括原电池、蓄电池、燃料电池、太阳能电池和其他电池。

15. 涂料。

（三）税率

消费税的税目、税率，依照《消费税暂行条例》所附的《消费税税目税率表》（见表4－7）执行。消费税税目、税率的调整，由国务院决定。《消费税税目税率表》中所列应税消费品的具体征税范围，由财政部、国家税务总局确定。

表4－7　　消费税税目税率表

税目	税率		
	生产、委托加工、进口环节	批发环节	零售环节
一、烟			
1. 卷烟			
（1）甲类卷烟	56%加0.003元/支	11%加0.005元/支	
（2）乙类卷烟	36%加0.003元/支		
2. 雪茄烟	36%		
3. 烟丝	30%		
4. 电子烟	36%	11%	
二、酒			
1. 白酒	20%加0.5元/500克（或500毫升）		
2. 黄酒	240元/吨		
3. 啤酒			
（1）甲类啤酒	250元/吨		
（2）乙类啤酒	220元/吨		
4. 其他酒	10%		
三、高档化妆品	15%		
四、贵重首饰及珠宝玉石			
1. 金银首饰、铂金首饰和钻石及钻石饰品			5%
2. 其他贵重首饰和珠宝玉石	10%		
五、鞭炮、焰火	15%		
六、成品油			
1. 汽油	1.52元/升		
2. 柴油	1.20元/升		
3. 航空煤油	1.20元/升		
4. 石脑油	1.52元/升		
5. 溶剂油	1.52元/升		
6. 润滑油	1.52元/升		
7. 燃料油	1.20元/升		
七、摩托车			
1. 气缸容量（排气量，下同）为250毫升的	3%		
2. 气缸容量在250毫升以上的	10%		

续表

税目	税率		
	生产、委托加工、进口环节	批发环节	零售环节
八、小汽车 1. 乘用车 (1) 气缸容量（排气量，下同）在1.0升(含1.0升)以下的 (2) 气缸容量在1.0升以上至1.5升(含1.5升)的 (3) 气缸容量在1.5升以上至2.0升(含2.0升)的 (4) 气缸容量在2.0升以上至2.5升(含2.5升)的 (5) 气缸容量在2.5升以上至3.0升(含3.0升)的 (6) 气缸容量在3.0升以上至4.0升(含4.0升)的 (7) 气缸容量在4.0升以上的 2. 中轻型商用客车 3. 超豪华小汽车	 1% 3% 5% 9% 12% 25% 40% 5% 按照乘用车和中轻型商用客车的规定征收		10%
九、高尔夫球及球具	10%		
十、高档手表	20%		
十一、游艇	10%		
十二、木制一次性筷子	5%		
十三、实木地板	5%		
十四、电池	4%		
十五、涂料	4%		

（四）税款计算

1. 应纳税额计算公式

消费税实行从价定率、从量定额，或者从价定率和从量定额复合计税（以下简称复合计税）的办法计算应纳税额。

实行从价定率办法计算的应纳税额 = 销售额 × 比例税率

实行从量定额办法计算的应纳税额 = 销售数量 × 定额税率

实行复合计税办法计算的应纳税额 = 销售额 × 比例税率 + 销售数量 × 定额税率

2. 不同计税方式下计税依据的规定

(1) 适用从价计征消费税的计税依据

适用从价计征消费税的计税依据为不含增值税销售额，即纳税人销售应税消费品向购买方收取的全部价款和价外费用，不包括应向购货方收取的增值税税款。

自产自用的应税消费品，按照纳税人生产的同类消费品的销售价格计算纳税；没有同类消费品销售价格的，按照组成计税价格计算纳税。纳税人自产自用的应税消费品，是指用于除连续生产应税消费品以外的其他方面的应税消费品，在移送使用时纳税。同类消费品的销售价格，是指纳税人或者代收代缴义务人当月销售的同类消费品的销售价格，如果当月同类消费品各期销售价格高低不同，应按销售数量加权平均计算。

委托加工的应税消费品，按照受托方的同类消费品的销售价格计算纳税；没有同类消费品销售价格的，按照组成计税价格计算纳税。

（2）适用从量计征消费税的计税依据

适用从量计征消费税的计税依据为销售数量，即应税消费品的数量。

销售应税消费品的，为应税消费品的销售数量；自产自用应税消费品的，为应税消费品的移送使用数量；委托加工应税消费品的，为纳税人收回的应税消费品数量；进口应税消费品的，为海关核定的应税消费品进口征税数量。

（3）适用复合计征消费税的计税依据

复合计征消费税的计税依据为不含增值税销售额和销售数量，即上述两种方式的结合。

3. 不同情况下组成计税价格的计算

（1）自产自用的应税消费品

实行从价定率办法计算纳税的组成计税价格计算公式：

$$组成计税价格=（成本+利润）\div（1-比例税率）$$

实行复合计税办法计算纳税的组成计税价格计算公式：

$$组成计税价格=（成本+利润+自产自用数量\times定额税率）\div（1-比例税率）$$

（2）委托加工的应税消费品

实行从价定率办法计算纳税的组成计税价格计算公式：

$$组成计税价格=（材料成本+加工费）\div（1-比例税率）$$

实行复合计税办法计算纳税的组成计税价格计算公式：

$$组成计税价格=\left(材料成本+加工费+委托加工数量\times定额税率\right)\div\left(1-比例税率\right)$$

（3）进口的应税消费品

进口的应税消费品按照组成计税价格计算纳税。

实行从价定率办法计算纳税的组成计税价格计算公式：

$$组成计税价格=（关税完税价格+关税）\div（1-消费税比例税率）$$

实行复合计税办法计算纳税的组成计税价格计算公式：

$$组成计税价格=(关税完税价格+关税+进口数量\times 消费税定额税率)\div(1-消费税比例税率)$$

4. 计税价格的核定权限

纳税人应税消费品的计税价格明显偏低并无正当理由的，由主管税务机关核定其计税价格。应税消费品的计税价格的核定权限规定如下：

（1）卷烟、白酒和小汽车的计税价格由国家税务总局核定，送财政部备案；

（2）其他应税消费品的计税价格由省、自治区和直辖市税务局核定；

（3）进口的应税消费品的计税价格由海关核定。

5. 已纳消费税税款的扣除

以外购或委托加工收回的应税消费品为原料生产的应税消费品，准予从消费税应纳税额中扣除原料已纳的消费税税款。在对这些连续生产出来的应税消费品计算征税时，税法规定应该按当期生产领用数量计算准予扣除的应税消费品已纳的消费税税款。

（1）外购应税消费品已纳消费税的扣除

①实行从价定率办法计算应纳税额的

$$当期准予扣除的外购应税消费品已纳税款=当期准予扣除的外购应税消费品买价\times 外购应税消费品适用税率$$

$$当期准予扣除的外购应税消费品买价=期初库存的外购应税消费品买价+当期购进的外购应税消费品买价-期末库存的外购应税消费品买价$$

②实行从量定额办法计算应纳税额的

$$当期准予扣除的外购应税消费品已纳税款=当期准予扣除的外购应税消费品数量\times 外购应税消费品单位税额$$

$$当期准予扣除的外购应税消费品数量=期初库存的外购应税消费品数量+当期购进的外购应税消费品数量-期末库存的外购应税消费品数量$$

（2）委托加工收回应税消费品已纳消费税的扣除

$$当期准予扣除的委托加工应税消费品已纳税款=期初库存的委托加工应税消费品已纳税款+当期收回的委托加工应税消费品已纳税款-期末库存的委托加工应税消费品已纳税款$$

委托加工应税消费品已纳税款为代扣代收税款凭证注明的受托方代收代缴的消费税。

（3）进口应税消费品已纳消费税的扣除

$$当期准予扣除的进口应税消费品已纳税款=期初库存的进口应税消费品已纳税款+当期进口应税消费品已纳税款-期末库存的进口应税消费品已纳税款$$

进口应税消费品已纳税款为海关进口消费税专用缴款书注明的进口环节消费税。

（4）已纳消费税准予扣除的范围：

①外购或委托加工收回的已税烟丝生产的卷烟；

②外购或委托加工收回的已税高档化妆品生产的高档化妆品；

③外购或委托加工收回的已税珠宝玉石生产的贵重首饰及珠宝玉石；

④外购或委托加工收回的已税鞭炮、焰火生产的鞭炮、焰火；

⑤以外购或委托加工收回的已税杆头、杆身和握把为原料生产的高尔夫球杆；

⑥以外购或委托加工收回的已税木制一次性筷子为原料生产的木制一次性筷子；

⑦以外购或委托加工收回的已税实木地板为原料生产的实木地板；

⑧以外购或委托加工收回的已税汽油、柴油、石脑油、润滑油、燃料油为原料生产的应税成品油；

⑨从葡萄酒生产企业购进、进口葡萄酒连续生产应税葡萄酒。

6. 出口应税消费品退（免）税

对纳税人出口应税消费品，免征消费税；国务院另有规定的除外。出口应税消费品的免税办法，由国务院财政、税务主管部门规定。

（1）适用范围

出口企业出口或视同出口适用增值税退（免）税的货物，免征消费税，如果属于购进出口的货物，退还前一环节对其已征的消费税。

出口企业出口或视同出口适用增值税免税政策的货物，免征消费税，但不退还其以前环节已征的消费税，且不允许在内销应税消费品应纳消费税款中抵扣。

出口企业出口或视同出口适用增值税征税政策的货物，应按规定缴纳消费税，不退还其以前环节已征的消费税，且不允许在内销应税消费品应纳消费税款中抵扣。

（2）应退税额计算

出口货物的消费税应退税额的计税依据，按购进出口货物的消费税专用缴款书和海关进口消费税专用缴款书确定。

属于从价定率计征消费税的，应退税额的计税依据为已征且未在内销应税消费品应纳税额中抵扣的购进出口货物金额；属于从量定额计征消费税的，应退税额的计税依据为已征且未在内销应税消费品应纳税额中抵扣的购进出口货物数量；属于复合计征消费税的，按从价定率和从量定额的计税依据分别确定。

（3）退税后退关处理

出口的应税消费品办理退税后，发生退关，或者国外退货进口时予以免税的，报关出口者必须及时向其机构所在地或者居住地主管税务机关申报补缴已退的消费税税款。

纳税人直接出口的应税消费品办理免税后，发生退关或者国外退货，进口时已予以免税的，经机构所在地或者居住地主管税务机关批准，可暂不办理补税，待其转为国内销售时，再申报补缴消费税。

（五）税收优惠

消费税税收优惠主要体现在节能环保、减少污染及支持产业或区域发展等方面，具体优惠政策包括：

1. 对无汞原电池、金属氢化物镍蓄电池（又称“氢镍蓄电池”或“镍氢蓄电池”）、锂原电池、锂离子蓄电池、太阳能电池、燃料电池和全钒液流电池，免征消费税。

2. 对施工状态下挥发性有机物（Volatile Organic Compounds，VOC）含量低于420克/升（含）的涂料，免征消费税。

3. 对利用废弃的动物油和植物油为原料生产的纯生物柴油，免征消费税。

4. 对用外购或委托加工收回的已税汽油生产的乙醇汽油，免征消费税。

5. 对成品油生产企业在生产成品油过程中，作为燃料、动力及原料消耗掉的自产成品油，免征消费税。

6. 生产企业自产石脑油、燃料油用于生产乙烯、芳烃类化工产品的，按实际耗用数量暂免征消费税。

7. 对使用石脑油、燃料油生产乙烯、芳烃的企业购进并用于生产乙烯、芳烃类化工产品的石脑油、燃料油，按实际耗用数量暂退还所含消费税。

8. 横琴、平潭各自的区内企业之间销售其在本区内的货物，免征消费税；内地销往横琴、平潭与生产有关的货物，视同出口，实行消费税退税政策。

9. 阶段性减免。例如：自2013年1月1日至2023年10月31日，对以回收的废矿物油为原料生产的润滑油基础油、汽油、柴油等工业油料免征消费税；北京冬奥会和冬残奥会组委会委托加工生产的高档化妆品免征消费税；符合条件的用于新冠疫情的捐赠货物免征消费税。

（六）纳税地点

消费税由税务机关征收，进口的应税消费品的消费税由海关代征。

纳税人销售的应税消费品，以及自产自用的应税消费品，除国务院财政、税务主管部门另有规定外，应当向纳税人机构所在地或者居住地的主管税务机关申报纳税。

委托加工的应税消费品，除受托方为个人外，由受托方向机构所在地或者居住地的主管税务机关解缴消费税税款。

进口的应税消费品，应当向报关地海关申报纳税。

（七）申报纳税

1. 纳税期限

消费税的纳税期限分别为 1 日、3 日、5 日、10 日、15 日、1 个月或者 1 个季度。纳税人的具体纳税期限，由主管税务机关根据纳税人应纳税额的大小分别核定；不能按照固定期限纳税的，可以按次纳税。

纳税人以 1 个月或者 1 个季度为 1 个纳税期的，自期满之日起 15 日内申报纳税；以 1 日、3 日、5 日、10 日或者 15 日为 1 个纳税期的，自期满之日起 5 日内预缴税款，于次月 1 日起 15 日内申报纳税并结清上月应纳税款。

纳税人进口应税消费品，应当自海关填发海关进口消费税专用缴款书之日起 15 日内缴纳税款。

2. 纳税义务发生时间

（1）纳税人销售应税消费品的，纳税义务发生时间按不同的销售结算方式分别为：①采取赊销和分期收款结算方式的，为书面合同约定的收款日期的当天，书面合同没有约定收款日期或者无书面合同的，为发出应税消费品的当天；②采取预收货款结算方式的，为发出应税消费品的当天；③采取托收承付和委托银行收款方式的，为发出应税消费品并办妥托收手续的当天；④采取其他结算方式的，为收讫销售款或者取得索取销售款凭据的当天。

（2）纳税人自产自用应税消费品的，纳税义务发生时间为移送使用的当天。

（3）纳税人委托加工应税消费品的，纳税义务发生时间为纳税人提货的当天。

（4）纳税人进口应税消费品的，纳税义务发生时间为报关进口的当天。

3. 纳税环节

在境内生产、委托加工和进口应税消费品，分别在不同的环节缴纳消费税。

（1）纳税人生产的应税消费品，于纳税人销售时纳税。纳税人自产自用的应税消费品，用于连续生产应税消费品的，不纳税；用于其他方面的，于移送使用时纳税。

（2）委托加工的应税消费品，除受托方为个人外，由受托方在向委托方交货时代收代缴税款。

（3）进口的应税消费品，于报关进口时纳税。

（4）对卷烟在批发环节加征一道消费税。对超豪华小汽车，在生产（进口）环节按现行税率征收消费税的基础上，在零售环节加征消费税。金、银和金基、银基合金首饰，以及金、银和金基、银基合金的镶嵌首饰，铂金首饰，钻石及钻石饰品等仅在零售环节征税。

二、难点解析

（一）包装物款项构成应税销售额的判定

计算消费税销售额时，应注意区分包装物销售收入、包装物租金和包装物押金等包装物款项的处理。总的处理原则是防止通过包装物款项少计消费税应税销售额，从而规避消费税纳税义务。

1. 包装物销售收入

应税消费品连同包装物销售的，无论包装物是否单独计价以及在会计上如何核算，均应并入应税消费品的销售额中缴纳消费税。

2. 包装物押金

如果包装物不作价随同产品销售，而是收取押金，此项押金则不应并入应税消费品的销售额中征税。但对因逾期未收回的包装物不再退还的或者已收取的时间超过 12 个月的押金，应并入应税消费品的销售额，按照应税消费品的适用税率缴纳消费税。但如啤酒、黄酒等应税消费品实行从量计征，计税依据为销量数量，那么其包装物押金将不作为计税依据处理。

对既作价随同应税消费品销售，又另外收取押金的包装物的押金，凡纳税人在规定的期限内没有退还的，均应并入应税消费品的销售额，按照应税消费品的适用税率缴纳消费税。

3. 包装物租金

包装物租金属于价外费用，收到时需要并入销售额中计税。但是要注意，包装物租金一般是含增值税金额，因此需要价税分离后再计入销售额。

（二）自产应税消费品视同销售的处理

对比增值税的视同销售行为，消费税的视同销售范围较小。增值税的视同销售主要保证本环节销项税额可以作为下个环节的进项税额进行抵扣，保持税款抵扣链条的完整性，避免重复征税，同时也防止通过这些行为逃避纳税，造成税基被侵蚀、税款流失。消费税除特殊消费品是在批发、零售环节征收外，通常是在生产销售环节征收，此外还在委托加工、进口环节征收。自产应税消费品于移送使用环节作视同销售处理，具体如下：

1. 用于连续生产应税消费品，不征收消费税，也不征收增值税。

2. 用于连续生产非应税消费品，需要视同销售征收消费税，但是不征收增值税。

3. 用于馈赠、赞助、集资、广告、样品、奖励、集体福利和个人消费的用途时，消费税和增值税都需要视同销售。

4. 用于管理部门、非生产机构、提供劳务、在建工程时，要视同销售征收消费税，不征收增值税。

5. 用于换取生产和消费资料、投资入股、抵偿债务的情况，消费税和增值税都需视同销售，但消费税按照纳税人最近时期销售同类应税消费品的最高价确定计税依据，增值税按纳税人最近时期销售同类应税消费品的平均价格征收。

（三）委托加工应税消费品的处理

委托加工应税消费品收回时，受托方应代收代缴消费税。委托加工的应税消费品，是指由委托方提供原料和主要材料，受托方只收取加工费和代垫部分辅助材料加工的应税消费品。对于由受托方提供原材料生产的应税消费品，或者受托方先将原材料卖给委托方，然后再受托加工的应税消费品，以及由受托方以委托方名义购进原材料进行生产的应税消费品，不论在财务上是否作销售处理，都不得作为委托加工应税消费品，而应当按照销售自制应税消费品缴纳消费税。

委托加工的应税消费品，委托方用于连续生产应税消费品的，所纳税款准予按规定抵扣。

委托加工的应税消费品直接出售的，不再缴纳消费税。委托方将收回的应税消费品，以不高于受托方的计税价格出售的，为直接出售，不再缴纳消费税；委托方以高于受托方的计税价格出售的，不属于直接出售，须按照规定申报缴纳消费税，在计税时准予扣除受托方已代收代缴的消费税。

委托个人加工的应税消费品，由委托方收回后缴纳消费税。

三、风险示例

（一）包装物销售收入及押金收入的消费税处理

【示例情况】

甲啤酒厂2021年6月销售啤酒1 000吨，取得不含增值税销售额290万元，增值税税额为37.7万元，另收取包装物押金22.6万元。该啤酒厂于2021年7月初在申报6月应缴纳的消费税时，按单位税额220元/吨申报缴纳了当期消费税22

万元。

【法理分析】

包装物押金是否并入销售额缴纳消费税，需要根据应税消费品的种类和销售形式区分。啤酒从量计征消费税，包装物押金实际上不作为啤酒的消费税计税依据，但是在判断啤酒的适用税率时，需要计入啤酒出厂价格，从而影响税额的确定。根据《财政部 国家税务总局关于调整酒类产品消费税政策的通知》（财税〔2001〕84 号）第四条规定，每吨啤酒出厂价格（含包装物及包装物押金）在 3 000元（含 3 000 元，不含增值税）以上的，单位税额 250 元/吨；每吨啤酒出厂价格在 3 000 元（不含 3 000 元，不含增值税）以下的，单位税额 220 元/吨。

甲啤酒厂每吨啤酒出厂价（含包装物及包装物押金）= [2 900 000 + 226 000 ÷（1 + 13%）] ÷1 000 =3 100（元），超过 3 000 元/吨，适用单位税额 250 元/吨，应缴纳的消费税 =1 000 ×250 =250 000（元）。甲啤酒厂存在当期少缴消费税的风险。

【处理意见】

甲啤酒厂应重新申报并补缴税款 3 万元，如果已经超过申报期，则应进行更正申报。此外，税务机关将向其追缴滞纳金，并可能处以罚款，具体按照《税收征收管理法》第六十三条、第六十四条等有关规定处理。

（二）委托加工应税消费品收回后销售的消费税处理

【示例情况】

甲涂料生产企业 2021 年 11 月发生经营业务如下。

业务一：在境内生产并销售油脂类涂料（施工状态下挥发性有机物含量高于 420 克/升）1 吨，取得不含增值税销售额 200 万元。

业务二：委托境内乙公司加工橡胶类涂料（施工状态下挥发性有机物含量高于 420 克/升）1 吨，涂料原料由甲涂料生产企业提供，乙公司收取加工费 20 万元。乙公司同类消费品的不含增值税销售价格为 80 万元/吨，涂料消费税税率为 4%。乙公司已代收代缴消费税 3.2 万元。甲涂料生产企业收回后再销售取得不含增值税销售额 100 万元。

甲涂料生产企业于 2021 年 12 月初就业务一申报缴纳消费税 8 万元；业务二为收回委托加工的应税消费品直接出售，甲涂料生产企业认为无须再缴纳消费税。

【法理分析】

《财政部 国家税务总局关于〈中华人民共和国消费税暂行条例实施细则〉有关条款解释的通知》（财法〔2012〕8 号）规定，委托方将收回的应税消费品，以不高于受托方的计税价格出售的，为直接出售，不再缴纳消费税；委托方以高于受托方的计税价格出售的，不属于直接出售，须按照规定申报缴纳消费税，在计税时准予扣除受托方已代收代缴的消费税。

甲涂料生产企业委托加工的应税消费品，收回后销售时，其售价 100 万元高于受托方乙公司的计税价格 80 万元，不属于直接出售，需要按照规定申报缴纳消费税，甲涂料生产企业存在当期少缴消费税的风险。

【处理意见】

甲涂料生产企业需要补缴消费税 = （100 − 80） ×4% =8 000（元），申报期结束前可重新申报并缴纳税款，如果已经超过申报期，则应进行更正申报。此外，税务机关还将向其追缴滞纳金，并可能处以罚款，具体按照《税收征收管理法》第六十三条、第六十四条等有关规定处理。

第三节　车辆购置税法遵从

车辆购置税是对在中华人民共和国境内购置规定车辆的单位和个人征收的一种税，由车辆购置附加费演变而来，具有征收范围单一、征税环节单一、税率单一、征收方法单一、税款用途特定等特点。

我国于 1985 年开征车辆购置附加费，后通过“费改税”平移的方式，自 2001 年起开征车辆购置税。2018 年，第十三届全国人民代表大会常务委员会第七次会议通过《中华人民共和国车辆购置税法》（以下简称《车辆购置税法》），该法于 2019 年 7 月正式实施。

一、遵从要点

（一）纳税主体

在中华人民共和国境内购置汽车、有轨电车、汽车挂车、排放量超过 150 毫升的摩托车（以下统称应税车辆）的单位和个人，为车辆购置税的纳税人，应当依照《车辆购置税法》的规定缴纳车辆购置税。

购置，是指以购买、进口、自产、受赠、获奖或者其他方式取得并自用应税车辆的行为。

（二）课税对象

应税车辆包括汽车、有轨电车、汽车挂车、排放量超过 150 毫升的摩托车。

以下不属于应税车辆：地铁、轻轨等城市轨道交通车辆，装载机、平地机、挖掘机、推土机等轮式专用机械车，以及起重机（吊车）、叉车、电动摩托车。

车辆购置税实行一次性征收。购置已征车辆购置税的车辆，不再征收车辆购置税。

（三）税率

车辆购置税的税率为10%。

（四）税款计算

1. 应税车辆的计税价格

应税车辆的计税价格，按照下列规定确定：

（1）购买自用应税车辆

纳税人购买自用应税车辆的计税价格，为纳税人实际支付给销售者的全部价款，不包括增值税税款。纳税人支付给销售者的全部价款，依据纳税人购买应税车辆时相关凭证载明的价格确定。

（2）进口自用应税车辆

纳税人进口自用应税车辆的计税价格，为关税完税价格加上关税和消费税。纳税人进口自用应税车辆，是指纳税人直接从境外进口或者委托代理进口自用的应税车辆，不包括在境内购买的进口车辆。

（3）自产自用应税车辆

纳税人自产自用应税车辆的计税价格，按照同类应税车辆（即车辆配置序列号相同的车辆）的销售价格确定，不包括增值税税款；没有同类应税车辆销售价格的，按照组成计税价格确定。组成计税价格计算公式如下：

$$组成计税价格 = 成本 \times (1 + 成本利润率)$$

属于应征消费税的应税车辆，其组成计税价格中应加计消费税税额。

上述公式中的成本利润率，由国家税务总局各省、自治区、直辖市和计划单列市税务局确定。

（4）以受赠、获奖或者其他方式取得自用应税车辆

纳税人以受赠、获奖或者其他方式取得自用应税车辆的计税价格，按照购置应税车辆时相关凭证载明的价格确定，不包括增值税税款。购置应税车辆时相关凭证，是指原车辆所有人购置或者以其他方式取得应税车辆时载明价格的凭证。无法提供相关凭证的，参照同类应税车辆市场平均交易价格确定其计税价格。

原车辆所有人为车辆生产或者销售企业，未开具机动车销售统一发票的，按照车辆生产或者销售同类应税车辆的销售价格确定应税车辆的计税价格。无同类应税车辆销售价格的，按照组成计税价格确定应税车辆的计税价格。

2. 应纳税额

车辆购置税的应纳税额按照应税车辆的计税价格乘以税率计算。

纳税人申报的应税车辆计税价格明显偏低，又无正当理由的，由税务机关依照《税收征收管理法》的规定核定其应纳税额。

3. 减免税条件消失，纳税人需补缴车辆购置税

免税、减税车辆因转让、改变用途等原因不再属于免税、减税范围的，纳税人应当在办理车辆转移登记或者变更登记前缴纳车辆购置税。计税价格以免税、减税车辆初次办理纳税申报时确定的计税价格为基准，每满一年扣减10%。

具体纳税人、纳税义务发生时间、应纳税额按以下规定执行：

（1）发生转让行为的，受让人为车辆购置税纳税人；未发生转让行为的，车辆所有人为车辆购置税纳税人。

（2）纳税义务发生时间为车辆转让或者用途改变等情形发生之日。

（3）应纳税额计算公式如下：

$$\text{应纳税额}=\text{初次办理纳税申报时确定的计税价格}\times(1-\text{使用年限}\times10\%)\times10\%-\text{已纳税额}$$

其中：应纳税额不得为负数。使用年限的计算方法是，自纳税人初次办理纳税申报之日起，至不再属于免税、减税范围的情形发生之日止。使用年限取整计算，不满一年的不计算在内。

4. 退回已征税车辆，纳税人可申请退税

纳税人将已征车辆购置税的车辆退回车辆生产企业或者销售企业的，可以向主管税务机关申请退还车辆购置税。退税额以已缴税款为基准，自缴纳税款之日至申请退税之日，每满一年扣减10%。

已征车辆购置税的车辆退回车辆生产或销售企业，纳税人申请退还车辆购置税的，应退税额计算公式如下：

$$\text{应退税额}=\text{已纳税额}\times(1-\text{使用年限}\times10\%)$$

其中：应退税额不得为负数。使用年限的计算方法是，自纳税人缴纳税款之日起，至申请退税之日止。

已经缴纳车辆购置税的，纳税人向原征收机关申请退税时，应当如实填报《车辆购置税退税申请表》，提供纳税人身份证明，并区别不同情形提供相关资料。其中：

（1）车辆退回生产企业或者销售企业的，提供生产企业或者销售企业开具的退车证明和退车发票。

（2）其他依据法律法规规定应当退税的，根据具体情形提供相关资料。

（五）税收优惠

1. 法定免税

下列车辆免征车辆购置税：

（1）依照法律规定应当予以免税的外国驻华使馆、领事馆和国际组织驻华机构及其有关人员自用的车辆；

（2）中国人民解放军和中国人民武装警察部队列入装备订货计划的车辆；

（3）悬挂应急救援专用号牌的国家综合性消防救援车辆；

（4）设有固定装置的非运输专用作业车辆；

（5）城市公交企业购置的公共汽电车辆。

根据国民经济和社会发展的需要，国务院可以规定减征或者其他免征车辆购置税的情形，报全国人民代表大会常务委员会备案。

2. 其他法规政策规定的减免税

（1）回国服务的在外留学人员用现汇购买 1 辆个人自用国产小汽车，免征车辆购置税。

（2）长期来华定居专家进口 1 辆自用小汽车，免征车辆购置税。

（3）防汛部门和森林消防部门用于指挥、检查、调度、报汛（警）、联络的由指定厂家生产的设有固定装置的指定型号的车辆，免征车辆购置税。防汛专用车和森林消防专用车的型号和配置数量、流向，每年由财政部和国家税务总局共同下达。车辆注册登记地车辆购置税征收部门据此办理免征车辆购置税手续。

（4）中国妇女发展基金会“母亲健康快车”项目的流动医疗车，免征车辆购置税。

（5）原公安现役部队和原武警黄金、森林、水电部队改制后换发地方机动车牌证的车辆（公安消防、武警森林部队执行灭火救援任务的车辆除外），一次性免征车辆购置税。

（6）自 2004 年 10 月 1 日起对符合条件的农用三轮车，免征车辆购置税。

（7）北京 2022 年冬奥会和冬残奥会组委会新购置车辆，免征车辆购置税。

（8）自 2018 年 1 月 1 日至 2023 年 12 月 31 日，对购置的新能源汽车免征车辆购置税。

（9）自 2018 年 7 月 1 日至 2023 年 12 月 31 日，对购置挂车减半征收车辆购置税。

（10）对购置日期在 2022 年 6 月 1 日至 2022 年 12 月 31 日期间内且单车价格

（不含增值税）不超过30万元的2.0升及以下排量乘用车，减半征收车辆购置税。

（六）纳税地点

购置应税车辆的纳税人，应当到下列地点申报纳税：

需要办理车辆登记的，向车辆登记地的主管税务机关申报纳税；

不需要办理车辆登记的，单位纳税人向其机构所在地的主管税务机关申报纳税，个人纳税人向其户籍所在地或者经常居住地的主管税务机关申报纳税。

（七）申报纳税

1. 纳税义务发生时间

车辆购置税的纳税义务发生时间为纳税人购置应税车辆的当日，以纳税人购置应税车辆所取得的车辆相关凭证上注明的时间为准。具体纳税义务发生时间，按照下列情形确定：

（1）购买自用应税车辆的为购买之日，即车辆相关价格凭证的开具日期。

（2）进口自用应税车辆的为进口之日，即海关进口增值税专用缴款书或者其他有效凭证的开具日期。

（3）自产、受赠、获奖或者以其他方式取得并自用应税车辆的为取得之日，即合同、法律文书或者其他有效凭证的生效或者开具日期。

纳税人应当自纳税义务发生之日起60日内申报缴纳车辆购置税。纳税人应当在向公安机关交通管理部门办理车辆注册登记前，缴纳车辆购置税。

2. 申报材料

纳税人办理纳税申报时应当如实填报《车辆购置税纳税申报表》，同时提供车辆合格证明和车辆相关价格凭证。

税务机关能够通过政府信息共享等手段获取相关资料信息的，纳税人不再提交。

3. 根据不同的免税、减税情形需提供部分特殊证明资料

纳税人在办理车辆购置税免税、减税申报时，除提供车辆合格证明和车辆相关价格凭证材料外，还应当根据不同的免税、减税情形，分别提供相关资料的原件、复印件。税务机关能够通过政府信息共享等手段获取相关资料信息的，纳税人不再提交。

（1）外国驻华使馆、领事馆和国际组织驻华机构及其有关人员自用车辆，提供机构证明和外交部门出具的身份证明。

（2）城市公交企业购置的公共汽电车辆，提供所在地县级以上（含县级）交通运输管理部门出具的公共汽电车辆认定表。

（3）悬挂应急救援专用号牌的国家综合性消防救援车辆，提供中华人民共和国应急管理部批准的相关文件。

（4）回国服务的在外留学人员购买的自用国产小汽车，提供海关核发的《中华人民共和国海关回国人员购买国产汽车准购单》。

（5）长期来华定居专家进口自用小汽车，提供国家外国专家局或者其授权单位核发的专家证或者A类和B类《外国人工作许可证》。

二、难点解析

（一）应税车辆的装饰费用作为车辆购置税计税依据的判断

实务中，纳税人购买车辆，常常会涉及向销售方支付车辆的装饰费用。此类装饰费用是否缴纳车辆购置税，主要依据车辆购买凭证载明的价格（一般为机动车销售统一发票上载明的不含增值税的价款）来判断。理解政策时主要看两点，一是性质上可以明显区分，二是能够分开开票分别确认销售额。

纳税人购置应税车辆同时支付车辆装饰费，如装饰费与车辆价款分开开票，则无须计入计税依据缴纳车辆购置税；反之则需计入计税依据，合并缴纳车辆购置税。

（二）取消最低计税价格后，车辆购置税计税价格偏低的判定管理

对于不同方式取得的应税车辆，车辆购置税计税价格的确定依据也不同。如纳税人购买自用应税车辆的计税价格，为纳税人实际支付给销售者的全部价款，不包括增值税税款；纳税人自产自用应税车辆的计税价格，按照纳税人生产的同类应税车辆的销售价格确定，不包括增值税税款；纳税人以受赠、获奖或者其他方式取得自用应税车辆的计税价格，按照购置应税车辆时相关凭证载明的价格确定，不包括增值税税款等。

《车辆购置税法》取消了车辆购置税最低计税价格，不再以最低计税价格与有效价格凭证价格二者孰高来核定应税车辆的计税价格。车辆购置税最低计税价格取消后，市场平均交易价格机制成为税务机关判断纳税人车辆购置税申报价格是否偏低的重要参考指标。相关信息系统按周自动采集每个车型的全国市场平均交易价格。对于被判断为车辆购置税申报价格明显偏低，又无正当理由的，税务机关可依照《税收征收管理法》的规定核定其应纳税额。

此外，对于部分利用车辆经销企业开具虚假发票、低开发票来偷逃税款、少缴车辆购置税的行为，税务机关还可通过对车辆经销企业进行多税种联动评估检查，对车辆生产、出厂、流通、终端销售等各环节增值税、消费税、企业所得税、

车辆购置税进行协同管理，来实现相关税种的税源管控。对查实开具虚假发票、低开发票的车辆经销企业，税务机关严格按照“黑名单”制度规定将其列入“黑名单”，实施联合惩戒并按相关规定进行处罚。

三、风险示例

【示例情况】

李某是回国服务的在外留学人员，于2016年用现汇购买了某款国产车型，取得机动车销售统一发票注明的不含增值税价格为40万元，因符合免征车辆购置税条件，于6月10日进行了免税申报。2021年因考虑置换新车，经同事介绍，于当年8月1日将该汽车卖给了王某，并在当天办理了车辆过户手续，二人未就该车辆缴纳车辆购置税。

【法理分析】

根据《车辆购置税法》规定，免税、减税车辆因转让、改变用途等原因不再属于免税、减税范围的，应当在办理车辆过户手续前或者办理变更车辆登记注册手续前缴纳车辆购置税。《财政部　税务总局关于车辆购置税有关具体政策的公告》（财政部　税务总局公告2019年第71号）进一步就上述情形规定，发生转让行为的，以受让人为车辆购置税纳税人。应纳税额计算公式为：

$$\text{应纳税额} = \text{初次办理纳税申报时确定的计税价格} \times \left(1 - \text{使用年限} \times 10\%\right) \times 10\% - \text{已纳税额}$$

其中：使用年限的计算方法是，自纳税人初次办理纳税申报之日起，至不再属于免税、减税范围的情形发生之日止。使用年限取整计算，不满一年的不计算在内。纳税义务发生时间为车辆转让或者用途改变等情形发生之日。

李某将免税车辆转让给王某，因车主改变使得该车辆不再属于免税范围，王某作为受让方，应在办理过户手续前缴纳车辆购置税。王某存在少缴车辆购置税的风险。

【处理意见】

该车辆使用年限取整为5年，王某应缴纳的车辆购置税＝400 000×（1－5×10%）×10%＝20 000（元）。由于王某未在办理过户手续前申报缴纳，应补申报及补缴上述税款。税务机关还将向其追缴滞纳金，并可能处以罚款，具体按照《税收征收管理法》第六十三条、第六十四条等有关规定处理。

第四节　关税法遵从

关税是海关依法对准许进出口货物、进出境物品征收的一种税。这里的“境”是指关境，是一国海关法全面实施的领域。关税是中央税，也是维护国家权益的重要工具，是我国与世界各国发展正常贸易关系的经济机制的重要组成部分。

我国的关税具有悠久的历史，自周朝以来关税的征收从未间断。1949 年中华人民共和国成立以来，共实施了三部不同分类基础的海关进出口税则。其中，1951 年开始以苏联海关税则等为基础的海关进出口税则，是新中国第一部海关进出口税则，1951 年 5 月 4 日经政务院批准并于 5 月 16 日开始实施，一共 939 个税目。为了适应国家经济体制全面改革的需要，贯彻对外开放政策，促进对外经济贸易和国民经济的发展，1985 年 3 月国务院颁发了《中华人民共和国进出口关税条例》及作为其组成部分的《中华人民共和国海关进出口税则》（以下简称《海关进出口税则》）。1987 年 1 月，第六届全国人民代表大会常务委员会第十九次会议通过了《中华人民共和国海关法》。《海关法》《中华人民共和国进出口关税条例》及《海关进出口税则》构成了我国的关税制度体系。

一、遵从要点

（一）纳税主体

进口货物的收货人、出口货物的发货人、进境物品的所有人，是关税的纳税人。

（二）课税对象

关税的课税对象是准许进出境的货物和物品。货物，是指贸易性商品；物品，包括入境旅客随身携带的行李和物品、个人邮递物品、各种运输工具上的服务人员携带进口的自用物品、馈赠物品以及其他方式进境的个人物品。

（三）税率

1. 进口关税税率

（1）进口货物关税税率分为最惠国税率、协定税率、特惠税率、普通税率、关税配额税率等，对进口货物在一定时期内可实行暂定税率。进口货物关税税率按《海关进出口税则》执行。

（2）进境物品关税税率：除另有规定外，我国对准予进境的旅客行李物品、个人邮寄物品以及其他个人自用物品，均由海关按照《中华人民共和国进境物品进口税税率表》的规定，征收进口关税、代征进口环节增值税和消费税等进口税。自2019年4月9日起实施调整后的进境物品进口税税率，见表4-8。

表4-8　中华人民共和国进境物品进口税税率表

税目序号	物品名称	税率/%
1	书报、刊物、教育用影视资料；计算机、视频摄录一体机、数字照相机等信息技术产品；食品、饮料；金银；家具；玩具，游戏品、节日或其他娱乐用品；药品	13
2	运动用品（不含高尔夫球及球具）、钓鱼用品；纺织品及其制成品；电视摄像机及其他电器用具；自行车；税目1和3中未包含的其他商品	20
3	烟、酒；贵重首饰及珠宝玉石；高尔夫球及球具；高档手表；高档化妆品	50

2. 出口关税税率

出口关税税率包括出口税率和出口暂定税率两种类型。适用出口税率的货物有暂定税率的，应当适用暂定税率。

3. 特别关税

特别关税包括报复性关税、反倾销税、反补贴税、保障措施关税。

（四）税款计算

1. 关税完税价格

关税完税价格是海关以进出口货物的实际成交价格为基础，经调整确定计征关税的价格。

（1）一般进口货物的完税价格：根据《海关法》规定，进口货物的完税价格包括货物的货价、货物运抵我国境内输入地点起卸前的运输及其相关费用、保险费。进口货物的完税价格，由海关以该货物的成交价格为基础审查确定，成交价格不能确定时，完税价格由海关依法估定。

（2）特殊进口货物的完税价格执行各自相应规定，特殊进口货物的完税价格包括：内销保税货物的完税价格、出境修理复进境货物的完税价格、出料加工复进境货物的完税价格、减免税进口货物补税时的完税价格、租赁进口货物的完税价格、暂时进境货物的完税价格、进口特定介质的完税价格、公式定价进口货物的完税价格、涉嫌走私进口货物和物品的计税价格、违反海关监管规定案件货物和物品价值的计核、其他无成交价格进口货物的完税价格。

（3）出口货物的完税价格：出口货物的完税价格，由海关以该货物向境外销售的成交价格为基础审查确定，并应当包括货物运至中华人民共和国境内输出地点装载前的运输及其相关费用、保险费。但其中包含的出口关税税额，应当扣除。

（4）进境物品的完税价格：对于个人进境物品关税完税价格，由海关总署公布《中华人民共和国进境物品完税价格表》，来确定商品归类和完税价格。

2. 应纳税额的计算

（1）从价计税应纳税额的计算公式为：

关税税额 = 应税进（出）口货物数量 × 单位完税价格 × 税率

（2）从量计税应纳税额的计算公式为：

关税税额 = 应税进（出）口货物数量 × 单位货物税额

（3）复合计税应纳税额的计算公式为：

关税税额 = 应税进（出）口货物数量 × 单位货物税额 + 应税进（出）口货物数量 × 单位完税价格 × 税率

（4）选择性计税应纳税额的计算为：

比较从价关税额和从量关税额，根据规定从高计征或者从低计征。

（5）滑准税应纳税额的计算公式为：

关税税额 = 应税进（出）口货物数量 × 单位完税价格 × 滑准税税率

（五）税收优惠

关税减免分为法定减免税、特定减免税、临时减免税三种类型。

1. 法定减免税

（1）关税税额在人民币 50 元以下的一票货物，可免征关税。

（2）无商业价值的广告品和货样，可免征关税。

（3）外国政府、国际组织无偿赠送的物资，可免征关税。

（4）进出境运输工具装载的途中必需的燃料、物料和饮食用品，可免征关税。

（5）在海关放行前损失的货物，可免征关税。

（6）在海关放行前遭受损坏的货物，可根据海关认定的受损程度减征关税。

（7）我国缔结或参加的国际条约规定减征、免征关税的货物、物品，按照规定予以减免税。

（8）其他规定减征、免征关税的货物、物品。

2. 特定减免税

特定减免税也称政策性减免税，一般是由国务院作出原则性规定后，由海关总署根据国务院的规定单独或者会同其他国务院主管部门制定具体实施办法并加以贯彻执行。例如，对科教用品、残疾人专用品、扶贫物资、慈善捐赠物资等有特定减免税政策。

3. 临时减免税

临时减免税，是指在以上减免税以外，由国务院运用一案一批的原则，针对某个单位、某类商品、某个项目或某批进出口货物的特殊情况，给予特别照顾，临时给予的减免。

（六）申报纳税

1. 申报时间

进口货物的收货人、接受委托的报关企业应当自运输工具申报进境之日起 14 日内向海关申报。

进口转关运输货物的收货人、接受委托的报关企业应当自运输工具申报进境之日起 14 日内，向进境地海关办理转关运输手续，有关货物应当自运抵指运地之日起 14 日内向指运地海关申报。

出口货物发货人、接受委托的报关企业应当在货物运抵海关监管区后装货的 24 小时以前，向海关申报。

2. 纳税期限

纳税人应在海关填发税款缴纳书之日起 15 日内向指定银行缴纳税款。

二、难点解析

（一）以成交价格为基础的完税价格应包含的相关费用

以成交价格为基础审查确定进口货物的完税价格时，未包括在该货物实付、应付价格中的下列费用或者价值应当计入完税价格：

（1）由买方负担的下列费用：①除购货佣金以外的佣金和经纪费；②与该货物视为一体的容器费用；③包装材料费用和包装劳务费用。

（2）与进口货物的生产和向中华人民共和国境内销售有关的，由买方以免费或者以低于成本的方式提供，并且可以按适当比例分摊的下列货物或者服务的价值：①进口货物包含的材料、部件、零件和类似货物；②在生产进口货物过程中使用的工具、模具和类似货物；③在生产进口货物过程中消耗的材料；④在境外进行的为生产进口货物所需的工程设计、技术研发、工艺及制图等相关服务。

（3）买方需向卖方或者有关方直接或者间接支付的特许权使用费，但是符合下列情形之一的除外：①特许权使用费与该货物无关；②特许权使用费的支付不构成该货物向中华人民共和国境内销售的条件。

（4）卖方直接或者间接从买方对该货物进口后销售、处置或者使用所得中获得的收益。

（二）出境修理复进境和出境加工复进境货物完税价格的确定

对于运往境外修理的机械器具、运输工具或者其他货物，出境时已向海关报明，并在海关规定的期限内复运进境的，应当以境外修理费和料件费为基础审查确定完税价格。

对于运往境外加工的货物，出境时已向海关报明，并在海关规定期限内复运进境的，应当以境外加工费和料件费，以及该货物复运进境的运输及相关费用、保险费为基础审查确定完税价格。

（三）进出口货物原产地的确定

1. 如果不存在国别优惠政策，则采用非优惠原产地规则确定原产地：完全在一个国家（地区）获得的货物，以该国（地区）为原产地；两个以上国家（地区）参与生产的货物，以最后完成实质性改变的国家（地区）为原产地，即采用完全获得标准和实质性改变标准确定进出口货物的原产地。

2. 如果存在国别优惠政策，则根据具体的贸易协定规定的原产地规则确定原产地。获得优惠贸易协定成员国（地区）原产资格的货物，还必须直接从出口国（地区）运往进口国（地区）境内，才能享受相应贸易协定所规定的优惠待遇。

（四）进出口货物的商品归类

进出口货物收发货人或其代理人应当按照《海关进出口税则》规定的目录条文和归类总规则、类注、章注、子目注释，以及其他归类注释，对其申报的进出口货物进行商品归类，并归入相应的税则号列；海关应当依法审核确定该货物的商品归类。

（五）境外购买无形资产构成完税价格缴纳关税的判定

关税的征税对象仅包括货物或者物品。与货物进口或者销售无关的单独购买的商标权、专利权等无形资产不缴纳关税。但如果无形资产与进口货物或者其境内销售直接相关，则需要计入完税价格中，和货物一起缴纳进口关税。

（六）跨期进出口货物适用税率的选择

一般情况下，进出口货物应当按照海关接受该货物申报进口或者出口之日实施的税率征税。如果进口货物到达前经海关核准先行申报，应当按照装载该货物的运输工具申报进境之日实施的税率征税。

三、风险示例

（一）完税价格申报不实造成少缴关税

【示例情况】

2022 年 4 月 6 日，甲公司向某海关申报进口一票货物，申报商品名称为银浆，规格为 500 克/盒，型号为 A，数量为 6 千克，申报总价为 701 160 日元。海关现场经查验发现该批货物实际为：型号 A 银浆 6 瓶（1 000 克/瓶），与申报规格不符；另有型号 B 银浆 2 瓶（500 克/瓶）、型号 C 银浆 1 瓶（500 克/瓶）、型号 D 银浆 1 瓶（500 克/瓶）、型号 E 银浆 1 瓶（500 克/瓶）、型号 F 银浆 1 瓶（500 克/瓶）、型号 E 银浆 1 瓶（800 克/瓶）未申报。经计核，未申报涉案货物完税价格共计人民币 25 974. 2 元，漏缴税款共计人民币 5 284. 49 元。

【法理分析】

根据《海关法》第二十四条第一款的规定，进口货物的收货人、出口货物的发货人应当向海关如实申报，交验进出口许可证件和有关单证。

【处理意见】

甲公司应如实申报并补缴税款。海关将追缴滞纳金，并可能处以罚款，具体按照《中华人民共和国海关行政处罚实施条例》第十五条等规定处理。

（二）归类错误造成少缴关税

【示例情况】

自 2018 年 7 月 4 日至 2020 年 3 月 5 日，乙公司以“进料边角料内销”贸易方式向某地海关申报进口椴木边角料，共计涉及 7 本手册项下 24 票报关单，进口时当事人申报商品编号为 4401400000，规格型号为黄白色粉末状，数量为 488. 71 千克，申报总价为人民币 97 742. 01 元，原产国俄罗斯。经查，根据归类总规则一及六，上述椴木边角料不应归入税则号列 44014000（关税税率 0，增值税税率 16%，2019 年 4 月调整为 13%），而应归入 44050000（关税税率 8%，2018 年 11 月之后调整为 6%，2020 年 3 月调整为 4%；增值税税率 16%，2019 年 4 月调整为 13%）。当事人公司连续 24 票报关单项下商品编号申报错误，经该地海关计核，导致漏缴税款人民币 6 680. 25 元。

【法理分析】

商品归类需根据《进出口税则商品及品目注释》与本国子目注释等提供相关资料，根据商品归类总规则一至六进行正确归类。

【处理意见】

乙公司应根据正确的归类品目及对应的税率，重新计算进口环节的应纳税额，及时补缴税额。海关还将追缴滞纳金，并可能处以罚款，具体按照《中华人民共和国海关行政处罚实施条例》第十五条等规定处理。

第五节　城市维护建设税法遵从

城市维护建设税是国家对缴纳增值税、消费税的单位和个人征收的一种附加税，征税范围广，按纳税人所在区域设置不同的比例税率。城市维护建设税具有专款专用的特点，其税款用来保证城市的公共事业和公共设施的维护和建设。

1979 年以前，我国用于城市维护建设的资金由当时的工商税附加、城市公用事业附加和国拨城市维护费组成。随后，国家在部分大中城市试行提取工商利润中的5%用于城市维护和建设。1985 年 2 月，国务院正式颁布《中华人民共和国城市维护建设税暂行条例》，以纳税人实际缴纳的产品税、增值税、营业税税额为计税依据。之后我国实施税制改革，取消产品税、开征消费税，实施营业税改征增值税，城市维护建设税的计税依据也随之调整。2020 年 8 月，《中华人民共和国城市维护建设税法》正式发布，并于 2021 年 9 月 1 日开始施行。

一、遵从要点

（一）纳税主体

在中华人民共和国境内缴纳增值税、消费税的单位和个人，为城市维护建设税的纳税人。

城市维护建设税的扣缴义务人为负有增值税、消费税扣缴义务的单位和个人，在扣缴增值税、消费税的同时扣缴城市维护建设税。

（二）课税对象

城市维护建设税是随增值税、消费税同时征收的一种附加税，没有独立的课税对象。

对进口货物或者境外单位和个人向境内销售劳务、服务、无形资产缴纳的增值税和消费税税额，不征收城市维护建设税。

（三）税率

城市维护建设税采用差别比例税率，纳税人所在地不同，适用税率也不同，具体如下：

（1）纳税人所在地在市区的，税率为7%；

（2）纳税人所在地在县城、镇的，税率为5%；

（3）纳税人所在地不在市区、县城或镇的，税率为1%。

纳税人所在地，是指纳税人住所地或者与纳税人生产经营活动相关的其他地点，具体地点由省、自治区、直辖市确定。

（四）税款计算

1. 计税依据

城市维护建设税，以纳税人实际缴纳的增值税、消费税税额为计税依据。

城市维护建设税的计税依据应当按照规定扣除期末留抵退税退还的增值税税额（以下简称留抵退税额）。留抵退税额仅允许在按照增值税一般计税方法确定的城市维护建设税计税依据中扣除。当期未扣除完的余额，在以后纳税申报期按规定继续扣除。

依法实际缴纳的增值税税额，是指纳税人依照增值税相关法律法规和税收政策规定计算应当缴纳的增值税税额，加上增值税免抵税额，扣除直接减免的增值税税额和留抵退税额后的金额。

依法实际缴纳的消费税税额，是指纳税人依照消费税相关法律法规和税收政策规定计算应当缴纳的消费税税额，扣除直接减免的消费税税额后的金额。

应当缴纳的增值税、消费税税额，不含因进口货物或境外单位和个人向境内销售劳务、服务、无形资产缴纳的增值税、消费税税额。

2. 应纳税额计算

城市维护建设税的应纳税额按照计税依据乘以具体适用税率计算。

$$\text{应纳税额} = \left(\text{实际缴纳的增值税税额} + \text{实际缴纳的消费税税额}\right) \times \text{适用税率}$$

（五）税收优惠

根据国民经济和社会发展的需要，国务院对重大公共基础设施建设、特殊产业和群体以及重大突发事件应对等情形可以规定减征或者免征城市维护建设税，报全国人民代表大会常务委员会备案。现行主要税收优惠如下：

1. 小微企业普惠性优惠政策

自2022年1月1日至2024年12月31日，由省、自治区、直辖市人民政府根据本地区实际情况，以及宏观调控需要确定，对增值税小规模纳税人、小型微利企业和个体工商户可以在50%的税额幅度内减征资源税、城市维护建设税、房产税、城镇土地使用税、印花税（不含证券交易印花税）、耕地占用税和教育费附加、地方教育附加。

增值税小规模纳税人、小型微利企业和个体工商户已依法享受资源税、城市维护建设税、房产税、城镇土地使用税、印花税、耕地占用税、教育费附加、地方教育附加其他优惠政策的，可叠加享受上述规定的优惠政策。

2. 对国家重大水利工程建设基金免征城市维护建设税。

（六）纳税地点

比照增值税、消费税的纳税地点规定。

（七）申报纳税

城市维护建设税的纳税义务发生时间、纳税期限比照增值税、消费税的相应规定，城市维护建设税分别与增值税、消费税同时缴纳。

对增值税免抵税额征收的城市维护建设税，纳税人应当在税务机关核准免抵税额的下一个纳税申报期内向主管税务机关申报缴纳。

二、难点解析

（一）增值税期末留抵退税可从城市维护建设税及附加的计税（征）依据中扣除

对实行增值税期末留抵退税的纳税人，应将退还的增值税税额从城市维护建设税及附加的计税（征）依据中扣除。理解该政策的关键点是城市维护建设税及附加是从属于正税（即增值税）附加征收的，纳税人不负担的增值税也相应不应负担城市维护建设税及附加。

留抵退税额仅允许在按照增值税一般计税方法确定的城市维护建设税计税依据中扣除。当期未扣除完的余额，在以后纳税申报期按规定继续扣除。纳税人应当自收到留抵退税额之日起，在下一个纳税申报期从城市维护建设税计税依据中扣除。

（二）异地预缴增值税需一并缴纳城市维护建设税和教育费附加

纳税人跨地区销售和出租不动产的，应在不动产所在地预缴增值税时，以预缴增值税税额为计税依据，并按预缴增值税所在地的城市维护建设税适用税率和教育费附加征收率就地计算缴纳城市维护建设税和教育费附加。

预缴增值税的纳税人在其机构所在地申报缴纳增值税时，以其实际缴纳的增值税税额为计税依据，并按机构所在地的城市维护建设税适用税率和教育费附加征收率就地计算缴纳城市维护建设税和教育费附加。

城市维护建设税和教育费附加原则上由各地税务机关负责征收，应当关注预缴地的征管政策，确保及时随预缴增值税一并缴纳相关的城市维护建设税和教育费附加。

三、风险示例

【示例情况】

2017 年 6 月，税务人员在核查 H 公司财务报告时发现，该公司 2015 年收到出口退税 8 976 万元，年末应缴增值税 2 178 403 元、应缴营业税 21 193 元、应缴城市维护建设税 149 249 元、应缴教育费附加和地方教育附加 106 606 元；2016 年收到出口退税 8 034 万元，年末应缴增值税 2 314 919 元、应缴城市维护建设税 161 459 元、应缴教育费附加和地方教育附加 115 328 元。

据此计算，2015 年末和 2016 年末城市维护建设税与流转税之比分别为 6.79% 和 6.97%；教育费附加、地方教育附加与流转税之比分别为 4.85% 和 4.98%。财报显示，该公司适用的城市维护建设税税率为 7%，教育费附加征收率为 3%，地方教育附加征收率为 2%。财报中的附加税费与流转税税额的比例与法定税费比率如此接近，税务人员对此产生了疑问，通过到 H 公司了解经营情况和附加税费的计算方法，发现该公司多年来按当期实缴的流转税税额计算缴纳附加税费，未将核准的免抵增值税税额纳入其计税依据。[①]

【法理分析】

城市维护建设税以纳税人依法实际缴纳的增值税、消费税税额为计税依据。一些企业在出口环节，可以享受出口退税，因此出现免抵税额。免抵税额是内销的应纳税额因为出口退税，而没有向税务机关缴纳的税款，但是同时企业也少取得了出口退税的税款，也就是说，税务机关用出口应退给纳税人的税款抵免了内销的一部分应纳税额，其实相当于纳税人实际已经缴纳了，所以不能免除对应的城市维护建设税纳税义务，因此免抵税额应该计入城市维护建设税的计税依据当中。

《财政部　国家税务总局关于生产企业出口货物实行免抵退税办法后有关城市维护建设税、教育费附加政策的通知》（财税〔2005〕25 号）及《财政部　税务总局关于城市维护建设税计税依据确定办法等事项的公告》（财政部　税务总局公告 2021 年第 28 号）两份文件中对此均有规定。具体来说，城市维护建设税、教育费附加的计税依据等于企业实际应当缴纳的增值税、消费税税额之和，加上增值税免抵税额，扣除直接减免的增值税、消费税税额和期末留抵退税退还的增值税税额后的金额。

H 企业对出口退（免）税政策把握不够准确，想当然地认为，主税种退（免）

---

① 整理自《中国税务报》。

税就不用缴纳附加税费，从而产生少缴附加税费的风险。

【处理意见】

H 公司需要在申报增值税及附加税费的过程中，准确把握征免政策。在填报申报表及附列资料时，填列核准的增值税免抵税额，并将其计入城市维护建设税、教育费附加和地方教育附加的计税（征）依据。对于已过申报期的附加税费，应更正申报并补缴。此外，税务机关将向其追缴滞纳金，并可能处以罚款，具体按照《税收征收管理法》第六十三条、第六十四条等有关规定处理。

第六节　烟叶税法遵从

烟叶税是向收购烟叶产品的单位征收的税种。烟叶税是按照国家农村税费改革和税制建设的总体要求征收的，取代了原烟叶特产农业税，有利于完善烟草税制体系、稳定地方财政收入、引导烟叶种植和烟草行业健康发展。2017 年 12 月，《中华人民共和国烟叶税法》正式公布，自 2018 年 7 月 1 日起施行。

（一）纳税主体

在中华人民共和国境内，依照《中华人民共和国烟草专卖法》的规定收购烟叶的单位为烟叶税的纳税人。

（二）课税对象

烟叶税的征税范围为烤烟叶、晾晒烟叶。

（三）税率

烟叶税税率为 20%。

（四）税款计算

烟叶税的计税依据为纳税人收购烟叶实际支付的价款总额，包括纳税人支付给烟叶生产销售单位和个人的烟叶收购价款和价外补贴。其中，价外补贴统一按烟叶收购价款的 10% 计算。

$$\frac{\text{应纳烟叶}}{\text{税税额}} = \frac{\text{收购烟叶实际}}{\text{支付价款总额}} \times 20\% = \text{收购价款} \times (1+10\%) \times 20\%$$

（五）申报纳税

纳税人应当向烟叶收购地的主管税务机关申报缴纳烟叶税，纳税义务发生时间为纳税人收购烟叶的当日。

烟叶税按月计征，纳税人应当于纳税义务发生月终了之日起 15 日内申报并缴纳税款。

第五章　所得税法遵从

所得税是对纳税人净收入课征的一类税收，能够体现量能负担的原则。所得税属于直接税，税基宽广，财政收入能力强，并且具有调节收入分配和“自动稳定器”的功能。我国的所得税包括企业所得税和个人所得税，本章将我国企业所得税和个人所得税相关法律法规统称为所得税法。

第一节　企业所得税法遵从

企业所得税是对我国境内的企业和其他取得收入的组织取得的各类所得征收的一种税。企业所得税以所得作为计税依据，收入、扣除和优惠的确认与计算规则较为复杂。企业所得税的纳税人和实际负担人通常是一致的。

我国企业所得税的制度演变可分为三个阶段。第一阶段是中华人民共和国成立后至 20 世纪 80 年代，在此期间我国对企业的所得征收工商业税，但仅对私营企业、集体企业和个体工商户的应税所得征收，对国营企业实行向国家上缴利润制度而不征收所得税。改革开放以后，出于开展对外经济技术合作的需要，我国分别颁布了适用于中外合资企业和外国企业的企业所得税法。第二阶段为 1983 年初至 2007 年底，1983 年我国开始对国营企业推行“利改税”，并于 1988 年基本形成按所有制成分设立企业所得税的制度。1991—2007 年，为适应社会主义市场经济体制改革的新形势，国家先后完成了外资企业所得税的统一和内资企业所得税的统一。第三阶段为 2008 年至今，我国于 2007 年统一内外资企业所得税，正式颁布《中华人民共和国企业所得税法》及《中华人民共和国企业所得税法实施条例》，该法自 2008 年 1 月 1 日起施行，是我国现行企业所得税制度的基本法律依据。企业所得税制不断完善，在创造公平竞争税收环境、服务我国经济社会发展方面持续发挥着重要作用。

一、遵从要点

（一）纳税主体

在中华人民共和国境内，企业和其他取得收入的组织（以下统称企业）为企业所得税的纳税人。个人独资企业、合伙企业不适用《企业所得税法》。

居民企业，是指依法在中国境内成立，或者依照外国（地区）法律成立但实际管理机构在中国境内的企业。

非居民企业，是指依照外国（地区）法律成立且实际管理机构不在中国境内，但在中国境内设立机构、场所的，或者在中国境内未设立机构、场所，但有来源于中国境内所得的企业。

（二）课税对象

居民企业应当就其来源于中国境内外的所得缴纳企业所得税。包括销售货物所得、提供劳务所得、股息红利等权益性投资所得、利息所得、租金所得、特许权使用费所得、接收捐赠所得和其他所得。

非居民企业区分不同的情况纳税：

（1）在中国境内设立机构、场所的，应当就其所设机构、场所取得的来源于中国境内的所得，以及发生在中国境外但与其所设机构、场所有实际联系的所得，缴纳企业所得税。

（2）非居民企业在中国境内未设立机构、场所的，或者虽设立机构、场所但取得的所得与其所设机构、场所没有实际联系的，应当就其来源于中国境内的所得缴纳企业所得税。

（三）税率

居民企业的所得和非居民企业在中国境内设有机构、场所，取得的与其所设机构、场所有实际联系的所得，适用25%的基本税率。

非居民企业在中国境内未设立机构、场所，或虽设立机构、场所，但取得的所得与其所设机构、场所没有实际联系的，其来源于中国境内的所得适用税率为20%，《企业所得税法》第二十七条、《企业所得税法实施条例》第九十一条规定减按10%征收。

（四）税款计算

1. 应纳税所得额

企业每一纳税年度的收入总额，减除不征税收入、免税收入、各项扣除以及允许弥补的以前年度亏损后的余额，为应纳税所得额。

企业应纳税所得额的计算，以权责发生制为原则，属于当期的收入和费用，不论款项是否收付，均作为当期的收入和费用；不属于当期的收入和费用，即使款项已经在当期收付，均不作为当期的收入和费用。《企业所得税法实施条例》和国务院财政、税务主管部门另有规定的除外。

2. 收入项目

企业以货币形式和非货币形式从各种来源取得的收入，为收入总额。包括销售货物收入，提供劳务收入，转让财产收入，股息、红利等权益性投资收益，利息收入，租金收入，特许权使用费收入，接受捐赠收入，其他收入。

不征税收入包括财政拨款，依法收取并纳入财政管理的行政事业性收费、政府性基金以及国务院规定的其他不征税收入。

企业将资产移送他人的下列情形，因资产所有权属已发生改变而不属于内部处置资产，应按规定视同销售确定收入。具体包括用于市场推广或销售、用于交际应酬、用于职工奖励或福利、用于股息分配、用于对外捐赠、其他改变资产所有权属的用途。

3. 扣除项目

企业实际发生的与取得收入有关的、合理的支出，包括成本、费用、税金、损失和其他支出，准予在计算应纳税所得额时扣除。

企业发生的支出应当区分收益性支出和资本性支出。收益性支出在发生当期直接扣除；资本性支出应当分期扣除或者计入有关资产成本，不得在发生当期直接扣除。

常见扣除项目及标准：

（1）合理的工资、薪金支出可据实扣除。

（2）职工福利费支出，不超过工资、薪金总额14%的部分，准予扣除。

（3）工会经费支出，不超过工资、薪金总额2%的部分，准予扣除。

（4）职工教育经费支出，不超过工资、薪金总额8%的部分准予扣除，超过部分予以结转；集成电路设计企业和符合条件软件企业单独核算的职工培训费用按实际发生额在计算应纳税所得额时扣除。

（5）按规定的范围和标准缴纳的基本养老保险费、基本医疗保险费、失业保险费、工伤保险费、生育保险费等基本社会保险费及住房公积金准予扣除。

（6）补充养老保险和补充医疗保险分别在不超过职工工资总额5%标准内的部分准予扣除。

（7）其他保险费：

①按照规定缴纳的财产保险费、雇主责任险、公众责任险，准予扣除；

②按规定为特殊工种职工支付的人身安全保险费、企业职工因公出差乘坐交通工具发生的人身意外保险费支出，准予扣除；

③为投资者和职工支付的商业保险费不得扣除。

（8）合理的不需要资本化的借款费用，准予扣除。

（9）业务招待费支出，按照发生额的60%扣除，但最高不得超过当年销售（营业）收入的5‰。

（10）广告费和业务宣传费不超过当年销售（营业）收入15%的部分，准予扣除，超过部分予以结转；化妆品制造或销售、医药制造和饮料制造（不含酒类制造）企业发生的广告费和业务宣传费支出，不超过当年销售（营业）收入30%的部分，准予扣除，超过部分，准予在以后纳税年度结转扣除；烟草企业的烟草广告费和业务宣传费支出，一律不得在计算应纳税所得额时扣除。

（11）企业发生的公益性捐赠支出，在年度利润总额12%以内的部分准予扣除，超过部分准予结转以后3年内扣除。符合规定的用于目标脱贫地区的扶贫捐赠支出准予据实扣除。

（12）利息支出。

①一般规定。

企业在生产经营活动中发生的合理的不需要资本化的借款费用，准予扣除。

企业为购置、建造固定资产、无形资产和经过12个月以上的建造才能达到预定可销售状态的存货发生借款的，在有关资产购置、建造期间发生的合理的借款费用，应当作为资本性支出计入有关资产的成本，并依照《企业所得税法实施条例》的规定扣除。

企业通过发行债券、取得贷款、吸收保户储金等方式融资而发生的合理的费用支出，符合资本化条件的，应计入相关资产成本；不符合资本化条件的，应作为财务费用，在企业所得税税前据实扣除。

非金融企业向金融企业借款的利息支出、金融企业的各项存款利息支出和同业拆借利息支出、企业经批准发行债券的利息支出；非金融企业向非金融企业借款的利息支出，不超过按照金融企业同期同类贷款利率计算的数额的部分，准予扣除。

②关联方借款利息支出除满足第①项中的利率要求外，还须满足以下条件方准予扣除。

债资比例：企业实际支付给关联方的利息支出，除符合特殊规定外，其接受关联方债权性投资与其权益性投资比例为金融企业为5∶1；其他企业为2∶1。

特殊情况：企业如果能够按照《企业所得税法》及其实施条例的有关规定提供相关资料，并证明相关交易活动符合独立交易原则的；或者该企业的实际税负不高于境内关联方的，其实际支付给境内关联方的利息支出，在计算应纳税所得额时准予扣除。

③向自然人借款利息支出。

企业向股东或其他与企业有关联关系的自然人借款的利息支出，应根据关联方借款利息支出的规定，计算企业所得税扣除额。

企业向除上述股东（或关联方）以外的内部职工或其他人员借款的利息支出，当企业与个人之间的借贷是真实、合法、有效的，不具有非法集资目的或其他违反法律、法规的行为，并且企业与个人之间签订了借款合同时，其借款利息支出不超过按照金融企业同期同类贷款利率计算的数额的部分，准予扣除。

（13）汇兑损失。

企业在货币交易中，以及纳税年度终了时将人民币以外的货币性资产、负债按照期末即期人民币汇率中间价折算为人民币时产生的汇兑损失，除已经计入有关资产成本以及与向所有者进行利润分配相关的部分外，准予扣除。

（14）佣金手续费支出。

①保险企业。

自2019年1月1日起，保险企业发生与其经营活动有关的手续费及佣金支出，不超过当年全部保费收入扣除退保金等后余额的18%（含本数）的部分，在计算应纳税所得额时准予扣除；超过部分，允许结转以后年度扣除。

②其他企业。

按与具有合法经营资格中介服务机构或个人（不含交易双方及其雇员、代理人和代表人等）所签订服务协议或合同确认的收入金额的5%计算限额。

（15）固定资产租赁费。

企业根据生产经营活动的需要租入固定资产所支付的租赁费，按照以下方法扣除：

以经营租赁方式租入固定资产所发生的租赁费支出，按照租赁期限均匀扣除；

以融资租赁方式租入固定资产所发生的租赁费支出，按照规定构成融资租入固定资产价值的部分应当提取折旧费用，分期扣除。

（16）党组织工作经费。

不超过职工年度工资薪金总额1%的部分，可以据实在企业所得税税前扣除。

（17）不得扣除的项目：

①向投资者支付的股息、红利等权益性投资收益款项；

②企业所得税税款；

③税收滞纳金；

④罚金、罚款和被没收财物的损失；

⑤《企业所得税法》第九条规定以外的捐赠支出；

⑥赞助支出；

⑦未经核定的准备金支出；

⑧与取得收入无关的其他支出。

4. 资产的税务处理

（1）固定资产

①计税基础

外购的固定资产，以购买价款和支付的相关税费以及直接归属于使该资产达到预定用途发生的其他支出为计税基础；

自行建造的固定资产，以竣工结算前发生的支出为计税基础；

融资租入的固定资产，以租赁合同约定的付款总额和承租人在签订租赁合同过程中发生的相关费用为计税基础，租赁合同未约定付款总额的，以该资产的公允价值和承租人在签订租赁合同过程中发生的相关费用为计税基础；

盘盈的固定资产，以同类固定资产的重置完全价值为计税基础；

通过捐赠、投资、非货币性资产交换、债务重组等方式取得的固定资产，以该资产的公允价值和支付的相关税费为计税基础；

改建的固定资产，除已足额提取折旧的固定资产和租入固定资产外，以改建过程中发生的改建支出增加计税基础。

②折旧方法

固定资产按照直线法计算的折旧，准予扣除。

企业应当自固定资产投入使用月份的次月起计算折旧；停止使用的固定资产，应当自停止使用月份的次月起停止计算折旧。企业应当根据固定资产的性质和使用情况，合理确定固定资产的预计净残值。固定资产的预计净残值一经确定，不得变更。

③折旧年限

除国务院财政、税务主管部门另有规定外，固定资产计算折旧的最低年限如下：

房屋、建筑物，为20年；

飞机、火车、轮船、机器、机械和其他生产设备，为10年；

与生产经营活动有关的器具、工具、家具等，为5年；

飞机、火车、轮船以外的运输工具，为4年；

电子设备，为3年。

（2）无形资产

①计税基础

外购的无形资产，以购买价款和支付的相关税费以及直接归属于使该资产达到预定用途发生的其他支出为计税基础；

自行开发的无形资产，以开发过程中该资产符合资本化条件后至达到预定用途前发生的支出为计税基础；

通过捐赠、投资、非货币性资产交换、债务重组等方式取得的无形资产，以该资产的公允价值和支付的相关税费为计税基础。

②无形资产摊销

无形资产按照直线法计算的摊销费用，准予扣除。

无形资产的摊销年限不得低于10年。作为投资或者受让的无形资产，有关法律规定或者合同约定了使用年限的，可以按照规定或者约定的使用年限分期摊销。

外购商誉的支出，在企业整体转让或者清算时，准予扣除。

（3）生产性生物资产

生产性生物资产，是指企业为生产农产品、提供劳务或者出租等而持有的生物资产，包括经济林、薪炭林、产畜和役畜等。

①计税基础

外购的生产性生物资产，以购买价款和支付的相关税费为计税基础；

通过捐赠、投资、非货币性资产交换、债务重组等方式取得的生产性生物资产，以该资产的公允价值和支付的相关税费为计税基础。

②折旧方法

生产性生物资产按照直线法计算的折旧，准予扣除。

企业应当自生产性生物资产投入使用月份的次月起计算折旧；停止使用的生产性生物资产，应当自停止使用月份的次月起停止计算折旧。

企业应当根据生产性生物资产的性质和使用情况，合理确定生产性生物资产的预计净残值。生产性生物资产的预计净残值一经确定，不得变更。

③折旧年限

生产性生物资产计算折旧的最低年限如下：

林木类生产性生物资产，为10年；

畜类生产性生物资产，为3年。

（4）长期待摊费用

在计算应纳税所得额时，企业发生的下列支出作为长期待摊费用，按照规定摊销的，准予扣除：

已足额提取折旧的固定资产的改建支出；

租入固定资产的改建支出；

固定资产的大修理支出；

其他应当作为长期待摊费用的支出。

（5）存货

存货按照以下方法确定成本：

通过支付现金方式取得的存货，以购买价款和支付的相关税费为成本；

通过支付现金以外的方式取得的存货，以该存货的公允价值和支付的相关税费为成本；

生产性生物资产收获的农产品，以产出或者采收过程中发生的材料费、人工费和分摊的间接费用等必要支出为成本。

（6）投资资产

企业在转让或者处置投资资产时，投资资产的成本，准予扣除。投资资产按照以下方法确定成本：

通过支付现金方式取得的投资资产，以购买价款为成本；

通过支付现金以外的方式取得的投资资产，以该资产的公允价值和支付的相关税费为成本。

（7）资产损失

准予在企业所得税税前扣除的资产损失，是指企业在实际处置、转让上述资产过程中发生的合理损失，以及企业虽未实际处置、转让上述资产，但符合《财政部　国家税务总局关于企业资产损失税前扣除政策的通知》（财税〔2009〕57号）和《企业资产损失所得税税前扣除管理办法》（国家税务总局公告2011年第25号）规定条件计算确认的损失。

①损失金额

企业发生的损失，减除责任人赔偿和保险赔款后的余额，按照国务院财政、税务主管部门的规定扣除。

②损失证据

根据申报的损失类型不同，需要留存不同的证据资料备查，通常包括以下两类：

一是具有法律效力的外部证据，指司法机关、行政机关、专业技术鉴定部门等依法出具的与本企业资产损失相关的具有法律效力的书面文件。主要包括司法机关的判决或者裁定，公安机关的立案结案证明、回复，工商（现为市场监管）部门出具的注销、吊销及停业证明，企业的破产清算公告或清偿文件，行政机关的公文，专业技术部门的鉴定报告，具有法定资质的中介机构的经济鉴定证明，仲裁机构的仲裁文书，保险公司对投保资产出具的出险调查单、理赔计算单等保险单据，符合法律规定的其他证据。

二是特定事项的企业内部证据，指会计核算制度健全、内部控制制度完善的企业，对各项资产发生毁损、报废、盘亏、死亡、变质等内部证明或承担责任的声明。主要包括有关会计核算资料和原始凭证，资产盘点表，相关经济行为的业务合同，企业内部技术鉴定部门的鉴定文件或资料，企业内部核批文件及有关情况说明，对责任人由于经营管理责任造成损失的责任认定及赔偿情况说明，法定代表人、企业负责人和企业财务负责人对特定事项真实性承担法律责任的声明。

③损失申报扣除的管理

企业向税务机关申报扣除资产损失，仅须填报企业所得税年度纳税申报表《资产损失税前扣除及纳税调整明细表》，相关资料由企业留存备查。

企业应当完整保存资产损失相关资料，保证资料的真实性、合法性。

（8）企业重组

企业重组，是指企业在日常经营活动以外发生的法律结构或经济结构重大改变的交易，包括企业法律形式改变、债务重组、股权收购、资产收购、合并、分立等。企业重组的税务处理区分不同条件分别适用一般性税务处理规定和特殊性税务处理规定。

一般性税务处理即企业在重组过程中，应当在交易发生时确认有关资产的转让所得或者损失，相关资产应当按照交易价格重新确定计税基础。

企业重组同时符合下列条件的，适用特殊性税务处理规定：

①具有合理的商业目的，且不以减少、免除或者推迟缴纳税款为主要目的；

②被收购、合并或分立部分的资产或股权比例符合规定的比例；

③企业重组后的连续 12 个月内不改变重组资产原来的实质性经营活动；

④重组交易对价中涉及股权支付金额符合规定比例；

⑤企业重组中取得股权支付的原主要股东，在重组后连续 12 个月内，不得转让所取得的股权。

企业重组符合上述条件的，交易各方对其交易中的股权支付部分，可以按以下规定进行特殊性税务处理：

①企业债务重组确认的应纳税所得额占该企业当年应纳税所得额 50% 以上，可以在 5 个纳税年度的期间内，均匀计入各年度的应纳税所得额。企业发生债权转股权业务，对债务清偿和股权投资两项业务暂不确认有关债务清偿所得或损失，股权投资的计税基础以原债权的计税基础确定。企业的其他相关所得税事项保持不变。

②股权收购，收购企业购买的股权不低于被收购企业全部股权的 50%，且收购企业在该股权收购发生时的股权支付金额不低于其交易支付总额的 85%，可以选择按以下规定处理：被收购企业的股东取得收购企业股权的计税基础，以被收购股权的原有计税基础确定；收购企业取得被收购企业股权的计税基础，以被收购股权的原有计税基础确定；收购企业、被收购企业的原有各项资产和负债的计税基础和其他相关所得税事项保持不变。

③资产收购，受让企业收购的资产不低于转让企业全部资产的 50%，且受让企业在该资产收购发生时的股权支付金额不低于其交易支付总额的 85%，可以选择按以下规定处理：转让企业取得受让企业股权的计税基础，以被转让资产的原有计税基础确定；受让企业取得转让企业资产的计税基础，以被转让资产的原有计税基础确定。

④企业合并，企业股东在该企业合并发生时取得的股权支付金额不低于其交易支付总额的 85%，以及同一控制下且不需要支付对价的企业合并，可以选择按以下规定处理：合并企业接受被合并企业资产和负债的计税基础，以被合并企业的原有计税基础确定；被合并企业合并前的相关所得税事项由合并企业承继；可由合并企业弥补的被合并企业亏损的限额等于被合并企业净资产公允价值乘以截至合并业务发生当年年末国家发行的最长期限的国债利率；被合并企业股东取得合并企业股权的计税基础，以其原持有的被合并企业股权的计税基础确定。

⑤企业分立，被分立企业所有股东按原持股比例取得分立企业的股权，分立企业和被分立企业均不改变原来的实质经营活动，且被分立企业股东在该企业分

立发生时取得的股权支付金额不低于其交易支付总额的85%，可以选择按以下规定处理：分立企业接受被分立企业资产和负债的计税基础，以被分立企业的原有计税基础确定；被分立企业已分立出去资产相应的所得税事项由分立企业承继；被分立企业未超过法定弥补期限的亏损额可按分立资产占全部资产的比例进行分配，由分立企业继续弥补；被分立企业的股东取得分立企业的股权（以下简称“新股”），如需部分或全部放弃原持有的被分立企业的股权（以下简称“旧股”），“新股”的计税基础应以放弃“旧股”的计税基础确定。如不需放弃“旧股”，则其取得“新股”的计税基础可从以下两种方法中选择确定：直接将“新股”的计税基础确定为零；或者以被分立企业分立出去的净资产占被分立企业全部净资产的比例先调减原持有的“旧股”的计税基础，再将调减的计税基础平均分配到“新股”上。

重组交易各方按上述①至⑤项规定对交易中股权支付暂不确认有关资产的转让所得或损失的，其非股权支付仍应在交易当期确认相应的资产转让所得或损失，并调整相应资产的计税基础。

$$\text{非股权支付对应的资产转让所得或损失}=\left(\text{被转让资产的公允价值}-\text{被转让资产的计税基础}\right)\times\left(\text{非股权支付金额}\div\text{被转让资产的公允价值}\right)$$

5. 应纳税额

$$\text{应纳税额}=\text{应纳税所得额}\times\text{适用税率}-\text{减免税额}-\text{抵免税额}$$

减免税额和抵免税额，是指依照《企业所得税法》和国务院的税收优惠规定减征、免征和抵免的应纳税额。

6. 企业境外所得税收抵免

企业取得的下列所得已在境外缴纳的所得税税额，可以从其当期应纳税额中抵免，抵免限额为该项所得依照我国《企业所得税法》规定计算的应纳税额；超过抵免限额的部分，可以在以后5个年度内，用每年度抵免限额抵免当年应抵税额后的余额进行抵补：

（1）居民企业来源于中国境外的应税所得；

（2）非居民企业在中国境内设立机构、场所，取得发生在中国境外但与该机构、场所有实际联系的应税所得。

居民企业从其直接或者间接控制的外国企业分得的来源于中国境外的股息、红利等权益性投资收益，外国企业在境外实际缴纳的所得税税额中属于该项所得负担的部分，可以作为该居民企业的可抵免境外所得税税额，在抵免限额内抵免。

自2017年1月1日起，企业可以选择按国别（地区）分别计算［即“分国

（地区）不分项"]，或者不按国别（地区）汇总计算［即"不分国（地区）不分项"］其来源于境外的应纳税所得额，并按照我国《企业所得税法》规定的25%的税率，计算其抵免限额。上述方式一经选择，5年内不得改变。

7. 居民企业核定征收

纳税人具有下列情形之一的，税务机关将根据纳税人具体情况，核定应税所得率或者核定应纳所得税额。

（1）依照法律、行政法规的规定可以不设置账簿或应当设置但未设置账簿的；

（2）擅自销毁账簿或者拒不提供纳税资料的；

（3）虽设置账簿，但账目混乱或者成本资料、收入凭证、费用凭证残缺不全，难以查账的；

（4）发生纳税义务，未按照规定的期限办理纳税申报，经税务机关责令限期申报，逾期仍不申报的；

（5）申报的计税依据明显偏低，又无正当理由的。

（五）税收优惠

国家对重点扶持和鼓励发展的产业和项目，给予企业所得税优惠。

1. 法定免税收入

（1）国债利息收入；

（2）符合条件的居民企业之间的股息、红利等权益性投资收益；

（3）在中国境内设立机构、场所的非居民企业从居民企业取得与该机构、场所有实际联系的股息、红利等权益性投资收益；

（4）符合条件的非营利组织的收入。

2. 特定鼓励类项目优惠

（1）企业下列所得可免征、减征企业所得税：从事农、林、牧、渔业项目的所得，从事国家重点扶持的公共基础设施项目投资经营的所得，从事符合条件的环境保护、节能节水项目的所得，符合条件的技术转让所得。

（2）企业综合利用资源，生产符合国家产业政策规定的产品所取得的收入，可以在计算应纳税所得额时减计收入。

（3）企业购置用于环境保护、节能节水、安全生产等专用设备的投资额，可以按一定比例实行税额抵免。

3. 特殊类型、特定行业企业的税收优惠

例如：国家需要重点扶持的高新技术企业、经认定的技术先进型服务企业减按15%的税率征收企业所得税；符合条件的小型微利企业，对年应纳税所得额不超过 100 万元的部分、年应纳税所得额超过 100 万元但不超过 300 万元的部分按规定减计应纳税所得额，按 20% 的税率缴纳企业所得税。

4. 加计扣除类优惠

（1）开发新技术、新产品、新工艺发生的研究开发费用的加计扣除；

（2）安置残疾人员及国家鼓励安置的其他就业人员所支付工资的加计扣除。

5. 加速折旧类优惠

由于技术进步，产品更新换代较快的固定资产，以及常年处于强震动、高腐蚀状态的固定资产可以缩短折旧年限或者采取加速折旧方法。采取缩短折旧年限方法的，最低折旧年限不得低于《企业所得税法实施条例》第六十条规定折旧年限的 60%；采取加速折旧方法的，可以采取双倍余额递减法或者年数总和法。

此外，近年来为引导企业加大设备、器具投资力度，对企业持有或购进的符合条件的固定资产，允许一次性计入当期成本费用，在计算企业所得税应纳税所得额时扣除，不再分年度计算折旧。

6. 特定区域税收优惠

例如，西部大开发税收优惠，海南自由贸易港税收优惠，广东横琴、福建平潭、深圳前海税收优惠。

（六）特别纳税调整

转让定价税制，指企业与其关联方之间的业务往来，不符合独立交易原则而减少企业或者其关联方应纳税收入或者所得额的，税务机关有权按照合理方法调整。

1. 关联方

关联方，是指与企业有下列关联关系之一的企业、其他组织或者个人：

（1）在资金、经营、购销等方面存在直接或者间接的控制关系；

（2）直接或者间接地同为第三者控制；

（3）在利益上具有相关联的其他关系。

2. 独立交易原则和转让定价方法

独立交易原则，是指没有关联关系的交易各方，按照公平成交价格和营业常规进行业务往来所遵循的原则。

税务机关对不符合独立交易原则的关联交易进行调整。合理方法包括可比非受控价格法、再销售价格法、成本加成法、交易净利润法、利润分割法、其他符合独立交易原则的方法。

3. 成本分摊

企业与其关联方共同开发、受让无形资产，或者共同提供、接受劳务发生的成本，在计算应纳税所得额时应当按照独立交易原则进行分摊。企业与其关联方分摊成本时，应当按照成本与预期收益相配比的原则进行分摊。

4. 预约定价安排

企业可以向税务机关提出与其关联方之间业务往来的定价原则和计算方法，税务机关与企业协商、确认后，达成预约定价安排。预约定价安排，是指企业就其未来年度关联交易的定价原则和计算方法，向税务机关提出申请，与税务机关按照独立交易原则协商、确认后达成的协议。

5. 关联申报

报送年度企业所得税纳税申报表时，企业应当就其与关联方之间的业务往来，附送年度关联业务往来报告表。在税务机关进行关联业务调查时，企业及其关联方，以及与关联业务调查有关的其他企业，应当按照规定提供相关资料。

6. 受控外国企业

受控外国企业指由居民企业或者由居民企业和中国居民控制的设立在实际税负明显低于法定税率水平（即实际税负低于12.5%）的国家（地区），并非由于合理的经营需要而对利润不作分配或者减少分配的外国企业。上述利润中应归属于该居民企业的部分，应当计入该居民企业的当期收入。

7. 资本弱化

企业从其关联方接受的债权性投资与权益性投资的比例超过规定标准而发生的利息支出，不得在计算应纳税所得额时扣除。

（1）在计算应纳税所得额时，企业实际支付给关联方的利息支出，不超过以下规定比例和有关规定计算的部分，准予扣除，超过的部分不得在发生当期和以后年度扣除。

企业实际支付给关联方的利息支出，除符合下述（2）规定外，其接受关联方债权性投资与其权益性投资比例为：金融企业为5∶1，其他企业为2∶1。

（2）企业如果能够按照《企业所得税法》及其实施条例的有关规定提供相关资料，并证明相关交易活动符合独立交易原则的；或者该企业的实际税负不高于境内关联方的，其实际支付给境内关联方的利息支出，在计算应纳税所得额时准予扣除。

（七）纳税地点

除税收法律、行政法规另有规定外，居民企业以企业登记注册地为纳税地点；但登记注册地在境外的，以实际管理机构所在地为纳税地点。

居民企业在中国境内设立不具有法人资格的营业机构的，应当汇总计算并缴纳企业所得税。

非居民企业在中国境内所设机构、场所取得的来源于中国境内的所得，以及发生在中国境外但与其所设机构、场所有实际联系的所得，以机构、场所所在地为纳税地点。非居民企业在中国境内设立两个或者两个以上机构、场所的，符合国务院税务主管部门规定条件的，可以选择由其主要机构、场所汇总缴纳企业所得税。

非居民企业在中国境内未设立机构、场所的，或者虽设立机构、场所但取得的所得与其所设机构、场所没有实际联系的，以扣缴义务人所在地为纳税地点。

（八）申报纳税

1. 纳税期限

企业所得税按纳税年度计算。纳税年度自公历 1 月 1 日起至 12 月 31 日止。

企业在一个纳税年度中间开业，或者终止经营活动，使该纳税年度的实际经营期不足 12 个月的，应当以其实际经营期为一个纳税年度。

企业依法清算时，应当以清算期间作为一个纳税年度。

2. 纳税申报

企业所得税分月或者分季预缴。

企业应当自月份或者季度终了之日起 15 日内，向税务机关报送预缴企业所得税纳税申报表，预缴税款。

企业应当自年度终了之日起 5 个月内，向税务机关报送年度企业所得税纳税申报表，并汇算清缴，结清应缴应退税款。

企业在报送企业所得税纳税申报表时，应当按照规定附送财务会计报告和其他有关资料。

3. 跨地区经营汇总纳税

（1）一般规定

居民企业在中国境内跨地区设立不具有法人资格的分支机构的，该居民企业为汇总纳税企业，具有主体生产经营职能的二级分支机构及其下属机构均由二级分支机构就地分摊缴纳企业所得税。三级及以下分支机构不就地预缴企业所得税。

汇总纳税企业实行适用“统一计算、分级管理、就地预缴、汇总清算、财政调库”的企业所得税征收管理办法。

统一计算，是指企业总机构统一计算包括企业下属各个不具有法人资格的分支机构在内的全部应纳税所得额、应纳税额。

分级管理，是指总机构、分支机构所在地的主管税务机关都有对当地机构进行企业所得税管理的责任，总机构和分支机构应分别接受机构所在地主管税务机关的管理。

就地预缴，是指总机构、分支机构应按规定，分月或分季分别向所在地主管税务机关申报预缴企业所得税。

汇总清算，是指在年度终了后，总机构统一计算汇总纳税企业的年度应纳税所得额、应纳所得税额，抵减总机构、分支机构当年已就地分期预缴的企业所得税款后，多退少补税款。

财政调库，是指财政部定期将缴入中央国库的汇总纳税企业所得税待分配收入，按照核定的系数调整至地方国库。

（2）操作要点

汇总纳税企业应根据当期实际利润额，计算当期应纳企业所得税额，其中50%由总机构就地预缴，其余50%在各分支机构（含总机构设立的具有主体生产经营职能的部门）中分摊后，由各分支机构就地预缴。企业在规定期限内按实际利润额预缴有困难的，也可以按照上一年度应纳税所得额的1/12或1/4进行分摊预缴，预缴方法一经确定，当年度不得变更。

总分机构分摊税款的计算：

总机构分摊税款 = 汇总纳税企业当期应纳所得税额 ×50%

所有分支机构分摊税款总额 = 汇总纳税企业当期应纳所得税额 ×50%

某分支机构分摊税款 = 所有分支机构分摊税款总额 × 该分支机构分摊比例

总机构应按照上年度分支机构的营业收入、职工薪酬和资产总额三个因素计算各分支机构分摊所得税款的比例；三级及以下分支机构，其营业收入、职工薪酬和资产总额统一计入二级分支机构；三因素的权重依次为0. 35、0. 35、0. 30。

某分支机构分摊比例 =（该分支机构营业收入/各分支机构营业收入之和）×0. 35 +（该分支机构职工薪酬/各分支机构职工薪酬之和）×0. 35 +（该分支机构资产总额/各分支机构资产总额之和）×0. 30

（3）建筑企业预缴所得税的特殊规定

建筑企业所属二级或二级以下分支机构直接管理的项目部（包括与项目部性质相同的工程指挥部、合同段等，下同）不就地预缴企业所得税，其经营收入、职工工资和资产总额应汇总到二级分支机构统一核算、预缴企业所得税。

建筑企业总机构直接管理的跨地区设立的项目部，应按项目实际经营收入的0. 2%按月或按季由总机构向项目所在地预分企业所得税，并由项目部向所在地主管税务机关预缴。

建筑企业总机构应按照有关规定办理企业所得税年度汇算清缴，各分支机构和项目部不进行汇算清缴。总机构年终汇算清缴后应纳所得税额小于已预缴的税款时，由总机构主管税务机关办理退税或抵扣以后年度的应缴企业所得税。

4. 源泉扣缴

（1）扣缴义务人

非居民企业在中国境内未设立机构、场所的，或者虽设立机构、场所但取得的所得与其所设机构、场所没有实际联系的，应当就其来源于中国境内的所得缴纳企业所得税。对非居民企业取得上述规定的所得应缴纳的所得税，实行源泉扣缴，以支付人为扣缴义务人。

（2）应纳税额计算

非居民企业所得税应纳税额 = 应纳税所得额 × 适用税率

非居民企业应当缴纳的企业所得税实行源泉扣缴的，按照下列方法计算其应纳税所得额：

①股息、红利等权益性投资收益和利息、租金、特许权使用费所得，以收入全额为应纳税所得额。收入全额，是指非居民企业向支付人收取的全部价款和价外费用。

②转让财产所得，以收入全额减除财产净值后的余额为应纳税所得额。

③其他所得，参照上述①、②项规定的方法计算应纳税所得额。

④特殊类型所得：担保费，适用“利息所得”的规定，全额计税；土地使用权，以转让收入减除计税基础后的余额，计算纳税；融资租赁，租赁期满后，所有权归中国境内企业的，以租赁费（包括租赁期满后作价转让给中国境内企业的价款）扣除设备价款后的余额，作为“贷款利息”所得计税；出租不动产，未在中国境内设立机构、场所进行日常管理的，以租金收入全额计税，由承租人代扣代缴；委托人员在中国境内或委托中国境内其他单位进行日常管理的，视为在中国境内设立机构、场所，由非居民企业自行申报纳税。

适用税率按以下顺序确定：该非居民企业属于我国与其所在国或地区签署的税收协定规定的“受益所有人”的，适用税收协定相关条款规定的税率；如不属于，适用 20% 的税率，减按 10% 的税率征收企业所得税。

（3）申报期限和地点

税款应由扣缴义务人在每次支付或者到期应支付时，从支付或者到期应支付的款项中扣缴。扣缴义务人应当自扣缴义务发生之日起 7 日内向扣缴义务人所在地主管税务机关申报和解缴代扣税款。

非居民企业取得应源泉扣缴的所得为股息、红利等权益性投资收益的，相关应纳税款扣缴义务发生之日为股息、红利等权益性投资收益实际支付之日。

二、难点解析

（一）收入类难点

1. 包含免费保修服务的销售合同的收入确认

在实务中，企业销售机器设备、车辆、电子产品等往往会附带免费保修服务，例如从事整车零售业务的纳税人，与客户签订的销售合同中包含1年期的售后免费保修服务。根据2017年版的《企业会计准则14号——收入》（以下简称新收入准则）规定，企业按照分摊至各单项履约义务的交易价格确认收入。对于提供的免费保修服务，企业根据经验值计算出不同车型的平均保修率，以此为依据确认免费保修服务金额。对于尚未发生的免费保修服务不确认收入，作为合同负债核算。

此类业务的企业所得税收入确认问题，应参照《国家税务总局关于确认企业所得税收入若干问题的通知》（国税函〔2008〕875号）第一条第（一）项对收入确认条件的规定。考虑到企业销售整车的价格可以准确计量，而以后年度提供保修服务的履约义务本质上属于企业的或有支出，在销售整车时未实际发生，不能准确计量。因此，一般认为对于企业根据经验值计算出的免费保修服务支出不应从收入中减除，企业应先按销售整车全额确认收入，以后年度企业实际发生保修支出时，将相应支出作为当期费用税前扣除。

2. 各种促销活动的收入确认

企业在商业活动中开展的促销活动，比如以旧换新、商业折扣、现金折扣、买一赠一等，企业所得税处理如下：

销售商品以旧换新的，应分解为销售和购进两项业务处理，销售商品应当按照销售商品收入确认条件确认收入，回收的商品作为购进商品处理。

企业为促进商品销售而在商品价格上给予的价格扣除属于商业折扣。商品销售涉及商业折扣的，应当按照扣除商业折扣后的金额确定销售商品收入金额。此种促销方式下税务与会计处理一致，均采用净额法确认收入。

债权人为鼓励债务人在规定的期限内付款而向债务人提供的债务扣除属于现金折扣，销售商品涉及现金折扣的，应当按扣除现金折扣前的金额确定销售商品收入金额，现金折扣在实际发生时作为财务费用扣除。而根据新收入准则，企业销售商品给予客户的现金折扣，在销售时要预估现金折扣发生的比例，并按照扣除最佳估计的现金折扣后的金额确认收入。实际收款时再结合实际发生的现金折扣，调整收入确认的金额。即税务按总额法确认收入，而会计按照净额法确认收入，税务处理与会计处理存在差异，但若销售与实际享受现金折扣发生在同一年度，不影响当年应纳税所得额。

企业因售出商品的质量不合格等原因而在售价上给予的减让属于销售折让；因售出商品质量、品种不符合要求等原因而发生的退货属于销售退回。企业已经确认销售收入的售出商品发生销售折让和销售退回，税务与会计处理一致，均应当在发生当期冲减当期销售商品收入。

企业以买一赠一等方式组合销售本企业商品的，不属于通常意义上的无偿捐赠，应将总的销售金额按各项商品的公允价值的比例来分摊确认各项的销售收入。

3. 股权转让所得的收入确认

股权转让所得以股权转让收入减除股权净值后的余额为应纳税所得额。股权转让收入，是指股权转让人转让股权所收取的对价，包括货币形式和非货币形式的各种收入。股权净值，是指取得该股权的计税基础。股权转让以历史成本作为计税基础，即股权转让人投资入股时向中国居民企业实际支付的出资成本，或购买该项股权时向该股权的原转让人实际支付的股权受让成本。股权在持有期间发生减值或者增值，按照国务院财政、税务主管部门规定可以确认损益的，股权净值应进行相应调整。企业在计算股权转让所得时，不得扣除被投资企业未分配利润等股东留存收益中按该项股权所可能分配的金额。

股权转让所得确认时点方面，我国实行股权登记制度，从法律效力的角度看，股权转让经工商登记（现为市场主体登记）后方能对抗第三人。因此税法规定，股权转让须满足股权转让协议已经生效以及完成股权变更登记两个要件，才能确认股权转让所得。

4. 资本公积和盈余公积转增资本的收入确认

资本公积中的资本溢价，由投资者投入资本形成，与企业利润无关，也不应确认为投资方企业的权益性投资收益。根据《国家税务总局关于贯彻落实企业所得税法若干税收问题的通知》（国税函〔2010〕79 号）第四条的规定，股权（票）溢价所形成的资本公积转为股本的，不作为投资方企业的股息、红利收入，不征收企业所得税。其他事项形成的资本公积和盈余公积转增资本，一般认为，应以被投资企业股东会或股东大会作出利润分配或转股决定的日期，确定收入的实现。

5. 确实无法偿付的应付款的判定

客观证据表明无须支付的应付款构成纳税人的一项所得，应计入收入总额。根据《企业所得税法实施条例》第二十二条的规定，确实无法偿付的应付款项应计入其他收入。而对于何种情况属于“确实无法偿付”，税收文件没有直接规定。

在这种情况下，原则上，企业作为当事人，更了解债权人的实际情况，可以由企业判断其应付款项是否确实无法偿付。同时，税务机关如有确凿证据表明因债权人（自然人）失踪或死亡，债权人（法人）注销或破产等原因导致债权人债权消亡的，税务机关可判定债务人确实无法偿付。对于这部分确实无法偿付的应付未付款项，一般认为，应计入收入，计征企业所得税。

6. 总分支机构之间调拨资产的企业所得税处理

企业将资产移送他人，资产所有权属发生改变的，须按规定视同销售确认收入。境内总分支机构之间调拨资产属于企业内部处置资产，资产所有权属未发生转移，且境内总分支机构实行汇总纳税，因此境内总分支机构之间调拨资产不需要视同销售确认收入缴纳企业所得税。

7. 企业取得直接减免的增值税和即征即退、先征后退、先征后返的各种税收优惠的企业所得税处理

直接减免的增值税和即征即退、先征后退、先征后返的各种税收优惠，性质上虽然属于财政性资金，除非符合不征税收入条件，否则应并入收入总额缴纳企业所得税。

对于软件企业取得的即征即退增值税款，由企业专项用于软件产品研发和扩大再生产并单独进行核算的，可以作为不征税收入，在计算应纳税所得额时从收入总额中减除。但须注意，在这种情况下，不征税收入用于支出所形成的费用不得在计算应纳税所得额时扣除；用于支出所形成的资产，其计算的折旧、摊销不得在计算应纳税所得额时扣除，也不能享受加计扣除。

（二）扣除类难点

1. 为部分员工支付的补充养老、补充医疗保险费的税前扣除问题

按照《财政部　国家税务总局关于补充养老保险费　补充医疗保险费有关企业所得税政策问题的通知》（财税〔2009〕27 号）的规定，企业根据国家有关政策规定，为在本企业任职或者受雇的全体员工支付的补充养老保险费、补充医疗保险费，分别在不超过职工工资总额5%标准内的部分，在计算应纳税所得额时准予扣除。根据上述规定中“全体员工”的政策要求，企业支付的补充养老保险费、补充医疗保险费须体现普惠性方可在税前扣除。因此，对于仅给部分特定人群缴

纳的补充养老保险费、补充医疗保险费不允许在企业所得税税前扣除。

2. 判断劳动保护支出税前扣除的注意事项

《企业所得税法实施条例》第四十八条规定，企业发生的合理的劳动保护支出准予扣除。对于合理的劳动保护支出的范围，税法没有直接规定，因此需要结合不同行业不同工作性质进行判断。一般认为，劳动保护支出，是指确因工作需要为雇员配备或提供工作服、手套、安全保护用品、防暑降温用品等所发生的支出。

判断劳动保护费是否能够税前扣除的关键：一是必须是确因工作需要，如果企业所发生的所谓支出，并非出于工作的需要，那么其支出就可能属于限额列支的福利费或者不得扣除的无关支出；二是为其雇员配备或提供，而不是给其他与其没有任何劳动关系的人配备或提供；三是限于工作服、手套、安全保护用品、防暑降温品等劳动保护用品，如高温冶炼企业职工、道路施工企业职工的防暑降温品，采煤工人的手套、头盔等用品。

对于防暑降温费，一般认为仅有发放给确须在高温环境下工作的岗位员工的部分，可作为劳动保护支出据实扣除，而一些企业在夏季发放给全体员工的饮料，应计入职工福利费在限额内扣除。

对于工作服，《企业所得税法实施条例》规定允许作为合理的支出在税前扣除的工作服饰费用，需要同时满足由企业统一制作，以及企业要求员工工作时统一着装两个条件，如石油化工、煤炭行业等专用工作服，银行统一购买并要求统一穿着的服装。不满足上述条件的，如为公司高管定制高档西服，为公司员工购买冬装，但公司并无统一着装要求，性质上通常被认为属于发放的员工福利，不能直接在税前扣除。

3. 赞助活动中宣传本企业形象发生的费用

企业实际发生的与取得收入有关的、合理的支出，准予在计算应纳税所得额时扣除。《企业所得税法》及其实施条例规定的不得在税前扣除的赞助支出，是指企业发生的与生产经营活动无关的各种非广告性质的支出。而对于宣传企业的产品或形象具有广告性质的赞助支出，如企业赞助体育比赛、演唱会、电视节目，以场边广告牌的形式，或以冠名形式，或以官方指定产品的形式出现，此类赞助支出属于与企业取得收入直接相关的支出，作为广告费和业务宣传费支出在企业所得税税前限额扣除。

4. 母子公司之间提供服务的费用税前扣除问题

母公司为其子公司提供各种服务，如果能按照独立公司之间的交易来完成，则相关费用可以作为企业正常的服务费用在税前扣除。具体来说，一是要保证业务真实，即能够证明母公司向子公司确实提供了相关服务；二是定价合理，应按照独立企业之间公平交易原则确定服务的价格；三是证据资料完备，双方应签订服务合同或协议，明确规定提供服务的内容、收费标准及金额等，并有相关支付凭据，开具发票等。凡按上述合同或协议规定所发生的服务费，母公司应作为营业收入申报纳税，子公司作为成本费用并取得发票等合规凭证在税前扣除。

需要注意的是，母公司以管理费形式向子公司提取费用，即母公司并未实际为下属公司提供具体服务，仅仅是内部一种转移支付手段，子公司因此支付给母公司的管理费，不得在税前扣除。

5. 私车公用的加油费、过路费、停车费的税前扣除问题

企业因工作需要使用员工个人车辆并支付给员工租金等费用的用车方式，属于租赁，企业与个人签订了租赁合同，按照租赁合同或协议支付的租金，在取得真实合法有效凭证的基础上，允许对在租赁期间发生的汽油费、过路过桥费和停车费税前扣除。其他应由个人负担的汽车费用，如车辆保险费、维修费等，不得在企业所得税税前扣除。

企业与个人未签订租赁合同而支付给员工的款项，相关费用支出不允许在企业所得税税前扣除。

6. 企业购买预付卡的税前扣除问题

企业应纳税所得额的计算，以权责发生制为原则，不属于当期的收入和费用，即使款项已经在当期收付，均不作为当期的收入和费用。因此企业购买、充值预付卡应在业务实际发生时税前扣除。按照购买或充值、发放和使用等不同情形，建议按照以下方法进行税务处理：

（1）在购买或充值环节，预付卡应作为企业的资产进行管理，购买或充值时发生的相关支出不得税前扣除；

（2）在发放环节，凭相关内外部凭证，证明预付卡所有权已发生转移的，根据使用用途进行归类，按照税法规定进行税前扣除（例如，发放给职工的可作为工资、福利费进行税前扣除，用于交际应酬的作为业务招待费进行税前扣除）；

（3）本企业内部使用的预付卡，在相关支出实际发生时，凭相关凭证在税前扣除。

7. 建成固定资产已使用但部分发票尚未取得的折旧问题

企业固定资产投入使用后，由于工程款项尚未结清未取得全额发票的，可暂按合同规定的金额计入固定资产计税基础计提折旧，待取得发票后进行调整。但该项调整应在固定资产投入使用后 12 个月内进行。若 5 年内可取得发票，依据

《企业所得税税前扣除凭证管理办法》（国家税务总局公告2018年第28号）规定，发生年度应当取得而未取得发票、其他外部凭证，且相应支出在该年度没有税前扣除的，在以后年度取得符合规定的发票、其他外部凭证或者按照《企业所得税税前扣除凭证管理办法》第十四条的规定提供可以证实其支出真实性的相关资料，相应支出可以追补至该支出发生年度税前扣除。

（三）享受税收优惠的难点

1. 高新技术企业、西部大开发优惠与“三免三减半”、小型微利企业减征所得税优惠的叠加享受问题

根据《财政部　国家税务总局关于执行企业所得税优惠政策若干问题的通知》（财税〔2009〕69号）规定，执行《国务院关于实施企业所得税过渡优惠政策的通知》（国发〔2007〕39号）规定的过渡优惠政策及西部大开发优惠政策的企业，在定期减免税的减半期内，可以按照企业适用税率计算的应纳税额减半征税。其他各类情形的定期减免税，均应按照企业所得税25%的法定税率计算的应纳税额减半征税。

因此，高新技术企业与“三免三减半”等定期减免优惠不得叠加享受，居民企业被认定为高新技术企业，同时又处于减半期的，可以选择依照25%税率适用减半征税至期满，或者选择适用高新技术企业的15%税率，但不能享受15%税率的减半征税。

而西部大开发优惠可与定期减免税优惠叠加享受。因此，西部大开发优惠可以与“三免三减半”优惠叠加享受，企业减半期内可在15%税率基础上享受减半征税。

高新技术企业、西部大开发企业所得税税率执行15%，小型微利企业所得税税率执行20%，因此，高新技术企业、西部大开发优惠与小型微利企业减征所得税优惠无法同时享受。

2. 电力企业“三免三减半”项目收入核算问题

《国家税务总局关于实施国家重点扶持的公共基础设施项目企业所得税优惠问题的通知》（国税发〔2009〕80号）规定：“本通知所称第一笔生产经营收入，是指公共基础设施项目建成并投入运营（包括试运营）后所取得的第一笔主营业务收入。”因此，“三免三减半”项目收入核算包括试运行收入。

电价补贴与销售电量直接挂钩，实质上系电力销售收入的组成部分，因此“三免三减半”项目收入核算包括电价补贴。

个人所得税手续费返还及稳岗补贴收入属于营业外收入，不属于电力企业主营业务收入的组成部分，因此不属于“三免三减半”项目收入核算范围。

（四）特殊事项难点

1. 股权重组中交易双方为居民企业，被转让企业是境外非居民企业的特殊性税务处理适用问题

《财政部　国家税务总局关于企业重组业务企业所得税处理若干问题的通知》（财税〔2009〕59 号，以下简称财税〔2009〕59 号文件）属于境内法，境内法主要规范境内居民企业之间的纳税行为，交易标的也限于居民企业，对于涉及境外非居民企业的，须进行特殊规定。因此财税〔2009〕59 号文件第七条对涉及境外非居民企业的跨境重组，明确了三种可以适用特殊性税务处理的情形，分别为：

（1）非居民企业向其 100% 直接控股的另一非居民企业转让其拥有的居民企业股权，没有因此造成以后该项股权转让所得预提所得税负担变化，且转让方非居民企业向主管税务机关书面承诺在 3 年（含 3 年）内不转让其拥有受让方非居民企业的股权；

（2）非居民企业向与其具有 100% 直接控股关系的居民企业转让其拥有的另一居民企业股权；

（3）居民企业以其拥有的资产或股权向其 100% 直接控股的非居民企业进行投资。

除上述情形外之外均不得适用特殊性税务处理。股权收购的被收购方为非居民企业的，不在财税〔2009〕59 号文件第七条规定的三种情形内，因此不得适用特殊性税务处理。

此外，在跨境重组特殊性税务处理中遵从来源地管辖权优先的原则，如被收购企业在境外，境外税务机关具有优先征税权。

2. 永续债的税务处理

（1）永续债的范围

永续债，是指经国家发展和改革委员会、中国人民银行、国家金融监督管理总局、中国证券监督管理委员会核准，或经中国银行间市场交易商协会注册、中国证券监督管理委员会授权的证券自律组织备案，依照法定程序发行、附赎回（续期）选择权或无明确到期日的债券，包括可续期企业债、可续期公司债、永续债务融资工具（含永续票据）、无固定期限资本债券等。

（2）税务处理

方式一：永续债因其无固定到期时间或期限非常长，具有权益性工具的特征，税法规定可以适用股息、红利企业所得税政策。即投资方取得的永续债利息收入属于股息、红利，按照现行企业所得税政策相关规定进行处理。发行方和投资方

均为居民企业的，永续债利息收入可以适用《企业所得税法》规定的居民企业之间的股息、红利等权益性投资收益免征企业所得税规定；同时发行方支付的永续债利息支出不得在企业所得税税前扣除。

方式二：企业发行符合规定条件的永续债，性质上属于债务工具的，也可以按照债券利息适用企业所得税政策。即发行方支付的永续债利息支出准予在其企业所得税税前扣除；投资方取得的永续债利息收入应当依法纳税。

符合规定条件的永续债，是指符合下列条件中5条（含5条）以上的永续债：①被投资企业对该项投资具有还本义务；②有明确约定的利率和付息频率；③有一定的投资期限；④投资方对被投资企业净资产不拥有所有权；⑤投资方不参与被投资企业日常生产经营活动；⑥被投资企业可以赎回，或满足特定条件后可以赎回；⑦被投资企业将该项投资计入负债；⑧该项投资不承担被投资企业股东同等的经营风险；⑨该项投资的清偿顺序位于被投资企业股东持有的股份之前。

（3）征管要求

企业发行永续债，应当将其适用的税务处理方法在证券交易所、银行间债券市场等发行市场的发行文件中向投资方予以披露。

发行永续债的企业对每一永续债产品的税务处理方法一经确定，不得变更。企业对永续债采取的税务处理办法与会计核算方式不一致的，发行方、投资方在进行税务处理时须作出相应纳税调整。

3. 房地产开发企业清算导致多缴企业所得税的处理

（1）有后续开发项目的处理

企业按规定对开发项目进行土地增值税清算后，当年企业所得税汇算清缴出现亏损且有其他后续开发项目的，该亏损应按照税法规定向以后年度结转，用以后年度所得弥补。后续开发项目，是指正在开发以及中标的项目。

（2）没有后续开发项目的处理

企业按规定对开发项目进行土地增值税清算后，当年企业所得税汇算清缴出现亏损，且没有后续开发项目的，可以按照以下方法。计算出该项目由于土地增值税原因导致的项目开发各年度多缴的企业所得税税款，可申请退税。

①该项目缴纳的土地增值税总额，应按照该项目开发各年度实现的项目销售收入占整个项目销售收入总额的比例，在项目开发各年度进行分摊，具体按以下公式计算：

$$\text{各年度应分摊的土地增值税} = \text{土地增值税总额} \times \left(\text{项目年度销售收入} \div \text{整个项目销售收入总额}\right)$$

所称销售收入包括视同销售房地产的收入，但不包括企业销售的增值额未超过扣除项目金额20%的普通标准住宅的销售收入。

②该项目开发各年度应分摊的土地增值税减去该年度已经在企业所得税税前扣除的土地增值税后，余额属于当年应补充扣除的土地增值税；企业应调整当年度的应纳税所得额，并按规定计算当年度应退的企业所得税税款；当年度已缴纳的企业所得税税款不足退税的，应将差额部分作为亏损向以后年度结转，并调整以后年度的应纳税所得额。

③按照上述方法进行土地增值税分摊调整，导致相应年度应纳税所得额出现正数的，应按规定计算缴纳企业所得税。

④企业按上述方法计算的累计退税额，不得超过其在该项目开发各年度累计实际缴纳的企业所得税；超过部分作为项目清算年度产生的亏损，向以后年度结转。

（3）退税手续

企业在申请退税时，应向主管税务机关提供书面材料说明应退企业所得税款的计算过程，包括该项目缴纳的土地增值税总额、项目销售收入总额、项目年度销售收入额、各年度应分摊的土地增值税和已经税前扣除的土地增值税、各年度的适用税率，以及是否存在后续开发项目等情况。

4. 总、分支机构企业所得税税率不同的税款计算

总、分支机构企业所得税税率不同的汇总纳税企业，先由总机构统一计算全部应纳税所得额，按照计算的分摊比例计算划分不同税率地区机构的应纳税所得额，再分别按各自的适用税率计算各机构的应纳税额，之后加总计算出汇总纳税企业的应纳所得税总额，最后按计算的分摊比例向总机构和分支机构分摊企业所得税税款，两次分摊所用的分配比例是一致的。

三、风险示例

（一）收入类风险

1. 取得个人所得税手续费返还、稳岗就业补贴未计入应税收入总额

【示例情况】

A公司在对自身2020年的纳税情况开展自查时，发现存在与收入相关的以下两个疑点：

（1）2020年从当地税务机关取得1笔个人所得税手续费返还30万元，计入“其他应付款”，未确认收入缴纳企业所得税。

（2）从当地就业与创业局收到稳岗补贴20万元，企业未对该项补贴及其发生

的支出单独核算，账面直接冲减“待摊支出”科目，未确认收入缴纳企业所得税。

【法理分析】

A 公司取得的收入属于财政性资金，如果符合不征税收入条件，可以不征税。若不符合，应计入收入总额缴纳企业所得税。《企业所得税法》规定，企业以货币形式和非货币形式从各种来源取得的收入，为收入总额。收入总额中的下列收入为不征税收入：①财政拨款；②依法收取并纳入财政管理的行政事业性收费、政府性基金；③国务院规定的其他不征税收入。《财政部　国家税务总局关于专项用途财政性资金企业所得税处理问题的通知》（财税〔2011〕70 号）规定，企业从县级以上各级人民政府财政部门及其他部门取得的应计入收入总额的财政性资金，凡同时符合以下条件的，可以作为不征税收入，在计算应纳税所得额时从收入总额中减除：①企业能够提供规定资金专项用途的资金拨付文件；②财政部门或其他拨付资金的政府部门对该资金有专门的资金管理办法或具体管理要求；③企业对该资金以及以该资金发生的支出单独进行核算。

企业取得的个人所得税手续费，不符合上述专项用途财政性资金的三项条件，因此不符合不征税收入条件。政府发放的稳岗补贴，是按照《国务院关于进一步做好新形势下就业创业工作的意见》（国发〔2015〕23 号）以及《人力资源社会保障部　财政部　国家发展和改革委员会　工业和信息化部关于失业保险支持企业稳定岗位有关问题的通知》（人社部发〔2014〕76 号）规定，由财政部门拨付的专项资金，通常有着专门的资金管理办法和具体管理要求，但由于企业未对其进行单独核算，同样不符合不征税收入条件。因此，A 公司取得的上述资金均须确认收入缴纳企业所得税，A 公司存在少缴纳企业所得税的风险。

【税务处理】

A 公司应将取得的个人所得税手续费返还收入、稳定岗位补贴，计入企业 2020 年收入总额，计算缴纳企业所得税。A 公司应重新申报，如涉及补缴税款应按规定缴税。如果已经超过申报期，应进行更正申报。此外，税务机关还将向其追缴滞纳金，并可能处以罚款，具体按照《税收征收管理法》第六十三条、第六十四条等有关规定处理。

2. 在建工程试运行收入未计入应税收入总额

【示例情况】

A 公司 2021 年新建成一条生产线，试运行期间生产完成一批产品并对外销售，销售后取得不含税价款 100 万元，对应的试运行成本 70 万元。企业在账务处理时，按照会计准则的规定，将试运行的净收入 30 万元冲减了在建工程成本。该年度企业所得税汇算清缴时，A 公司未对该事项进行纳税调整。

【法理分析】

依据《企业所得税法》及其实施条例规定，企业应纳税所得额的计算以权责发生制为原则。企业销售商品同时满足下列条件的，应确认收入的实现：①商品销售合同已经签订，企业已将商品所有权相关的主要风险和报酬转移给购货方；②企业对已售出的商品既没有保留通常与所有权相联系的继续管理权，也没有实施有效控制；③收入的金额能够可靠地计量；④已发生或将发生的销售方的成本能够可靠地核算。

A 公司虽然是在试运行期间，但已完成产品销售，满足上述①、②项条件。而且 A 公司已取得销售货款，并准确核算了对应的成本，满足上述③、④项条件。因此试运行收入已达到企业所得税收入确认时点，应确认收入缴纳企业所得税，A 公司存在少缴纳企业所得税的风险。

【税务处理】

A 公司应将试运行净收入 30 万元在 2021 年调增应纳税所得额；同时由于在建工程账面价值比计税基础少 30 万元，在建工程未来转为固定资产以后的整个计提折旧期间，每年折旧应相应调减应纳税所得额。A 公司应重新申报，如涉及补缴税款应按规定缴税。如果已经超过申报期，应进行更正申报。此外，税务机关还将向其追缴滞纳金，并可能处以罚款，具体按照《税收征收管理法》第六十三条、第六十四条等有关规定处理。

3. 居民企业从合伙企业取得的股息、红利所得错误适用免税政策

【示例情况】

A 公司和自然人 B 共同出资设立甲有限合伙企业，A 公司持有该合伙企业 30% 的份额，自然人 B 持有 70% 份额。合伙协议约定按照实缴比例确认各自的应纳税所得额。该合伙企业主要通过股票投资营利。

2019 年，该合伙企业会计利润 1 000 万元，其中包括持有 A 股上市公司 C 的股票分红 800 万元，其余利润来源于股票转让收益。该合伙企业当年无纳税调整事项。A 公司财务人员基于持有的合伙企业份额按照长期股权投资权益法确认了投资收益 300 万元，并认为其中 240 万元属于符合条件的居民企业之间的股息、红利等权益性投资，在企业所得税汇算清缴时进行了免税申报。

【法理分析】

合伙企业生产经营所得和其他所得采取“先分后税”的原则，以每一个合伙人为纳税人，由合伙人确认所得并纳税。《企业所得税法》及其实施条例规定，符

合条件的居民企业之间的股息、红利等权益性投资收益为免税收入，具体是指居民企业直接投资于其他居民企业取得的投资收益。A 公司取得的投资收益中，虽然 240 万元是来自 C 公司分配的股息，但现行税法并未规定上述免税政策可穿透适用于法人合伙人，因此该部分股息收益不符合免税收入条件，不能适用居民企业之间的股息、红利等权益性投资免税政策。A 公司应按照“先分后税”原则根据合伙协议约定比例计算应纳税所得额，计算缴纳所得税，A 公司存在少缴企业所得税的风险。

【税务处理】

A 公司应重新申报，将 240 万元计入 2019 年应纳税所得额，如涉及补缴税款应按规定缴税。如果已经超过申报期，应进行更正申报。此外，A 公司若少缴税款，税务机关将向其追缴滞纳金，并可能处以罚款，具体按照《税收征收管理法》第六十三条、第六十四条等有关规定处理。

（二）扣除类风险

1. 捐赠支出不符合公益性捐赠支出条件

【示例情况】

A 公司在开展 2020 年度税务自查时发现，其“营业外支出——捐赠支出”中列支了 133 万元，其中 50 万元是 2020 年 6 月 A 公司为了顺利在 B 县开展新的建设项目，向 B 县政府承诺为 B 县下属 C 村修建一条村级道路，A 公司直接向 C 村村委会赞助道路修缮款项 50 万元。另外 83 万元为通过 B 县政府捐赠给某希望小学的自产货物，其中货物成本 70 万元，按货物公允价格 100 万元计提的增值税销项税额 13 万元，已取得公益性捐赠票据。上述事项 A 公司在进行 2020 年度企业所得税汇算清缴时未进行纳税调整。

【法理分析】

税法规定允许税前扣除的公益性捐赠，应通过符合规定的组织进行，非公益性捐赠不能在税前扣除。依据《财政部 税务总局 民政部关于公益性捐赠税前扣除有关事项的公告》（财政部 税务总局 民政部公告 2020 年第 27 号）的规定，企业或个人通过公益性社会组织、县级以上人民政府及其部门等国家机关，用于符合法律规定的公益慈善事业捐赠支出，准予按税法规定在计算应纳税所得额时扣除。A 公司直接向 C 村村委会捐赠的道路修缮款项 50 万元，未通过上述规定的公益性社会组织或国家机关，不符合公益性捐赠支出税前扣除条件，不能在企业所得税税前扣除。

捐赠货物，须拆分为对外捐赠和视同销售两项行为。A 公司捐赠的货物通过县级人民政府捐赠，且已取得公益性捐赠票据，可以在企业所得税税前扣除。而依据《国家税务总局关于企业处置资产所得税处理问题的通知》（国税函〔2008〕828号）的规定，企业将资产移送他人用于对外捐赠，因资产所有权属已发生改变而不属于内部处置资产，应按规定视同销售确定。因此，A公司捐赠货物应按公允价格确认视同销售收入100万元，确认视同销售成本70万元，视同销售净所得为30万元。

【税务处理】

A公司应纳税调增非公益性捐赠支出50万元，纳税调增视同销售净所得为30万元。A公司应重新申报，如涉及补缴税款应按规定缴税。如果已经超过申报期，应进行更正申报。此外，A公司若少缴税款，税务机关将向其追缴滞纳金，并可能处以罚款，具体按照《税收征收管理法》第六十三条、第六十四条等有关规定处理。

2. 股权激励等待期内确认的成本费用不得税前扣除

【示例情况】

A上市公司2019年建立职工股权激励计划，确定通过定向发行限制性股票方式，对其10名高级管理人员及15名技术骨干人员进行股权激励。A上市公司制定的股权激励方案约定的行权条件中，要求上述人员须在公司服务3年方可行权。2020年末，A上市公司以对可行权股票数量的最佳估计为基础，会计核算将相关费用200万元计入“管理费用——工资——股权激励费用”科目。该年度企业所得税汇算清缴时，A上市公司上述成本未进行纳税调增。

【法理分析】

依据《国家税务总局关于我国居民企业实行股权激励计划有关企业所得税处理问题的公告》（国家税务总局公告2012年第18号）第二条规定，对股权激励计划实行后，须待一定服务年限或者达到规定业绩条件方可行权的。上市公司等待期内会计上计算确认的相关成本费用，不得在对应年度计算缴纳企业所得税时扣除。在股权激励计划可行权后，上市公司方可根据该股票实际行权时的公允价格与当年激励对象实际行权支付价格的差额及数量，计算确定作为当年上市公司工资薪金支出，依照税法规定进行税前扣除。因此，A上市公司2020年发生的股权激励成本200万元，属于在等待期内确认的成本费用，不得在该年度计算缴纳企业所得税时扣除，A上市公司存在少缴企业所得税的风险。

【税务处理】

A上市公司在2020年度企业所得税汇算清缴时，应纳税调增上述股权激励支出200万元。A上市公司须重新申报，如涉及补缴税款应按规定缴税。如果已经超过申报期，应进行更正申报。此外，A 上市公司若少缴税款，税务机关将向其追缴滞纳金，并可能处以罚款，具体按照《税收征收管理法》第六十三条、第六十四条等有关规定处理。

3. 计提但未实际发生的坏账准备不得税前扣除

【示例情况】

A 销售公司是一家大型化肥、农药销售公司，与客户往来款项多，应收账款金额大且账龄长。2021 年 A 销售公司财务人员出于谨慎性原则，计提了坏账准备金 1 200 万元，实际并未发生坏账。该年度企业所得税汇算清缴时，由于财务人员疏忽，计提的坏账准备未进行纳税调增。

【法理分析】

企业在生产经营活动中实际发生的损失，方能在企业所得税税前扣除。依据《企业所得税法》及其实施条例规定，在计算应纳税所得额时，未经核定的准备金支出不得扣除。未经核定的准备金支出，是指不符合国务院财政、税务主管部门规定的各项资产减值准备、风险准备等准备金支出。因此 A 销售公司计提但未实际发生的坏账准备不能税前扣除，A 销售公司存在少缴企业所得税的风险。

【税务处理】

A 销售公司 2021 年应纳税调增上述坏账准备 1 200 万元，以后年度若实际发生坏账损失并能提供符合税法规定的资产损失留存备查资料，可以纳税调减。A 销售公司应重新申报，如涉及补缴税款应按规定缴税。如果已经超过申报期，应进行更正申报。此外，A 公司若少缴税款，税务机关将向其追缴滞纳金，并可能处以罚款，具体按照《税收征收管理法》第六十三条、第六十四条等有关规定处理。

4. 学历教育费用挤占职工教育经费不得税前扣除

【示例情况】

甲煤矿企业为支持员工提高自身素质，承担了多名技术骨干人员的个人学历教育支出。2020 年发生上述员工的硕士学位等学历教育支出共计 50 万元，甲煤矿企业在职工教育经费中列支。该年度企业所得税汇算清缴时，甲煤矿企业列支在职工教育经费中的员工个人学历教育支出未进行纳税调增。

【法理分析】

职工教育经费的列支范围在税法上没有明确规定，因此可以遵循财会规定处理。依据《关于企业职工教育经费提取与使用管理的意见》（财建〔2006〕317 号）第三条第九款规定，企业职工参加社会上的学历教育以及个人为取得学位而参加的在职教育，所需费用应由个人承担，不能挤占企业的职工教育培训经费，因此甲煤矿企业列支在职工教育经费中的员工个人学历教育支出不能税前扣除，甲煤矿企业存在少缴企业所得税的风险。

【税务处理】

甲煤矿企业应重新申报，纳税调增上述个人学历教育支出50万元，如涉及补缴税款应按规定缴税。如果已经超过申报期，应进行更正申报。甲煤矿企业若少缴税款，税务机关将向其追缴滞纳金，并可能处以罚款，具体按照《税收征收管理法》第六十三条、第六十四条等有关规定处理。

5. 超过同期同类银行贷款利率的利息支出未纳税调增

【示例情况】

A技术公司为补充流动资金需要，向B公司（非金融企业）借入1 000万元，期限自2020年1月1日起借款1年，借款合同约定利率14%，本年实际支付利息140万元。据悉该省金融机构同期同类贷款利率最高为8%。该年度企业所得税汇算清缴时，A技术公司未对上述利息支出作出纳税调整。

【法理分析】

A技术公司和B公司同属于非金融企业，依据《企业所得税法》及其实施条例规定，非金融企业向非金融企业借款的利息支出，不超过按照金融企业同期同类贷款利率计算的数额的部分准予扣除。A技术公司支付B公司的利息支出，借款利率（14%）超过金融企业同期同类贷款利率（8%），因此超过部分的利息支出60万元（140－80）不能税前扣除，A技术公司存在少缴企业所得税的风险。

【税务处理】

A技术公司应重新申报，纳税调增上述超额利息支出60万元，如涉及补缴税款应按规定缴税。如果已经超过申报期，应进行更正申报。A技术公司若少缴税款，税务机关将向其追缴税款及滞纳金，并可能处以罚款，具体按照《税收征收管理法》第六十三条、第六十四条等有关规定处理。

6. 税前扣除票据不合规

【示例情况】

应集团内部风险管控要求，A公司2022年初进行了税务风险自查，自查期间为2019—2021年。自查中发现存在大量不合规的票据以及未取得合规票据的情形，如支付的租赁费未在发票备注栏注明租赁地址、货物运输费发票备注栏未备注车种车号等信息；部分发票税目、税率与实质业务不一致；部分利息支出、手续费、劳务费未取得发票。经统计，上述不合规票据金额共计210万元（2019年涉及

110 万元，2020 年涉及 60 万元，2021 年涉及 40 万元），且均未在相应年度企业所得税汇算清缴时进行纳税调整。

【法理分析】

依据《企业所得税税前扣除凭证管理办法》（国家税务总局公告 2018 年第 28 号）第五条规定，企业发生支出，应取得税前扣除凭证，作为计算企业所得税应纳税所得额时扣除相关支出的依据。A 公司取得不合规票据，应在发现后及时补开、换开符合规定的发票及其他外部凭证，对于应取得但无法补充取得的部分不能在税前扣除，A 公司存在少缴企业所得税的风险。

【税务处理】

A 公司须对不同年度纳税调增无法补充取得合规票据的支出，重新进行申报，如涉及补缴税款应按规定缴税。如果已经超过申报期，则应进行更正申报。A 公司若少缴税款，税务机关将向其追缴税款及滞纳金，并可能处以罚款，具体按照《税收征收管理法》第六十三条、第六十四条等有关规定处理。

7. 固定资产改建支出未按规定予以资本化

【示例情况】

A 企业现有综合楼厂房，账面原值 3 000 万元，折旧年限为 20 年，预计净残值为 0。2019 年初已使用 10 年，A 企业委托 B 建筑公司对上述综合楼进行修缮及改建。双方签订的《综合楼厂房内外修缮结算书》显示，该项目不仅包含对厂房漏水、墙面老化等问题进行保养，所有门窗、楼地面的重新装修以及水电线路的重新铺设，而且还包括通过“石膏板隔墙”将厂房划分成多个包括健身房、会客厅等在内的功能区域。2019 年 6 月底，综合楼厂房修缮完成，工程结算共计 600 万元，上述修缮支出预计将延长综合楼厂房使用年限 2 年。A 企业将上述支出全部计入当期“管理费用——修理费”，对该厂房按原有计税基础计提折旧 150 万元。该年度企业所得税汇算清缴时，A 企业并未对上述折旧支出作出纳税调整。

【法理分析】

固定资产改建支出，应予以资本化，计入固定资产成本。依据《企业所得税法》及其实施条例规定，固定资产的改建支出，是指改变房屋或者建筑物结构、延长使用年限等发生的支出。按照固定资产预计尚可使用年限分期摊销。改建的固定资产，以改建过程中发生的改建支出增加计税基础。改建的固定资产延长使用年限的，应当适当延长折旧年限。因此，A 企业上述综合楼厂房修缮支出属于“固定资产的改建支出”，上述修缮支出预计将延长综合楼厂房使用年限 2 年，则 A 企业应先增加综合楼厂房计税基础，并将剩余使用年限调整为 12 年，以此为基数计算综合楼厂房后续折旧并在企业所得税税前扣除，而不应将全部改建支出一次性扣除。

依据《关于执行〈企业会计制度〉和相关会计准则有关问题解答》（财会〔2002〕18号）规定，企业对固定资产进行更新改造时，应将更新改造的固定资产账面价值转入在建工程，并在此基础上核算经更新改造后的固定资产原价。处于更新改造过程而停止使用的固定资产，因已转入在建工程，因此不计提折旧，待更新改造项目达到预定可使用状态转为固定资产后，再按重新确定的折旧方法和该项固定资产尚可使用年限计提折旧。因此，A企业在对厂房改建期间，不应计提折旧。A企业应纳税调整金额计算如下：

2019年初，综合楼厂房的账面价值＝（3 000－0）÷20×（20－10）＝1 500（万元）。

固定资产改建后固定资产的计税基础增加＝1 500＋600＝2 100（万元）

改建后2019年应计提折旧金额＝2 100÷12÷12×6＝87.5（万元）

A企业当年就该厂房改建税前多扣除的金额＝600＋150－87.5＝662.5（万元）

A企业存在少缴企业所得税的风险。

【税务处理】

A企业应重新申报，对2019年纳税调增662.5万元，如涉及补缴税款应按规定缴税。如果已经超过申报期，应进行更正申报。A企业若少缴税款，税务机关将向其追缴税款及滞纳金，并可能处以罚款，具体按照《税收征收管理法》第六十三条、第六十四条等有关规定处理。

8. 无形资产会计摊销年限不符合税法规定

【示例情况】

2020年2月，A公司将自行开发完成的一项技术在会计上按180万元确认为非专利技术，且按照3年进行摊销，2020年计入“管理费用——非专利技术摊销”共计55万元。该年度企业所得税汇算清缴时，A公司并未对上述摊销额作出纳税调整。

【法理分析】

依据《企业所得税法》及其实施条例规定，无形资产按照直线法计算的摊销费用，准予扣除。无形资产的摊销年限不得低于10年。作为投资或者受让的无形资产，有关法律规定或者合同约定了使用年限的，可以按照规定或者约定的使用年限分期摊销。因此，对于A公司自行开发的非专利技术，税法规定的摊销年限应为10年，2020年可税前扣除的无形资产摊销金额为16.5万元，税会差异38.5

万元应纳税调增。A 公司存在少缴企业所得税的风险。

【税务处理】

A 公司应重新申报，纳税调增 38.5 万元，如涉及补缴税款应按规定缴税。如果超过申报期，应进行更正申报。并且，A 公司若少缴税款，税务机关将向其追缴税款及滞纳金，并可能处以罚款，具体按照《税收征收管理法》第六十三条、第六十四条等有关规定处理。

（三）税收优惠类风险

1. 错误扩大研发费用加计扣除范围

【示例情况】

甲企业的主要业务为生物药品制造，2021 年取得生物药品制造收入 6 000 万元，占公司收入总额的 65%。2021 年甲企业共计发生研发费用 1 000 万元，全部在该年度企业所得税汇算清缴时申报享受了研发费用加计扣除优惠，加计扣除比例为 100%。上述研发费用中“人员人工费用”600 万元，其中包括企业董事长、总经理及部分高管人员的工资薪金 100 万元。

【法理分析】

依据《国家税务总局关于企业研究开发费用税前加计扣除政策有关问题的公告》（国家税务总局公告 2015 年第 97 号）及《国家税务总局关于研发费用税前加计扣除归集范围有关问题的公告》（国家税务总局公告 2017 年第 40 号）的规定，人员人工费用指直接从事研发活动人员的工资薪金。其中，直接从事研发活动人员包括研究人员、技术人员、辅助人员。甲企业董事长、总经理及部分高管人员均属于管理人员，不是直接从事研发活动人员，因此，这些人员的工资薪金 100 万元不能享受研发费用加计扣除优惠政策，即甲企业多享受加计扣除 100 万元。甲企业存在少缴企业所得税的风险。

【税务处理】

甲企业应重新申报，修改《研发费用加计扣除优惠明细表》（A107014），如涉及补缴税款应按规定缴税。如果已经超过申报期，应进行更正申报。此外，甲企业若少缴税款，税务机关将向其追缴税款及滞纳金，并可能处以罚款，具体按照《税收征收管理法》第六十三条、第六十四条等有关规定处理。

2. 错误享受西部大开发税收优惠政策

【示例情况】

A 运输公司位于甘肃省兰州市，主要从事公共旅客运输服务。2021 年，A 运输公司发生主营业务收入共计 9 500 万元，其中公路旅客运输收入 6 000 万元、其他客运收入 3 500 万元；取得营业外收入 1 500 万元，其中处置固定资产 600 万元、政府补助 900 万元。该年度企业所得税汇算清缴时，A 运输公司申报享受西部大开发税收优惠税额为 100 万元。

【法理分析】

西部大开发税收优惠政策不仅要求企业设立在西部地区，对企业从事的主营业务也有规定。依据《财政部　税务总局　国家发展改革委关于延续西部大开发企业所得税政策的公告》（财政部　税务总局　国家发展改革委公告 2020 年第 23 号）规定，自 2021 年 1 月 1 日至 2030 年 12 月 31 日，对设在西部地区的鼓励类产业企业减按 15% 的税率征收企业所得税。所称鼓励类产业企业，是指以《西部地区鼓励类产业目录》中规定的产业项目为主营业务，且其主营业务收入占企业收入总额 60% 以上的企业。《西部地区鼓励类产业目录（2020 年本）》中甘肃省鼓励类产业的运输方面仅有公路旅客运输。A 运输公司主营业务收入中公路旅客运输收入仅有 6 000 万元，2021 年收入总额为 11 000 万元，比例未达到 60% 以上，不能享受西部大开发企业所得税优惠。A 运输公司存在少缴企业所得税的风险。

【税务处理】

A 运输公司应重新申报，按 25% 税率计算缴纳 2021 年度企业所得税，如涉及补缴税款应按规定缴税。由于已经超过申报期，应进行更正申报。并且，若少缴税款，税务机关将向其追缴税款及滞纳金，并可能处以罚款，具体按照《税收征收管理法》第六十三条、第六十四条等有关规定处理。

（四）企业重组类风险

企业重组类风险主要是合并企业弥补被合并企业亏损超过限额。

【示例情况】

M 公司为甲公司的全资子公司。2021 年 4 月，甲公司吸收合并 M 公司，双方符合特殊性税务处理条件并选择适用。甲公司 2016—2020 年无待弥补亏损；M 公司 2016 年待弥补亏损额为 300 万元，2017—2020 年每年待弥补亏损额均为 100 万元。假定 M 公司净资产公允价值 4 500 万元。截至 2021 年末，国家发行的最长期限国债利率为 5.31%。2021 年，甲公司与 M 公司完成了上述重组业务。该年度企业所得税汇算清缴时，甲公司当年境内所得额为 300 万元，弥补 M 公司 2016 年待弥补亏损额 300 万元。

【法理分析】

企业合并符合特殊性税务处理条件的，被合并企业的亏损可以由合并企业进行弥补，为了防止政策滥用及税基侵蚀，税法规定了亏损弥补限额。依据财税

〔2009〕59号文件规定，可由合并企业弥补的被合并企业亏损的限额等于被合并企业净资产公允价值乘以截至合并业务发生当年年末国家发行的最长期限的国债利率。依据《企业重组业务企业所得税管理办法》（国家税务总局公告2010年第4号）规定，可由合并企业弥补的被合并企业亏损的限额，是指按《企业所得税法》规定的剩余结转年限内，每年可由合并企业弥补的被合并企业亏损的限额。因此，重组后每年可由甲公司弥补的原M公司亏损限额＝4 500×5.31%＝238.95（万元）。甲公司2021年超限额多弥补原M公司亏损61.05万元，甲公司存在少缴企业所得税的风险。

【税务处理】

甲公司应重新申报，减少用2021年度所得额弥补的以前年度亏损额61.05万元。如果已经超过申报期，应进行更正申报。此外，如果甲公司少缴税款，税务机关将向其追缴税款及滞纳金，并可能对其处以罚款，具体按照《税收征收管理法》第六十三条、第六十四条等有关规定处理。

（五）源泉扣缴类风险

1. 合同约定由扣缴义务人实际承担应纳税款，代扣代缴时未将非居民企业取得的不含税所得换算为含税所得

【示例情况】

2021年1月，境内居民企业甲公司向境外非居民企业乙公司采购一项专有技术使用权，合同价款为人民币500万元。合同约定甲公司是相关税款承担方和实际支付方，且乙公司不享受税收协定待遇。甲公司向乙公司支付款项后，其财务人员向主管税务机关申报代扣代缴税款人民币50万元。

【法理分析】

依据《国家税务总局关于非居民企业所得税源泉扣缴有关问题的公告》（国家税务总局公告2017年第37号，以下简称国家税务总局公告2017年第37号文件）第六条规定，凡合同中约定由扣缴义务人实际承担应纳税款的，应将非居民企业取得的不含税所得换算为含税所得计算并解缴应扣税款。当税款实际由甲公司负担时，乙公司实际收到款项为人民币500万元，甲公司应将乙公司取得的不含税所得换算为含税所得，计算并解缴应扣税款，应纳税额＝500÷（1－10%）×10%＝55.56（万元），甲公司应向税务机关申报代扣代缴税款约人民币55.56万元。甲公司存在少扣缴税款的风险。

【税务处理】

合同约定甲公司为税款承担方，甲公司应补缴其少扣缴的55.56万元税款。甲公司作为扣缴义务人应扣未扣税款。税务机关可能会责成甲公司限期补扣补缴应扣缴的税款，还可能对其处以罚款，具体按照《税收征收管理法》第六十九条、《国家税务总局关于贯彻〈中华人民共和国税收征收管理法〉及其实施细则若干具体问题的通知》（国税发〔2003〕47号，以下简称国税发〔2003〕47号文件）第二条处理。

2. 非居民企业变相分配股息未代扣代缴所得税

【示例情况】

2019年12月，境内A公司账上有一笔用“其他应收款”冲减“未分配利润”2 000万元的分录，实际是采用向境外投资方借出款项的方式，以借款抵顶应分配的股息。A公司未代扣代缴企业所得税，导致税款流失。

【法理分析】

税务执法应遵循“实质重于形式”原则，A公司对境外投资方的支付形式上是借出款项，实质是分配股息，应履行代扣代缴义务。依据国家税务总局公告2017年第37号文件规定，按照《企业所得税法》第三十七条规定应当扣缴的税款，扣缴义务人应扣未扣的，由扣缴义务人所在地主管税务机关依照《行政处罚法》第二十三条规定责令扣缴义务人补扣税款，并依法追究扣缴义务人责任。《企业所得税法》第三十七条规定，对非居民企业取得《企业所得税法》第三条第三款规定的所得应缴纳的所得税，实行源泉扣缴，以支付人为扣缴义务人。税款由扣缴义务人在每次支付或者到期应支付时，从支付或者到期应支付的款项中扣缴。因此，A公司应将支付的款项还原为向境外投资方分配的股息，按《企业所得税法》及相关税收协定的规定代扣代缴税款。A公司存在未按规定扣缴企业所得税的风险。

【税务处理】

A公司应与境外投资方沟通确认税款承担方，并补扣缴税款。A公司作为扣缴义务人应扣未扣税款。税务机关可能会责成A公司限期补扣补缴应扣缴的税款，还可能对其处以罚款，具体按照《税收征收管理法》第六十九条、国税发〔2003〕47号文件第二条处理。

第二节 个人所得税法遵从

个人所得税是以个人取得的各项应税所得为征税对象所征收的一种税。纳税人包括中国公民以及在中国取得所得的外籍人员（包括无国籍人员）。个体工商户、个人独资企业投资者、合伙企业中的个人合伙人等也是我国个人所得税的纳税人。个人所得税规定有费用扣除标准（免征额）并多采用累进税率，可以做到“多得多征、少得少征、不得不征”，很好地体现了量能负担的税收公平原则。个人所得税超额累进的征税制度，通过对高收入者征收高税率而达到调节收入分配的目的，并成为宏观调控的“自动稳定器”，进而有助于促进经济稳定发展。

改革开放以前，我国未开征个人所得税，直到1980年第五届全国人民代表大会第三次会议通过《中华人民共和国个人所得税法》，初步奠定了我国个人所得税税制体系。但由于规定的费用扣除标准较高［800元/月（次）］，当时居民收入普遍较低，大部分国内居民都不在征税范围内。1986年国务院发布了《中华人民共和国城乡个体工商业户所得税暂行条例》和《中华人民共和国个人收入调节税暂行条例》。之后，为适应社会主义市场经济的要求，1993年第八届全国人民代表大会常务委员会在对三部法律法规进行修改合并的基础上，颁布修正后的《个人所得税法》。同年国务院配套发布《中华人民共和国个人所得税法实施条例》（以下简称《个人所得税法实施条例》），我国初步建立起内外统一的个人所得税制度。其后《个人所得税法》又历经六次重大修订，特别是2018年的个人所得税改革，实现了从分类税制到分类与综合相结合税制的转变，符合现代税制发展的总体趋势。

一、遵从要点

（一）纳税主体

在中国境内有住所，或者无住所而一个纳税年度内在中国境内居住累计满183天的个人，为居民个人。居民个人从中国境内和境外取得的所得，依照《个人所得税法》规定缴纳个人所得税。

在中国境内无住所又不居住，或者无住所而一个纳税年度内在中国境内居住累计不满183天的个人，为非居民个人。非居民个人从中国境内取得的所得，依照《个人所得税法》规定缴纳个人所得税。

（二）课税对象

下列各项个人所得，应当缴纳个人所得税：

（1）工资、薪金所得；

（2）劳务报酬所得；

（3）稿酬所得；

（4）特许权使用费所得；

（5）经营所得；

（6）利息、股息、红利所得；

（7）财产租赁所得；

（8）财产转让所得；

（9）偶然所得。

居民个人取得上述第（1）项至第（4）项所得（以下称综合所得），按纳税年度合并计算个人所得税；非居民个人取得上述第（1）项至第（4）项所得，按月或者按次分项计算个人所得税。

（三）税率

个人所得税按照不同的所得类别和项目，分别采用两种税率形式，即超额累进税率、比例税率。

1. 居民个人的综合所得，包括工资、薪金所得，劳务报酬所得，稿酬所得，特许权使用费所得四项，适用3% ~45%的超额累进税率。详见表5－1。

表5－1　　个人所得税税率表（综合所得适用）

级数	全年应纳税所得额	税率/%	速算扣除数
1	不超过36 000元的	3	0
2	超过36 000元至144 000元的部分	10	2 520
3	超过144 000元至300 000元的部分	20	16 920
4	超过300 000元至420 000元的部分	25	31 920
5	超过420 000元至660 000元的部分	30	52 920
6	超过660 000元至960 000元的部分	35	85 920
7	超过960 000元的部分	45	181 920

2. 经营所得，适用5% ~35%的超额累进税率。详见表5 -2。

表5 -2 个人所得税税率表（经营所得适用）

级数	全年应纳税所得额	税率/%	速算扣除数
1	不超过30 000元的	5	0
2	超过30 000元至90 000元的部分	10	1 500
3	超过90 000元至300 000元的部分	20	10 500
4	超过300 000元至500 000元的部分	30	40 500
5	超过500 000元的部分	35	65 500

3. 利息、股息、红利所得，财产租赁所得，财产转让所得和偶然所得，适用比例税率，税率为20%。

4. 享受全年一次性奖金、上市公司股权激励、单位低价向职工售房等单独计税优惠政策，以及非居民个人取得工资、薪金所得，劳务报酬所得，稿酬所得，特许权使用费所得，适用按月换算后的综合所得税率表。详见表5 -3。

表5 -3 按月换算后的综合所得税率表

级数	全月应纳税所得额	税率/%	速算扣除数
1	不超过3 000元的	3	0
2	超过3 000元至12 000元的部分	10	210
3	超过12 000元至25 000元的部分	20	1 410
4	超过25 000元至35 000元的部分	25	2 660
5	超过35 000元至55 000元的部分	30	4 410
6	超过55 000元至80 000元的部分	35	7 160
7	超过80 000元的部分	45	15 160

5. 居民个人综合所得，根据具体收入类型不同，须按月或按次预扣预缴税款，适用预扣率。详见表5 -4、表5 -5。

表5 -4 工资、薪金所得预扣率表

级数	累计预扣预缴应纳税所得额	预扣率/%	速算扣除数
1	不超过36 000元的	3	0
2	超过36 000元至144 000元的部分	10	2 520
3	超过144 000元至300 000元的部分	20	16 920

续表

级数	累计预扣预缴应纳税所得额	预扣率/%	速算扣除数
4	超过 300 000 元至 420 000 元的部分	25	31 920
5	超过 420 000 元至 660 000 元的部分	30	52 920
6	超过 660 000 元至 960 000 元的部分	35	85 920
7	超过 960 000 元的部分	45	181 920

表 5－5　　劳务报酬所得预扣率表

级数	预扣预缴应纳税所得额	预扣率/%	速算扣除数
1	不超过 20 000 元的	20	0
2	超过 20 000 元至 50 000 元的部分	30	2 000
3	超过 500 000 元的部分	40	7 000

（四）税款计算

1. 居民个人综合所得应纳税额

居民个人的综合所得，以每一纳税年度的收入额减除费用 6 万元以及专项扣除、专项附加扣除和依法确定的其他扣除后的余额，为应纳税所得额。

（1）综合所得收入额

①工资、薪金所得；

②劳务报酬所得、稿酬所得、特许权使用费所得以收入减除 20% 的费用后的余额为收入额；

③稿酬所得的收入额减按 70% 计算。

（2）专项扣除

专项扣除包括居民个人按照国家规定的范围和标准缴纳的基本养老保险、基本医疗保险、失业保险等社会保险费和住房公积金等。

①基本社会保险

按照国家规定，单位为个人缴付和个人缴付的基本养老保险费、基本医疗保险费、失业保险费，可从纳税人的应纳税所得额中扣除。

②住房公积金

单位和个人分别在不超过职工本人上一年度月平均工资 12% 的幅度内，其实际缴存的住房公积金，允许在个人应纳税所得额中扣除。

单位和职工个人缴存住房公积金的月平均工资不得超过职工工作地所在设区城市上一年度职工月平均工资的 3 倍，具体标准按照各地有关规定执行。

（3）专项附加扣除

专项附加扣除，包括子女教育、继续教育、大病医疗、住房贷款利息或者住房租金、赡养老人、3 岁以下婴幼儿照护等支出。

①子女教育

纳税人年满 3 周岁的子女接受学前教育、全日制学历教育的相关支出，按照每个子女每月 1 000 元的标准定额扣除。父母可以选择由其中一方按扣除标准的 100% 扣除，也可以选择由双方分别按扣除标准的 50% 扣除，具体扣除方式在一个纳税年度内不能变更。

②继续教育

纳税人在中国境内接受学历（学位）继续教育的支出，在学历（学位）教育期间按照每月 400 元定额扣除。同一学历（学位）继续教育的扣除期限不能超过 48 个月。纳税人接受技能人员职业资格继续教育、专业技术人员职业资格继续教育的支出，在取得相关证书的当年，按照 3 600 元定额扣除。

个人接受本科及以下学历（学位）继续教育，符合《个人所得税专项附加扣除暂行办法》（国发〔2018〕41 号）规定扣除条件的，可以选择由其父母扣除，也可以选择由本人扣除。

③大病医疗

在一个纳税年度内，纳税人发生的与基本医保相关的医药费用支出，扣除医保报销后个人负担（指医保目录范围内的自付部分）累计超过 15 000 元的部分，由纳税人在办理年度汇算清缴时，在 80 000 元限额内据实扣除。

纳税人发生的医药费用支出可以选择由本人或者其配偶扣除，未成年子女发生的医药费用支出可以选择由其父母一方扣除。

④住房贷款利息

纳税人本人或者配偶单独或者共同使用商业银行或者住房公积金个人住房贷款为本人或者其配偶购买中国境内住房，发生的首套住房贷款利息支出，在实际发生贷款利息的年度，按照每月 1 000 元的标准定额扣除，扣除期限最长不超过 240 个月。纳税人只能享受一次首套住房贷款的利息扣除。

所称首套住房贷款，是指购买住房享受首套住房贷款利率的住房贷款。

⑤住房租金

纳税人在主要工作城市没有自有住房而发生的住房租金支出，可以按照以下标准定额扣除：直辖市、省会（首府）城市、计划单列市以及国务院确定的其他城市，扣除标准为每月 1 500 元；除前述城市以外，市辖区户籍人口超过 100 万的城市，扣除标准为每月 1 100 元；市辖区户籍人口不超过 100 万的城市，扣除标准为每月 800 元。

纳税人的配偶在纳税人的主要工作城市有自有住房的，视同纳税人在主要工作城市有自有住房。

纳税人及其配偶不能同时享受住房贷款利息专项附加扣除和住房租金专项附加扣除。

⑥赡养老人

纳税人赡养一位及以上被赡养人的赡养支出，统一按照以下标准定额扣除：纳税人为独生子女的，按照每月 2 000 元的标准定额扣除；纳税人为非独生子女的，由其与兄弟姐妹分摊每月 2 000 元的扣除额度，每人分摊的额度不能超过每月 1 000 元。可以由赡养人均摊或者约定分摊，也可以由被赡养人指定分摊。约定或者指定分摊的须签订书面分摊协议，指定分摊优先于约定分摊。具体分摊方式和额度在一个纳税年度内不能变更。

⑦3 岁以下婴幼儿照护

纳税人照护 3 岁以下婴幼儿子女的相关支出，按照每个婴幼儿每月 1 000 元的标准定额扣除。扣除主体是 3 岁以下婴幼儿的监护人，包括生父母、继父母、养父母，父母之外的其他人担任未成年人的监护人的，可以比照执行。

（4）依法确定的其他扣除

依法确定的其他扣除，包括个人缴付符合国家规定的企业年金、职业年金，个人购买符合国家规定的商业健康保险、税收递延型商业养老保险的支出，以及国务院规定可以扣除的其他项目。

①企业年金、职业年金

自 2014 年 1 月 1 日起，企业和事业单位（以下统称单位）根据国家有关政策规定的办法和标准，为在本单位任职或者受雇的全体职工缴付的企业年金或职业年金（以下统称年金）单位缴费部分，在计入个人账户时，个人暂不缴纳个人所得税。

个人根据国家有关政策规定缴付的年金个人缴费部分，在不超过本人缴费工资计税基数的 4% 标准内的部分，暂从个人当期的应纳税所得额中扣除。

超过上述规定的标准缴付的年金单位缴费和个人缴费部分，应并入个人当期的工资、薪金所得计征个人所得税。

②个人购买符合国家规定的商业健康保险

对个人购买符合规定的商业健康保险产品的支出，允许在当年（月）计算应纳税所得额时予以税前扣除，扣除限额为 2 400 元/年（200 元/月）。单位统一组织并为员工购买符合规定的商业健康保险产品的支出，应分别计入员工个人工资、薪金，视同个人购买，按上述限额予以扣除。

保险公司销售符合规定的商业健康保险产品，应及时为购买保险的个人开具发票和保单凭证，并在保单凭证上注明税优识别码。个人购买商业健康保险未获得税优识别码的，其支出金额不得税前扣除。

③个人养老金递延纳税

自 2022 年 1 月 1 日起，在北京、上海、广州、西安、成都等 36 个个人养老金制度先行城市，对个人养老金实施递延纳税优惠政策。在缴费环节，个人向个人养老金资金账户的缴费，按照 12 000 元/年的限额标准，在综合所得或经营所得中据实扣除；在投资环节，计入个人养老金资金账户的投资收益暂不征收个人所得税；在领取环节，个人领取的个人养老金，不并入综合所得，单独按照 3% 的税率计算缴纳个人所得税，其缴纳的税款计入工资、薪金所得项目。

2. 居民综合所得“预扣预缴”应纳税额的计算

（1）工资、薪金“预扣预缴”应纳税额计算

扣缴义务人向居民个人支付工资、薪金所得时，应当按照累计预扣法计算预扣税款，并按月办理扣缴申报。具体计算公式如下：

$$\text{本期应预扣预缴税额}=\left(\text{累计预扣预缴应纳税所得额}\times\text{预扣率}-\text{速算扣除数}\right)-\text{累计减免税额}-\text{累计已预扣预缴税额}$$

$$\text{累计预扣预缴应纳税所得额}=\text{累计收入}-\text{累计免税收入}-\text{累计减除费用}-\text{累计专项扣除}-\text{累计专项附加扣除}-\text{累计依法确定的其他扣除}$$

（2）向居民个人支付劳务报酬所得、稿酬所得、特许权使用费的扣缴方法

扣缴义务人向居民个人支付劳务报酬所得、稿酬所得、特许权使用费所得时，应当按照以下方法按次或者按月预扣预缴税款：

劳务报酬所得、稿酬所得、特许权使用费所得以收入减除费用后的余额为收入额。其中，稿酬所得的收入额减按 70% 计算。

减除费用：预扣预缴税款时，劳务报酬所得、稿酬所得、特许权使用费所得每次收入不超过 4 000 元的，减除费用按 800 元计算；每次收入 4 000 元以上的，减除费用按收入的 20% 计算。

应纳税所得额：劳务报酬所得、稿酬所得、特许权使用费所得，以每次收入额为预扣预缴应纳税所得额，计算应预扣预缴税额。劳务报酬所得适用劳务报酬所得预扣率表（详见表 5－5），稿酬所得、特许权使用费所得适用 20% 的比例预

扣率。

居民个人办理年度综合所得汇算清缴时，应当依法计算劳务报酬所得、稿酬所得、特许权使用费所得的收入额，并入年度综合所得计算应纳税款，税款多退少补。

3. 经营所得应纳税额

经营所得，以每一纳税年度的收入总额减除成本、费用以及损失后的余额，为应纳税所得额。

取得经营所得的个人，没有综合所得的，计算其每一纳税年度的应纳税所得额时，应当减除费用6万元、专项扣除、专项附加扣除以及依法确定的其他扣除。专项附加扣除在办理汇算清缴时减除。

纳税人取得经营所得，按年计算个人所得税。经营所得，适用5%～35%的超额累进税率（详见表5-2）。

4. 财产租赁所得应纳税额

个人出租房屋取得的财产租赁收入，在计算缴纳个人所得税时，应依次扣除以下费用：

财产租赁过程中缴纳的税费；向出租方支付的租金；由纳税人负担的租赁财产实际开支的修缮费用（每次8 000元为限，一次扣除不完的，准予在下一次继续扣除）；税法规定的费用扣除标准。

财产租赁所得的个人所得税适用比例税率，税率为20%。财产租赁所得，以一个月内取得的收入为一次。每次收入不超过4 000元，减除费用800元；4 000元以上的，减除20%的费用，其余额为应纳税所得额。

对个人出租住房取得的所得减按10%的税率征收个人所得税。

5. 财产转让所得应纳税额

财产转让所得按照一次转让财产的收入额减除财产原值和合理费用后的余额计算纳税。

财产转让所得的个人所得税适用比例税率，税率为20%。财产转让所得的个人所得税按照财产转让所得的应纳税额乘以适用税率计算。

6. 利息、股息、红利所得和偶然所得应纳税额

利息、股息、红利所得和偶然所得，以每次收入额为应纳税所得额，无费用扣除，适用比例税率，税率为20%。

利息、股息、红利所得，以支付利息、股息、红利时取得的收入为一次。偶然所得，以每次取得该项收入为一次。

7. 非居民和无住所居民个人应纳税所得额

（1）所得来源地确定

①工资、薪金所得来源地的规定

个人取得归属于中国境内工作期间的工资、薪金所得为来源于境内的工资、薪金所得。

无住所个人在境内外单位同时担任职务或者仅在境外单位任职，且当期同时在境内外工作的，按照工资、薪金所属境内外工作天数占当期公历天数的比例计算确定来源于境内外工资、薪金所得的收入额。境外工作天数按照当期公历天数减去当期境内工作天数计算。

②数月奖金以及股权激励所得来源地的规定

无住所个人取得的数月奖金或者股权激励所得按照第①项规定确定所得来源地的。无住所个人在境内履职或者执行职务时收到的数月奖金或者股权激励所得，归属于境外工作期间的部分，为来源于境外的工资、薪金所得；无住所个人停止在境内履约或者执行职务离境后收到的数月奖金或者股权激励所得，归属于境内工作期间的部分，为来源于境内的工资、薪金所得。具体计算方法为：数月奖金或者股权激励乘以其所属工作期间境内工作天数与所属工作期间公历天数之比。

无住所个人一个月内取得的境内外数月奖金或者股权激励包含归属于不同期间的多笔所得的，应当先分别按照规定计算不同归属期间来源于境内的所得，然后再加总计算当月来源于境内的数月奖金或者股权激励收入额。

③董事、监事及高层管理人员取得报酬所得来源地的规定

对于担任境内居民企业的董事、监事及高层管理职务［包括企业正、副（总）经理、各职能总师、总监及其他类似职务］的个人（以下统称高管人员），无论是否在境内履行职务，取得由境内居民企业支付或者负担的董事费，监事费，工资、薪金或者其他类似报酬（以下统称高管人员报酬，包含数月奖金和股权激励），属于来源于境内的所得。

④稿酬所得来源地的规定

由境内企业、事业单位、其他组织支付或者负担的稿酬所得，为来源于境内的所得。

（2）无住所个人工资、薪金所得收入额计算

①无住所个人为非居民个人的情形

非居民个人取得工资、薪金所得，除无住所个人为高管人员的情形以外，当月工资、薪金收入额按照以下两种情形计算：

情形一：非居民个人境内居住时间累计不超过 90 天。

在一个纳税年度内，在境内累计居住不超过 90 天的非居民个人，仅就归属于境内工作期间并由境内雇主支付或者负担的工资、薪金所得计算缴纳个人所得税。当月工资、薪金收入额的计算公式如下（公式一）：

$$\text{当月工资、薪金收入额}=\text{当月境内外工资、薪金总额}\times\frac{\text{当月境内支付工资、薪金数额}}{\text{当月境内外工资、薪金总额}}\times\frac{\text{当月工资、薪金所属工作期间境内工作天数}}{\text{当月工资、薪金所属工作期间公历天数}}$$

境内雇主包括雇用员工的境内单位和个人以及境外单位或者个人在境内的机构、场所。凡境内雇主采取核定征收所得税或者无营业收入未征收所得税的，无住所个人为其工作取得工资、薪金所得，不论是否在该境内雇主会计账簿中记载，均视为由该境内雇主支付或者负担。

当月境内外工资、薪金包含归属于不同期间的多笔工资、薪金的，应当先分别按照规定计算不同归属期间工资、薪金收入额，然后再加总计算当月工资、薪金收入额。

情形二：非居民个人境内居住时间累计超过 90 天不满 183 天。

在一个纳税年度内，在境内累计居住超过 90 天但不满 183 天的非居民个人，取得归属于境内工作期间的工资、薪金所得，均应当计算缴纳个人所得税；其取得归属于境外工作期间的工资、薪金所得，不征收个人所得税。当月工资、薪金收入额的计算公式如下（公式二）：

$$\text{当月工资、薪金收入额}=\text{当月境内外工资、薪金总额}\times\frac{\text{当月工资、薪金所属工作期间境内工作天数}}{\text{当月工资、薪金所属工作期间公历天数}}$$

②无住所个人为居民个人的情形

在一个纳税年度内，在境内累计居住满 183 天的无住所居民个人取得工资、薪金所得，当月工资、薪金收入额按照以下规定计算：

情形一：无住所居民个人在境内居住累计满 183 天的年度连续不满 6 年。

在境内居住累计满 183 天的年度连续不满 6 年的无住所居民个人，符合《个人所得税法实施条例》第四条优惠条件的，其取得的全部工资、薪金所得，除归属于境外工作期间且由境外单位或者个人支付的工资、薪金所得部分外，均应计算缴纳个人所得税。工资、薪金所得收入额的计算公式如下（公式三）：

$$\begin{matrix}\text{当月工资、}\\\text{薪金收入额}\end{matrix}=\begin{matrix}\text{当月境内外}\\\text{工资、薪金总额}\end{matrix}\times\left(1-\frac{\begin{matrix}\text{当月境外支付}\\\text{工资、薪金数额}\end{matrix}}{\begin{matrix}\text{当月境内外}\\\text{工资、薪金总额}\end{matrix}}\times\frac{\begin{matrix}\text{当月工资、薪金所属}\\\text{工作期间境外工作天数}\end{matrix}}{\begin{matrix}\text{当月工资、薪金所属}\\\text{工作期间公历天数}\end{matrix}}\right)$$

情形二：无住所居民个人在境内居住累计满 183 天的年度连续满 6 年。

在境内居住累计满 183 天的年度连续满 6 年后，不符合优惠条件的无住所居民个人，其从境内外取得的全部工资、薪金所得均应计算缴纳个人所得税。

③无住所个人为高管人员的情形

无住所居民个人为高管人员的，工资、薪金收入额按照无住所个人为居民个人的情形规定计算纳税。非居民个人为高管人员的，按照以下规定处理：

情形一：高管人员在境内居住时间累计不超过 90 天。

在一个纳税年度内，在境内累计居住不超过 90 天的高管人员，其取得由境内雇主支付或者负担的工资、薪金所得应当计算缴纳个人所得税；不是由境内雇主支付或者负担的工资、薪金所得，不缴纳个人所得税。当月工资、薪金收入额为当月境内支付或者负担的工资、薪金收入额。

情形二：高管人员在境内居住时间累计超过 90 天不满 183 天。

在一个纳税年度内，在境内居住累计超过 90 天但不满 183 天的高管人员，其取得的工资、薪金所得，除归属于境外工作期间且不是由境内雇主支付或者负担的部分外，应当计算缴纳个人所得税。当月工资、薪金收入额计算适用公式三。

（3）非居民个人所得应纳税额计算

非居民个人取得工资、薪金所得，劳务报酬所得，稿酬所得和特许权使用费所得，分类分项计税，不适用综合征收。

非居民个人取得来源于境内的劳务报酬所得、稿酬所得、特许权使用费所得，以税法规定的每次收入额为应纳税所得额，适用月度税率表计算应纳税额。各项所得均适用按月换算的综合所得税率表。

有扣缴义务人的，由扣缴义务人按月或者按次代扣代缴税款，不办理汇算清缴。

非居民个人一个月内取得数月奖金，单独按照规定计算当月收入额，不与当月其他工资、薪金合并，按 6 个月分摊计税，不减除费用，适用月度税率表计算应纳税额，在一个公历年度内，对每一个非居民个人，该计税办法只允许适用一次。计算公式如下：

$$\begin{matrix}\text{当月数月奖}\\\text{金应纳税额}\end{matrix}=\left[\left(\begin{matrix}\text{数月奖金}\\\text{收入额}\end{matrix}\div 6\right)\times\begin{matrix}\text{适用}\\\text{税率}\end{matrix}-\begin{matrix}\text{速算}\\\text{扣除数}\end{matrix}\right]\times 6$$

非居民个人一个月内取得股权激励所得，单独按照规定计算当月收入额，不与当月其他工资、薪金合并，按6个月分摊计税（一个公历年度内的股权激励所得应合并计算），不减除费用，适用月度税率表计算应纳税额。计算公式如下：

$$\text{当月股权激励所得应纳税额}=\left[\left(\frac{\text{本公历年度内股权激励所得合计额}}{}\div 6\right)\times\text{适用税率}-\text{速算扣除数}\right]\times 6-\text{本公历年度内股权激励所得已纳税额}$$

（4）无住所居民个人税款计算

无住所居民个人取得综合所得，年度终了后，应按年计算个人所得税。有扣缴义务人的，由扣缴义务人按月或者按次预扣预缴税款。需要办理汇算清缴的，按照规定办理汇算清缴，年度综合所得应纳税额计算公式如下：

$$\text{年度综合所得应纳税额}=\left(\text{年度工资、薪金收入额}+\text{年度劳务报酬收入额}+\text{年度稿酬收入额}+\text{年度特许权使用费收入额}-\text{减除费用}-\text{专项扣除}-\text{专项附加扣除}-\text{依法确定的其他扣除}\right)\times\text{适用税率}-\text{速算扣除数}$$

无住所居民个人为外籍个人的，2022年1月1日前计算工资、薪金收入额时，已经按规定减除住房补贴、子女教育费、语言训练费等八项津补贴的，不能同时享受专项附加扣除。

（五）税收优惠

个人所得税的优惠政策繁多，此处仅列举法定减免税及部分常见优惠项目。

1. 法定免税

（1）省级人民政府、国务院部委和中国人民解放军军以上单位，以及外国组织、国际组织颁发的科学、教育、技术、文化、卫生、体育、环境保护等方面的奖金；

（2）国债和国家发行的金融债券利息；

（3）按照国家统一规定发给的补贴、津贴；

（4）福利费、抚恤金、救济金；

（5）保险赔款；

（6）军人的转业费、复员费、退役金；

（7）按照国家统一规定发给干部、职工的安家费、退职费、基本养老金或者退休费、离休费、离休生活补助费；

（8）依照有关法律规定应予免税的各国驻华使馆、领事馆的外交代表、领事官员和其他人员的所得；

（9）中国政府参加的国际公约、签订的协议中规定免税的所得；

（10）国务院规定的其他免税所得。

2. 其他法规政策规定的免税项目

（1）居民储蓄存款利息；

（2）政府或够条件的机构发放的见义勇为奖金；

（3）对个体工商户或个人，以及个人独资企业和合伙企业从事种植业、养殖业、饲养业、捕捞业取得的所得；

（4）企事业单位按照规定比例或办法缴付的基本养老保险费、基本医疗保险费和失业保险费；

（5）生育津贴、生育医疗费；

（6）工伤保险待遇；

（7）个人举报、协查违法、犯罪行为而获得的奖金；

（8）个人办理代扣代缴税款取得的扣缴手续费；

（9）个人转让自用达 5 年以上并且是唯一的家庭生活居住用房取得的所得；

（10）外籍个人从外商投资企业取得的股息、红利所得；

（11）符合条件的外籍专家取得的工资、薪金所得；

（12）被拆迁人按照国家有关城镇房屋拆迁管理办法规定的标准取得的拆迁补偿款；

（13）对个人投资者从投保基金公司取得的行政和解金；

（14）个人转让上市公司股票取得的所得；

（15）个人取得流通股股票持股期限超过 1 年的股息、红利所得；

（16）其他阶段性减免，如新冠疫情期间对医务人员和防疫工作者临时补助和奖金免税、2020 年 1 月 1 日起执行至 2024 年 12 月 31 日对在海南自由贸易港工作的高端人才和紧缺人才其个人所得税实际税负超过 15% 的部分予以免征等。

3. 减征个人所得税优惠

（1）法定减征项目

有下列情形之一的，可以减征个人所得税，具体幅度和期限，由省、自治区、直辖市人民政府规定，并报同级人民代表大会常务委员会备案：

①残疾、孤老人员和烈属的所得；

②因自然灾害遭受重大损失的。

国务院可以规定其他减税情形，报全国人民代表大会常务委员会备案。

（2）其他法规政策规定的减征项目

①个人投资者持有 2019—2023 年发行的铁路债券取得的利息收入，减按 50% 计入应纳税所得额，计算征收个人所得税。

②一个纳税年度内在船航行时间累计满 183 天的远洋船员，其取得的工资、薪金收入减按 50% 计入应纳税所得额，缴纳个人所得税。

③自 2021 年 1 月 1 日至 2024 年 12 月 31 日，对个体工商户经营所得年应纳税所得额不超过 100 万元的部分，在现行优惠政策基础上，再减半征收个人所得税。

4. 单独计税优惠政策

（1）全年一次性奖金单独计税优惠政策

①全年一次性奖金计税方法

居民个人取得全年一次性奖金，在 2023 年 12 月 31 日前，可以选择不并入当年综合所得，也可以选择并入当年综合所得计算纳税。

纳税人取得全年一次性奖金，选择不并入当年综合所得的，单独作为一个月工资、薪金所得计算纳税，并按以下计税办法，由扣缴义务人发放时代扣代缴：先将雇员当月内取得的全年一次性奖金，除以 12 个月，按其商数确定适用税率和速算扣除数，适用按月换算后的综合所得税率表（详见表 5－3）。适用公式为：

$$\text{应纳税额} = \text{雇员当月取得全年一次性奖金} \times \text{适用税率} - \text{速算扣除数}$$

②当月工资、薪金低于费用扣除标准时一次性奖金的计税方法

如果在发放年终一次性奖金的当月，雇员当月工资、薪金所得低于税法规定的费用扣除额，应将全年一次性奖金减除“雇员当月工资、薪金所得与费用扣除额的差额”后的余额，按上述办法确定全年一次性奖金的适用税率和速算扣除数。适用公式为：

$$\text{应纳税额} = \left(\text{雇员当月取得全年一次性奖金} - \text{雇员当月工资、薪金所得与费用扣除额的差额}\right) \times \text{适用税率} - \text{速算扣除数}$$

③限制性规定

在一个纳税年度内，对每一个纳税人，该计税办法只允许采用一次。

雇员取得除全年一次性奖金以外的其他各种名目奖金，如半年奖、季度奖、加班奖、先进奖、考勤奖等，一律与当月工资、薪金收入合并，按税法规定缴纳个人所得税。

（2）上市公司股权激励单独计税优惠政策

居民个人取得股票期权、股票增值权、限制性股票、股权奖励等股权激励（以下简称股权激励），符合相关条件的不并入当年综合所得，全额单独适用综合所得税率表，计算纳税。适用公式为：

$$\text{应纳税额} = \text{股权激励收入} \times \text{适用税率} - \text{速算扣除数}$$

居民个人一个纳税年度内取得两次以上（含两次）股权激励的，应合并按照

上述方法计算纳税。

上市公司股权激励单独计税优惠政策，执行期限目前延长至2023年12月31日。

（3）单位低价向职工售房

单位按低于购置或建造成本价格出售住房给职工，职工因此而少支出的差价部分，符合规定的，不并入当年综合所得，以差价收入除以12个月得到的数额，按照按月换算后的综合所得税率表确定适用税率和速算扣除数，单独计算纳税。适用公式为：

$$\text{应纳税额}=\text{职工实际支付的购房价款低于该房屋的购置或建造成本价格的差额}\times\text{适用税率}-\text{速算扣除数}$$

5. 公益性捐赠税前扣除

个人通过中华人民共和国境内公益性社会组织、县级以上人民政府及其部门等国家机关，向教育、扶贫、济困等公益慈善事业的捐赠，发生的公益捐赠支出，可以按照《个人所得税法》有关规定在计算应纳税所得额时扣除。

（1）个人发生的公益捐赠支出可以在财产租赁所得，财产转让所得，利息、股息、红利所得，偶然所得（以下统称分类所得），综合所得或者经营所得中扣除，当期一个所得项目扣除不完的，可按规定在其他所得项目中继续扣除；

（2）在综合所得、经营所得中扣除的，扣除限额分别为当年综合所得、当年经营所得应纳税所得额的30%；

（3）在分类所得中扣除的，扣除限额为当月分类所得应纳税所得额的30%；

（4）居民个人根据各项所得的收入、公益捐赠支出、适用税率等情况，自行决定在综合所得、分类所得、经营所得中扣除公益捐赠支出的顺序。

（六）纳税地点

1. 全员全额扣缴申报

适用全员全额扣缴申报的，由扣缴义务人在其所在地主管税务机关缴纳。

2. 自行纳税申报

（1）居民个人取得综合所得需要办理汇算清缴的，向任职、受雇单位所在地主管税务机关办理纳税申报。纳税人有两处以上任职、受雇单位的，选择向其中一处任职、受雇单位所在地主管税务机关办理纳税申报；纳税人没有任职、受雇单位的，向户籍所在地或经常居住地主管税务机关办理纳税申报。

（2）取得经营所得的，向经营管理所在地主管税务机关办理预缴和汇算清缴申报。从两处以上取得经营所得的，选择向其中一处经营管理所在地主管税务机关办理年度汇总申报。

(3) 非居民个人取得工资、薪金所得，劳务报酬所得，稿酬所得和特许权使用费所得，扣缴义务人未扣缴税款的，向扣缴义务人所在地主管税务机关办理纳税申报。

(4) 非居民个人在中国境内从两处以上取得工资、薪金所得的，向其中一处任职、受雇单位所在地主管税务机关办理纳税申报。

(5) 居民个人取得境外所得，应向中国境内任职、受雇单位所在地主管税务机关办理纳税申报；在中国境内没有任职、受雇单位的，向户籍所在地或中国境内经常居住地主管税务机关办理纳税申报；户籍所在地与中国境内经常居住地不一致的，选择其中一地主管税务机关办理纳税申报；在中国境内没有户籍的，向中国境内经常居住地主管税务机关办理纳税申报。

（七）申报纳税

1. 全员全额扣缴申报

除经营所得外的其他 8 项所得，实行全员全额扣缴申报。扣缴义务人应当在代扣税款的次月 15 日内，向主管税务机关报送其支付所得的所有个人有关信息、支付所得数额、扣除事项和数额、扣缴税款的具体数额和总额以及其他相关涉税信息资料。

(1) 扣缴义务人每月或者每次预扣、代扣的税款，应当在次月 15 日内缴入国库，并向税务机关报送《个人所得税扣缴申报表》。

(2) 扣缴义务人首次向纳税人支付所得时，应当按照纳税人提供的纳税人识别号等基础信息，填写《个人所得税基础信息表（A 表)》，并于次月扣缴申报时向税务机关报送。

扣缴义务人对纳税人向其报告的相关基础信息变化情况，应当于次月扣缴申报时向税务机关报送。

2. 自行纳税申报

需要自行进行纳税申报的情形包括以下 6 项情形：

(1) 取得综合所得需要办理汇算清缴

详见下文“3. 居民个人综合所得汇算清缴申报”。

(2) 取得经营所得没有扣缴义务人

个体工商户业主、个人独资企业投资者、合伙企业个人合伙人、承包承租经营者个人以及其他从事生产、经营活动的个人取得经营所得，应按以下规定办理纳税申报：

①按月或按季预缴个人所得税：在月度或季度终了后 15 日内，向经营管理所在地主管税务机关办理预缴纳税申报。

②按年计税并汇算清缴：取得所得的次年 3 月 31 日前，向经营管理所在地主管税务机关办理汇算清缴，从两处以上取得经营所得的，选择向其中一处办理年度汇总申报。

（3）纳税人取得其他分类所得扣缴义务人未扣缴税款

纳税人取得利息、股息、红利所得，财产租赁所得，财产转让所得和偶然所得，应自取得所得的次年 6 月 30 日前，向主管税务机关办理纳税申报。

（4）非居民个人取得应税所得扣缴义务人未扣缴税款

非居民个人取得工资、薪金所得，劳务报酬所得，稿酬所得和特许权使用费所得，扣缴义务人未扣缴税款的，取得所得的次年 6 月 30 日前办理纳税申报；如离境应在离境前办理。

（5）非居民个人在中国境内从两处以上取得工资、薪金所得

应在取得所得的次月 15 日内，向其中一处任职、受雇单位所在地主管税务机关办理纳税申报。

（6）取得境外所得的纳税申报

居民个人从中国境外取得所得的，应当在取得所得的次年 3 月 1 日至 6 月 30 日内办理纳税申报。

3. 居民个人综合所得汇算清缴申报

（1）需办理汇算清缴的纳税人

取得综合所得且符合下列情形之一的纳税人，应当依法办理汇算清缴：

①年度内从两处以上取得综合所得，且综合所得年收入额减除专项附加扣除后的余额超过 6 万元；

②取得劳务报酬所得、稿酬所得、特许权使用费所得中一项或者多项所得，且综合所得年收入额减除专项附加扣除的余额超过 6 万元；

③纳税年度内预缴税额低于应纳税额；

④纳税人申请退税的。

（2）纳税申报规定

办理时间：应当在取得所得的次年 3 月 1 日至 6 月 30 日内办理汇算清缴。

可自主选择以下办理方式：自行办理，委托涉税专业服务机构或其他单位及个人代为办理，通过支付工资、薪金或连续性劳务报酬的扣缴义务人代为办理。

（3）专项附加扣除信息报送

享受子女教育、继续教育、住房贷款利息或者住房租金、赡养老人、3 岁以下婴幼儿照护专项附加扣除的纳税人，自符合条件开始，可以向支付工资、薪金所得的扣缴义务人提供上述专项附加扣除有关信息，由扣缴义务人在预扣预缴税款时，按其在本单位本年可享受的累计扣除额办理扣除；也可以在次年 3 月 1 日至 6 月 30 日内，向汇缴地主管税务机关办理汇算清缴申报时扣除。

享受大病医疗专项附加扣除的纳税人，由其在次年 3 月 1 日至 6 月 30 日内，自行向汇缴地主管税务机关办理汇算清缴申报时扣除。

一个纳税年度内，纳税人在扣缴义务人预扣预缴税款环节未享受或未足额享受专项附加扣除的，可以在当年内向支付工资、薪金的扣缴义务人申请在剩余月份发放工资、薪金时补充扣除，也可以在次年 3 月 1 日至 6 月 30 日内，向汇缴地主管税务机关办理汇算清缴时申报扣除。

二、难点解析

（一）在中国境内有住所的判定

税法上所称“住所”是一个特定概念，不等同于实物意义上的住房。按照《个人所得税法实施条例》第二条规定，在中国境内有住所，是指因户籍、家庭、经济利益关系而在中国境内习惯性居住。习惯性居住是判定纳税人是居民个人还是非居民个人的一个法律意义上的标准，并不是指实际的居住地或者在某一个特定时期内的居住地。对于因学习、工作、探亲、旅游等而在境外居住，在这些原因消除后仍然回到中国境内居住的个人，中国为其习惯性居住地，即该个人属于在中国境内有住所。

对于境外个人仅因学习、工作、探亲、旅游等原因而在中国境内居住，待上述原因消除后仍然回到境外居住的，其习惯性居住地不在境内，即使该境外个人在境内购买住房，也不会被认定为境内有住所的个人。

在实务中，如果个人的户籍在中国境内，持有中华人民共和国居民身份证，一般会被认为属于中国居民个人。

（二）离退休、内部退养相关收入的个人所得税处理

1. 离退休人员取得各类补贴、奖金、实物

离退休人员除按规定领取离退休工资或养老金外，另从原任职单位取得的节日慰问金、医药费补贴等各类补贴、奖金、实物，不属于可以免税的退休工资、离休工资、离休生活补助费，应在减除费用扣除标准后，按工资、薪金所得应税

项目缴纳个人所得税。

2. 退休人员再任职收入

退休人员再任职取得的收入，在减除按《个人所得税法》规定的费用扣除标准后，按工资、薪金所得应税项目缴纳个人所得税。

“退休人员再任职”应同时符合的条件：受雇人员与用人单位签订1年以上（含1年）劳动合同（协议），存在长期或连续的雇佣与被雇佣关系；受雇人员因事假、病假、休假等不能正常出勤时，仍享受固定或基本工资收入；受雇人员与单位其他正式职工享受同等福利、社保、培训及其他待遇；受雇人员的职务晋升、职称评定等工作由用人单位负责组织。

3. 提前退休取得的补贴收入

对未达到法定退休年龄并正式办理提前退休手续的个人，按照统一标准取得的一次性补贴，不属于免税的离退休工资收入，单独适用综合所得税率表，计算纳税。

个人办理提前退休手续而取得的一次性补贴收入，应按照办理提前退休手续至法定离退休年龄之间实际年度数平均分摊，确定适用税率和速算扣除数，单独适用综合所得税率表，计算纳税。适用公式：

$$\text{应纳税额}=\left\{\left[\left(\text{一次性补贴收入}\div\text{办理提前退休手续至法定退休年龄的实际年度数}\right)-\text{费用扣除标准}\right]\times\text{适用税率}-\text{速算扣除数}\right\}\times\text{办理提前退休手续至法定退休年龄的实际年度数}$$

4. 高级专家延长离退休期间的工薪所得

达到离退休年龄，但确因工作需要，适当延长离退休年龄的高级专家，其在延长离退休期间的工资、薪金所得，按以下规定处理：

（1）对高级专家从其劳动人事关系所在单位取得的，单位按国家有关规定向职工统一发放的工资、薪金、奖金、津贴、补贴等收入，视同离退休工资，免征个人所得税。

（2）除上述第（1）项所述收入以外各种名目的津补贴收入等，以及高级专家从其劳动人事关系所在单位之外的其他地方取得的培训费、讲课费、顾问费、稿酬等各种收入，依法计征个人所得税。

（3）延长离退休年龄的高级专家，是指享受国家发放的政府特殊津贴的专家、学者，中国科学院、中国工程院院士。

（4）高级专家从两处以上取得应税工资、薪金所得以及具有税法规定应当自行纳税申报的其他情形的，应在税法规定的期限内自行向主管税务机关办理纳税申报。

5. 内部退养收入

内部退养并不是退休，而是企业减员增效、安置职工的一种方式，内部退养期间取得的收入均须缴纳个人所得税，具体如下：

（1）退养期间取得的工资、薪金所得

实行内部退养的个人在其办理内部退养手续后至法定离退休年龄之间，从原任职单位取得的工资、薪金，不属于离退休工资，应以工资、薪金所得项目计征个人所得税。

（2）退养期间取得的一次性收入

个人在办理内部退养手续后从原任职单位取得的一次性收入，应按办理内部退养手续后至法定离退休年龄之间的所属月份进行平均，并与领取当月的工资、薪金所得合并后减除当月费用扣除标准，以余额为基数确定适用税率，再将当月工资、薪金加上取得的一次性收入，减去费用扣除标准，按适用税率计征个人所得税。

（3）退养期间重新就业取得的工资、薪金所得

个人在办理内部退养手续后至法定离退休年龄之间重新就业取得的工资、薪金所得，应与其从原任职单位取得的同一月份的工资、薪金所得合并，并依法自行向主管税务机关申报缴纳个人所得税。

（三）企业给员工发放或报销的各种补贴、津贴的个人所得税问题

个人所得税对个人取得的全部经济利益征税。企业给员工发放或报销的各种补贴、津贴等，若无免税规定，均应缴纳个人所得税。例如，节日补贴、物业补助、取暖降温费、通信费、交通费、住房补贴、夜班费、夜餐补贴、上岗津贴、女工补贴、休假疗养补贴、异地生活补贴、餐补及各种福利费等，均属于工资、薪金所得中的补贴、津贴以及与职工任职或受雇有关的其他所得，除属于国家统一规定免税项目或地方免税的项目外，均应并入工资、薪金所得，缴纳个人所得税。

（四）企业为员工购买的商业保险金的个人所得税问题

企业根据国家有关政策规定的办法和标准，为职工支付的补充养老保险费，在计入个人账户时，个人暂不缴纳个人所得税；个人根据国家有关政策规定支付的补充养老保险费，在不超过本人缴费工资计税基数的4%标准内的部分，暂从个人当期的应纳税所得额中扣除；超过上述两项规定的标准支付的单位、个人部分，

应并入个人当期的工资、薪金所得，缴纳个人所得税。

对于补充医疗保险，并入个人当期的工资、薪金所得，缴纳个人所得税。

对企业为员工支付各项免税项目以及上述之外的保险金，应在企业向保险公司缴付时（即该保险落到被保险人的保险账户）并入员工当期的工资收入，按工资、薪金所得项目计征个人所得税，税款由企业负责代扣代缴。

（五）企业对外赠送礼品的个人所得税辨析

1. 企业在业务宣传、广告等活动中，随机向本单位以外的个人赠送礼品（包括网络红包，下同），以及企业在年会、座谈会、庆典以及其他活动中向本单位以外的个人赠送礼品，个人取得的礼品收入，按照偶然所得项目计算缴纳个人所得税，但企业赠送的具有价格折扣或折让性质的消费券、代金券、抵用券、优惠券等礼品除外。

企业赠送的礼品是自产产品（服务）的，按该产品（服务）的市场销售价格确定个人的应税所得；企业赠送的礼品是外购商品（服务）的，按该商品（服务）的实际购置价格确定个人的应税所得。

2. 企业在销售商品（产品）和提供服务过程中向个人赠送礼品，以下情形不征收个人所得税：

（1）企业通过价格折扣、折让方式向个人销售商品（产品）和提供服务；

（2）企业在向个人销售商品（产品）和提供服务的同时给予赠品，如通信企业对个人购买手机赠话费、入网费，或者购话费赠手机等；

（3）企业对累积消费达到一定额度的个人按消费积分反馈礼品，但须注意，企业对累积消费达到一定额度的顾客给予的额外抽奖应按偶然所得征税。

（六）解除劳动关系的一次性补偿收入的个人所得税处理

1. 个人因与用人单位解除劳动关系而取得的一次性补偿收入（包括用人单位发放的经济补偿金、生活补助费和其他补助费用），其收入在当地上年职工平均工资3倍数额以内的部分，免征个人所得税。超过3倍数额的部分，不并入当年综合所得，单独适用综合所得税率表，计算纳税。

领取一次性补偿收入时按照国家和地方政府规定的比例实际缴纳的住房公积金、医疗保险费、基本养老保险费、失业保险费，可以在计征其一次性补偿收入的个人所得税时予以扣除。

2. 个人在解除劳动合同后又再次任职、受雇的，对个人已缴纳个人所得税的一次性经济补偿收入，不再与再次任职、受雇的工资、薪金所得合并计算补缴个人所得税。

3. 企业依照国家有关法律规定宣告破产，企业职工从该破产企业取得的一次性安置费收入，免征个人所得税。

（七）按照“利息、股息、红利所得”项目征税的特殊情况

将企业资金用于个人及家庭消费。企业资金应用于企业生产经营，若企业（除个人独资企业、合伙企业以外）的个人投资者以企业资金为本人、家庭成员及其相关人员支付与企业生产经营无关的消费性支出及购买汽车、住房等财产性支出，实质上应视为企业对个人投资者的红利分配，依照“利息、股息、红利所得”项目计征个人所得税。

在纳税年度终了仍未归还的个人投资者借款。为避免纳税人通过以借款名义变相取得分红的手段避税，纳税年度内个人投资者从其投资企业（个人独资企业、合伙企业除外）借款，在该纳税年度终了后既不归还又未用于企业生产经营的，其未归还的借款，可视为企业对个人投资者的红利分配，依照“利息、股息、红利所得”项目计征个人所得税。

（八）股权转让所得个人所得税处理

1. 股权转让所得应纳税额计算

个人转让股权，按“财产转让所得”缴纳个人所得税。股权转让，是指个人将股权转让给其他个人或法人的行为，包括以下情形：①出售股权；②公司回购股权；③发行人首次公开发行新股时，被投资企业股东将其持有的股份以公开发行方式一并向投资者发售；④股权被司法或行政机关强制过户；⑤以股权对外投资或进行其他非货币性交易；⑥以股权抵偿债务；⑦其他股权转移行为。

个人转让股权以股权转让收入减除股权原值和合理费用后的余额为应纳税所得额。合理费用，是指股权转让时按照规定支付的有关税费。对个人多次取得同一被投资企业股权的，转让部分股权时，采用“加权平均法”确定其股权原值。

2. 股权转让收入的确定

股权转让收入，是指转让方因股权转让而获得的现金、实物、有价证券和其他形式的经济利益。转让方取得与股权转让相关的各种款项，包括违约金、补偿金以及其他名目的款项、资产、权益等，均应当并入股权转让收入。纳税人按照合同约定，在满足约定条件后取得的后续收入，应当作为股权转让收入。股权转让收入应当按照公平交易原则确定。

以下情形，主管税务机关可以核定股权转让收入：

（1）申报的股权转让收入明显偏低且无正当理由的；

（2）未按照规定期限办理纳税申报，经税务机关责令限期申报，逾期仍不申

报的；

（3）转让方无法提供或拒不提供股权转让收入的有关资料；

（4）其他应核定股权转让收入的情形。

以下情形，将被视为股权转让收入明显偏低：

（1）申报的股权转让收入低于股权对应的净资产份额的。其中，被投资企业拥有土地使用权、房屋、房地产企业未销售房产、知识产权、探矿权、采矿权、股权等资产的，申报的股权转让收入低于股权对应的净资产公允价值份额的。

（2）申报的股权转让收入低于初始投资成本或低于取得该股权所支付的价款及相关税费的。

（3）申报的股权转让收入低于相同或类似条件下同一企业同一股东或其他股东股权转让收入的。

（4）申报的股权转让收入低于相同或类似条件下同类行业的企业股权转让收入的。

（5）不具合理性的无偿让渡股权或股份。

（6）主管税务机关认定的其他情形。

实际情况中，存在部分股权转让收入因种种合理情形而偏低的情形，因此税法规定以下情形视为有正当理由，不会被税务机关核定收入，具体如下：

（1）能出具有效文件，证明被投资企业因国家政策调整，生产经营受到重大影响，导致低价转让股权；

（2）继承或将股权转让给其能提供具有法律效力身份关系证明的配偶、父母、子女、祖父母、外祖父母、孙子女、外孙子女、兄弟姐妹以及对转让人承担直接抚养或者赡养义务的抚养人或者赡养人；

（3）相关法律、政府文件或企业章程规定，并有相关资料充分证明转让价格合理且真实的本企业员工持有的不能对外转让股权的内部转让；

（4）股权转让双方能够提供有效证据证明其合理性的其他合理情形。

3. 个人股权转让所得纳税义务时间的确定

股权转让的纳税时间为股权转让行为发生后的次月 15 日内。与企业所得税须满足协议已签订和变更手续完成两个要件不同，个人转让股权符合以下情形之一，即为股权转让行为发生：受让方已支付或部分支付股权转让价款的；股权转让协议已签订生效的；受让方已经实际履行股东职责或享受股东权益的；国家有关部门判决、登记或公告生效的；“1. 股权转让所得应纳税额计算”中股权转让情形第①至第⑦项行为已完成的；税务机关认定的其他有证据表明股权已发生转移的情形。

（九）合伙企业个人合伙人的个人所得税问题

合伙企业以每一个合伙人为纳税人，合伙企业合伙人是自然人的，缴纳个人所得税。合伙企业生产经营所得和其他所得采取“先分后税”的原则。个人合伙人的个人所得税按以下步骤确定：

第一步，计算合伙企业的生产经营所得。合伙企业每一纳税年度的收入总额减除成本、费用以及损失后的余额，作为投资者个人的生产经营所得。收入总额，是指企业从事生产经营以及与生产经营有关的活动所取得的各项收入，包括商品（产品）销售收入、营运收入、劳务服务收入、工程价款收入、财产出租或转让收入、利息收入、其他业务收入和营业外收入。

第二步，合伙人按照下列原则确定应纳税所得额：合伙企业的合伙人以合伙企业的生产经营所得和其他所得，按照合伙协议约定的分配比例确定应纳税所得额。合伙协议未约定或者约定不明确的，以全部生产经营所得和其他所得，按照合伙人协商决定的分配比例确定应纳税所得额。协商不成的，以全部生产经营所得和其他所得，按照合伙人实缴出资比例确定应纳税所得额。无法确定出资比例的，以全部生产经营所得和其他所得，按照合伙人数量平均计算每个合伙人的应纳税所得额。合伙协议不得约定将全部利润分配给部分合伙人。

第三步，个人合伙人按照确定的应纳税所得额，适用5%～35%的超额累进税率计算缴纳个人所得税。

但须注意，个人独资企业、合伙企业对外投资分回的利息或者股息、红利，不并入企业的收入，而应单独作为投资者个人取得的利息、股息、红利所得，按“利息、股息、红利所得”应税项目计算缴纳个人所得税。以合伙企业名义对外投资分回利息或者股息、红利的，应确定各个投资者的利息、股息、红利所得，分别按“利息、股息、红利所得”应税项目计算缴纳个人所得税，适用20%税率计算缴纳个人所得税。

（十）合伙制创业投资企业的计税方式

为进一步支持创业投资企业（含创投基金，以下统称创投企业）发展，我国税法允许创投企业选择按单一投资基金核算或按年度所得整体核算，选择后3年内不能变更。选择单一投资基金核算的，其个人合伙人从该基金应分得的股权转让所得和股息、红利所得，按照20%税率缴纳个人所得税。选择年度所得整体核算的，其个人合伙人应从创投企业取得的所得按照经营所得项目、适用5%～35%的超额累进税率缴纳个人所得税。两种方式的区别详见表5-6。

表 5－6　　　　　　创业投资企业个人合伙人所得税计税方式对比

	按单一投资基金核算	按年度所得整体核算
适用范围	仅针对个人合伙人从创投企业应分得的股权转让所得和股息、红利所得适用20%税率	对个人合伙人从该创投企业取得的全部所得适用5%～35%的超额累进税率，但股息、红利所得仍应按一般合伙企业规定适用20%税率
应纳税所得额的计算	单个投资项目的股权转让所得＝股权转让收入－股权原值－转让环节合理费用 （注：合理费用是按照规定支付的有关税费，管理人的管理费和业绩报酬等支出不得扣除） 个人合伙人从单一投资基金取得的股权转让所得＝（各个投资项目所得之和－各个投资项目损失）×个人合伙人出资比例－直接投资满2年的初创科技型企业投资额×70% 单一投资基金的股息、红利所得＝投资项目分配的股息、红利收入以及其他固定收益类证券等收入之和	年度所得＝（每一纳税年度的收入总额－成本、费用、损失）×个人合伙人出资比例－直接投资满2年的初创科技型企业投资额×70% 若个人合伙人无综合所得，则可以进一步减去6万元减除费用、专项扣除、专项附加扣除以及国务院规定的其他扣除
年度亏损结转	不同投资项目亏损及所得之和为负的，当年视为0，不得结转	可以结转，最长不超过5年
纳税申报	创投企业代扣代缴：股权转让所得在次年3月31日前代扣代缴，股息、红利按次扣缴	个人合伙人自行申报：按年计算、分月或分季预缴，次年3月31日前汇算清缴
备案要求	应当在完成中国证券投资基金业协会/国家发展和改革委员会备案后30日内向其所在地主管税务机关备案，未经备案，视同选择按年度所得整体核算	无

（十一）转让债权的应纳税所得确定

个人转让债权，按财产转让所得计算缴纳个人所得税，以个人每次转让债权取得的收入额减除原值和相关税费后的余额为应纳税所得额。

（1）转让债券的应纳税所得额确定：

每次卖出债券应纳税所得额＝该次卖出该类债券收入－该次卖出该类债券允许扣除的买价和费用

一次卖出某一种类的债券允许扣除的买价和费用＝购进该种债券买入价和买进过程中缴纳的税费总和÷购进该种类债券总数量×一次卖出的该种类债券数量＋卖出的该种类债券过程中缴纳的税费

（2）通过招标、竞拍或其他方式购置债权以后，通过相关司法或行政程序主张债权而取得的所得，应纳税所得额确定：

每次转让债权应纳税所得额＝当次转让收入－当次处置债权成本费用－合理税费

当次转让收入＝个人取得的货币资产＋非货币资产的评估价值或市场价值

当次处置债权成本费用＝个人购置“打包”债权实际支出×当次处置债权账面价值（或拍卖机构公布价值）÷“打包”债权账面价值（或拍卖机构公布价值）

合理税费为个人购买和处置债权过程中发生的拍卖招标手续费、诉讼费、审计评估费以及缴纳的税金。

三、风险示例

（一）超标准发放住房公积金，超过部分未扣缴个人所得税

【示例情况】

A 公司副总经理范某，2021 年每月应发工资 35 000 元，A 公司及其个人每月分别以 35 000 元为基数按 10% 比例缴存住房公积金 3 500 元。A 公司扣缴个人所得税时将上述住房公积金全额进行了税前扣除。A 公司所在设区城市上一年度职工月平均工资为 9 000 元。

【法理分析】

超标准发放住房公积金，其超过部分应并入工资、薪金所得缴纳个人所得税。依据《财政部　国家税务总局关于基本养老保险费基本医疗保险费失业保险费　住房公积金有关个人所得税政策的通知》（财税〔2006〕10 号）规定，根据《住房公积金管理条例》《建设部　财政部　中国人民银行关于住房公积金管理若干具体问题的指导意见》（建金管〔2005〕5 号）等规定精神，单位和个人分别在不超过职工本人上一年度月平均工资 12% 的幅度内，其实际缴存的住房公积金，允许在个人应纳税所得额中扣除。单位和职工个人缴存住房公积金的月平均工资不得超过职工工作地所在设区城市上一年度职工月平均工资的 3 倍，具体标准按照各地有关规定执行。单位和个人超过上述规定比例和标准缴付的住房公积金，应将超过部分并入个人当期的工资、薪金收入，计征个人所得税。范某住房公积金计算基数为 35 000 元，税前扣除标准为其工作地所在设区城市上一年度职工月平均工资的 3 倍，即 27 000 元（9 000 ×3），超过规定标准缴存的住房公积金，应将超过部分并入范某当期的工资、薪金收入，计征个人所得税，A 公司存在少代扣代缴个人所得税的风险。

【税务处理】

对于范某少缴纳的个人所得税，A 公司应当及时办理更正申报和补充扣缴；如 A 公司未能及时补充扣缴，范某应自行申报补缴。A 公司作为扣缴义务人应扣未扣税款的，税务机关可能会责成其补扣补缴税款，并对其处以罚款，具体按照《税收征收管理法》第六十九条、国税发〔2003〕47 号文件第二条等有关规定处理。

（二）终止劳动合同取得经济补偿金不属于免税收入

【示例情况】

张某为甲食品公司员工，劳动合同期限自 2014 年 5 月 4 日起至 2017 年 5 月 31 日止。2017 年 2 月 13 日，甲食品公司向张某发出《顺延劳动合同书通知书（顺延至三期期满）》，通知张某劳动合同将于 2017 年 5 月 31 日到期，但由于张某目前处于三期内，根据《中华人民共和国劳动合同法》等相关规定，张某的劳动合同到期日将依法顺延至三期结束。张某于当日在通知回执上签字。2018 年 2 月 5 日，甲食品公司向张某发出《终止劳动合同通知书》，通知张某 2018 年 3 月 16 日其三期将结束，张某与该公司的劳动合同届时到期终止。待张某办理完离职手续后，公司将依据国家有关规定向其支付经济补偿 74 256 元整（税前），与其 2018 年 4 月工资一并发放。张某于 2018 年 2 月 7 日在前述通知回执上签字。此后，甲食品公司向张某支付最后一个月工资及补偿金，并于 2018 年 5 月 8 日向主管税务机关申报扣缴上述工资及补偿金收入的个人所得税 19 259.6 元，次日税务机关办理了该笔税款的入库手续。张某不服该征税行为，认为其取得的经济补偿金属于免征个人所得税的范围，经行政复议仍不服后，向法院起诉税务机关[①]。

【法理分析】

本案的争议焦点为张某取得的经济补偿金是否属于免征个人所得税的范围。根据《财政部　国家税务总局关于个人与用人单位解除劳动关系取得的一次性补偿收入征免个人所得税问题的通知》（财税〔2001〕157 号）及《财政部　税务总局关于个人所得税法修改后有关优惠政策衔接问题的通知》（财税〔2018〕164 号）规定，个人因与用人单位解除劳动关系而取得的一次性补偿收入（包括用人单位发放的经济补偿金、生活补助费和其他补助费用），其收入在当地上年职工平均工资 3 倍数额以内的部分，免征个人所得税。上述法规适用于“解除劳动关系”的情形，张某取得经济补偿金为因合同到期终止的情形，不符合上述法规规定的免征税收入范围。

【税务处理】

甲食品公司作为扣缴义务人，对发放的补偿金扣缴个人所得税，税务机关基于上述事实征收个人所得税的做法并无不当。该案法院最终对张某申请撤销该征税行为的诉讼请求未予支持。

---

① 整理自中国裁判文书网。

（三）企业无偿随机赠送礼品未按照偶然所得扣缴个人所得税

【示例情况】

A房地产公司购置礼品10万元（含税价，并已取得13%税率的增值税普通发票），用于举办在售楼盘的促销宣传。礼品采取促销期间到店顾客（非A房地产公司员工）登记相关信息后，进行随机抽奖的方式进行赠送。A房地产公司财务上将上述支出全部计入销售费用，但未对上述抽奖礼品代扣代缴个人所得税。

【法理分析】

依据《财政部　税务总局关于个人取得有关收入适用个人所得税应税所得项目的公告》（财政部　税务总局公告2019年第74号）规定，企业在业务宣传、广告等活动中，随机向本单位以外的个人赠送礼品（包括网络红包，下同），以及企业在年会、座谈会、庆典以及其他活动中向本单位以外的个人赠送礼品，个人取得的礼品收入，按照偶然所得项目计算缴纳个人所得税，但企业赠送的具有价格折扣或折让性质的消费券、代金券、抵用券、优惠券等礼品除外。依据《个人所得税法》及其实施条例规定，偶然所得按次计算个人所得税，有扣缴义务人的，由扣缴义务人按次代扣代缴税款。因此，A房地产公司向到店顾客赠送的礼品应当按照偶然所得代扣代缴个人所得税。A房地产公司存在少扣缴个人所得税的风险。

【税务处理】

A房地产公司应及时与顾客联系，办理补充申报及扣缴相应个人所得税；如A房地产公司未能及时补充扣缴，顾客应自行申报补缴。A房地产公司作为扣缴义务人应扣未扣税款的，税务机关可能会责成其补扣补缴税款，并对其处以罚款，具体按照《税收征收管理法》第六十九条、国税发〔2003〕47号文件第二条等有关规定处理。

（四）非居民转为居民个人的个人所得税处理

【示例情况】

约翰系美国人，一直在某集团位于美国的母公司工作，2020年因业务需要调至中国境内A公司，当年7月15日首次来华工作。之后因私于2021年3月15日回国，2021年4月2日返回中国；2021年11月15日至2021年11月30日，因工作需要离华去日本东京，后直接从东京返回美国，返回美国后的工资由美国母公司支付。约翰在中国及东京工作期间的工资均由A公司支付，2020年及2021年A公司均按照非居民个人就向其支付的工资为约翰代扣代缴个人所得税。2021年，约翰除工资收入外，还有从美国股市购买的股票转让收入，由美国公司支付。

【法理分析】

依据《个人所得税法》规定，在中国境内有住所，或者无住所而一个纳税年度内在中国境内居住累计满 183 天的个人，为居民个人。居民个人从中国境内和境外取得的所得，依照《个人所得税法》规定缴纳个人所得税。依据《个人所得税法实施条例》第四条规定，在中国境内无住所的个人，在中国境内居住累计满 183 天的年度连续不满 6 年的，经向主管税务机关备案，其来源于中国境外且由境外单位或者个人支付的所得，免予缴纳个人所得税。约翰 2021 年在中国境内居住累计满 183 天，所以应就其 2021 年的所得按居民个人缴纳个人所得税。但因不满足连续 6 年的规定，经向主管税务机关备案后，其来源于中国境外且由境外单位或者个人支付的所得，可免予缴纳我国个人所得税。

依据《个人所得税扣缴申报管理办法（试行）》（国家税务总局公告 2018 年第 61 号）规定，非居民个人在一个纳税年度内税款扣缴方法保持不变，达到居民个人条件时，应当告知扣缴义务人基础信息变化情况，年度终了后按照居民个人有关规定办理汇算清缴。由于 A 公司在为约翰代扣代缴 2021 年个人所得税时未能预计其会在当年度满足居民个人条件，而按非居民个人扣缴了个人所得税，约翰应在年度终了后办理汇算清缴。

【税务处理】

约翰可请 A 公司协助其向主管税务机关备案，从而其 2021 年在美国工作由美国公司支付的工资，以及买卖美国股票的所得，可免予缴纳我国个人所得税。并且，约翰应在次年 3 月 1 日至 6 月 30 日按照中国居民个人的相关规定办理汇算清缴。由于约翰已经离境，可通过 A 公司或委托涉税专业服务机构或其他单位及个人代为办理。

（五）支付单位未按规定为非居民个人扣缴个人所得税

【示例情况】

德国企业在北京设有甲分公司，为调试新的软件系统，2020 年 10 月德国总部派外籍专家 Mark 先生来华进行技术支持。10 月 10 日 Mark 先生到北京甲分公司开始工作，并于 10 月 25 日结束工作返回德国总部，共计工作 15 天。当月 Mark 先生从甲分公司取得工资人民币 30 000 元，从德国总部取得工资折合人民币 50 000 元。甲分公司支付工资时未扣缴个人所得税。

【法理分析】

非居民个人从中国境内取得的所得，应缴纳个人所得税。《财政部　税务总局关于非居民个人和无住所居民个人有关个人所得税政策的公告》（财政部　税务总局公告2019年第35号）规定，在一个纳税年度内，在境内累计居住不超过90天的非居民个人，仅就归属于境内工作期间并由境内雇主支付或者负担的工资、薪金所得计算缴纳个人所得税。计算公式见公式一。非居民个人当月取得工资、薪金所得，以按照上述规定计算的当月收入额，减去税法规定的减除费用后的余额，为应纳税所得额，适用该公告所附按月换算后的综合所得税率表计算应纳税额。Mark先生来华工作不满90天，为非居民个人，应就归属于境内工作期间由境内雇主支付或者负担的工资、薪金所得计算缴纳个人所得税。甲分公司存在少扣缴个人所得税的风险。

【税务处理】

Mark先生的10月工资、薪金收入额＝80 000×（30 000÷80 000）×（15÷30）＝15 000（元），个人所得税＝（15 000－5 000）×10%－210＝790（元）。因此，甲分公司应当按照工资、薪金所得为Mark先生扣缴个人所得税790元。甲分公司作为扣缴义务人应扣未扣税款，税务机关可能会责成其补扣补缴税款，并对其处以罚款，具体按照《税收征收管理法》第六十九条、国税发〔2003〕47号文件第二条等有关规定处理。

（六）合伙企业错误扣缴合伙人的个人所得税

【示例情况】

A合伙企业由甲、乙两个自然人出资设立，出资比例分别为60%和40%。甲、乙均参与企业经营，并约定自2019年1月起由A合伙企业向每个合伙人按月分配1万元薪金，并按照工资、薪金所得代扣代缴个人所得税，2019年全年分别对两个合伙人就其工资扣缴个人所得税3 480元。将2019年取得的收入扣除各项成本费用（包括合伙人工资）后，2020年1月，A合伙企业按照2019年度经营情况进行利润分配，分配甲合伙人30万元，乙合伙人20万元，且均已按经营所得代扣代缴个人所得税，对甲合伙人扣缴个人所得税49 500元，对乙合伙人扣缴个人所得税29 500元。分配后A合伙企业2019年度无留存未分配利润。假定甲、乙2019年无其他所得，无专项扣除、专项附加扣除以及依法确定的其他扣除。

【法理分析】

《国家税务总局关于个人所得税自行纳税申报有关问题的公告》（国家税务总局公告2018年第62号）规定，合伙企业的合伙人取得经营所得，按年计算个人所得税，由该合伙人作为纳税人向经营管理所在地主管税务机关办理预缴纳税申报和年度汇算清缴。A合伙企业按月分配给甲、乙合伙人1万元的工资薪金，按照《个体工商户个人所得税计税办法》（国家税务总局令第35号）规定，不能作为成本费用在税前扣除，应并入甲、乙合伙人的年度经营所得计算缴纳个人所得税。因此，甲合伙人 2019 年应纳税所得额 = 30 + 1 × 12 − 6 = 36（万元）；乙合伙人 2019 年应纳税所得额 = 20 + 1 × 12 − 6 = 26（万元），上述应纳税所得额均应按经营所得计算缴纳个人所得税，且合伙企业没有扣缴义务，应由甲、乙合伙人自行申报。

【税务处理】

甲合伙人 2019 年应纳税额 = 360 000 × 30% − 40 500 = 67 500（元）。

甲合伙人 2019 年已缴税额 = 3 480 + 49 500 = 52 980（元）。

乙合伙人 2019 年应纳税额 = 260 000 × 20% − 10 500 = 41 500（元）。

乙合伙人 2019 年已缴税额 = 3 480 + 29 500 = 32 980（元）。

A 合伙企业应当及时与甲、乙合伙人及主管税务机关联系，由甲、乙及时自行补充纳税申报并就应纳税额与 A 合伙企业已扣缴税款之间的差额进行补缴。此外，由于甲、乙合伙人少缴纳税款，税务机关还将向其追缴滞纳金，并可能处以罚款，具体按照《税收征收管理法》第六十三条、第六十四条等有关规定处理。

（七）出租房屋修缮费用扣除有误

【示例情况】

王某在 JS 省某市某小区有一套闲置住房。2020 年 1 月 1 日起王某将其对外出租，月租金为 15 000 元，因出租房屋每月涉及房产税 600 元。2020 年 3 月房屋因管道老化等问题进行修缮，王某负担全部修缮费用 6 500 元，取得合规发票，除此外无其他扣除项目。王某在计算缴纳 2020 年 3 月个人所得税时，扣除了上述全部的修缮费用，缴纳个人所得税 632 元。

【法理分析】

出租房屋允许扣除的修缮费用每月有金额限制，超出限额部分当月不得扣除。依据《个人所得税法》及其实施条例规定，财产租赁所得，每次收入不超过 4 000 元的，减除费用 800 元；4 000 元以上的，减除 20% 的费用，其余额为应纳税所得额。依据《征收个人所得税若干问题的规定》（国税发〔1994〕89 号）第六条规定，纳税人出租财产取得财产租赁收入，在计算征税时，除可依法减除规定费用和有关税、费外，还准予扣除能够提供有效、准确凭证，证明由纳税义务人负担的该出租财产实际开支的修缮费用。允许扣除的修缮费用，以每次 800 元为限，一次扣除不完的，准予在下一次继续扣除，直至扣完为止。因此，王某 2020 年 3 月计算财产租赁所得时，修缮费用仅能减除 800 元，其余 5 700 元应延至以后月份扣除。2020 年 3 月王某财产租赁应纳个人所得税 = （15 000 − 600 − 800） × （1 −

20%）×10% =1 088（元）。王某存在少缴个人所得税的风险。

【税务处理】

2020 年 3 月王某少缴了财产租赁所得相关个人所得税 456 元，应及时重新申报并补缴税款。如果已超过申报期应更正申报，并且税务机关还将向其追缴滞纳金，并可能处以罚款，具体按照《税收征收管理法》第六十三条、第六十四条等有关规定处理。

（八）债券转让所得扣除的买价及费用计算有误

【示例情况】

2020 年 1 月赵某以每份 100 元的价格购入 A 公司发行的企业债券 1 000 份，因买入债券支付相关税费共计 1 500 元。赵某将其购买的债券于 2020 年 10 月一次性卖出 500 份，每份卖出价 120 元，支付卖出债券的税费共计 1 100 元。赵某认为本次卖出债券扣除的买价及费用为 52 600 元，并以 7 400 元作为财产转让所得计算缴纳个人所得税 1 480 元。

【法理分析】

转让债券应按照“财产转让所得”缴纳个人所得税。依据《个人所得税法》及其实施条例规定，财产转让所得，以转让财产的收入额减除财产原值和合理费用后的余额，为应纳税所得额。财产转让所得，按照一次转让财产的收入额减除财产原值和合理费用后的余额计算纳税。依据《征收个人所得税若干问题的规定》（国税发〔1994〕89 号）规定，转让债券，采用“加权平均法”确定其应予减除的财产原值和合理费用。即以纳税人购进的同一种类债券买入价和买进过程中缴纳的税费总和，除以纳税人购进的该种类债券数量之和，乘以纳税人卖出的该种类债券数量，再加上卖出的该种类债券过程中缴纳的税费。

因此，赵某本次卖出债券应扣除的买价及费用 =（100 000 +1 500）÷1 000 ×500 +1 100 =51 850（元），应缴纳个人所得税 =（500 ×120 －51 850）×20% =1 630（元），赵某存在少缴个人所得税的风险。

【税务处理】

赵某少缴纳个人所得税 150 元，应及时重新申报并补缴税款。如果已超过申报期应更正申报，并且税务机关将向其追缴滞纳金，并可能处以罚款，具体按照《税收征收管理法》第六十三条、第六十四条等有关规定处理。

第六章　财产与行为税法遵从

财产与行为税包括财产税和行为税。财产税是以纳税人拥有的财产数量或财产价值为征税对象而开征的一类税种，具体包括房产税、城镇土地使用税、契税、车船税。行为税，也称“特定行为课税”，是指以经济活动中纳税人的某些特定行为为课税对象征收的税类总称。我国现行税种中行为税包括土地增值税、耕地占用税、环境保护税、资源税、印花税、船舶吨税六个税种。财产与行为税在我国现行税制结构中处于辅助地位，能补充或发挥主体税种难以替代的特殊功能。本章将财产与行为税各税种相关的法律法规统称财产与行为税法。

第一节　房产税法遵从

房产税是以特定范围内的房屋为征税对象征收的一种财产税。房产税属于地方税，其税源比较稳定，可以为地方财政筹集部分市政建设资金。对房屋拥有者征收房产税，可以起到调节单位、居民之间的财富分配的作用。

1950年中央人民政府政务院颁布了《全国税政实施要则》，把房产税列为一个全国开征的独立税种。1973年简化税制，把对企业征收的城市房地产税并入工商税，保留了城市房产税这一税种，只对居民个人和房产管理部门以及外侨的房屋继续征收。1984年工商税制全面改革，重新恢复对房产征税。1986年国务院发布了《中华人民共和国房产税暂行条例》（以下简称《房产税暂行条例》）。各省、自治区、直辖市政府根据条例规定，先后制定了施行细则。2011年国务院对该条例作了修订，该条例是我国现行房产税征收的主要法律依据。

一、遵从要点

（一）纳税主体

房产税由征税范围内的房屋产权所有人缴纳。其中：

产权属于全民所有的，由经营管理的单位缴纳。

产权出典的，由承典人缴纳。

产权所有人、承典人不在房产所在地的，或者产权未确定及租典纠纷未解决的，由房产代管人或者使用人缴纳。

上述产权所有人、经营管理单位、承典人、房产代管人或者使用人，统称为纳税人。

（二）课税对象

房产税在城市、县城、建制镇和工矿区征收。

房产税的课税对象是房产。其中：房产是以房屋形态表现的财产；房屋，是指有屋面和围护结构（有墙或两边有柱），能够遮风避雨，可供人们在其中生产、学习、工作、娱乐、居住或贮藏物资的场所。独立于房屋之外的建筑物，如围墙、烟囱、水塔、变电塔、油池油柜、酒窖菜窖、酒精池、糖蜜池、室外游泳池、玻璃暖房、砖瓦石灰窑以及各种油气罐等，不属于房产。

凡在房产税征收范围内的具备房屋功能的地下建筑，包括与地上房屋相连的地下建筑以及完全建在地面以下的建筑、地下人防设施等，均应当依照有关规定征收房产税。

加油站罩棚不属于房产，不征收房产税。

（三）税率

房产税采用比例税率，依据房产计税余值计税的，税率为1.2%；依据房产租金收入计税的，税率为12%。

（四）税款计算

1. 从价计征

房产税依照房产原值一次减除10%～30%后的余值计算缴纳。

$$应纳税额=应税房产原值\times(1-扣除比例)\times1.2\%$$

计算房产余值时房产原值具体减除幅度，由省、自治区、直辖市人民政府规定。

没有房产原值作为依据的，由房产所在地税务机关参考同类房产核定。

2. 从租计征

房产出租的，以房产租金收入为房产税的计税依据。

$$应纳税额=租金\times12\%$$

对个人出租住房，不区分实际用途，均按4%税率征收房产税；对企事业单位、社会团体以及其他组织向个人、专业化规模化住房租赁企业出租住房的，减按4%的税率征收房产税。

对出租房产，租赁双方签订的租赁合同约定有免收租金期限的，免收租金期间由产权所有人按照房产原值从价计征缴纳房产税。

（五）税收优惠

1. 法定减免税

（1）国家机关、人民团体、军队自用的房产，免征房产税。

（2）由国家财政部门拨付事业经费的单位自用的房产，免征房产税。

（3）宗教寺庙、公园、名胜古迹自用的房产，免征房产税。

（4）个人所有非营业用的房产，免征房产税。

（5）经财政部批准免税的其他房产，免征房产税。

除以上规定外，纳税人纳税确有困难的，可由省、自治区、直辖市人民政府确定，定期减征或者免征房产税。

2. 其他政策规定的减免税

（1）特定主体减免税优惠

住房类：对公共租赁住房租金收入等免税。公共租赁住房经营管理单位应单独核算公共租赁住房租金收入，未单独核算的，不得享受免征房产税优惠。

社会保障类：非营利性的老年服务机构自用房产、社区养老、托育、家政机构免征房产税。

鼓励高新技术类：非营利性科研机构自用的房产、转制科研机构的科研开发用房，免征房产税。

（2）支持其他各项事业

支持交通运输类：铁道部（现为中国国家铁路集团有限公司）所属铁路运输企业、地方铁路运输企业、股改铁路运输企业及合资铁路运输公司青藏铁路公司及其所属单位自用房产等免征房产税。

支持飞机制造类：从事大型客机研制项目的纳税人及全资子公司自用房产等免征房产税。

支持文化教育类：企业办的各类学校、医院、托儿所、幼儿园自用的房产，转制文化企业自用房产等免征房产税。

支持医疗卫生类：血站、非营利性医疗机构、疾病控制、妇幼保健机构自用的房产等免征房产税。

其他：基建工地临时性房屋，在施工期间免征房产税；因房屋大修导致连续停用半年以上的，在房屋大修期间免征房产税等。

（3）阶段性减免税政策

除上述政策外，国家还制定了在特定时期实施的阶段性减免税政策。例如：2019 年 6 月 1 日至 2025 年 12 月 31 日，为社区提供养老、托育、家政等服务的机构符合条件的房产免征房产税；2019 年 1 月 1 日至 2023 年 12 月 31 日，对农产品批发市场、农贸市场、商品储备管理公司及其直属库、农村饮水工程运营管理单位、向居民供热收取采暖费的“三北”地区供热企业、国家级或省级科技企业孵化器、大学科技园和国家备案众创空间符合条件的房产免征房产税；2022 年 1 月 1 日至 2024 年 12 月 31 日，对增值税小规模纳税人、小型微利企业和个体工商户可以在 50% 的税额幅度内减征房产税。

（六）纳税地点

房产税由房产所在地的税务机关征收。

房产不在一地的纳税人，应按房产的坐落地点，分别向房产所在地的税务机关缴纳房产税。

（七）申报纳税

1. 纳税义务发生时间

（1）自建房屋

自建的房屋用于生产经营的，自建成之次月起，征收房产税。

纳税人将原有房产用于生产经营，从生产经营之月起，缴纳房产税。

纳税人委托施工企业建设的房屋，从办理验收手续之次月起，征收房产税。纳税人在办理验收手续之前已使用或出租、出借的房产，从使用或出租、出借房产之次月起，计征房产税。

（2）新购置房屋

购置新建商品房，自房屋交付使用之次月起计征房产税。

购置存量房，自办理房屋权属转移、变更登记手续，房地产权属登记机关签发房屋权属证书之次月起计征房产税。

（3）融资租赁房产

融资租赁的房产，由承租人自融资租赁合同约定开始日的次月起依照房产余值缴纳房产税。合同未约定开始日的，由承租人自合同签订的次月起依照房产余值缴纳房产税。

（4）房地产开发企业自用、出租、出借建造的商品房

对房地产开发企业建造的商品房，在售出前，不征收房产税；但对售出前房地产开发企业已使用或出租、出借的商品房应按规定征收房产税。

2. 纳税期限

房产税按年征收、分期缴纳。纳税期限由省、自治区、直辖市人民政府规定。

3. 纳税申报

纳税人应依照当地税务机关的规定，将现有房屋的坐落地点、数量、房屋的原值或租金收入等情况，据实向税务机关办理纳税申报登记，并根据规定纳税。纳税人住址变更、产权转移、房屋原值或租金收入有变化时，要及时向税务机关申报。

二、难点解析

（一）与房屋不可分割的各种附属设备或一般不单独计算价值的配套设施计入房产原值

房产原值应包括与房屋不可分割的各种附属设备或一般不单独计算价值的配套设施。主要有：暖气、卫生、通风、照明、煤气等设备；各种管线，如蒸气、压缩空气、石油、给水排水等管道及电力、电讯、电缆导线；电梯、升降机、过道、晒台等。

属于房屋附属设备的水管、下水道、暖气管、煤气管等从最近的探视井或三通管算起，电灯网、照明线从进线盒联接管算起。

为了维持和增加房屋的使用功能或使房屋满足设计要求，凡以房屋为载体，不可随意移动的附属设备和配套设施，如给排水、消防、中央空调、电气及智能化楼宇设备等，无论在会计核算中是否单独记账与核算，都应计入房产原值，计征房产税。

对于更换房屋附属设备和配套设施的，在将其价值计入房产原值时，可扣减原来相应设备和设施的价值；对附属设备和设施中易损坏、需要经常更换的零配件，更新后不再计入房产原值。

（二）自用地下建筑的应税房产原值确定

凡在房产税征收范围内的具备房屋功能的地下建筑，包括与地上房屋相连的地下建筑以及完全建在地面以下的建筑、地下人防设施等，均应当征收房产税。

对于与地上房屋相连的地下建筑，如房屋的地下室、地下停车场、商场的地下部分等，应将地下部分与地上房屋视为一个整体按照地上房屋建筑的有关规定计算征收房产税。

完全建在地面以下的建筑、地下人防设施，按以下方式计税：

工业用途房产，以房屋原价的50%～60%作为应税房产原值。

商业和其他用途房产，以房屋原价的70%～80%作为应税房产原值。

房屋原价折算为应税房产原值的具体比例，由各省、自治区、直辖市和计划单列市财政和税务部门在上述幅度内自行确定。

（三）以房产投资联营应分情况确定计税依据

对于投资联营的房产，应根据投资联营的具体情况，在计征房产税时区分不同情形处理。

对于以房产投资联营，投资者参与投资利润分红，共担风险的情况，以房产原值作为计税依据计征房产税。

对于以房产投资，收取固定收入，不承担联营风险的情况，实际上是以联营名义取得房产的租金，应根据房产税有关规定由出租方按租金收入计缴房产税。

（四）公司向职工出租自有住房的房产税处理

对企业向职工出租的单位自有住房，同时符合以下两个条件的，可以免征房产税：一是单位自有住房按照政府规定价格出租，二是企业自有住房必须纳入当地政府公有住房或廉租住房的管理。

如不符合上述条件的，应按规定缴纳房产税。企事业单位、社会团体以及其他组织向个人出租住房，减按4%的税率征收房产税。

（五）供热企业使用厂房的房产税处理

自2019年1月1日至2023年供暖期结束，对向居民供热收取采暖费的“三北”地区供热企业，为居民供热所使用的厂房及土地免征房产税、城镇土地使用税；对供热企业其他厂房及土地，应当按照规定征收房产税、城镇土地使用税。

上述供热企业，是指热力产品生产企业和热力产品经营企业。热力产品生产企业包括专业供热企业、兼营供热企业和自供热单位。

对专业供热企业，按其向居民供热取得的采暖费收入占全部采暖费收入的比例，计算免征的房产税、城镇土地使用税。

对兼营供热企业，视其供热所使用的厂房及土地与其他生产经营活动所使用的厂房及土地是否可以区分，按照不同方法计算免征的房产税、城镇土地使用税。可以区分的，对其供热所使用厂房及土地，按向居民供热取得的采暖费收入占全部采暖费收入的比例，计算免征的房产税、城镇土地使用税。难以区分的，对其全部厂房及土地，按向居民供热取得的采暖费收入占其营业收入的比例，计算免征的房产税、城镇土地使用税。

对自供热单位，按向居民供热建筑面积占总供热建筑面积的比例，计算免征供热所使用的厂房及土地的房产税、城镇土地使用税。

三、风险示例

（一）无租使用房产未缴纳房产税

【示例情况】

2021 年 1 月 A 贸易公司迁至新的办公场所，该办公场所为 B 医院闲置办公楼，产权为 B 医院所有。因与 A 贸易公司同属甲集团，B 医院将其闲置办公楼无偿交付给 A 贸易公司用于办公。A 贸易公司认为自己不是房屋所有人，因此 2021 年一直未缴纳该房屋的房产税。

【法理分析】

上述示例的争议主要在于确定由谁缴纳房产税。

一般情况下，房产税由产权所有人缴纳，但特殊情况下也可能由房产代管人或使用人缴纳。A 贸易公司使用 B 医院房产属于“无租使用”的情况，无租使用一般视为无偿出借，是指长期的无租金免费使用或占用。由于使用人无须向产权所有人支付租金，因此该行为并非租赁交易行为。根据有关规定，无租使用其他单位房产的应税单位和个人，需要依照房产余值缴纳房产税。

同样是未支付租金，“无租使用”与含“免租期”的经营租赁有本质的区别。

免租期特指在正常租赁关系中约定的在开始前几个月免收租金的优惠安排。实际上免租期并不是真正的无租金使用，享受免租期的租户仍然要支付后期的租金才可以入住。因此，含有免租期的经营租赁属于房产租赁行为，房产税的纳税人是房产产权所有人。

因此，本例中 A 贸易公司应按照房产余值代为缴纳房产税。

【税务处理】

A 贸易公司无租使用其他单位房产，应当依照房产余值缴纳房产税。A 贸易公司应按规定自交付房产之次月起向办公场所所在地税务机关申报缴纳房产税。因 A 贸易公司 2021 年未缴纳房产税，应进行房产税补申报、补缴税款，并可能缴纳滞纳金及罚款，具体按照《税收征收管理法》第六十三条、第六十四条等有关规定处理。

（二）房屋出租方将租金变为“物业管理费”，少缴纳房产税

【示例情况】

2007 年 11 月 10 日，A 公司作为甲方与乙方王某、叶某签订一份《租赁协议》，约定乙方承租 A 公司所有的某商厦房产一至三层进行商业零售，租期为 10 年，自 2008 年 1 月 1 日至 2017 年 12 月 31 日，前 5 年每年租金为 60 万元人民币，

后5年每年租金为70万元人民币。乙方承租后将其用于经营H超市。2009年11月22日，A公司与H超市（代表为叶某）签订了一份《补充协议》。协议中写明将原合同所约定的房租中的一半以上变更为“物业管理费”。2010—2011年，A公司以变更后的租金30万元为基础，从租计征并缴纳房产税。实际上，A公司并未取得物业管理资质，H超市等相关房产的承租人也证明其物业管理由承租人自行安排，并非由A公司提供①。

【法理分析】

在房屋出租的情况下，房产税的计税依据为租金收入。上述示例中A公司收取的“物业管理费”仅在形式上属于物业管理费，在实质上仍具有租金性质。因此，根据实质重于形式的原则，“物业管理费”应当作为租金一并作为房产税的计税依据。A公司2010年和2011年实际收取的租金为每年60万元，仅以30万元作为房产税从租计征的计税基础，存在少缴纳房产税的风险。

【税务处理】

A公司应以每年60万元作为从租计征的计税依据计算2010年和2011年的房产税，A公司应进行更正申报，补缴税款及滞纳金。根据《税收征收管理法》的相关规定，企业通过签订虚假合同的形式逃避其纳税义务或不当减少应缴纳的税款，可能会被认定为偷税并处以相应的处罚，具体按照《税收征收管理法》第六十三条、第六十四条等有关规定处理。

第二节 城镇土地使用税法遵从

城镇土地使用税是对在城市、县城、建制镇、工矿区范围内使用的土地征收的一种税。城镇土地使用税实行差别幅度定额税率，有利于优化土地利用，提高土地使用效益，促进土地节约集约利用。

1988年之前，我国对非农业土地基本实行行政划拨、无偿使用的办法，城镇非农业土地的使用浪费现象比较严重。1988年国务院发布并施行《中华人民共和国城镇土地使用税暂行条例》（以下简称《城镇土地使用税暂行条例》），2006—2019年，对《城镇土地使用税暂行条例》进行了四次修订，有利于进一步合理利用城镇土地，调节土地的级差收入，加强城镇土地管理。

---

① 整理自中国裁判文书网。

一、遵从要点

（一）纳税主体

在城市、县城、建制镇、工矿区范围内使用土地的单位和个人，为城镇土地使用税的纳税人。

拥有土地使用权的纳税人不在土地所在地的，由代管人或实际使用人纳税；土地使用权未确定或权属纠纷未解决的，由实际使用人纳税；土地使用权共有的，由共有各方分别纳税。

（二）课税对象

城镇土地使用税的征税范围为城市、县城、建制镇和工矿区内国家所有和集体所有的土地。城市、县城、建制镇和工矿区的具体范围，由省、自治区、直辖市人民政府划定。

（三）税率

城镇土地使用税采用定额税率，为分级幅度税额。每平方米年税额如下：

（1）大城市 1.5～30 元；

（2）中等城市 1.2～24 元；

（3）小城市 0.9～18 元；

（4）县城、建制镇、工矿区 0.6～12 元。

省、自治区、直辖市人民政府，应当在《城镇土地使用税暂行条例》规定的税额幅度内，根据市政建设状况、经济繁荣程度等条件，确定所辖地区的适用税额幅度。

市、县人民政府应当根据实际情况，将本地区土地划分为若干等级，在省、自治区、直辖市人民政府确定的税额幅度内，制定相应的适用税额标准，报省、自治区、直辖市人民政府批准执行。

经省、自治区、直辖市人民政府批准，经济落后地区城镇土地使用税的适用税额标准可以适当降低，但降低额不得超过《城镇土地使用税暂行条例》规定最低税额的 30%。经济发达地区城镇土地使用税的适用税额标准可以适当提高，但须报经财政部批准。

（四）税款计算

城镇土地使用税以纳税人实际占用的土地面积为计税依据，依照规定税额计算征收。

纳税人实际占用的土地面积，是指由省、自治区、直辖市人民政府确定的单位组织测定的土地面积。尚未组织测量，但纳税人持有政府部门核发的土地使用证书的，以证书确认的土地面积为准；尚未核发土地使用证书的，应由纳税人据实申报土地面积。

土地使用权由几方共有的，由共有各方按照各自实际使用的土地面积占总面积的比例，分别计算缴纳城镇土地使用税。

（五）税收优惠

1. 法定免税

（1）国家机关、人民团体、军队自用的土地；

（2）由国家财政部门拨付事业经费的单位自用的土地；

（3）宗教寺庙、公园、名胜古迹自用的土地；

（4）市政街道、广场、绿化地带等公共用地；

（5）直接用于农、林、牧、渔业的生产用地；

（6）经批准开山填海整治的土地和改造的废弃土地，从使用的月份起免缴城镇土地使用税5～10年；

（7）由财政部另行规定免税的能源、交通、水利用地和其他用地。

2. 其他政策规定的减免税

（1）特定主体减免税

住房类：经济适用房、棚户区改造安置住房、公租房用地免征或限期免征。

社会保障类：符合条件的福利性、非营利性老年福利机构土地，安置残疾人就业单位用地等免征。

节能环保类：支持国家电力建设，电力行业部分用地免征、核工业总公司所属企业部分用地免征、核电站部分用地免征或减半征收。

支持企业发展类：符合条件的转制升级企业自用房产等免税。

鼓励高新技术类：非营利性科研机构自用的土地、转制科研机构的科研开发土地免税。

（2）支持其他各项事业

支持交通运输类：铁道部（现为中国国家铁路集团有限公司）所属铁路运输企业、地方铁路运输企业、股改铁路运输企业及合资铁路运输公司、青藏铁路公司及其所属单位自用土地，港口的码头用地，民航机场规定用地，企业的铁路专用线、公路等用地在厂区外、与社会公用地段未加隔离的企业铁路专用线用地等免税。

支持飞机制造类：从事大型客机研制项目的纳税人及全资子公司自用土地等免税。

支持文化教育体育类：国家拨付事业经费和企业办的各类学校、托儿所、幼儿园自用土地免税，符合条件的体育场馆免税。

支持医疗卫生类：血站、非营利性医疗机构、疾病控制、妇幼保健机构自用的房产等免税。

支持能源矿业类：矿山企业生产专用地、煤炭企业规定用地、盐场的盐滩盐矿的矿井用地、石油天然气生产企业符合条件的部分用地免税。

支持其他行业：水利设施及其管护用地、采摘观光的种植养殖土地、防火防爆防毒等安全用地免税。林业系统相关用地等免税。

（3）阶段性减免税政策

除上述政策外，国家还制定了在特定时期实施的阶段性减免税政策。例如：2019 年 6 月 1 日至 2025 年 12 月 31 日，为社区提供养老、托育、家政等服务的机构符合条件的土地免征城镇土地使用税；2019 年 1 月 1 日至 2023 年 12 月 31 日，对农产品批发市场、农贸市场、商品储备管理公司及其直属库、农村饮水工程运营管理单位、向居民供热收取采暖费的“三北”地区供热企业、国家级或省级科技企业孵化器、大学科技园和国家备案众创空间、城市公交场站、道路客运场站、城市轨道交通系统运营场地符合条件的土地免征城镇土地使用税；2022 年 1 月 1 日至 2024 年 12 月 31 日，对增值税小规模纳税人、小型微利企业和个体工商户可以在 50% 的税额幅度内减征城镇土地使用税等。

（六）纳税地点

城镇土地使用税由土地所在地的税务机关征收。土地管理机关应当向土地所在地的税务机关提供土地使用权属资料。

（七）申报纳税

1. 纳税义务发生时间

（1）购置新建商品房，自房屋交付使用之次月起计征城镇土地使用税。

（2）购置存量房，自办理房屋权属转移、变更登记手续，房地产权属登记机关签发房屋权属证书之次月起计征城镇土地使用税。

（3）出租、出借房产，自交付出租、出借房产之次月起计征城镇土地使用税。

（4）以出让或转让方式有偿取得土地使用权的，应由受让方从合同约定交付土地时间的次月起缴纳城镇土地使用税；合同未约定交付土地时间的，由受让方从合同签订的次月起缴纳城镇土地使用税。

（5）新征用耕地，批准征用之日起满 1 年时开始纳税。

（6）新征用非耕地，批准征用次月起纳税。

2. 纳税期限

城镇土地使用税实行按年计算、分期缴纳的征收方法，缴纳期限由省、自治区、直辖市人民政府确定。

二、难点解析

（一）地下建筑物的城镇土地使用税计税依据确定

对在城镇土地使用税征税范围内单独建造的地下建筑用地，按规定征收城镇土地使用税。其中，已取得地下土地使用权证的，按土地使用权证确认的土地面积计算应征税款；未取得地下土地使用权证或地下土地使用权证上未标明土地面积的，按地下建筑垂直投影面积计算应征税款。

对上述地下建筑用地暂按应征税款的50%征收城镇土地使用税。

（二）免税单位与纳税单位互用和共用土地的城镇土地使用税问题

相互无偿使用土地的处理。对免税单位无偿使用纳税单位的土地（如公安、海关等单位使用铁路、民航等单位的土地），免征城镇土地使用税；对纳税单位无偿使用免税单位的土地，纳税单位应照章缴纳城镇土地使用税。

共同使用多层建筑用地的处理。纳税单位与免税单位共同使用共有使用权土地上的多层建筑，对纳税单位可按其占用的建筑面积占建筑总面积的比例计征城镇土地使用税。

（三）单位使用股东房屋办公的城镇土地使用税纳税人

根据相关税法规定，城镇土地使用税由拥有土地使用权的单位或个人缴纳。单位使用股东房屋办公，股东仍为土地使用权的所有人，因此其占地应由股东缴纳城镇土地使用税。如果股东不在土地所在地，由代管人或实际使用人纳税。

（四）小微企业可以叠加享受普惠性税收减免政策中的城镇土地使用税优惠

2022年1月1日至2024年12月31日，已经享受了原有地方税种优惠政策的增值税小规模纳税人、小型微利企业和个体工商户，可以进一步享受《财政部 税务总局关于进一步实施小微企业“六税两费”减免政策的公告》（财政部 税务总局公告2022年第10号）中的“六税两费”减免政策，也就是说两类政策可以叠加享受。在享受优惠的顺序上，是先享受其他优惠，再享受“六税两费”减免优惠。以城镇土地使用税为例，根据《财政部 国家税务总局关于房产税城镇土地使用税有关问题的通知》（财税〔2009〕128号），对在城镇土地使用税征税范围内单独建造的地下建筑用地，暂按应征税款的50%征收城镇土地使用税。在此基础上，如果各省（自治区、直辖市）进一步对城镇土地使用税采取减征50%的措施，则最高减免幅度可达75%。

三、风险示例

（一）城镇土地使用税纳税人判定

【示例情况】

2010年12月，B县政府根据H省政府文件，将位于B县的5 000亩土地以20.91亿元注入13家农信社，其中A县农信社名下土地使用权面积564.61亩，该土地的原使用权人为H省注册于C县的甲集团。同月，B县按照省政府要求先行制作土地使用权证。

但因A县农信社与甲集团协议未兑现，甲集团未交付土地，土地收回、注销及土地用途变更手续未完成，B县国土局未进行土地登记簿登记，土地使用权证也未予A县农信社领取，待完善相关手续后再颁发。

之后，A县农信社将该土地入账，并自2011—2014年按照H省政府文件申请免缴涉案土地的城镇土地使用税。2015年5月，B县税务机关认为城镇土地使用税免缴期限已届满，A县农信社未按规定申报纳税，遂向其发出《责令限期改正通知书》。限期届满，A县农信社未申报纳税，遂向其发出《限期缴纳税款通知书》。在A县农信社仍未申报纳税的情况下，税务机关向其发出《强制执行催告书》，并于2015年6月24日发出《税收强制执行决定书》，强制扣划A县农信社税款1 129 225.65元，滞纳金31 053.71元。

A县农信社对税务机关的决定不服，提起行政诉讼[①]。

【法理分析】

《城镇土地使用税暂行条例》中规定，使用土地的单位和个人为城镇土地使用税的纳税人，这是采取实质判断标准来判定的。在实践中，依据国家税务总局相关解释，城镇土地使用税应由拥有土地使用权的单位或个人缴纳。拥有土地使用权的纳税人不在土地所在地的，由代管人或实际使用人纳税；土地使用权未确定或权属纠纷未解决的，由实际使用人纳税。城镇土地使用税由拥有土地使用权的单位和个人缴纳，特殊情况由实际使用人缴纳。判定是否拥有土地使用权往往表现为进行土地登记并且取得了土地使用权证。

上述示例中，应税土地使用权尚未登记在A县农信社名下，从物权法角度来看，属于未达到法律规定的物权设立条件，且B县政府尚未对A县农信社作出

---

① 整理自中国裁判文书网。

《国有土地使用证》的颁证行为，可以界定A县农信社不是土地的使用权人。同时，案例中甲集团未交付土地，可以推定A县农信社不是实际使用人。

【税务处理】

法院认为，A县农信社注入的土地尚未在土地登记簿上登记，A县农信社未实际占有或使用，在土地权属设立行为尚未成就。A县农信社尚未取得土地使用权证之前，不能以A县农信社申请免缴城镇土地使用税的行为，推定A县农信社是征税土地的使用权人，因此，法院判决A县农信社不是该土地的城镇土地使用税纳税人。

关于A县农信社，不论从形式上还是实质上，其均不属于城镇土地使用税的纳税人，不需要缴纳城镇土地使用税。关于甲集团，该土地的权属变更手续未完成，且甲集团未将土地进行交付，如果甲集团仍是土地使用权所有人，甲集团应作为该土地的城镇土地使用税纳税人。这种情况下，甲集团应进行更正申报并补缴税款，以及可能产生的滞纳金和罚款，具体按照《税收征收管理法》有关规定处理。

（二）实际使用应税集体所有建设用地未按规定缴纳城镇土地使用税

【示例情况】

甲服装制造厂2021年初承租了某乡所属一块集体所有建设用地（在城镇土地使用税征税范围内），并已实际建设使用。2021年申报缴纳城镇土地使用税时，甲服装制造厂认为其并未办理完土地使用权流转手续，可暂不缴纳城镇土地使用税，因此未就其使用的土地进行城镇土地使用税纳税申报。

【法理分析】

城镇土地使用税的纳税人为在征税范围内使用土地的单位和个人。根据《财政部　国家税务总局关于集体土地城镇土地使用税有关政策的通知》（财税〔2006〕56号），在城镇土地使用税征税范围内实际使用应税集体所有建设用地、但未办理土地使用权流转手续的，由实际使用集体土地的单位和个人按规定缴纳城镇土地使用税。

企业是否应缴纳城镇土地使用税，需要根据企业是否实际使用了土地来判定，取得相应的形式证明是辅助和补充认定的方式。因此，即使甲服装制造厂还未办理完土地使用权流转手续，但在实质上已经开始建设使用，适用“由实际使用人缴纳城镇土地使用税”的条件。甲服装制造厂存在少缴城镇土地使用税的风险。

【税务处理】

甲服装制造厂应进行城镇土地使用税更正申报，并补缴税款。此外，甲服装制造厂还可能需要缴纳滞纳金及罚款，具体按照《税收征收管理法》第六十三条、第六十四条等有关规定处理。

第三节 契税法遵从

契税是以在中华人民共和国境内发生权属转移的土地、房屋为征税对象，向产权承受人征收的一种财产税，具有财产转移课税的性质。

契税在我国有着悠久的历史，起源于东晋的“估税”。新中国成立后，中央人民政府政务院于1950年公布《契税暂行条例》。“文化大革命”后期，随着国家禁止土地买卖合同转让，契税征收工作基本停滞。1988年宪法修正案颁布后，我国房地产政策逐步得以落实，城乡房屋买卖、赠与、典当、交换活动又重新活跃起来，因而全面恢复了契税的征收。为适应经济发展的要求，1997年国务院发布了《中华人民共和国契税暂行条例》。2020年，第十三届全国人民代表大会常务委员会第二十一次会议通过了《中华人民共和国契税法》（以下简称《契税法》），自2021年9月1日起施行。

一、遵从要点

（一）纳税主体

在中华人民共和国境内转移土地、房屋权属，承受的单位和个人为契税的纳税人。

（二）课税对象

契税的课税对象是我国境内发生土地使用权和房屋所有权权属转移的土地、房屋，具体包括：

（1）土地使用权出让；

（2）土地使用权转让，包括出售、赠与、互换（不包括土地承包经营权和土地经营权的转移）；

（3）房屋买卖、赠与、互换；

（4）以作价投资（入股）、偿还债务、划转、奖励等方式转移土地、房屋权属的；

（5）因共有不动产份额变化而发生土地、房屋权属转移的；

（6）因共有人增加或者减少而发生土地、房屋权属转移的；

（7）因人民法院、仲裁委员会的生效法律文书或者监察机关出具的监察文书等因素，发生土地、房屋权属转移的。

（三）税率

契税税率为3%～5%。

契税的具体适用税率，由省、自治区、直辖市人民政府在前款规定的税率幅度内提出，报同级人民代表大会常务委员会决定，并报全国人民代表大会常务委员会和国务院备案。

省、自治区、直辖市可以依照以上规定的程序对不同主体、不同地区、不同类型的住房的权属转移确定差别税率。

（四）税款计算

1. 计税依据

（1）土地使用权出让、出售，房屋买卖，为土地、房屋权属转移合同确定的成交价格，包括应交付的货币以及实物、其他经济利益对应的价款；

（2）土地使用权互换、房屋互换，为所互换的土地使用权、房屋价格的差额；

（3）土地使用权赠与、房屋赠与以及其他没有价格的转移土地、房屋权属行为，为税务机关参照土地使用权出售、房屋买卖的市场价格依法核定的价格。

纳税人申报的成交价格、互换价格差额明显偏低且无正当理由的，由税务机关依照《税收征收管理法》的规定核定。

2. 应纳税额

契税的应纳税额按照计税依据乘以具体适用税率计算。

（五）税收优惠

1. 法定免税

（1）国家机关、事业单位、社会团体、军事单位承受土地、房屋权属用于办公、教学、医疗、科研、军事设施；

（2）非营利性的学校、医疗机构、社会福利机构承受土地、房屋权属用于办公、教学、医疗、科研、养老、救助；

（3）承受荒山、荒地、荒滩土地使用权用于农、林、牧、渔业生产；

（4）婚姻关系存续期间夫妻之间变更土地、房屋权属；

（5）法定继承人通过继承承受土地、房屋权属；

（6）依照法律规定应当予以免税的外国驻华使馆、领事馆和国际组织驻华代表机构承受土地、房屋权属。

根据国民经济和社会发展的需要，国务院对居民住房需求保障、企业改制重组、灾后重建等情形可以规定免征或者减征契税，报全国人民代表大会常务委员会备案。

2. 其他法规政策规定的减免税

（1）对金融租赁公司开展售后回租业务，承受承租人房屋、土地权属的，照章征税。对售后回租合同期满，承租人回购原房屋、土地权属的，免征契税。

（2）个体工商户的经营者将其个人名下的房屋、土地权属转移至个体工商户名下，或个体工商户将其名下的房屋、土地权属转回原经营者个人名下，免征契税。

（3）合伙企业的合伙人将其名下的房屋、土地权属转移至合伙企业名下，或合伙企业将其名下的房屋、土地权属转回原合伙人名下，免征契税。

（4）棚户区改造安置住房相关优惠政策。

①对经营管理单位回购已分配的改造安置住房继续作为改造安置房源的，免征契税。

②个人首次购买90平方米以下改造安置住房，按1%的税率计征契税；购买超过90平方米，但符合普通住房标准的改造安置住房，按法定税率减半计征契税。

③个人因房屋被征收而取得货币补偿并用于购买改造安置住房，或因房屋被征收而进行房屋产权调换并取得改造安置住房，按有关规定减免契税。

（5）个人购买住房相关优惠政策。

①对个人购买家庭唯一住房（家庭成员范围包括购房人、配偶以及未成年子女，下同），面积为90平方米及以下的，减按1%的税率征收契税；面积为90平方米以上的，减按1.5%的税率征收契税。

②对个人购买家庭第二套改善性住房，面积为90平方米及以下的，减按1%的税率征收契税；面积为90平方米以上的，减按2%的税率征收契税（北京市、上海市、广州市、深圳市暂不实施该项契税优惠政策）。

③城镇职工按规定第一次购买公有住房的，免征契税。

④夫妻因离婚分割共同财产发生土地、房屋权属变更的，免征契税。

（6）易地扶贫搬迁安置住房相关优惠政策。

①对易地扶贫搬迁贫困人口按规定取得的安置住房，免征契税；

②对易地扶贫搬迁项目实施主体（以下简称项目实施主体）取得用于建设安置住房的土地，免征契税；

③在商品住房等开发项目中配套建设安置住房的，按安置住房建筑面积占总建筑面积的比例，计算应予免征的安置住房用地相关契税；

④对项目实施主体购买商品住房或者回购保障性住房作为安置住房房源的，免征契税。

（7）对公租房经营管理单位购买住房作为公租房，免征契税。

（8）农村饮水安全工程相关优惠政策。

①对饮水工程运营管理单位为建设饮水工程而承受土地使用权，免征契税。

②对于既向城镇居民供水，又向农村居民供水的饮水工程运营管理单位，依据向农村居民供水量占总供水量的比例免征契税。无法提供具体比例或所提供数据不实的，不得享受上述税收优惠政策。

（9）承受房屋、土地用于提供社区养老、托育、家政服务的，免征契税。

（10）企事业单位改制、公司合并、分立、破产、资产划转、土地出让或作价出资、债转股、转让股权等符合条件的，承受土地、房屋权属，免征契税。

3. 其他特定情形的减免税

省、自治区、直辖市可以决定对下列情形免征或者减征契税：

（1）因土地、房屋被县级以上人民政府征收、征用，重新承受土地、房屋权属；

（2）因不可抗力灭失住房，重新承受住房权属。

以上免征或者减征契税的具体办法，需要由省、自治区、直辖市人民政府提出，报同级人民代表大会常务委员会决定，并报全国人民代表大会常务委员会和国务院备案。

（六）纳税地点

契税由土地、房屋所在地的税务机关依照《契税法》和《税收征收管理法》的规定征收管理。

（七）申报纳税

1. 纳税义务发生时间

契税的纳税义务发生时间，为纳税人签订土地、房屋权属转移合同的当日，或者纳税人取得其他具有土地、房屋权属转移合同性质凭证的当日。

关于纳税义务发生时间的具体情形：

（1）因人民法院、仲裁委员会的生效法律文书或者监察机关出具的监察文书等发生土地、房屋权属转移的，纳税义务发生时间为法律文书等生效当日。

（2）因改变土地、房屋用途等情形应当缴纳已经减征、免征契税的，纳税义务发生时间为改变有关土地、房屋用途等情形的当日。

（3）因改变土地性质、容积率等土地使用条件需补缴土地出让价款，应当缴纳契税的，纳税义务发生时间为改变土地使用条件当日。

发生上述情形，按规定不再需要办理土地、房屋权属登记的，纳税人应自纳税义务发生之日起90日内申报缴纳契税。

2. 申报期限

纳税人应当在依法办理土地、房屋权属登记手续前申报缴纳契税。

二、难点解析

（一）代建保障房的建安成本的契税问题

实务中，房地产开发公司通过“招拍挂”的形式取得土地使用权，存在与政府签订的土地使用权出让合同中约定除支付土地出让金外，还需为政府配套建设保障性住房的情形，对于这部分配建房所发生的建安成本是否需缴纳契税的问题，存在争议。

部分观点认为企业无须就这部分建安成本缴纳契税，因为契税的计税依据是企业在土地出让环节为取得土地使用权所支付的全部对价。目前，我国国有建设用地使用权实行净地出让，即在出让前，土地产权、补偿安置等经济法律关系就已经处理好了，必要的通水、通电、通路、土地平整等前期开发也已经完成。也就是说，合同中约定的土地出让金包含了企业为取得这一土地使用权所支付的全部经济利益，因此配建房发生的建安成本不应缴纳契税。

根据《契税法》的规定，土地使用权出让、出售，房屋买卖，其计税依据为土地、房屋权属转移合同确定的成交价格，包括应交付的货币以及实物、其他经济利益对应的价款。《财政部　税务总局关于贯彻实施契税法若干事项执行口径的公告》（财政部　税务总局公告2021年第23号）规定，土地使用权出让的，计税依据中包括“实物配建房屋”等应交付实物、其他经济利益对应的价款。企业代政府建设的保障性住房属于“实物配建房屋”，与之相关的建安成本属于企业为取得土地使用权应交付的经济利益，应当纳入契税计税依据。

（二）以作价投资、偿还债务等方式转移土地房屋的契税计税依据的确定

以作价投资（入股）、偿还债务、划转、奖励等方式转移土地、房屋权属的，应当征收契税。其计税依据的确定，分为以下两种类型。

以作价投资（入股）、偿还债务等应交付经济利益的方式转移土地、房屋权属的，参照土地使用权出让、出售或房屋买卖确定契税计税依据，即以合同确定的成交价格确定，包括应交付的货币以及实物、其他经济利益对应的价款。例如，为支持合理住房需求，某省依法规定本地区住房买卖契税适用税率为3%。若纳税

人A作为债权人承受某债务人抵偿债务的一套住房，A应参照住房买卖，适用3%税率，以抵债合同（协议）确定的成交价格为计税依据申报契税。但须注意，若纳税人申报的成交价格明显偏低且无正当理由，税务机关可依照《税收征收管理法》的规定核定。

以划转、奖励等没有价格的方式转移土地、房屋权属的，契税计税依据应参照土地使用权或房屋赠与的规定，即由税务机关参照土地使用权出售、房屋买卖的市场价格依法核定价格。

三、风险示例

（一）契税计税依据计算错误

【示例情况】

A公司从事房地产开发经营业务。2020年以“招拍挂”方式取得一块4 000平方米的国有土地使用权，合同约定土地出让金金额为5 000万元，市政建设配套费160万元。2020年9月A公司取得该土地使用权证，在开发中又发生拆迁补偿款1 000万元，支付安置补助费400万元。2020年8月，A公司所开发的房地产项目经批准调整容积率，补缴土地出让金1 000万元，由此增加市政建设配套费32万元。A公司进行契税纳税申报时，以土地出让金5 000万元、市政建设配套费160万元合计5 160万元为契税计税依据，适用4%税率缴纳了契税206.4万元。

【法理分析】

根据《财政部　税务总局关于贯彻实施契税法若干事项执行口径的公告》（财政部　税务总局公告2021年第23号）的规定，土地使用权出让的，计税依据包括土地出让金、土地补偿费、安置补助费、地上附着物和青苗补偿费、征收补偿费、城市基础设施配套费、实物配建房屋等应交付的货币以及实物、其他经济利益对应的价款。因此，A公司在开发过程中支付的拆迁补偿款、安置补助费均应作为成交价格的一部分，计入土地使用权的契税计税依据中。由于提高出让合同约定的建筑容积率、增加建筑面积，导致需要补缴的土地出让金及相应增加的市政建设配套费，也应作为契税的计税依据缴纳契税。A公司存在少缴纳契税的风险。

【税务处理】

A公司应缴纳契税金额＝（5 000＋160＋1 000＋400＋1 000＋32）×4%＝303.68（万元），A公司应及时更正申报并补缴其少缴纳的税款，以及可能产生的滞纳金和罚款，具体按照《税收征收管理法》第六十三条、第六十四条等有关规定处理。

（二）纳税人不再符合免征、减征契税情形未补缴税款

【示例情况】

A 食品公司 2021 年承受荒地土地使用权用于农业生产，当年即办理了免征契税手续。2022 年初，A 食品公司改变经营范围，将该土地用于建设食品加工厂并于当年底投入生产，改变用途后 A 公司并未补缴免征的契税。

【法理分析】

依据《契税法》第八条规定，纳税人改变有关土地、房屋的用途，或者有其他不再属于《契税法》第六条规定的免征、减征契税情形的，应当缴纳已经免征、减征的税款。因此，A 食品公司应在 2022 年改变土地用途时，按照上述规定缴纳原已经免征契税。A 食品公司存在少缴契税的风险。

【税务处理】

A 食品公司应及时更正申报，补缴税款及可能产生的滞纳金和罚款，具体按照《税收征收管理法》第六十三条、第六十四条等有关规定处理。

第四节 耕地占用税法遵从

耕地占用税是对占用耕地建设建筑物、构筑物或者从事其他非农业建设的单位和个人，以其实际占用的耕地面积为计税依据，一次性征收的行为税。耕地占用税的征收，有利于约束纳税人占用耕地的行为，实现合理利用土地资源、加强土地管理、保护耕地的目的。耕地占用税采用地区差别税率，根据不同地区的具体情况，分别确定差别税额，以适应我国地域辽阔、各地区之间耕地质量差别较大、人均占有耕地面积相差悬殊的具体情况。

1987 年，国务院发布《中华人民共和国耕地占用税暂行条例》（以下简称《耕地占用税暂行条例》），对占用耕地建房或从事非农业建设的单位和个人征收耕地占用税。为进一步加大耕地保护力度，2007 年国务院公布了新修订的《耕地占用税暂行条例》。为贯彻落实税收法定精神，2018 年第十三届全国人民代表大会常务委员会第七次会议通过了《中华人民共和国耕地占用税法》（以下简称《耕地占用税法》），随后，财政部、国家税务总局、自然资源部、农业农村部、生态环境部制定了《中华人民共和国耕地占用税法实施办法》（以下简称《耕地占用税法实施办法》），两者均自 2019 年 9 月 1 日起施行。

一、遵从要点

（一）纳税主体

在中华人民共和国境内占用耕地建设建筑物、构筑物或者从事非农业建设的单位和个人，为耕地占用税的纳税人。

经批准占用耕地的，纳税人为农用地转用审批文件中标明的建设用地人；农用地转用审批文件中未标明建设用地人的，纳税人为用地申请人，其中用地申请人为各级人民政府的，由同级土地储备中心、自然资源主管部门或政府委托的其他部门、单位履行耕地占用税申报纳税义务。

未经批准占用耕地，纳税人为实际用地人。

（二）课税对象

1. 下列行为应当缴纳耕地占用税

（1）占用耕地建设建筑物、构筑物或者从事非农业建设。

（2）因建设项目施工或者地质勘查临时占用耕地。

（3）占用园地、林地、草地、农田水利用地、养殖水面、渔业水域滩涂以及其他农用地建设建筑物、构筑物或者从事非农业建设。

（4）因挖损、采矿塌陷、压占、污染等损毁耕地。

2. 下列行为不缴纳耕地占用税

（1）占用耕地建设农田水利设施的。

（2）占用农用地建设直接为农业生产服务的生产设施的。

（三）税率

1. 耕地占用税实行地区差别定额税率。

（1）人均耕地不超过 1 亩的地区（以县、自治县、不设区的市、市辖区为单位，下同），每平方米为 10 元至 50 元；

（2）人均耕地超过 1 亩但不超过 2 亩的地区，每平方米为 8 元至 40 元；

（3）人均耕地超过 2 亩但不超过 3 亩的地区，每平方米为 6 元至 30 元；

（4）人均耕地超过 3 亩的地区，每平方米为 5 元至 25 元。

各地区耕地占用税的适用税额，由省、自治区、直辖市人民政府根据人均耕地面积和经济发展等情况，在前述税额幅度内提出，报同级人民代表大会常务委员会决定，并报全国人民代表大会常务委员会和国务院备案。各省、自治区、直辖市耕地占用税适用税额的平均水平，不得低于《耕地占用税法》所附《各省、自治区、直辖市耕地占用税平均税额表》规定的平均税额。详见表 6 - 1。

表 6－1 各省、自治区、直辖市耕地占用税平均税额表

省、自治区、直辖市	平均税额/（元/平方米）
上海	45
北京	40
天津	35
江苏、浙江、福建、广东	30
辽宁、湖北、湖南	25
河北、安徽、江西、山东、河南、重庆、四川	22.5
广西、海南、贵州、云南、陕西	20
山西、吉林、黑龙江	17.5
内蒙古、西藏、甘肃、青海、宁夏、新疆	12.5

2. 在人均耕地低于 0.5 亩的地区，省、自治区、直辖市可以根据当地经济发展情况，适当提高耕地占用税的适用税额，但提高的部分不得超过适用税额的 50%。

3. 占用基本农田的，应当按照适用税额，加按 150% 征收。

4. 占用园地、林地、草地、农田水利用地、养殖水面、渔业水域滩涂以及其他农用地建设建筑物、构筑物或者从事非农业建设的，适用税额可以适当低于规定的适用税额，但降低的部分不得超过 50%。具体适用税额由省、自治区、直辖市人民政府提出，报同级人民代表大会常务委员会决定，并报全国人民代表大会常务委员会和国务院备案。

（四）税款计算

耕地占用税以纳税人实际占用的耕地面积为计税依据，按照规定的适用税额一次性征收，应纳税额为纳税人实际占用的耕地面积（平方米）乘以适用税额。

（五）税收优惠

1. 法定减免税

（1）军事设施、学校、幼儿园、社会福利机构、医疗机构占用耕地，免征耕地占用税。

（2）农村居民经批准搬迁，新建自用住宅占用耕地不超过原宅基地面积的部分，免征耕地占用税。

（3）农村烈士遗属、因公牺牲军人遗属、残疾军人以及符合农村最低生活保障条件的农村居民，在规定用地标准以内新建自用住宅，免征耕地占用税。

（4）在农用地转用环节，用地申请人能证明建设用地人符合规定的免税情形的，免征用地申请人的耕地占用税。

（5）对国家石油储备基地第一期项目建设过程中涉及的耕地占用税予以免征。

（6）铁路线路、公路线路、飞机场跑道、停机坪、港口、航道、水利工程占用耕地，减按每平方米 2 元的税额征收耕地占用税。

（7）农村居民在规定用地标准以内占用耕地新建自用住宅，按照当地适用税额减半征收耕地占用税。

（8）根据国民经济和社会发展的需要，国务院可以规定免征或者减征耕地占用税的其他情形，报全国人民代表大会常务委员会备案。

2. 其他法规政策的减征规定

2022 年 1 月 1 日至 2024 年 12 月 31 日，由省、自治区、直辖市人民政府根据本地区实际情况，以及宏观调控需要确定，对增值税小规模纳税人、小型微利企业和个体工商户可以在 50% 的税额幅度内减征耕地占用税等“六税两费”。

增值税小规模纳税人、小型微利企业和个体工商户已依法享受耕地占用税等“六税两费”其他优惠政策的，可叠加享受上述优惠政策。

（六）纳税地点

纳税人占用耕地，应在耕地所在地申报纳税。

（七）申报纳税

1. 纳税义务发生时间

（1）耕地占用税的纳税义务发生时间为纳税人收到自然资源主管部门办理占用耕地手续的书面通知的当日。

（2）未经批准占用耕地的，耕地占用税纳税义务发生时间为自然资源主管部门认定的纳税人实际占用耕地的当日。

（3）因挖损、采矿塌陷、压占、污染等损毁耕地的，纳税义务发生时间为自然资源、农业农村等相关部门认定损毁耕地的当日。

（4）纳税人改变原占地用途，需要补缴耕地占用税的，其纳税义务发生时间为改变用途当日。

2. 纳税期限

（1）纳税人应当自纳税义务发生之日起 30 日内申报缴纳耕地占用税。

（2）纳税人改变原占地用途，不再属于免征或减征情形的，应自改变用途之日起 30 日内申报补缴税款。

二、难点解析

（一）临时占用耕地符合条件可退税

纳税人因建设项目施工或者地质勘查临时占用耕地，应当依照《耕地占用税法》的规定缴纳耕地占用税。纳税人在批准临时占用耕地期满之日起一年内依法复垦，恢复种植条件的，全额退还已经缴纳的耕地占用税。

临时占用耕地，是指经自然资源主管部门批准，在一般不超过2年内临时使用耕地并且没有修建永久性建筑物的行为。依法复垦应由自然资源主管部门会同有关行业管理部门认定并出具验收合格确认书。

因挖损、采矿塌陷、压占、污染等损毁耕地属于税法所称的非农业建设，应依照税法规定缴纳耕地占用税；自自然资源、农业农村等相关部门认定损毁耕地之日起3年内依法复垦或修复，恢复种植条件的，也可全额办理退税。

（二）复合型光伏项目仍需缴纳耕地占用税[①]

2017年9月，国土资源部、国务院扶贫办、国家能源局联合发布《关于支持光伏扶贫和规范光伏发电产业用地的意见》（国土资规〔2017〕8号），要求各地省级能源、国土资源主管部门研究提出本地区光伏复合项目建设要求和认定标准，明确符合本地区光伏复合项目建设要求和认定标准的项目，其光伏方阵在占用除永久基本农田以外的农用地时无须办理转建手续，在保障农用地可持续利用的前提下可不改变原用地性质。

该文件的出台在用地方式上对复合型光伏项目给予了一定的政策倾斜。同时，很多新能源项目投资方也认为既然项目不需要办理转建手续，在农业大棚、鱼塘水面进行项目建设不影响项目地的农作物种植及渔业养殖，甚至因为光伏板对阳光进行了一定遮挡，一定程度上有利于农林渔业的发展，则可不用缴纳耕地占用税。

上述观点具有一定合理性，但是现行耕地占用税制度并未给予确认。在现有的耕地占用税减免情形中，可能与复合型项目相关的一项为“农用地建设直接为农业生产服务的生产设施的，不缴纳耕地占用税”。但是《耕地占用税法实施办法》中明确：“直接为农业生产服务的生产设施，是指直接为农业生产服务而建设的建筑物和构筑物。具体包括：储存农用机具和种子、苗木、木材等农业产品的

---

① 樊荣，刘萧嘉，刘毅．新能源项目的两把达摩克利斯之剑（二）：耕地占用税篇［EB/OL］．［2021－03－10］．https：//www.chinalawinsight.com/2021/03/articles/corporate-ma/新能源项目的两把达摩克利斯之剑（二）－耕地/.

仓储设施；培育、生产种子、种苗的设施；畜禽养殖设施；木材集材道、运材道；农业科研、试验、示范基地；野生动植物保护、护林、森林病虫害防治、森林防火、木材检疫的设施；专为农业生产服务的灌溉排水、供水、供电、供热、供气、通信基础设施；农业生产者从事农业生产必需的食宿和管理设施；其他直接为农业生产服务的生产设施。”复合型光伏项目虽可能因光伏板对阳光进行了一定遮挡，有利于农林渔业的发展，或可能为农业大棚提供一部分供电支持，但其整体建设目的是向用电方或电网售电，无法被直接归入“为农业生产服务的生产设施”。

综上，在现有的政策下，复合型光伏项目仍然需要缴纳耕地占用税。

三、风险示例

（一）占用荒地未缴纳耕地占用税

【示例情况】

2020 年初，甲公司为扩大生产规模，占用开垦过现已废弃的荒地建设自用厂房。该荒地为农用地性质。2021 年 3 月厂房建成并投入使用，甲公司同月收到当地自然资源主管部门发送的要求办理占用耕地手续的书面通知，但甲公司认为荒地不属于耕地占用税的征税范围，因此一直未申报缴纳耕地占用税，也未办理耕地占用手续。

【法理分析】

耕地占用税的征税范围，需要从两方面确认：一是存在占用耕地、园地、林地、草地、农田水利用地、养殖水面、渔业水域滩涂以及其他农用地的行为，二是占用耕地的目的是建设建筑物、构筑物或从事非农业建设。两个条件缺一不可，同时满足以上两点，即发生纳税义务。

示例中的荒地是开垦过的土地，具有农用地性质，一般被认为是属于耕地占用税征税范围内的土地，且已经收到当地自然资源主管部门发送的要求办理占用耕地手续的书面通知，说明该处“荒地”是当地主管部门认定的耕地。根据耕地占用税相关规定，未经批准占用耕地的，纳税人为实际用地人。因此甲公司存在少缴耕地占用税的风险。

【处理税务】

甲公司应按上述规定缴纳耕地占用税，并应在收到自然资源主管部门办理占用耕地手续的书面通知后 30 日内缴纳。如甲公司在上述时间内未按规定缴纳耕地占用税，则应补充申报耕地占用税、补缴相应税款，并可能被税务机关追缴滞纳金及罚款，具体按照《税收征收管理法》第六十三条、第六十四条等有关规定处理。

（二）学校内经营性场所和教职工住房少缴耕地占用税

【示例情况】

甲集团公司注册在J省N市。为提高集团公司的社会责任感，促进当地教育发展，经N市人民政府教育行政部门批准，甲集团公司在当地设立一所中学，共占用耕地面积2 000平方米，其中教室占地800平方米、学校内商店占地300平方米、教职工住房占地500平方米、其他占地400平方米。甲集团公司认为学校占用的耕地均属于耕地占用税免税范围，对其占用的2 000平方米耕地均未申报缴纳耕地占用税。

【法理分析】

依据耕地占用税相关规定，对非营利性质的学校、幼儿园等机构占用耕地，免征耕地占用税。但是，学校内经营性场所和教职工住房占用耕地的，按照当地适用税额缴纳耕地占用税。国家对非营利性质的机构给予相应的税收优惠，是为了鼓励其更好地服务社会。对于其开展的营利性质的活动，一般视为正常经营活动予以征税。

虽然甲集团公司设立的学校属于耕地占用税免税范围，但校园内带有经营性质的部分需要单独核算并计算缴纳相关税款。甲集团公司存在少缴耕地占用税的风险。

【税务处理】

甲集团公司应更正申报，补缴学校内商店、教职工住房占用耕地对应的耕地占用税，并可能缴纳滞纳金及罚款。同时，应当注意税法对于非营利民办学校的税收优惠。包括企业所得税、增值税、房产税、城镇土地使用税、契税、印花税等优惠。对于非营利民办学校中进行的营利性质活动，均应当单独核算并依照税法规定缴纳相关税费。

除补缴税款外，甲集团公司还可能被税务机关追缴滞纳金和罚款，具体按照《税收征收管理法》第六十三条、第六十四条等有关规定处理。

第五节　土地增值税法遵从

土地增值税是对转让房地产并取得收入的单位和个人，就其取得的增值额征收的一种税。土地增值税的征收有利于抑制炒买炒卖土地获取暴利的行为，保障国家的土地权益。

1993年12月13日，国务院发布了《中华人民共和国土地增值税暂行条例》（以下简称《土地增值税暂行条例》），决定自1994年1月1日起在全国开征土地增值税。2011年1月8日国务院令第588号对其作出修改。土地增值税采用四级超率累进税率，以增值额与扣除金额比例高低设计分级税率，比例高的多纳税，比例低的少纳税，以达到调节土地增值收益的目的。

一、遵从要点

（一）纳税主体

转让国有土地使用权、地上的建筑物及其附着物并取得收入的单位和个人，为土地增值税的纳税人。

转让国有土地使用权、地上的建筑物及其附着物并取得收入，是指以出售或者其他方式有偿转让房地产的行为。不包括以继承、赠与方式无偿转让房地产的行为。

（二）课税对象

土地增值税以转让房地产所取得的增值额为课税对象。具体包括：

（1）转让国有土地使用权。国有土地，是指按国家法律规定属于国家所有的土地。

（2）地上建筑物及其附着物。地上的建筑物，是指建于土地上的一切建筑物，包括地上地下的各种附属设施。附着物，是指附着于土地上的不能移动，一经移动即遭损坏的物品。

（三）税率

土地增值税实行四级超率累进税率，依据土地增值税与扣除项目金额的比例，来确定适用税率和速算扣除系数。详见表6－2。

$$\text{增值额与扣除项目金额的比例}=\left(\text{转让房地产的总收入}-\text{扣除项目金额}\right)\div\text{扣除项目金额}\times 100\%$$

表6－2　　土地增值税税率速算扣除表

级数	增值额与扣除项目金额的比率	税率/%	速算扣除系数/%
1	未超过50%的部分	30	0
2	超过50%、未超过100%的部分	40	5
3	超过100%、未超过200%的部分	50	15
4	超过200%的部分	60	35

（四）税款计算

土地增值税应纳税额的计算公式如下：

土地增值税应纳税额 = 增值额 × 适用税率 − 扣除项目金额 × 速算扣除系数

增值额 = 收入额 − 扣除项目金额

1. 收入额的确定

纳税人转让房地产所取得的收入，包括货币收入、实物收入和其他收入。

（1）营改增后，纳税人转让房地产的土地增值税应税收入不含增值税。适用增值税一般计税方法的纳税人，其转让房地产的土地增值税应税收入不含增值税销项税额；适用简易计税方法的纳税人，其转让房地产的土地增值税应税收入不含增值税应纳税额。

（2）对于已售项目，清算时已全额开具发票的，按照发票所载金额确认清算收入；未开票或未全额开票的，按销售合同所载的金额及其他收益确认清算收入。

（3）房地产开发企业将开发产品用于职工福利、奖励、对外投资、分配给股东或投资人、抵偿债务、换取其他单位和个人的非货币性资产等，发生所有权转移时应视同销售房地产，其收入按下列方法和顺序确认：

按本企业在同一地区、同一年度销售的同类房地产的平均价格确定；

由主管税务机关参照当地当年、同类房地产的市场价格或评估价值确定。

（4）将开发的部分房地产转为企业自用或用于出租等商业用途时，产权未发生转移的，不征收土地增值税，在税款清算时不列入收入，也不扣除相应的成本和费用。

（5）房地产开发企业采取预收款方式销售自行开发的房地产项目的，可按照以下方法计算土地增值税预征计征依据：

土地增值税预征的计征依据 = 预收款 − 应预缴增值税税款

2. 扣除项目金额的确定

（1）取得土地使用权所支付的金额

取得土地使用权所支付的金额包括纳税人为取得土地使用权所支付的地价款和按国家统一规定缴纳的有关费用。

具体为：以出让方式取得土地使用权的，为支付的土地出让金；以行政划拨方式取得土地使用权的，为转让土地使用权时按规定补交的出让金；以转让方式取得土地使用权的，为支付的地价款。

房地产开发企业的本项目中包括契税。

（2）房地产开发成本

房地产开发成本包括土地征用及拆迁补偿费、前期工程费、建筑安装工程费、基础设施费、公共配套设施费、开发间接费用。这些成本允许按实际发生额扣除。

（3）房地产开发费用

开发土地和新建房及配套设施的费用（以下简称房地产开发费用），是指与房地产开发项目有关的销售费用、管理费用、财务费用。

财务费用中的利息支出，凡能够按转让房地产项目计算分摊，并提供金融机构证明的，允许据实扣除，但最高不能超过按商业银行同类同期贷款利率计算的金额。房地产开发费用按取得土地使用权所支付的金额及房地产开发成本之和的5%以内予以扣除。凡不能提供金融机构证明的，利息不单独扣除，三项费用的扣除按取得土地使用权所支付的金额及房地产开发成本的10%以内计算扣除。

（4）与转让房地产有关的税金

与转让房地产有关的税金包括在转让房地产时缴纳的城市维护建设税、印花税。因转让房地产缴纳的教育费附加，也可视同税金予以扣除。

（5）加计扣除

对从事房地产开发的纳税人，可按取得土地使用权所支付的金额与房地产开发成本之和加计20%的扣除。

（6）转让旧房及建筑物的评估价格

转让旧房及建筑物可扣除的项目为房屋及建筑物评估价格及前述第（1）项和第（4）项。旧房及建筑物的评估价格，是指在转让已使用的房屋及建筑物时，由政府批准设立的房地产评估机构评定的重置成本价乘以成新度折扣率后的价格。评估价格须经当地税务机关确认。

3. 房地产开发企业土地增值税清算

（1）清算单位

土地增值税以国家有关部门审批的房地产开发项目为单位进行清算，对于分期开发的项目，以分期项目为单位进行清算。

（2）纳税人应当清算的情形

纳税人符合下列条件之一的，应进行土地增值税的清算：房地产开发项目全部竣工、完成销售的；整体转让未竣工决算房地产开发项目的；直接转让土地使用权的。

纳税人应当在满足条件之日起90日内到主管税务机关办理清算手续。

（3）主管税务机关可要求纳税人进行清算的情形

纳税人满足以下条件之一的，主管税务机关可以要求纳税人进行土地增值税的清算：已竣工验收的房地产开发项目，已转让的房地产建筑面积占整个项目可售建筑面积的比例在85%以上，或该比例虽未超过85%，但剩余的可售建筑面积已经出租或自用的；取得销售（预售）许可证满三年仍未销售完毕的；纳税人申请税务注销但未办理土地增值税清算手续的；省（自治区、直辖市、计划单列市）税务机关规定的其他情况。

纳税人应在收到主管税务机关下达清算通知之日起90日内办理清算手续。

（4）核定征收

纳税人有下列情形之一的，税务机关可以参照与其开发规模和收入水平相近的当地企业的土地增值税税负情况，按不低于预征率的征收率核定征收土地增值税：

①依照法律、行政法规的规定应当设置但未设置账簿的；

②擅自销毁账簿或者拒不提供纳税资料的；

③虽设置账簿，但账目混乱或者成本资料、收入凭证、费用凭证残缺不全，难以确定转让收入或扣除项目金额的；

④符合土地增值税清算条件，未按照规定的期限办理清算手续，经税务机关责令限期清算，逾期仍不清算的；

⑤申报的计税依据明显偏低，又无正当理由的。

（5）清算后再转让房地产的处理

在土地增值税清算时未转让的房地产，清算后销售或有偿转让的，纳税人应按规定进行土地增值税的纳税申报，扣除项目金额按清算时的单位建筑面积成本费用乘以销售或转让面积计算。

单位建筑面积成本费用＝清算时的扣除项目总金额÷清算的总建筑面积

（五）税收优惠

1. 转让普通标准住宅，转让旧房作为公租房、改造安置住房

（1）纳税人建造普通标准住宅出售，其增值率未超过20%的，免征土地增值税。

（2）对企事业单位、社会团体以及其他组织转让旧房作为公租房房源，且增值额未超过扣除项目金额20%的，免征土地增值税。

（3）企事业单位、社会团体以及其他组织转让旧房作为改造安置住房房源且增值额未超过扣除项目金额20%的，免征土地增值税。

2. 国家征收、收回的房地产

（1）因国家建设需要依法征用、收回的房地产免征土地增值税。

（2）因城市实施规划、国家建设需要而搬迁，纳税人自行转让房地产的免征土地增值税。

3. 个人互换住房、销售住房

（1）对个人之间互换自有居住用房地产的，经当地税务机关核实，免征土地增值税。

（2）对个人销售住房暂免征收土地增值税。

（六）纳税地点

房地产所在地主管税务机关。

（七）申报纳税

1. 纳税期限

纳税人应在转让房地产合同签订之日起 7 日内，向房地产所在地的主管税务机关申报纳税。

2. 土地增值税的预征

对纳税人在项目全部竣工结算前转让房地产取得的收入可以预征土地增值税。具体办法由各省、自治区、直辖市税务机关根据当地情况制定。

对纳税人预售房地产所取得的收入，当地税务机关规定预征土地增值税的，纳税人应当到主管税务机关办理纳税申报，并按规定比例预缴，待办理决算后，多退少补；当地税务机关规定不预征土地增值税的，纳税人也应在取得收入时先到税务机关登记或备案。

二、难点解析

（一）房地产开发企业安置回迁户的土地增值税收入确认问题

（1）房地产企业用建造的本项目房地产安置回迁户的，安置用房视同销售处理，按本企业在同一地区、同一年度销售的同类房地产的平均价格（无平均价格或价格明显偏低的，由主管税务机关参照当地当年、同类房地产的市场价格或评估价值）确定收入，同时将此确认为房地产开发项目的拆迁补偿费，也就是同时确认视同销售收入和成本。房地产开发企业支付给回迁户的补差价款，计入拆迁补偿费；回迁户支付给房地产开发企业的补差价款，应抵减本项目拆迁补偿费。

（2）开发企业采取异地安置，异地安置的房屋属于自行开发建造的，房屋价值按规定计算，计入本项目的拆迁补偿费；异地安置的房屋属于购入的，以实际支付的购房支出计入拆迁补偿费。

（3）货币安置拆迁的，房地产开发企业凭合法有效凭据计入拆迁补偿费。

（二）变相销售地下车位的土地增值税收入确认问题

无产权车位可分为两种：一种是人防车位，另一种是非人防无产权车位。实务中开发商对无产权车位可能采取变相销售的方式，例如有的开发商与业主签订一次性转让车位使用权合同，或者是与业主签订车位租赁合同，租期设定为较长年限，到期后通过使用权赠送等方式变相销售车位。对于变相销售收入是否计入土地增值税清算收入，财政部、国家税务总局没有明确规定，各地税务机关通常选择如下两种方式中的一种处理：一种是实质重于形式，无产权车位变相销售收入确认土地增值税清算收入，同时成本允许扣除；另一种是形式重于实质，无产权车位变相销售收入不确认土地增值税清算收入，同时成本不允许扣除。建议开发商与主管税务机关确认政策口径后遵照执行。

（三）以股权转让名义转让土地使用权及地上建筑物的土地增值税问题

对于股权转让产生土地使用权转让效果的行为，是否应当“穿透”股权转让，认定为土地使用权转让征收土地增值税，国家税务总局曾发函回复原广西壮族自治区地方税务局：“鉴于深圳市能源集团有限公司和深圳能源投资股份有限公司一次性共同转让深圳能源（钦州）实业有限公司100%的股权，且这些以股权形式表现的资产主要是土地使用权、地上建筑物及附着物，经研究，对此应按土地增值税的规定征税。”部分地方税务机关认为，对于股权转让发生土地使用权转让效果的，属于“名股实地”，应“穿透”股权转让，课征土地增值税。

在具体实践中，以股权转让名义转让土地使用权及地上建筑物是否缴纳土地增值税应及时与主管税务机关沟通，做到涉税风险事前防范，避免缴纳滞纳金、罚款的情况发生。

（四）房地产开发企业销售已装修房屋装修费的扣除问题

房地产开发企业销售已装修的房屋，其装修费用可以计入房地产开发成本。

关于装修费用扣除的具体范围，国家层面暂无明确法规，部分地区税务机关对可移动的物品（如可移动的家用电器、家具、日用品、装饰用品等），不计收入也不允许扣除相关成本费用。

例如，江苏省规定，房地产开发企业销售已装修的房屋，对以建筑物或构筑物为载体，移动后会引起性质、形状改变或者功能受损的装修支出，可作为开发成本予以扣除。对可移动的物品（如可移动的家用电器、家具、日用品、装饰用品等），不计收入也不允许扣除相关成本费用。

安徽省则规定，纳税人销售已装修的房屋，其装修费用可以计入房地产开发成本。纳税人销售已装修的房屋，其装修费用不包括房地产开发企业自行采购或委托装修公司购买的家用电器、家具所发生的支出，也不包括与房地产连接在一起、但可以拆除且拆除后无实质性损害的物品所发生的支出。房地产开发企业销售精装修房时，如其销售收入包括销售家用电器、家具等取得的收入，应以总销售收入减去销售家用电器、家具等取得的收入作为房地产销售收入计算土地增值税。

（五）样板间与售楼部的建造装修费用扣除问题

样板间与售楼部的建造装修费用，土地增值税扣除应根据设施性质区分不同情况处理。

1. 小区内、主体外临时建筑物

房地产企业在开发小区内、主体外修建临时性建筑物作为售楼部、样板房的，其发生的设计、建造、装修等费用，如果该营销设施系专门建造用于项目营销且最终未出售留作自用或自行拆除，则不得作为土地增值税扣除项目，应计入房地产销售费用。售楼部、样板房内的资产，如空调、电视机等资产性购置支出不得在销售费用中列支，应计入固定资产。

2. 利用开发产品

房地产企业在主体内修建临时售楼部、样板房的，其发生的设计、建造、装修等费用，建成后有偿转让的，应计算收入并准予扣除。

3. 利用公共配套设施

房地产企业利用规划配套设施（如会所、物业管理用房），发生的售楼部、样板房的设计、建造、装修等费用，按以下原则处理：

（1）建成后产权属于全体业主所有的，其成本、费用可以扣除；

（2）建成后无偿移交给政府、公用事业单位用于非营利性社会公共事业的，其成本、费用可以扣除；

（3）建成后有偿转让的，应计算收入，并准予扣除成本、费用。

（六）房地产开发企业代收费用的处理

对于县级及县级以上人民政府要求房地产开发企业在售房时代收的各项费用，如果代收费用是计入房价中向购买方一并收取的，可作为转让房地产所取得的收入计税；如果代收费用未计入房价中，而是在房价之外单独收取的，可以不作为转让房地产的收入。对于代收费用作为转让收入计税的，在计算扣除项目金额时，代收费用可以扣除，但不允许作为加计20%扣除的基数；对于代收费用未作为转让房地产的收入计税的，在计算增值额时不允许扣除代收费用。

关于市政公共基础设施配套费和人防工程异地建设费，国家层面未明确规定是否属于代收费用，一些地区明确发文规定其为代收费用，也有地区没有明确规定。市政公共基础设施配套费和人防工程异地建设费金额较大且都包含在房价之中，这两项费用与房地产项目建设非直接相关，因此部分地区税务机关未将其作为加计20%扣除的基数。例如，江苏省明确规定，房地产开发企业代收费用中，市政公共基础设施配套费、人防工程异地建设费不得加计扣除，也不作为房地产开发费用扣除的计算基数。

（七）房地产开发企业四项成本不实的核定

房地产开发企业办理土地增值税清算所附送的前期工程费、建筑安装工程费、基础设施费、开发间接费用（以下简称四项成本）的凭证或资料不符合清算要求或不实的，税务机关可参照当地建设工程造价管理部门公布的建安造价定额资料，结合房屋结构、用途、区位等因素，核定四项成本的单位面积金额标准，并据以计算扣除。具体核定方法由省税务机关确定。

因此，各省税务机关对四项成本不实有核定的权力。如何界定四项成本不实，不同地区需参考当地规定。例如，依据《北京市地方税务局土地增值税清算管理规程》规定，对开发土地和新建房及配套设施的成本中的四项成本，按有效凭证金额据实扣除。对于纳税人进行土地增值税清算时，四项成本的每平方米建安成本扣除额，明显高于北京市税务机关制定的《分类房产单位面积建安造价表》中公布的每平方米工程造价金额，又无正当理由的，应按核定办法扣除。税务机关根据建设部门定期公布的建安指导价格，结合商品房用途、结构等因素制定《分类房产单位面积建安造价表》，作为四项成本核定的依据。

（八）房地产开发企业扣除项目的其他注意事项

1. 地下车库土地成本分摊问题

地下车库是否需分摊土地成本，暂无直接可参照执行的具体文件规定，一般认为，如果地下车库为不计容建筑面积，则可不参与土地成本分摊。

2. 未支付的质量保证金的扣除问题

房地产开发企业在工程竣工验收后，根据合同约定，扣留建筑安装施工企业一定比例的工程款，作为开发项目的质量保证金，在计算土地增值税时，建筑安装施工企业就质量保证金对房地产开发企业开具发票的，按发票所载金额予以扣除；未开具发票的，扣留的质量保证金不得计算扣除。

三、风险示例

（一）以房抵债视同销售收入确认不合规

【示例情况】

2021年A房地产开发公司在某省N市开发建设甲办公楼建设项目。同年底A房地产开发公司由于资金紧张，与建筑施工单位B公司进行协商，以其拥有的部分商品房抵偿所欠B公司工程款。2022年1月双方签订以房抵债合同，A房地产开发公司以抵偿工程款的金额作为商品房转让收入，但该工程款金额明显低于该公司在同一地区、同一年度销售同类房地产的平均价格。

【法理分析】

房地产企业将开发的产品用于抵偿债务而发生了所有权转移，即发生了视同销售的行为，应确认收入并缴纳土地增值税。收入金额应当先按本企业在同一地区、同一年度销售的同类房地产的平均价格确定；如无同一年度销售的同类房地产平均价格，则由主管税务机关参照当地当年、同类房地产的市场价格或评估价值确定。

A房地产开发公司以抵偿工程款的金额作为商品房转让收入，且抵偿金额明显偏低，在进行土地增值税清算时将会被主管税务机关调整其收入金额，增加土地增值税支出。

【税务处理】

A房地产开发公司在协商以房抵债的过程中应当考虑土地增值税的相关规定，否则在土地增值税清算时将被税务机关要求调整计税依据。

（二）政府奖励性质的土地出让金奖励的土地增值税处理

【示例情况】

A房地产开发公司于2007年4月成立，在B县以出让方式取得国有建设用地50.99亩，用于开发房地产项目。A公司为取得该项目共向B县国土资源局支付158 300万元出让金。2009年12月和2010年1月B县财政局两次共给予A公司奖励资金1 600万元。此奖励系B县为招商引资作出的承诺，给予A公司的土地出让金奖励。该开发项目建筑面积114 936.73平方米，2008年12月取得预售许可证，截至2013年12月31日，对外销售27 237.97平方米，以房地产对外投资入股42 415.75平方米。因已满足清算条件，税务机关要求其进行土地增值税清算，A公司在计算土地增值税扣除项目时未考虑此款项①。

【法理分析】

土地出让金奖励是企业基于受让土地而取得的，实质上减少了所支付的地价款。根据相关税法规定，纳税人为取得土地使用权所支付的地价款，在计算土地增值税时，应以纳税人实际支付土地出让金，减去因受让该宗土地政府以各种形式支付给纳税人的经济利益后予以确认。

---

① 整理自中国裁判文书网。

房地产开发公司“取得土地使用权所支付的金额”，包括为取得土地使用权所支付的地价款和按国家统一规定缴纳的相关费用。相关文件并未明确规定对于土地款返还问题应如何处理。实务操作中，政府返还的“土地出让金奖励”或政府给予的补偿返还款，一般是政府对房地产开发公司的一种补助，是公司的一项营业外收入，账务处理按政府补助入账，但这部分补助实质上是政府给予房地产开发公司的土地价款的折让，在土地增值税清算时部分税务机关会要求抵减土地成本。

【税务处理】

A 房地产开发公司应当与 B 县主管税务机关核实政策，确定 1 600 万元奖励确属于因受让土地而取得的奖励，在清算时，应当在计算土地使用权所支付的地价款中按实际支付的金额扣减 1 600 万元后确定，以免产生多计算扣除项目而少缴纳土地增值税的风险。

（三）集团内公司间交易价款不公允

【示例情况】

A 集团下属全资子公司 B 公司主营房地产开发业务，全资子公司 C 公司主营建筑施工业务。2020 年 2 月 B 公司在北京市成立甲项目公司，负责开发某工业开发区项目，并通过内部招投标确定由 C 公司担任工程总承包。直至 2022 年初，该项目开始进行土地增值税清算，并按实际发生的建安成本（即房地产开发成本）进行扣除。但经估算发现，由于 C 公司现场控制较弱，该项目建安成本单方造价明显高于北京市税务机关制定的《分类房产单位面积建安造价表》。

【法理分析】

依据北京市规定，对开发土地和新建房及配套设施的成本中的前期工程费、基础设施费、建筑安装工程费、开发间接费用，按有效凭证金额据实扣除。对纳税人进行土地增值税清算时，清算项目中四项成本的每平方米建安成本扣除额，明显高于北京市税务机关制定的《分类房产单位面积建安造价表》中公布的每平方米工程造价金额，又无正当理由的，应按核定办法扣除。

由于项目建安成本单方造价明显高于北京市税务机关公布的每平方米工程造价金额，又无正当理由的，B 公司房地产开发成本可能会被税务机关核定扣除，导致扣除金额减少，需缴纳的土地增值税增加。

【税务处理】

在确定房地产开发业务的扣除项目时，应当确认项目所在地的具体规定，及时与主管税务机关沟通，并在项目过程中加强控制，避免造成实际发生成本不能据实扣除，导致土地增值税税负增加的情况。

（四）破产拍卖的税费承担主体问题

【示例情况】

2017 年 2 月 21 日 Y 市中级人民法院裁定受理 J 公司破产清算申请，并指定了管理人。破产财产处置过程中，该院委托 X 产权交易所在某网络拍卖平台对破产财产进行公开拍卖。X 产权交易所在某网络拍卖平台发布了《竞买公告》，公告第六条规定：标的物过户登记手续由买受人自行办理，破产管理人协助，过户过程所涉及的一切税费由买受人承担。第九条注意事项规定：竞买人在竞价前请务必在该网络司法拍卖平台仔细阅读《竞买公告》、《竞价须知》、标的简介及竞买帮助等栏目详细内容。2018 年 7 月 6 日 N 公司经过 111 轮竞价最终以 113 428 000 元竞拍成功。之后，双方当事人就税收承担产生争议，管理人向 Y 市中级人民法院提交了《关于 J 公司破产财产成交后税费缴纳的请示》。2018 年 8 月 4 日该中级人民法院经研究答复，为充分保护债权人利益，避免产生税费滞纳金，可先行按照税法规定缴纳出卖方应缴税款，税费争议可通过相应法律程序解决。2019 年 3 月 6 日管理人向税务机关缴纳破产财产拍卖交易涉及的增值税、土地增值税等税费共计 7 520 073. 68 元。

对于 N 公司与 J 公司的税费争议，经一审、二审，法院认定案涉拍卖并非司法强制拍卖，裁定案涉拍卖税款应由 N 公司承担。N 公司不服该判决申请再审，最高人民法院认为二审判决并无不当，驳回再审申请①。

【法理分析】

本案拍卖财产是 J 公司破产清算程序中需要依法处分的财产。《中华人民共和国企业破产法》规定，破产管理人负有管理和处分债务人财产的职责；破产管理人依照该法规定执行职务，向人民法院报告工作，接受债权人会议和债权人委员会的监督。《最高人民法院关于人民法院网络司法拍卖若干问题的规定》（法释〔2016〕18 号）第一条规定，所称网络司法拍卖，是指人民法院依法通过互联网拍卖平台，以网络电子竞价方式公开处置财产的行为。本案拍卖财产的处置，是 Y 市中级人民法院依据债权人要求对外进行的委托，不是人民法院强制处分财产的行为，因此不属于司法拍卖，不适用《最高人民法院关于人民法院网络司法拍卖若干问题的规定》（法释〔2016〕18 号）第三十条“因网络司法拍卖本身形成的税费，应当依照相关法律、行政法规的规定，由相应主体承担”的规定。

---

① 整理自中国裁判文书网。

我国税收管理法律法规对于各种税收明确规定了纳税人，如《土地增值税暂行条例》第二条规定，转让国有土地使用权、地上的建筑物及其附着物并取得收入的单位和个人，为土地增值税的纳税人，应当依照该条例缴纳土地增值税。因此在本案中，J公司为税收法律法规规定的纳税人，应承担申报纳税的义务。但税收法律法规并未禁止纳税人与合同相对人约定税款的承担方。税法对于税种、税率、税额的规定是强制的，而对于实际由谁承担税款没有作出强制性或禁止性规定，因此案涉拍卖税款可以根据合同相对人约定由受让方承担。

【税务处理】

J公司作为纳税人，应承担拍卖涉及的土地增值税等税费申报纳税的义务，但可根据《竞买公告》和《竞价须知》约定，由N公司实际承担。若未按税法规定的期限申报纳税，税务机关将向J公司而非N公司追缴税款、滞纳金及罚款，具体按照《税收征收管理法》第六十三条、第六十四条等有关规定处理。

第六节 资源税法遵从

资源税是以在中华人民共和国领域和管辖的其他海域开发应税资源的单位和个人为纳税人，依据应税资源的销售额或销售数量征收的税种。征收资源税可合理调节各地资源级差收入水平，促进资源的合理开采、节约使用及有效配置。

我国自1984年颁布《中华人民共和国资源税条例（草案）》后才开始征收资源税，最初只对原油、天然气、煤炭等矿产资源征收，实行超率累进税率。1986年资源税改为从量定额征收，1994年盐税并入资源税，资源税征税范围扩大为原油、天然气、煤炭、其他非金属原矿、黑色金属原矿、有色金属原矿和盐七大类。2010年起按照中央关于资源税改革的总体要求，国家逐步对油气、煤炭、稀土、钨、钼等税目从价计征。2016年7月1日起，资源税从价计征全面推开。2019年，第十三届全国人民代表大会常务委员会第十二次会议通过《中华人民共和国资源税法》（以下简称《资源税法》），自2020年9月1日起施行。《资源税法》在保持现行的税制框架和税负水平总体不变的原则下，对不适应社会经济发展的内容进行调整，并将水资源纳入资源税征收范围。目前我国水资源税在河北、北京、天津等10个省、自治区、直辖市开展试点。

一、遵从要点

（一）纳税主体

在中华人民共和国领域和中华人民共和国管辖的其他海域开发应税资源的单位和个人，为资源税的纳税人。

（二）课税对象

资源税的课税对象是《资源税法》规定的自然资源产品，其征税范围主要包括矿产资源和盐，具体征税范围包括164个税目。纳税人开采或者生产应税产品自用的，应当依照《资源税法》规定缴纳资源税；但是，自用于连续生产应税产品的，不缴纳资源税。

（三）税率

资源税的税目、税率，按照《资源税税目税率表》（详见表6－3）执行。

表6－3中规定实行幅度税率的，其具体适用税率由省、自治区、直辖市人民政府统筹考虑该应税资源的品位、开采条件以及对生态环境的影响等情况，在表6－3中规定的税率幅度内提出，报同级人民代表大会常务委员会决定，并报全国人民代表大会常务委员会和国务院备案。

表6－3中规定征税对象为原矿或者选矿的，应当分别确定具体适用税率。

纳税人开采或者生产同一税目下适用不同税率应税产品的，应当分别核算不同税率应税产品的销售额或者销售数量；未分别核算或者不能准确提供不同税率应税产品的销售额或者销售数量的，从高适用税率。

表6－3　资源税税目税率表

税目		征税对象	税率
能源矿产	原油	原矿	6%
	天然气、页岩气、天然气水合物	原矿	6%
	煤	原矿或者选矿	2%～10%
	煤成（层）气	原矿	1%～2%
	铀、钍	原矿	4%
	油页岩、油砂、天然沥青、石煤	原矿或者选矿	1%～4%
	地热	原矿	1%～20%或者每立方米1～30元

续表

税目			征税对象	税率
金属矿产	黑色金属	铁、锰、铬、钒、钛	原矿或者选矿	1% ~9%
	有色金属	铜、铅、锌、锡、镍、锑、镁、钴、铋、汞	原矿或者选矿	2% ~10%
		铝土矿	原矿或者选矿	2% ~9%
		钨	选矿	6. 50%
		钼	选矿	8%
		金、银	原矿或者选矿	2% ~6%
		铂、钯、钌、锇、铱、铑	原矿或者选矿	5% ~10%
		轻稀土	选矿	7% ~12%
		中重稀土	选矿	20%
		铍、锂、锆、锶、铷、铯、铌、钽、锗、镓、铟、铊、铪、铼、镉、硒、碲	原矿或者选矿	2% ~10%
非金属矿产	矿物类	高岭土	原矿或者选矿	1% ~6%
		石灰岩	原矿或者选矿	1% ~6%或者每吨（或者每立方米）1 ~10 元
		磷	原矿或者选矿	3% ~8%
		石墨	原矿或者选矿	3% ~12%
		萤石、硫铁矿、自然硫	原矿或者选矿	1% ~8%
		天然石英砂、脉石英、粉石英、水晶、工业用金刚石、冰洲石、蓝晶石、硅线石（矽线石）、长石、滑石、刚玉、菱镁矿、颜料矿物、天然碱、芒硝、钠硝石、明矾石、砷、硼、碘、溴、膨润土、硅藻土、陶瓷土、耐火粘土、铁矾土、凹凸棒石粘土、海泡石粘土、伊利石粘土、累托石粘土	原矿或者选矿	1% ~12%
		叶蜡石、硅灰石、透辉石、珍珠岩、云母、沸石、重晶石、毒重石、方解石、蛭石、透闪石、工业用电气石、白垩、石棉、蓝石棉、红柱石、石榴子石、石膏	原矿或者选矿	2% ~12%
		其他粘土（铸型用粘土、砖瓦用粘土、陶粒用粘土、水泥配料用粘土、水泥配料用红土、水泥配料用黄土、水泥配料用泥岩、保温材料用粘土）	原矿或者选矿	1% ~5%或者每吨（或者每立方米）0. 1 ~5 元
	岩石类	大理岩、花岗岩、白云岩、石英岩、砂岩、辉绿岩、安山岩、闪长岩、板岩、玄武岩、片麻岩、角闪岩、页岩、浮石、凝灰岩、黑曜岩、霞石正长岩、蛇纹岩、麦饭石、泥灰岩、含钾岩石、含钾砂页岩、天然油石、橄榄岩、松脂岩、粗面岩、辉长岩、辉石岩、正长岩、火山灰、火山渣、泥炭	原矿或者选矿	1% ~10%
		砂石	原矿或者选矿	1% ~5%或者每吨（或者每立方米）0. 1 ~5 元
	宝玉石类	宝石、玉石、宝石级金刚石、玛瑙、黄玉、碧玺	原矿或者选矿	4% ~20%

续表

税目		征税对象	税率
水气矿产	二氧化碳气、硫化氢气、氦气、氡气	原矿	2%～5%
	矿泉水	原矿	1%～20%或者每立方米1～30元
盐	钠盐、钾盐、镁盐、锂盐	选矿	3%～15%
	天然卤水	原矿	3%～15%或者每吨（或者每立方米）1～10元
	海盐		2%～5%

（四）税款计算

1. 计税方式

资源税按照《资源税税目税率表》实行从价计征或者从量计征。

《资源税税目税率表》中规定可以选择实行从价计征或者从量计征的，具体计征方式由省、自治区、直辖市人民政府提出，报同级人民代表大会常务委员会决定，并报全国人民代表大会常务委员会和国务院备案。

2. 应纳税额

实行从价计征的，应纳税额按照应税资源产品（以下称应税产品）的销售额乘以具体适用税率计算。

实行从量计征的，应纳税额按照应税产品的销售数量乘以具体适用税率计算。

3. 销售额确定

（1）资源税应税产品的销售额，按照纳税人销售应税产品向购买方收取的全部价款确定，不包括增值税税款。

计入销售额中的相关运杂费用，凡取得增值税发票或者其他合法有效凭据的，准予从销售额中扣除。相关运杂费用，是指应税产品从坑口或者洗选（加工）地到车站、码头或者购买方指定地点的运输费用、建设基金以及随运销产生的装卸、仓储、港杂费用。

（2）纳税人自用应税产品应当缴纳资源税的情形，包括纳税人以应税产品用于非货币性资产交换、捐赠、偿债、赞助、集资、投资、广告、样品、职工福利、利润分配或者连续生产非应税产品等。

（3）纳税人申报的应税产品销售额明显偏低且无正当理由的，或者有自用应税产品行为而无销售额的，主管税务机关可以按下列方法和顺序确定其应税产品销售额：

①按纳税人最近时期同类产品的平均销售价格确定。

②按其他纳税人最近时期同类产品的平均销售价格确定。

③按后续加工非应税产品销售价格，减去后续加工环节的成本利润后确定。

④按应税产品组成计税价格确定。

$$组成计税价格 = 成本 \times（1 + 成本利润率）\div（1 - 资源税税率）$$

上述公式中的成本利润率由省、自治区、直辖市税务机关确定。

⑤按其他合理方法确定。

4. 外购应税产品的扣除

（1）纳税人外购应税产品与自采应税产品混合销售或者混合加工为应税产品销售的，在计算应税产品销售额或者销售数量时，准予扣减外购应税产品的购进金额或者购进数量；当期不足扣减的，可结转下期扣减。纳税人应当准确核算外购应税产品的购进金额或者购进数量，未准确核算的，一并计算缴纳资源税。

纳税人核算并扣减当期外购应税产品购进金额、购进数量，应当依据外购应税产品的增值税发票、海关进口增值税专用缴款书或者其他合法有效凭据。

（2）纳税人以外购原矿与自采原矿混合为原矿销售，或者以外购选矿产品与自产选矿产品混合为选矿产品销售的，在计算应税产品销售额或者销售数量时，直接扣减外购原矿或者外购选矿产品的购进金额或者购进数量。

纳税人以外购原矿与自采原矿混合洗选加工为选矿产品销售的，在计算应税产品销售额或者销售数量时，按照下列方法进行扣减：

$$\begin{matrix}准予扣减的外购应税\\产品购进金额（数量）\end{matrix} = \begin{matrix}外购原矿购进\\金额（数量）\end{matrix} \times \left(\begin{matrix}本地区原矿\\适用税率\end{matrix} \div \begin{matrix}本地区选矿\\产品适用税率\end{matrix}\right)$$

不能按照上述方法计算扣减的，按照主管税务机关确定的其他合理方法进行扣减。

（五）税收优惠

纳税人享受资源税优惠政策，实行“自行判别、申报享受、有关资料留存备查”的办理方式，另有规定的除外。

1. 法定减免税

（1）开采原油以及在油田范围内运输原油过程中用于加热的原油、天然气，免征资源税；

（2）煤炭开采企业因安全生产需要抽采的煤成（层）气，免征资源税；

（3）从低丰度油气田开采的原油、天然气，减征20%资源税；

（4）高含硫天然气、三次采油和从深水油气田开采的原油、天然气，减征30%资源税；

（5）稠油、高凝油减征 40% 资源税；

（6）从衰竭期矿山开采的矿产品，减征 30% 资源税。

根据国民经济和社会发展需要，国务院对有利于促进资源节约集约利用、保护环境等情形可规定免征或者减征资源税，报全国人民代表大会常务委员会备案。

2. 其他法规政策减免税规定

（1）对青藏铁路公司及其所属单位运营期间自采自用的砂、石等材料免征资源税。

（2）自 2018 年 4 月 1 日至 2023 年 12 月 31 日，对页岩气资源税减征 30%。

（3）自 2019 年 1 月 1 日至 2021 年 12 月 31 日，对增值税小规模纳税人可以在 50% 的税额幅度内减征资源税。2022 年 1 月 1 日至 2024 年 12 月 31 日，税收优惠政策延续，减免享受主体扩大至增值税小规模纳税人、小微企业和个体工商户。

（4）自 2014 年 12 月 1 日至 2023 年 8 月 31 日，对充填开采置换出来的煤炭，资源税减征 50%。

3. 省、自治区、直辖市自行决定免征或减征资源税

有下列情形之一的，省、自治区、直辖市可以决定免征或者减征资源税：

（1）纳税人开采或者生产应税产品过程中，因意外事故或者自然灾害等原因遭受重大损失；

（2）纳税人开采共伴生矿、低品位矿、尾矿。

上述规定的免征或者减征资源税的具体办法，由省、自治区、直辖市人民政府提出，报同级人民代表大会常务委员会决定，并报全国人民代表大会常务委员会和国务院备案。

（六）纳税地点

纳税人应当向应税产品开采地或者生产地的税务机关申报缴纳资源税。

（七）申报纳税

1. 纳税义务发生时间

纳税人销售应税产品，纳税义务发生时间为收讫销售款或者取得索取销售款凭据的当日；自用应税产品的，纳税义务发生时间为移送应税产品的当日。

2. 纳税期限

资源税按月或者按季申报缴纳；不能按固定期限计算缴纳的，可以按次申报缴纳。

纳税人按月或者按季申报缴纳的，应当自月度或者季度终了之日起 15 日内，向税务机关办理纳税申报并缴纳税款；按次申报缴纳的，应当自纳税义务发生之

日起15日内，向税务机关办理纳税申报并缴纳税款。

二、难点解析

（一）资源税应税销售额中运杂费的处理

矿产资源开采的业务特性决定了从开采到交货的过程中需要花费较高的运输成本，这部分运输成本实际上不涉及自然资源的占用或开采，对这部分运输成本自然不应该征收资源税。因此，税法规定计入销售额中的运杂费用，凡取得增值税发票或其他合法有效凭据的，准予从销售额中扣除。相关运杂费用仅指应税产品从坑口或者洗选（加工）地到车站、码头或者购买方指定地点的运输费用、建设基金以及随运销产生的装卸、仓储、港杂费用。

（二）未分别核算不同税率应税产品或应税和免税、减税项目，销售额或者销售数量的处理

1. 纳税人开采或者生产同一税目下适用不同税率应税产品的，应当分别核算不同税率应税产品的销售额或者销售数量；未分别核算或者不能准确提供不同税率应税产品的销售额或者销售数量的，从高适用税率。

2. 纳税人开采或者生产同一应税产品，其中既有享受减免税政策的，又有不享受减免税政策的，按照免税、减税项目的产量占比等方法分别核算确定免税、减税项目的销售额或者销售数量。

纳税人按照产量占比法核算确定免税、减税项目的销售额或者销售数量的，计算公式如下：

$$\text{当期免税、减税项目应税产品售额（销售数量）} = \text{当期应税产品总销售额（销售数量）} \times \left(\text{当期免税、减税项目应税产品产量} \div \text{当期应税产品总产量}\right)$$

三、风险示例

（一）自用应税产品未缴纳资源税

【示例情况】

2021年1月，甲建筑公司承接湖南省邵阳市范围内A桥梁工程施工项目，在建筑施工过程中，直接就地开采砂石后用于桥梁工程建造，同时期该公司对外销售同类砂石的平均价格为134元/吨。但甲建筑公司一直未就其开采的砂石申报缴纳资源税。

【法理分析】

依据《资源税法》第五条规定，纳税人开采或者生产应税产品自用的，应当依照该法规定缴纳资源税；但是，用于连续生产应税产品的，不缴纳资源税。因此，甲建筑公司开采砂石用于桥梁工程建造属于资源税应税范围，须按期申报缴纳资源税。甲建筑公司存在少缴资源税的风险。

【税务处理】

甲建筑公司应按照最近期销售同类产品的平均价格，即 134 元/吨计算应缴纳的资源税，并及时进行资源税更正申报、补缴税款。此外，税务机关将向其追缴滞纳金，并可能处以罚款，具体按照《税收征收管理法》第六十三条、第六十四条等有关规定处理。

（二）叠加享受优惠造成少缴资源税

【示例情况】

2021 年 6 月乙石油公司从低丰度油气田通过三次采油技术采出原油，当月销售额 20 万元。乙石油公司次月申报资源税时，叠加适用低丰度油气田减征 20% 优惠政策和三次采油减征 30% 优惠政策，进行了资源税的计算，并缴纳了税款。

【法理分析】

依据《财政部　税务总局关于资源税有关问题执行口径的公告》（财政部　税务总局公告 2020 年第 34 号）第九条规定，纳税人开采或者生产同一应税产品同时符合两项或者两项以上减征资源税优惠政策的，除另有规定外，只能选择其中一项执行。乙石油公司生产原油，同时符合低丰度油气田优惠政策和三次采油优惠政策，只能选择一项政策执行。乙石油公司存在少缴资源税的风险。

【税务处理】

乙石油公司可择优选择三次采油减征 30% 优惠政策，重新计算应纳资源税税额，及时进行资源税更正申报、补缴税款。此外，税务机关将向其追缴滞纳金，并可能处以罚款，具体按照《税收征收管理法》第六十三条、第六十四条等有关规定处理。

第七节　车船税法遵从

车船税是以车船为征税对象，向车船的所有人或管理人征收的一种税。车船税具有税源分散、流动性强、涉及面广、计算简便等特点。

我国的车船税发端于西汉的“初算商车”，即对商人所拥有的车辆征税，课税历史悠久。新中国成立后，中央人民政府政务院于1951年颁布《车船使用牌照税暂行条例》，在全国范围内开征车船使用牌照税。1973年简化税制，将国营企业和集体企业征收的车船使用牌照税并入工商税，车船税征税范围大大缩小。1984年国务院决定恢复对车船征税，税名为车船使用税。1986年，国务院发布《中华人民共和国车船使用税暂行条例》，适用于内资企业和个人。2006年国务院制定《中华人民共和国车船税暂行条例》，对内外资企业和个人的车船实行统一的车船税。2011年2月25日，第十一届全国人民代表大会常务委员会第十九次会议通过了《中华人民共和国车船税法》(以下简称《车船税法》)，同年12月，《中华人民共和国车船税法实施条例》发布。2019年，对《车船税法》及其实施条例进行了修订。车船税立法有助于引导车辆、船舶的生产和消费，体现了国家在促进节能减排、保护环境等方面的政策导向。

一、遵从要点

(一) 纳税主体

1. 纳税人

在中华人民共和国境内属于《车船税法》所附《车船税税目税额表》规定的车辆、船舶（以下简称车船）的所有人或者管理人，为车船税的纳税人。

2. 扣缴义务人

从事机动车交通事故责任强制保险业务的保险机构为机动车车船税的扣缴义务人，应当在收取保险费时按照规定的税目税额代收车船税。

(二) 课税对象

车船税的征税范围为在中华人民共和国境内属于《车船税法》所附的《车船税税目税额表》(详见表6-4) 规定的车辆、船舶。车辆、船舶是指：

(1) 依法应当在车船登记管理部门登记的机动车辆和船舶；

(2) 依法不需要在车船登记管理部门登记的在单位内部场所行驶或者作业的机动车辆和船舶。

(三) 税率

车船税实行幅度定额税率。

车辆的具体适用税额由省、自治区、直辖市人民政府依照《车船税税目税额表》(见表6-4) 规定的税额幅度和国务院的规定确定。船舶的具体适用税额由国务院在《车船税税目税额表》规定的税额幅度内确定。

省、自治区、直辖市人民政府根据《车船税税目税额表》确定车辆具体适用税额，应当遵循以下原则：乘用车依排气量从小到大递增税额；客车按照核定载客人数20人以下和20人（含）以上两档划分，递增税额。

省、自治区、直辖市人民政府确定的车辆具体适用税额，应当报国务院备案。

表6－4　　车船税税目税额表

税目		计税单位	年基准税额	备注
乘用车［按发动机汽缸容量（排气量）分档］	1.0升（含）以下的	每辆	60元至360元	核定载客人数9人（含）以下
	1.0升以上至1.6升（含）的		300元至540元	
	1.6升以上至2.0升（含）的		360元至660元	
	2.0升以上至2.5升（含）的		660元至1 200元	
	2.5升以上至3.0升（含）的		1 200元至2 400元	
	3.0升以上至4.0升（含）的		2 400元至3 600元	
	4.0升以上的		3 600元至5 400元	
商用车	客车	每辆	480元至1 440元	核定载客人数9人以上，包括电车
	货车	整备质量每吨	16元至120元	包括半挂牵引车、三轮汽车和低速载货汽车等
挂车		整备质量每吨	按照货车税额的50%计算	
其他车辆	专用作业车	整备质量每吨	16元至120元	不包括拖拉机
	轮式专用机械车		16元至120元	
摩托车		每辆	36元至180元	
船舶	机动船舶	净吨位每吨	3元至6元	拖船、非机动驳船分别按照机动船舶税额的50%计算
	游艇	艇身长度每米	600元至2 000元	

（四）税款计算

1. 计税依据

车船税按车船的种类和性能，以车辆的辆数、整备质量吨位，以及船舶的净吨位、艇身长度为标准计税。

2. 应纳税额

购置的新车船，购置当年的应纳税额自纳税义务发生的当月起按月计算。计算公式为：

$$应纳税额=（年应纳税额\div 12）\times 应纳税月份数$$

（五）税收优惠

1. 法定免税

（1）捕捞、养殖渔船；

（2）军队、武装警察部队专用的车船；

（3）警用车船；

（4）悬挂应急救援专用号牌的国家综合性消防救援车辆和国家综合性消防救援专用船舶；

（5）依照法律规定应当予以免税的外国驻华使领馆、国际组织驻华代表机构及其有关人员的车船。

2. 其他法规政策减免规定

（1）对节约能源、使用新能源的车船可以减征或者免征车船税；对受严重自然灾害影响纳税困难以及有其他特殊原因确需减税、免税的，可以减征或者免征车船税。具体办法由国务院规定，并报全国人民代表大会常务委员会备案。

（2）省、自治区、直辖市人民政府根据当地实际情况，可以对公共交通车船，农村居民拥有并主要在农村地区使用的摩托车、三轮汽车和低速载货汽车定期减征或者免征车船税。

（3）临时入境的外国车船和香港特别行政区、澳门特别行政区、台湾地区的车船，不征收车船税。

（4）新能源车船减免规定

对节能汽车减半征收车船税。对新能源车船免征车船税。节能汽车和新能源车船的具体范围按照《财政部　税务总局　工业和信息化部　交通运输部关于节能　新能源车船享受车船税优惠政策的通知》（财税〔2018〕74 号）的规定确定。并且，工业和信息化部、税务总局将不定期联合发布《享受车船税减免优惠的节约能源　使用新能源汽车车型目录》予以公告。

（六）纳税地点

车船税的纳税地点为车船的登记地或者车船税扣缴义务人所在地。依法不需要办理登记的车船，车船税的纳税地点为车船的所有人或者管理人所在地。

（七）申报纳税

1. 纳税义务发生时间

车船税纳税义务发生时间为取得车船所有权或者管理权的当月。

以合同、协议载明的车船交付日期或者以购买车船的发票或者其他证明文件所载日期的当月为准。

2. 纳税期限

车船税按年申报缴纳。具体申报纳税期限由省、自治区、直辖市人民政府规定。

二、难点解析

（一）纳税人可申请退还已缴纳的车船税的情形

在一个纳税年度内，已完税的车船被盗抢、报废、灭失的，纳税人可以凭有关管理机关出具的证明和完税凭证，向纳税所在地的主管税务机关申请退还自被盗抢、报废、灭失月份起至该纳税年度终了期间的税款。已办理退税的被盗抢车船失而复得的，纳税人应当从公安机关出具相关证明的当月起计算缴纳车船税。

已经缴纳车船税的车船，因质量原因，被退回生产企业或者经销商的，纳税人可以向纳税所在地的主管税务机关申请退还自退货月份起至该纳税年度终了期间的税款。退货月份以退货发票所载日期的当月为准。

（二）保险机构代收车船税的注意事项

保险机构在代收车船税时，应当在机动车交通事故责任强制保险的保险单以及保费发票上注明已收税款的信息及减免税信息，作为代收税款的凭证。凭注明已收税款信息的机动车交通事故责任强制保险单，车辆登记地的主管税务机关不再征收该纳税年度的车船税。再次征收的，车辆登记地主管税务机关应予退还。

已完税或者按照《车船税法》规定的减税、免税的车船，纳税人应当向扣缴义务人提供登记地主管税务机关出具的减免税证明，扣缴义务人凭主管税务机关出具的减免税证明，依法办理相关手续。不能提供完税凭证及减免税证明，且拒绝扣缴义务人代收代缴车船税的，保险机构不得出具保单、保险标志和保费发票等票据，同时应报告主管税务机关处理。

纳税人没有按照规定期限缴纳车船税的，扣缴义务人在代收代缴税款时，可以一并代收代缴欠缴税款的滞纳金。车船税扣缴义务人代收代缴欠缴税款的滞纳金，从各省、自治区、直辖市人民政府规定的申报纳税期限截止日期的次日起计算。

三、风险示例

【示例情况】

A公司因生产需要购置机动车辆，所购车辆均包含于《车船税税目税额表》中，其中部分机动车辆仅在厂区内使用，且按照法律规定无须在车船登记管理部门进行登记。仅在厂区内使用的机动车因未购买机动车第三者责任强制保险，无车船税的扣缴义务人扣缴车船税，A 公司也未自行申报缴纳上述机动车车船税。

【法理分析】

依据《车船税法》第一条规定，在中国境内属于该法所附《车船税税目税额表》规定的车船的所有人或者管理人，为车船税的纳税人，应当依照该法缴纳车船税。A 公司仅在厂区内使用的机动车属于上述车船税应税车辆，在无扣缴义务人情况下，应由机动车所有人 A 公司自行申报缴纳车船税。A 公司存在少缴车船税的风险。

【税务处理】

A 公司车辆管理部门及财务部门应将公司车辆（包括单位内部场所行驶的车辆）逐一统计核实，属于车船税应税车辆的，应及时进行车船税更正申报、补缴税款。由于少缴税款，税务机关将向其追缴滞纳金，并可能处以罚款，具体按照《税收征收管理法》第六十三条、第六十四条等有关规定处理。

第八节 船舶吨税法遵从

船舶吨税是以从中华人民共和国境外港口进入境内港口的船舶为征税对象征收的税种，其征收税款主要用于港口建设维护及海上干线公用航标的建设维护。

船舶吨税是一个古老的税种，财政部、海关总署于 1950 年 12 月联合发布《关于海关代征吨税办法的联合通知》，将船舶吨税划入财政部、税务总局主管的车船使用牌照税范围，中国籍船舶由税务机关征收使用牌照税，外籍船舶及外商租用的中国籍船舶吨税由海关代征。1952 年 9 月 29 日海关总署发布《中华人民共和国海关船舶吨税暂行办法》。在此基础上，2011 年 12 月国务院制定并公布了《中华人民共和国船舶吨税暂行条例》，并自 2012 年 1 月 1 日开始实施，《中华人民共和国海关船舶吨税暂行办法》同时废止。船舶吨税历经漫长的历史变革，于 2017 年完成立法，《中华人民共和国船舶吨税法》（以下简称《船舶吨税法》）在第十二届全国人民代表大会常务委员会第三十一次会议获表决通过，并于 2018 年 7 月 1 日开始正式实施。

一、遵从要点

（一）纳税主体

对自中国境外港口进入中国境内港口的船舶征收船舶吨税，以应税船舶负责人为纳税人。

（二）课税对象

自中华人民共和国境外港口进入境内港口的船舶。具体如下：

（1）在中国港口行驶的外国籍船舶；

（2）外商租用的中国籍船舶；

（3）中外合营的海运企业自有或租用的中、外籍船舶；

（4）中国租用（包括国外华商所有的和租用的）航行国外及兼营国内沿海贸易的外国籍船舶。

（三）税率

船舶吨税设置优惠税率和普通税率。中华人民共和国籍的应税船舶，船籍国（地区）与中华人民共和国签订含有相互给予船舶税费最惠国待遇条款的条约或者协定的应税船舶，适用优惠税率。其他应税船舶，适用普通税率。详见表 6－5。

表 6－5　　船舶吨税税目税率表

单位：元/净吨

税目（按船舶净吨位划分）	税率						备注
	普通税率（按执照期限划分）			优惠税率（按执照期限划分）			
	1 年	90 日	30 日	1 年	90 日	30 日	
不超过 2 000 净吨	12.6	4.2	2.1	9.0	3.0	1.5	1. 拖船按照发动机功率每千瓦折合净吨位 0.67 吨。 2. 无法提供净吨位证明文件的游艇，按照发动机功率每千瓦折合净吨位 0.05 吨。 3. 拖船和非机动驳船分别按相同净吨位船舶税率的 50% 计征税款
超过 2 000 净吨，但不超过 10 000 净吨	24.0	8.0	4.0	17.4	5.8	2.9	
超过 10 000 净吨，但不超过 50 000 净吨	27.6	9.2	4.6	19.8	6.6	3.3	
超过 50 000 净吨	31.8	10.6	5.3	22.8	7.6	3.8	

（四）税款计算

船舶吨税按照船舶净吨位和吨税执照期限征收。应纳税额按照船舶净吨位乘以适用税率计算。净吨位，是指由船籍国（地区）政府签发或者授权签发的船舶吨位证明书上标明的净吨位。

计算公式为：

应纳税额＝船舶净吨位×定额税率（元/净吨）

船舶吨税以船舶注册净吨位为计税依据，净吨位尾数不足 0.5 吨的不计，达到或超过 0.5 吨的按 1 吨计。船舶吨税按船舶净吨位大小分等级设置单位税额，每一等级又被分为普通吨税和优惠吨税。无论是普通吨税还是优惠吨税，均分别按 30 日、90 日、1 年的三类期限制定吨税税额。

（五）税收优惠

1. 直接优惠

下列船舶免征吨税：

（1）应纳税额在人民币 50 元以下的船舶；

（2）自境外以购买、受赠、继承等方式取得船舶所有权的初次进口到港的空载船舶；

（3）吨税执照期满后 24 小时内不上下客货的船舶；

（4）非机动船舶（不包括非机动驳船）；

（5）捕捞、养殖渔船；

（6）避难、防疫隔离、修理、终止运营或者拆解，并不上下客货的船舶；

（7）军队、武装警察部队专用或者征用的船舶；

（8）警用船舶；

（9）依照法律规定应当予以免税的外国驻华使领馆、国际组织驻华代表机构及其有关人员的船舶；

（10）国务院规定的其他船舶。

符合上述第（5）项至第（9）项规定的船舶，应当提供海事部门、渔业船舶管理部门或者出入境检验检疫部门等部门、机构出具的具有法律效力的证明文件或者使用关系证明文件，申明免税或者延长吨税执照期限的依据和理由。

2. 延期优惠

在吨税执照期限内，应税船舶发生下列情形之一的，海关按照实际发生的天数批注延长吨税执照期限：

（1）避难、防疫隔离、修理，并不上下客货；

（2）军队、武装警察部队征用。

符合延期优惠的船舶，应当提供海事部门、渔业船舶管理部门或者出入境检验检疫部门等部门、机构出具的具有法律效力的证明文件或者使用关系证明文件，申明免税或者延长吨税执照期限的依据和理由。

应税船舶因不可抗力在未设立海关地点停泊的，船舶负责人应当立即向附近海关报告，并在不可抗力原因消除后，向海关申报纳税。

（六）申报纳税

1. 纳税义务发生时间

船舶吨税纳税义务发生时间为应税船舶进入港口的当日。应税船舶在吨税执照期满后尚未离开港口的，应当申领新的吨税执照，自上一次执照期满的次日起续缴吨税。

2. 纳税期限

应税船舶负责人应当自海关填发吨税缴款凭证之日起 15 日内缴清税款。未按期缴清税款的，自滞纳税款之日起至缴清税款之日止，按日加收滞纳税款万分之五的税款滞纳金。

3. 纳税申报

应税船舶到达港口前，经海关核准先行申报并办结出入境手续的，应税船舶负责人应当向海关提供与其依法履行船舶吨税缴纳义务相适应的担保；应税船舶到达港口后，向海关申报纳税。下列财产、权利可以用作担保：

（1）人民币、可自由兑换货币；

（2）汇票、本票、支票、债券、存单；

（3）银行、非银行金融机构的保函；

（4）海关依法认可的其他财产、权利。

应税船舶在进入港口办理入境手续时，应当向海关申报纳税领取吨税执照，或者交验吨税执照（或者申请核验吨税执照电子信息）。应税船舶在离开港口办理出境手续时，应当交验吨税执照（或者申请核验吨税执照电子信息）。

应税船舶负责人申领吨税执照时，应当向海关提供下列文件：

（1）船舶国籍证书或者海事部门签发的船舶国籍证书收存证明；

（2）船舶吨位证明。

（七）纳税地点

应税船舶在进入港口办理入境手续时，应当向海关申报纳税并领取吨税执照，或者交验吨税执照（或者申请核验吨税执照电子信息）。

二、难点解析

（一）船舶因故被法院扣押的船舶吨税问题

根据《船舶吨税法》第八条规定，应税船舶在吨税执照期满后尚未离开港口的，应当申领新的吨税执照，自上一次执照期满的次日起续缴吨税。如果符合《船舶吨税法》第九条所列的免征吨税的十种情形，则可以免征船舶吨税（具体情形详见本节第一部分税收优惠中的直接优惠内容）。若符合《船舶吨税法》第十条规定的两种情形，可延长吨税执照期限（具体情形详见本节第一部分税收优惠中的延期优惠内容）。

扣押并不属于法律规定的免征或可延期的情形，需要缴纳船舶吨税。

船舶吨税的纳税义务发生时间为应税船舶进入港口的当日。应税船舶负责人应当自海关填发吨税缴款凭证之日起 15 日内缴清税款。未按期缴纳税款的，自滞纳税款之日起至缴清税款之日止，按日加收滞纳税款万分之五的滞纳金。

（二）优惠税率与普通税率的选择

船舶吨税设置优惠税率和普通税率两种类型。中华人民共和国籍的应税船舶，船籍国（地区）与中华人民共和国签订含有相互给予船舶税费最惠国待遇条款的条约或者协定的应税船舶，适用优惠税率。其他应税船舶，适用普通税率。纳税人在计算缴纳船舶吨税时应确定船籍国（地区）是否与中华人民共和国签订含有相互给予船舶税费最惠国待遇条款的条约或者协定，如果签订，可以适用优惠税率；如果没有签订相关条约，则应该适用普通税率。截至 2022 年底，共有 79 个国家或地区与中华人民共和国签订含有相互给予船舶税费最惠国待遇条款的条约或者协定。

三、风险示例

【示例情况】

2020 年 7 月，外籍船舶 M 号因经济纠纷被某海事法院扣押于广州港锚地。2021 年 10 月，法院将该船舶公开拍卖给一家外籍公司。买受人欲提船离港，向船舶所在地的 X 海关申请放行。X 海关反馈 M 号船持有的船舶吨税执照已过期，欠吨税 51.92 万元，须补缴吨税后方能办理离境手续。10 月底法院商买受人缴清该船所欠税款后，X 海关为其办理了船舶放行手续，船舶及时离港。

【法理分析】

扣押并不属于法律规定的免征或可延期的情形。船舶负责人（船舶代理）在船舶被扣押期间仍要遵守海关监管要求并足额缴纳吨税，避免产生欠税风险。如果拍卖公告中未提示相关风险，参加拍卖的买受人务必及时向主管海关了解被拍卖船舶是否有未办结海关手续、是否有欠税等情况，综合评估拍卖后可能会产生的监管风险和费用，并在拍卖成功后及时办理海关手续。

【税务处理】

M 号船舶被扣押期间仍然要足额缴纳吨税，否则不能办理离境手续。如果不缴或少缴应纳税款的，海关应根据《船舶吨税法》第十八条规定对当事人给予相应处罚。

第九节 环境保护税法遵从

环境保护税是对在中华人民共和国领域和管辖的海域直接向环境排放应税污染物的企业事业单位和其他生产经营者征收的一种税，具有充分体现绿色税收、执行技术性较强的特点。

我国的环境保护税是对排污费进行“费改税”的产物。我国自 1979 年施行收取排污费制度，但一直存在法律层级低，执法刚性不足等问题。为了保护和改善生态环境，减少污染物排放，推进生态文明建设，财政部会同环境保护部、国家税务总局积极推进环境保护税立法，2016 年 12 月 25 日，《中华人民共和国环境保护税法》（以下简称《环境保护税法》）在第十二届全国人民代表大会常务委员会第二十五次会议上获表决通过，并于2018 年1 月1 日起施行。《环境保护税法》是我国现代环境治理体系的重要组成部分，也是我国第一部专门体现“绿色税制”的单行税法。《环境保护税法》的出台和实施，有利于提高纳税人的环境意识和遵从度，强化企业治污减排责任，构建促进经济结构调整、发展方式转变的绿色税制体系，强化税收调控作用，提升全民生态文明意识，推进生态文明建设和绿色发展。

一、遵从要点

（一）纳税主体

在中华人民共和国领域和中华人民共和国管辖的其他海域，直接向环境排放应税污染物的企业事业单位和其他生产经营者为环境保护税的纳税人。

（二）课税对象

环境保护税的征税对象为纳税人直接向环境排放的应税污染物，包括大气污染物、水污染物、固体废物和噪声。

企业事业单位和其他生产经营者向依法设立的污水集中处理、生活垃圾集中处理场所排放应税污染物，以及在符合国家和地方环境保护标准的设施、场所贮存或者处置固体废物，不属于直接向环境排放污染物，不缴纳相应污染物的环境保护税。

依法设立的城乡污水集中处理、生活垃圾集中处理场所超过国家和地方规定的排放标准向环境排放应税污染物的，应当缴纳环境保护税。企业事业单位和其他生产经营者贮存或者处置固体废物不符合国家和地方环境保护标准的，应当缴纳环境保护税。

达到省级人民政府确定的规模标准并且有污染物排放口的畜禽养殖场，应当依法缴纳环境保护税；依法对畜禽养殖废弃物进行综合利用和无害化处理的，不属于直接向环境排放污染物，不缴纳环境保护税。

应税污染物，是指《环境保护税法》所附《环境保护税税目税额表》（详见表6－6）、《应税污染物和当量值表》规定的大气污染物、水污染物、固体废物和噪声。

（三）税率

环境保护税的税目、税额，依照《环境保护税税目税额表》执行。

表6－6　环境保护税税目税额表

税目		计税单位	税额	备注
大气污染物		每污染当量	1.2～12元	
水污染物		每污染当量	1.4～14元	
固体废物	煤矸石	每吨	5元	
	尾矿	每吨	15元	
	危险废物	每吨	1 000元	
	冶炼渣、粉煤灰、炉渣、其他固体废物（含半固态、液态废物）	每吨	25元	
噪声	工业噪声	超标1～3分贝	每月350元	1. 一个单位边界上有多处噪声超标，根据最高一处超标声级计算应纳税额；当沿边界长度超过100米有两处以上噪声超标，按照两个单位计算应纳税额。 2. 一个单位有不同地点作业场所的，应当分别计算应纳税额，合并计征。 3. 昼、夜均超标的环境噪声，昼、夜分别计算应纳税额，累计计征。 4. 声源一个月内超标不足15天的，减半计算应纳税额。 5. 夜间频繁突发和夜间偶然突发厂界超标噪声，按等效声级和峰值噪声两种指标中超标分贝值高的一项计算应纳税额
		超标4～6分贝	每月700元	
		超标7～9分贝	每月1 400元	
		超标10～12分贝	每月2 800元	
		超标13～15分贝	每月5 600元	
		超标16分贝以上	每月11 200元	

应税大气污染物和水污染物的具体适用税额的确定和调整，由省、自治区、直辖市人民政府统筹考虑本地区环境承载能力、污染物排放现状和经济社会生态发展目标要求，在《环境保护税税目税额表》规定的税额幅度内提出，报同级人民代表大会常务委员会决定，并报全国人民代表大会常务委员会和国务院备案。

（四）税款计算

1. 计税依据

（1）应税大气污染物按照污染物排放量折合的污染当量数确定；

（2）应税水污染物按照污染物排放量折合的污染当量数确定；

（3）应税固体废物按照固体废物的排放量确定；

（4）应税噪声按照超过国家规定标准的分贝数确定。

应税大气污染物、水污染物的污染当量数，以该污染物的排放量除以该污染物的污染当量值计算。

每一排放口或者没有排放口的应税大气污染物，按照污染当量数从大到小排序，对前三项污染物征收环境保护税。每一排放口的应税水污染物，按规定区分第一类水污染物和其他类水污染物，按照污染当量数从大到小排序，对第一类水污染物按照前五项征收环境保护税，对其他类水污染物按照前三项征收环境保护税。省、自治区、直辖市人民政府根据本地区污染物减排的特殊需要，可以增加同一排放口征收环境保护税的应税污染物项目数，报同级人民代表大会常务委员会决定，并报全国人民代表大会常务委员会和国务院备案。

应税大气污染物、水污染物、固体废物的排放量和噪声的分贝数，按照下列方法和顺序计算：

（1）纳税人安装使用符合国家规定和监测规范的污染物自动监测设备的，按照污染物自动监测数据计算；

（2）纳税人未安装使用污染物自动监测设备的，按照监测机构出具的符合国家有关规定和监测规范的监测数据计算；

（3）因排放污染物种类多等原因不具备监测条件的，按照国务院生态环境主管部门规定的排污系数、物料衡算方法计算；

（4）不能按照以上规定的方法计算的，按照省、自治区、直辖市人民政府生态环境主管部门规定的抽样测算的方法核定计算。

2. 应纳税额

（1）应税大气污染物的应纳税额，为污染当量数乘以具体适用税额；

（2）应税水污染物的应纳税额，为污染当量数乘以具体适用税额；

（3）应税固体废物的应纳税额，为固体废物排放量乘以具体适用税额；

（4）应税噪声的应纳税额，为超过国家规定标准的分贝数对应的具体适用税额。

（五）税收优惠

1. 暂予免税

（1）农业生产（不包括规模化养殖）排放应税污染物。

（2）机动车、铁路机车、非道路移动机械、船舶和航空器等流动污染源排放应税污染物。

（3）依法设立的城乡污水集中处理、生活垃圾集中处理场所排放相应应税污染物，未超标的。

（4）纳税人综合利用的固体废物，符合国家和地方环保标准。

国务院批准免税的其他情形。由国务院报全国人民代表大会常务委员会备案。

2. 减征情形

（1）纳税人排放应税大气污染物或者水污染物的浓度值低于国家和地方规定的污染物排放标准 30% 的，减按 75% 征收环境保护税。

（2）纳税人排放应税大气污染物或者水污染物的浓度值低于国家和地方规定的污染物排放标准 50% 的，减按 50% 征收环境保护税。

（六）纳税地点

纳税人应当向应税污染物排放地的税务机关申报缴纳环境保护税。

应税污染物排放地，是指应税大气污染物、水污染物排放口所在地，应税固体废物产生地，应税噪声产生地。

（七）申报纳税

1. 纳税义务发生时间

纳税人排放应税污染物的当日。

2. 纳税期限

环境保护税按月计算、按季申报缴纳。不能按固定期限计算缴纳的，可以按次申报缴纳。

纳税人按季申报缴纳的，应当自季度终了之日起 15 日内，向税务机关办理纳税申报并缴纳税款。

纳税人按次申报缴纳的，应当自纳税义务发生之日起 15 日内，向税务机关办理纳税申报并缴纳税款。

二、难点解析

（一）环境保护税的纳税人判别

一般可以从排污主体、排污行为、应税污染物三方面来判断是否需要缴纳环境保护税。

一是排污主体。缴纳环境保护税的排污主体是企业事业单位和其他生产经营者，也就是说排放生活污水和垃圾的居民个人是不需要缴纳环境保护税的，这主要是考虑到目前我国大部分市县的生活污水和垃圾已进行集中处理，不直接向环境排放。

二是排污行为。直接向环境排放应税污染物的，需要缴纳环境保护税，而间接向环境排放应税污染物的，不需要缴纳环境保护税。例如，向污水集中处理、生活垃圾集中处理场所排放应税污染物的，在符合环境保护标准的设施、场所贮存或者处置固体废物的，以及对畜禽养殖废弃物进行综合利用和无害化处理的，都不属于直接向环境排放污染物，不需要缴纳环境保护税。

三是应税污染物，共分为大气污染物、水污染物、固体废物和噪声四大类。应税大气污染物包括二氧化硫、氮氧化物等 44 种主要大气污染物。应税水污染物包括化学需氧量、氨氮等 65 种主要水污染物。应税固体废物包括煤矸石、尾矿、危险废物、冶炼渣、粉煤灰、炉渣以及其他固体废物，其中，其他固体废物的具体范围授权由各省、自治区、直辖市人民政府确定。应税噪声仅指工业噪声，是在工业生产中使用固定设备时，产生的超过国家规定噪声排放标准的声音，不包括建筑噪声等其他噪声。应税污染物的具体税目，可以查阅《环境保护税法》所附的《环境保护税税目税额表》和《应税污染物和当量值表》。

通过以上标准可以看出，大部分企业事业单位都不是环境保护税的纳税人。此外，随着排污许可制度的推行，今后所有排污单位均纳入排污许可管理，纳税人的判别将更加简化：一般来讲，纳入排污许可管理，并直接向环境排放应税污染物的单位，就需要缴纳环境保护税。

（二）对环境保护税计税依据的理解

1. 污染物排放量。《环境保护税法》规定了四种计算污染物排放量的方法，按顺序使用：

一是对安装使用符合国家规定和监测规范的污染物自动监测设备的，按自动监测数据计算。

二是对未安装自动监测设备的，按监测机构出具的符合国家有关规定和监测规范的监测数据计算。为减轻监测负担，对当月无监测数据的，可沿用最近一次的监测数据。

三是因排放污染物种类多等原因不具备监测条件的，按照国务院生态环境主管部门规定的排污系数、物料衡算方法计算。现主要依据《生态环境部　财政部　税务总局关于发布计算环境保护税应税污染物排放量的排污系数和物料衡算方法的公告》（生态环境部　财政部　税务总局公告 2021 年第 16 号）规定，属于排污许可管理的排污单位，适用生态环境部发布的排污许可证申请与核发技术规范中规定的排（产）污系数、物料衡算方法计算应税污染物排放量；排污许可证申请与核发技术规范未规定相关排（产）污系数的，适用生态环境部发布的排放源统计调查制度规定的排（产）污系数方法计算应税污染物排放量。不属于排污许可管理的排污单位，适用生态环境部发布的排放源统计调查制度规定的排（产）污系数方法计算应税污染物排放量。上述情形中仍无相关计算方法的，由各省、自治区、直辖市生态环境主管部门结合本地实际情况，科学合理制定抽样测算方法。

四是不能按照前三种方法计算的，按照省、自治区、直辖市生态环境主管部门公布的抽样测算方法核定计算。

2. 污染当量值。污染当量值是相当于 1 个污染当量的污染物排放数量，用于衡量大气污染物和水污染物对环境造成的危害和处理费用。以水污染物为例，将排放 1 千克的化学需氧量所造成的环境危害作为基准，设定为 1 个污染当量，将排放其他水污染物造成的环境危害与其进行比较，设定相当的量值。例如，氨氮的污染当量值为 0. 8 千克，表示排放 0. 8 千克的氨氮与排放 1 千克的化学需氧量的环境危害基本相等。再如，总汞的污染当量值为 0. 000 5 千克，总铅的污染当量值为 0. 025 千克，悬浮物的污染当量值为 4 千克，等等。每种应税大气污染物和水污染物的具体污染当量值，依照《环境保护税法》所附的《应税污染物和当量值表》执行。

3. 污染当量数。应税大气污染物和水污染物的污染当量数，是以该污染物的排放量除以该污染物的污染当量值计算。对每一排放口或者没有排放口的应税污染物，按照污染当量数从大到小排序，应税大气污染物的前三项、总汞等第一类应税水污染物的前五项、悬浮物等应税其他类水污染物的前三项需要计算缴纳环境保护税。

（三）确定应税大气污染物计税依据的注意事项

1. 直接向环境排放应税污染物即面临征税。《环境保护税法》规定，每一排放口或者没有排放口的应税大气污染物，按照污染当量数从大到小排序，对前三项污染物征收环境保护税。即排放污染物即使符合国家和地方规定的污染物排放标准，纳税人也需按规定征税。

2. 存在多个排放口的，需分别计算、合并征收。由于纳税人大气污染源的排放口都是独立的，同一环境保护税纳税人的废气排放口一般有多个，因此，纳税人必须对每个排放口的大气环境保护税分别计算，然后再合并征收。

（四）确定应税水污染物计税依据的注意事项

1. 直接向环境排放应税水污染物需征税，同时注意分类征收。每一个排放口的应税水污染物，需区分第一类水污染物和其他类水污染物，按污染当量数从大到小排序，对第一类水污染物按照前五项征收环境保护税，对其他类水污染物按照前三项征收环境保护税（相关法律法规另有特殊规定的除外）。

2. 对同一排放口中的同类污染物或相关污染物的不同指标需避免重复征税。例如：对同一排放口中的化学需氧量、生化需氧量和总有机碳，均为关于有机物含量的不同监测指标，虽属不同的应税污染物，但须避免重复征税，按其中一项污染当量数最高的应税污染物征税；同一排放口中的大肠菌群数和余氯量是两项相关联的应税污染物，按其中污染当量数最高的一项征税。

三、风险示例

（一）监测数据缺失情况下应税污染物排放量计算错误

【示例情况】

B 公司锅炉排放口安装了废气在线自动监测设备并与生态环境主管部门联网。2021 年 10 月因故障在线数据有 4 个小时中断，但该公司当月未就中断的污染物排放数据进行数据状态标记、数据修约和替代处理，而是直接使用存在缺失情况的在线数据进行了环境保护税申报。

【法理分析】

依据《财政部　税务总局　生态环境部关于明确环境保护税应税污染物适用等有关问题的通知》（财税〔2018〕117 号）第三条规定，纳税人按照规定须安装污染物自动监测设备并与生态环境主管部门联网的，当自动监测设备发生故障、设备维护、启停炉、停运等状态时，应当按照相关规定，对数据状态进行标记，以及对数据缺失、无效时段的污染物排放量进行修约和替代处理，并按标记、处理后的自动监测数据计算应税污染物排放量；相关纳税人当月不能提供符合国家规定和监测规范的自动监测数据的，应当按照排污系数、物料衡算方法计算应税污染物排放量。

B 公司 2021 年 10 月因废气在线自动监测设备故障导致污染物排放数据存在缺失，但未按上述规定进行数据修约和替代处理，应税污染物排放量的计算不符合上述要求，B 公司存在少缴环境保护税的风险。

【税务处理】

B 公司需按照排污系数法、物料衡算法重新计算应税污染物排放量，重新计算应缴纳的环境保护税。因此，B 公司应更正申报、补缴税款。此外，税务机关将向其追缴滞纳金，并可能处以罚款，具体按照《税收征收管理法》第六十三条、第六十四条等有关规定处理。

（二）不符合优惠条件错误适用减免优惠

【示例情况】

C 公司在生产过程中产生粉煤灰和炉渣等应税固体废物。2021 年 2 月开始，C 公司将粉煤灰和炉渣销售给甲商贸公司，并于 2021 年 2 月当月申请享受了固体废物综合利用免征环境保护税优惠。但 C 公司从未开展工业固体废物资源综合利用评价，也未设立固体废物管理台账。

【法理分析】

依据《财政部　税务总局　生态环境部关于环境保护税有关问题的通知》（财税〔2018〕23 号）第三条规定，纳税人对应税固体废物进行综合利用的，应当符合工业和信息化部制定的工业固体废物综合利用评价管理规范。纳税人申报纳税时，应当向税务机关报送应税固体废物的产生量、贮存量、处置量和综合利用量，同时报送能够证明固体废物流向和数量的纳税资料，包括固体废物处置利用委托合同、受委托方资质证明、固体废物转移联单、危险废物管理台账复印件等。有关纳税资料已在环境保护税基础信息采集表中采集且未发生变化的，纳税人不再报送。纳税人应当参照危险废物台账管理要求，建立其他应税固体废物管理台账，如实记录产生固体废物的种类、数量、流向以及贮存、处置、综合利用、接收转入等信息，并将应税固体废物管理台账和相关资料留存备查。

2021 年 2 月，C 公司没有开展“粉煤灰和炉渣被综合利用符合国家和地方环境保护标准”的工业固体废物资源综合利用评价，也未按规定设立固体废物管理台账，即 C 公司在不符合固体废物综合利用免征环境保护税优惠要求及条件的情况下，错误适用了固体废物综合利用免征环境保护税优惠。

【税务处理】

C 公司不能享受免征环境保护税优惠，应更正申报、补缴税款，税务机关还将向其追缴滞纳金，并可能处以罚款，具体按照《税收征收管理法》第六十三条、第六十四条等有关规定处理。

（三）基础信息申报不完整少缴税款

【示例情况】

D公司于2021年1月申请办理了《排污许可证》，许可其水污染物和大气污染物排放口共10个，其中有2个排放口安装了污染物自动监测设备。D公司在2021年1月进行基础信息申报时，只申报了安装污染物自动监测设备的2个排放口，其他排放口没有申报。自2021年1月开始，D公司仅对安装污染物自动监测设备的2个排放口进行环境保护税纳税申报。

【法理分析】

依据《中华人民共和国环境保护税法实施条例》第八条规定，从两个以上排放口排放应税污染物的，对每一排放口排放的应税污染物分别计算征收环境保护税；纳税人持有排污许可证的，其污染物排放口按照排污许可证载明的污染物排放口确定。

D公司排污许可证载明的水污染物和大气污染物排放口共10个，应对每一排放口排放的应税污染物分别计算征收环境保护税。但D公司在2021年1月进行基础信息申报时，只申报了安装污染物自动监测设备的2个排放口，导致自2021年1月开始D公司仅对安装污染物自动监测设备的2个排放口进行环境保护税纳税申报，其余8个排放口从未进行环境保护税纳税申报。D公司存在少缴环境保护税的风险。

【税务处理】

D公司应更正申报、补缴其余8个排放口的环境保护税税款。税务机关还将向其追缴滞纳金，并可能处以罚款，具体按照《税收征收管理法》第六十三条、第六十四条等有关规定处理。

第十节　印花税法遵从

印花税是以经济活动和经济交往中书立、领受应税凭证的行为为征税对象征收的税种。与其他税种相比，印花税具有税率低、税负轻的特点，具有广聚财源的财政效应。

印花税在世界上具有悠久的历史，最早始于1624年的荷兰。1950年12月中央人民政府政务院公布了《印花税暂行条例》，统一了全国印花税法。1958 年我国实行工商税制改革，将印花税等 4 个税种合并简化为工商统一税，停止征收印花税。改革开放后，为了适应经济情况的变化，筹措财政收入，1988 年国务院公布了《中华人民共和国印花税暂行条例》，并于同年 10 月 1 日恢复征收印花税。2021 年 6 月 10 日，第十三届全国人民代表大会常务委员会第二十九次会议表决通过《中华人民共和国印花税法》(以下简称《印花税法》)，自 2022 年 7 月 1 日起施行。

一、遵从要点

（一）纳税主体

1. 纳税人

在中华人民共和国境内书立应税凭证、进行证券交易的单位和个人，为印花税的纳税人，应当缴纳印花税。在中华人民共和国境外书立在境内使用的应税凭证的单位和个人，也应当依照《印花税法》规定缴纳印花税。

2. 扣缴义务人

纳税人为境外单位或者个人，在境内有代理人的，以其境内代理人为扣缴义务人；在境内没有代理人的，由纳税人自行申报缴纳印花税，具体办法由国务院税务主管部门规定。

证券登记结算机构为证券交易印花税的扣缴义务人，应当向其机构所在地的主管税务机关申报解缴税款以及银行结算的利息。

（二）课税对象

印花税的课税对象为在中华人民共和国境内书立的应税凭证及证券交易存托凭证。征税范围包括 4 大类、17 个税目。应税凭证，是指《印花税法》所附《印花税税目税率表》列明的合同、产权转移书据和营业账簿。证券交易，是指转让在依法设立的证券交易所、国务院批准的其他全国性证券交易场所交易的股票和以股票为基础的存托凭证。

下列情形的凭证，不属于印花税征收范围：

（1）人民法院的生效法律文书，仲裁机构的仲裁文书，监察机关的监察文书。

（2）县级以上人民政府及其所属部门按照行政管理权限征收、收回或者补偿安置房地产书立的合同、协议或者行政类文书。

（3）总公司与分公司、分公司与分公司之间书立的作为执行计划使用的凭证。

（三）税率

印花税的税目、税率，依照《印花税法》所附《印花税税目税率表》执行，详见表6－7。

表6－7　印花税税目税率表

<table>
<tr><th colspan="2">税目</th><th>税率</th><th>备注</th></tr>
<tr><td rowspan="11">合同（指书面合同）</td><td>借款合同</td><td>借款金额的万分之零点五</td><td>指银行业金融机构、经国务院银行业监督管理机构批准设立的其他金融机构与借款人（不包括同业拆借）的借款合同</td></tr>
<tr><td>融资租赁合同</td><td>租金的万分之零点五</td><td></td></tr>
<tr><td>买卖合同</td><td>价款的万分之三</td><td>指动产买卖合同（不包括个人书立的动产买卖合同）</td></tr>
<tr><td>承揽合同</td><td>报酬的万分之三</td><td></td></tr>
<tr><td>建设工程合同</td><td>价款的万分之三</td><td></td></tr>
<tr><td>运输合同</td><td>运输费用的万分之三</td><td>指货运合同和多式联运合同（不包括管道运输合同）</td></tr>
<tr><td>技术合同</td><td>价款、报酬或者使用费的万分之三</td><td>不包括专利权、专有技术使用权转让书据</td></tr>
<tr><td>租赁合同</td><td>租金的千分之一</td><td></td></tr>
<tr><td>保管合同</td><td>保管费的千分之一</td><td></td></tr>
<tr><td>仓储合同</td><td>仓储费的千分之一</td><td></td></tr>
<tr><td>财产保险合同</td><td>保险费的千分之一</td><td>不包括再保险合同</td></tr>
<tr><td rowspan="4">产权转移书据</td><td>土地使用权出让书据</td><td>价款的万分之五</td><td rowspan="4">转让包括买卖（出售）、继承、赠与、互换、分割</td></tr>
<tr><td>土地使用权、房屋等建筑物和构筑物所有权转让书据（不包括土地承包经营权和土地经营权转移）</td><td>价款的万分之五</td></tr>
<tr><td>股权转让书据（不包括应缴纳证券交易印花税的）</td><td>价款的万分之五</td></tr>
<tr><td>商标专用权、著作权、专利权、专有技术使用权转让书据</td><td>价款的万分之三</td></tr>
<tr><td colspan="2">营业账簿</td><td>实收资本（股本）、资本公积合计金额的万分之二点五</td><td></td></tr>
<tr><td colspan="2">证券交易</td><td>成交金额的千分之一</td><td></td></tr>
</table>

（四）税款计算

1. 印花税的计税依据

（1）应税合同的计税依据，为合同所列的金额，不包括列明的增值税税款。

（2）应税产权转移书据的计税依据，为产权转移书据所列的金额，不包括列明的增值税税款。

（3）应税营业账簿的计税依据，为账簿记载的实收资本（股本）、资本公积合计金额。

（4）证券交易的计税依据，为成交金额。

应税合同、产权转移书据未列明金额的，印花税的计税依据按照实际结算的金额确定。

证券交易无转让价格的，按照办理过户登记手续时该证券前一个交易日收盘价计算确定计税依据；无收盘价的，按照证券面值计算确定计税依据。

2. 应纳税额

应纳税额按照计税依据乘以适用税率计算。

同一应税凭证载有两个以上税目事项并分别列明金额的，按照各自适用的税目税率分别计算应纳税额；未分别列明金额的，从高适用税率。

同一应税凭证由两方以上当事人书立的，按照各自涉及的金额分别计算应纳税额。

已缴纳印花税的营业账簿，以后年度记载的实收资本（股本）、资本公积合计金额比已缴纳印花税的实收资本（股本）、资本公积合计金额增加的，按照增加部分计算应纳税额。

（五）税收优惠

1. 法定减免税

下列凭证免征印花税：

（1）应税凭证的副本或者抄本；

（2）依照法律规定应当予以免税的外国驻华使馆、领事馆和国际组织驻华代表机构为获得馆舍书立的应税凭证；

（3）中国人民解放军、中国人民武装警察部队书立的应税凭证；

（4）农民、家庭农场、农民专业合作社、农村集体经济组织、村民委员会购买农业生产资料或者销售农产品书立的买卖合同和农业保险合同；

（5）无息或者贴息借款合同、国际金融组织向中国提供优惠贷款书立的借款合同；

（6）财产所有权人将财产赠与政府、学校、社会福利机构、慈善组织书立的产权转移书据；

（7）非营利性医疗卫生机构采购药品或者卫生材料书立的买卖合同；

（8）个人与电子商务经营者订立的电子订单。

根据国民经济和社会发展的需要，国务院对居民住房需求保障、企业改制重组、破产、支持小型微型企业发展等情形可以规定减征或者免征印花税，报全国人民代表大会常务委员会备案。

2. 其他法规政策减免税规定

（1）自 2019 年 1 月 1 日至 2023 年 12 月 31 日，对与高校学生签订的高校学生公寓租赁合同，免征印花税。

（2）自 2018 年 1 月 1 日至 2023 年 12 月 31 日，对金融机构与小型、微型企业签订的借款合同免征印花税。

（3）对房地产管理部门与个人订立的租房合同，凡用于生活居住的，暂免贴印花；用于生产经营的，应按规定贴花。对个人出租、承租住房签订的租赁合同，免征印花税。

（4）军事货物运输、抢险救灾物资运输等特殊货运凭证免征印花税。

（5）自 2022 年 1 月 1 日至 2023 年 12 月 31 日，对商品储备管理公司及其直属库资金账簿免征印花税；对其承担商品储备业务过程中书立的购销合同免征印花税，对合同其他各方当事人应缴纳的印花税照章征收。

（6）对饮水工程运营管理单位为建设饮水工程取得土地使用权而签订的产权转移书据，以及与施工单位签订的建设工程承包合同，免征印花税。

（7）对公租房经营管理单位免征建设、管理公租房涉及的印花税。在其他住房项目中配套建设公租房，按公租房建筑面积占总建筑面积的比例免征建设、管理公租房涉及的印花税。对公租房经营管理单位购买住房作为公租房，免征印花税；对公租房租赁双方免征签订租赁协议涉及的印花税。

（六）纳税地点

纳税人为单位的，应当向其机构所在地的主管税务机关申报缴纳印花税；纳税人为个人的，应当向应税凭证书立地或者纳税人居住地的主管税务机关申报缴纳印花税。

不动产产权发生转移的，纳税人应当向不动产所在地的主管税务机关申报缴纳印花税。

（七）申报纳税

1. 印花税缴纳方法

印花税可以采用粘贴印花税票或者由税务机关依法开具其他完税凭证的方式缴纳。

印花税票粘贴在应税凭证上的，由纳税人在每枚税票的骑缝处盖戳注销或者画销。印花税票由国务院税务主管部门监制。

2. 纳税义务发生时间

印花税的纳税义务发生时间为纳税人书立应税凭证或者完成证券交易的当日。

证券交易印花税扣缴义务发生时间为证券交易完成的当日。

3. 纳税期限

印花税按季、按年或者按次计征。实行按季、按年计征的，纳税人应当自季度、年度终了之日起 15 日内申报缴纳税款；实行按次计征的，纳税人应当自纳税义务发生之日起 15 日内申报缴纳税款。

证券交易印花税按周解缴。证券交易印花税扣缴义务人应当自每周终了之日起 5 日内申报解缴税款以及银行结算的利息。

二、难点解析

（一）在境外书立在境内使用的应税凭证的理解

在中华人民共和国境外书立在境内使用的应税凭证，应当按规定缴纳印花税。具体包括以下几种情形：

（1）应税凭证的标的为不动产的，该不动产在境内；

（2）应税凭证的标的为股权的，该股权为中国居民企业的股权；

（3）应税凭证的标的为动产或者商标专用权、著作权、专利权、专有技术使用权的，其销售方或者购买方在境内，但不包括境外单位或者个人向境内单位或者个人销售完全在境外使用的动产或者商标专用权、著作权、专利权、专有技术使用权；

（4）应税凭证的标的为服务的，其提供方或者接受方在境内，但不包括境外单位或者个人向境内单位或者个人提供完全在境外发生的服务。

因此，境外签订境内使用不以是否拿回境内为准，而是以是否符合上述 4 种情形为准，符合上述情形之一的无论是否拿回境内均应在我国缴纳印花税。

（二）境外单位或个人的印花税缴纳问题

纳税人为境外单位或者个人，在境内有代理人的，以其境内代理人为扣缴义务人；在境内没有代理人的，由纳税人自行申报缴纳印花税。

境外单位或者个人可以向资产交付地、境内服务提供方或者接受方所在地（居住地）、书立应税凭证境内书立人所在地（居住地）主管税务机关申报缴纳；

涉及不动产产权转移的，应当向不动产所在地主管税务机关申报缴纳。

（三）企业与个人书立的动产买卖合同的印花税问题

《印花税法》所附《印花税税目税率表》中注明买卖合同不包括个人订立的动产买卖合同。实务中，纳税人很容易误认为仅个人之间的动产买卖适用，实际上，只要动产买卖合同的书立人中有个人，那么该动产买卖合同就不属于征税范围，该动产买卖合同所有书立人均不缴纳印花税，因此，企业与个人书立的动产买卖合同，企业和个人均无须缴纳印花税。

（四）购买电、水、气、热力签订合同的印花税问题

《民法典》第三编第二分编典型合同中，第九章买卖合同和第十章供用电、水、气、热力合同分别对买卖合同及供用电、水、气、热力合同进行了列示，可见，供用电、水、气、热力合同与买卖合同是相互独立的两个合同类型。

《民法典》中供用电合同定义为供电人向用电人供电，用电人支付电费的合同。供用水、供用气、供用热力合同，参照适用供用电合同的规定。一般企业作为“用电人”，购买电、水、气、热力签订合同不属于印花税征税范围，无须缴纳印花税。但发电厂与电网之间、电网与电网之间书立的购售电合同中，显然电网不属于“用电人”，因此税法规定此类合同应当按买卖合同税目缴纳印花税。

（五）技术合同征税范围的确定

技术合同的具体范围，可参考《民法典》第三编第二分编第二十章技术合同的相关定义进行判断。

技术合同是当事人就技术开发、转让、许可、咨询或者服务订立的确立相互之间权利和义务的合同。

技术开发合同是当事人之间就新技术、新产品、新工艺、新品种或者新材料及其系统的研究开发所订立的合同。技术开发合同包括委托开发合同和合作开发合同。

技术转让合同是合法拥有技术的权利人，将现有特定的专利、专利申请、技术秘密的相关权利让与他人所订立的合同。

技术许可合同是合法拥有技术的权利人，将现有特定的专利、技术秘密的相关权利许可他人实施、使用所订立的合同。技术转让合同和技术许可合同中关于提供实施技术的专用设备、原材料或者提供有关的技术咨询、技术服务的约定，属于合同的组成部分。

技术服务合同是当事人一方以技术知识为对方解决特定技术问题所订立的合同，不包括承揽合同和建设工程合同。

技术咨询合同是当事人一方以技术知识为对方就特定技术项目提供可行性论证、技术预测、专题技术调查、分析评价报告等所订立的合同。

但须注意，《印花税法》规定，技术合同按照价款、报酬或使用费的万分之三缴纳印花税，技术合同中不包括专利权、专有技术使用权转让。技术转让合同中涉及专利权、专有技术使用权转让的，应按照产权转移书据缴纳印花税。依据《民法典》中技术合同的相关定义，一般的法律、法规、会计、审计等方面的咨询不属于技术咨询，其所书立的合同无须缴纳印花税。

（六）未确定金额的合同的印花税问题

经济活动中，纳税人书立合同、产权转移书据未列明金额，需要后续实际结算时才能确定金额的情况较为常见，如框架采购合同。此类合同，在后续实际结算时确定金额的，纳税人应当于书立应税合同、产权转移书据的首个纳税申报期申报应税合同、产权转移书据书立情况，在实际结算后下一个纳税申报期，以实际结算金额计算申报缴纳印花税。

（七）合伙企业投资额的印花税问题

根据《印花税法》所附《印花税税目税率表》规定，营业账簿，应按实收资本（股本）、资本公积合计金额的万分之二点五缴纳印花税。而合伙企业出资额不计入“实收资本”和“资本公积”，不征收资金账簿印花税。

三、风险示例

（一）签订委托贷款合同受托人未缴纳印花税

【示例情况】

2022 年 8 月，A 公司作为委托人委托 B 银行为 C 公司提供委托贷款 2 000 万元，B 银行按 5% 收取代理费。B 银行认为该业务仅为代理业务，委托代理合同不属于应税凭证，未就该委托代理合同缴纳印花税。C 公司认为委托方 A 公司为非金融机构，因此该借款合同不属于应税凭证，未就该借款合同缴纳印花税。

【法理分析】

委托贷款合同属于借款合同，应缴纳印花税。根据《财政部　税务总局关于印花税若干事项政策执行口径的公告》（财政部　税务总局公告 2022 年第 22 号）第一条第二款规定，采用委托贷款方式书立的借款合同纳税人，为受托人和借款人，不包括委托人。因此，对于委托贷款合同，受托人 B 银行和借款人 C 公司均应作为印花税纳税人，应缴纳印花税 $=2\ 000\times0.5‰=1$（万元）。B 银行与 C 公司存在少缴印花税的风险。

【税务处理】

受托人B银行和借款人C公司均应进行印花税更正申报、补缴税款。此外，税务机关将向其追缴滞纳金，并可能处以罚款，具体按照《税收征收管理法》第六十三条、第六十四条等有关规定处理。

（二）存在可变对价的合同计税依据确定错误

【示例情况】

2021年初，A有限公司向B租赁公司租赁一台商用大型打印机，双方签订《设备租赁合同》，租赁期限一年，并按季结算。合同中约定每季度打印张数2万张以下，最低年租金金额1万元；当打印超过最低租金标准下的打印数量时，将按实际打印张数额外支付0.1元/张。合同签订后A有限公司与B租赁公司仅按最低年租金金额1万元，计算缴纳了印花税。

【法理分析】

依据《国家税务总局关于实施〈中华人民共和国印花税法〉等有关事项的公告》（国家税务总局公告2022年第14号）第一条第二款规定，应税合同、产权转移书据未列明金额，在后续实际结算时确定金额的，纳税人应当于书立应税合同、产权转移书据的首个纳税申报期申报应税合同、产权转移书据书立情况，在实际结算后下一个纳税申报期，以实际结算金额计算申报缴纳印花税。A有限公司和B租赁公司签订的《设备租赁合同》中合同金额并不明确，实际结算时才能确定金额，A有限公司和B租赁公司仅就最低年租赁金额缴纳印花税，存在少缴印花税的可能。

【税务处理】

A有限公司和B租赁公司应进行更正申报，申报应税合同书立情况，并在实际结算后下一个纳税申报期，以实际结算金额计算申报缴纳印花税。两家公司若实际少缴了印花税款，税务机关除追缴税款外，还将征收滞纳金，并可能处以罚款，具体按照《税收征收管理法》第六十三条、第六十四条等有关规定处理。

（三）未列明增值税税款的合同，未按含税价计税

【示例情况】

甲、乙公司均为按季申报印花税的纳税人。双方于2021年8月签订《货物购销合同》，合同中仅约定设备含税金额为113万元，并未单独列明增值税。甲、乙公司认为印花税的计税依据是不含增值税金额，因此合同的含税价款还原计算为不含增值税金额100万元计算缴纳了印花税。

【法理分析】

依据《印花税法》第五条规定，应税合同的计税依据，为合同所列的金额，不包括列明的增值税税款。甲、乙公司签订《货物购销合同》中价款条款未单独列明增值税金额，应按照合同所列的含税金额113万元计算缴纳印花税。

【税务处理】

甲、乙公司应及时进行印花税更正申报、补缴税款。此外，税务机关将向其追缴滞纳金，并可能处以罚款，具体按照《税收征收管理法》第六十三条、第六十四条等有关规定处理。

（四）同一应税凭证载有两个以上税目事项未分别列明金额也未从高适用税率

【示例情况】

2022年2月，B公司为A公司提供一台价值1 000万元设备的保管服务及指定的运输服务，双方协商保管费用10 000元，运费5 000元。双方签订的合同中，仅列明合同金额15 000元，未分别列明保管费和运费各自的金额。计算缴纳印花税时，A公司、B公司分别按照保管费10 000元的1‰和运输费5 000元的0.3‰进行了贴花。

【法理分析】

依据《印花税法》第九条规定，同一应税凭证载有两个以上税目事项并分别列明金额的，按照各自适用的税目税率分别计算应纳税额；未分别列明金额的，从高适用税率。A公司、B公司签订的合同并未列明保管费和运输费金额，应当从高适用税率1‰，计税依据为15 000元。

【税务处理】

甲、乙公司应及时进行印花税更正申报、补缴税款。此外，税务机关将向其追缴滞纳金，并可能处以罚款，具体按照《税收征收管理法》第六十三条、第六十四条等有关规定处理。

（五）已签订合同未履行，未缴纳印花税

【示例情况】

2021年10月A公司与B公司签订了《货物采购合同》，合同中仅约定了含税价款共计5 000万元，未单独明确列示增值税税额。合同签订后B公司由于种种原因并未兑现履行。A公司与B公司均按季缴纳印花税。因上述合同未履行，因此A公司与B公司认为该合同无须申报缴纳印花税。

【法理分析】

印花税为行为税，合同签订即产生纳税义务。依据《印花税法》规定，印花

税的纳税义务发生时间为纳税人书立应税凭证或者完成证券交易的当日。《财政部　税务总局关于印花税若干事项政策执行口径的公告》（财政部　税务总局公告2022年第22号）规定，未履行的应税合同、产权转移书据，已缴纳的印花税不予退还及抵缴税款。A公司和B公司已签订《货物采购合同》即已产生印花税纳税义务，虽合同未履行，但仍应按规定缴纳印花税款。

【税务处理】

A公司和B公司应及时进行印花税更正申报、补缴税款。两家公司少缴应纳税款，税务机关将追缴税款及滞纳金，并可能处以罚款，具体按照《税收征收管理法》第六十三条、第六十四条等有关规定处理。

第七章　国际税法遵从

统筹国内国际两个大局，推动全球治理体系向着更加公正合理方向发展，是当今中国国家治理的重大主题。随着经济全球化和市场一体化，国际税收治理体系的重构在当今全球治理体系中的重要性日益凸显。国际税收是国家税收的国际方面，源于商品生产、货币流通和资本扩张的全球化蔓延。马克思曾指出，“资本按其本性来说，力求超越一切空间界限”①，它代表着一种打破地域隔阂、行业界限、国家边界和各种共同体约束的社会关系和力量。当今世界最为突出的现象就是经济全球化以及跨国企业突飞猛进的发展，由此带来的国家间税收权益分配问题日益复杂，也日益重要。

早在 15 世纪末 16 世纪初，西方资本主义生产力和商品生产、商品交换开始迅猛发展，随着地理大发现、海外殖民地的开拓，经济全球化开始萌动。特别是自 19 世纪开始，随着资本主义的发展和国际贸易的繁荣，资本和商品的跨境流动逐渐增加，国与国之间征税权的冲突日益凸显，国际税收开始萌芽。此时国与国之间往往通过签订双边税收协定来协调征税权的冲突，如 1843 年比利时与法国签订税收协定、1845 年比利时与荷兰签订税收协定、1899 年奥匈帝国与普鲁士王国签订税收协定等。但是这些实践仅仅属于国家间的税收关系协调，核心内容是税务合作及情报交换。

20 世纪 20—30 年代，现代国际税收理论与制度逐渐产生。从 1923 年经济学家报告到 1928 年国际税收协定范本的诞生，再到 1932 年卡罗尔报告的问世，现代国际税收规范基本定型。从那时起到第二次世界大战后，国际税收随着国际经济贸易新秩序的变化而逐渐形成和发展，特别是经济合作与发展组织（OECD）和联合国两大组织发挥了至关重要的作用。

20 世纪 80 年代，特别是 90 年代以来，国际分工和国际贸易出现了深刻的结构性变化，对国际税收的理论和实践提出严峻挑战。表现为要素禀赋差异已不再是产生国际生产和贸易的主要动因，产业内分工和贸易成为国际生产分工的主要形式，跨国公司的全球产业布局促进中间品贸易的跨境流动，发达国家采取外包和直接投资等方式把大量生产和服务活动转移到发展中国家，发展中国家在很大

---

① 马克思恩格斯全集（第三十卷）[M]. 北京：人民出版社，1995：521.

程度上被纳入前者全球产业价值链中，跨国公司成为全球价值链体系的主导力量，中国等发展中国家维护自身经济权益和税收权益等问题日益凸显。而且，随着国际政治经济环境的变迁，特别是自 21 世纪以来迅速发展的经济数字化趋势，传统国际税收制度逐渐受到严峻挑战，有害税收竞争问题日益凸显，税收透明度逐渐引起国际社会关注，跨国公司的“双重不征税”不断挑战以“独立交易原则”为核心的国际转让定价体系。为应对这些共同挑战，2013 年，二十国集团（G20）委托 OECD 开启应对税基侵蚀和利润转移（BEPS）的相关工作。2014 年，习近平主席出席 G20 领导人第九次峰会时指出，应加强全球税收合作，打击国际逃避税；2016 年中国作为 G20 主席国，与 OECD 和 G20 成员一致开展旨在修改国际税收规则、遏制跨国企业规避全球纳税义务和侵蚀各国税基行为的 BEPS 行动计划；2017 年 G20 汉堡峰会，习近平主席又指出要继续完善全球经济治理，打击国际避税。基于此，G20 再次委托 OECD 通过 BEPS 包容性框架制定数字经济国际税收规则多边方案。2021 年 7 月，G20 财长和央行行长会议在意大利就建立更稳定、更公平的国际税收框架达成历史性协议。这一改革将重塑已经运行近百年的现行国际税收规则，将对跨国企业全球布局和投资运营产生巨大影响。经过各方努力，2021 年 10 月，BEPS 包容性框架下 136 个成员辖区就“双支柱”方案达成全面共识，并提交 G20 领导人罗马峰会核准通过，标志着“双支柱”方案开始由政治谈判逐步转入落地实施阶段，随后 136 个国家和司法管辖区已同意进行国际税收制度改革，将从 2023 年起启动国内立法并推进规则实施，向大型跨国企业征收至少 15% 的企业税。2022 年 11 月，G20《巴厘岛宣言》呼吁 BEPS 包容性框架加快完成“双支柱”的后续工作。国际税收多边共治格局尽管已经初现雏形，但是我国国际税收治理和改革依然任重而道远。

以上述历史渊源和现实存在为宏观背景，从中国国际税收的发展和实践来看，我国从入境（in bound）和出境（out bound）两个维度调整规范居民和非居民两类主体的跨境交易，逐渐形成了具有中国特色的国际税收治理体系。本章主要从税收协定、非居民企业、境外税收和反避税四个方面对国际税法遵从进行解析。

第一节　税收协定遵从

税收协定，又称“避免双重征税协定”，是两个或两个以上主权国家或税收管辖区为协调税收管辖关系和处理有关税务问题，依照对等原则，通过谈判缔结的书面协议。截至2022年底，我国税收协定网络已覆盖112个国家或地区。税收协定作为国际税收管理的重要法律依据，旨在避免双重征税，为跨境纳税人提高税收确定性，有利于促进缔约方之间的双向投资、技术交流和人员往来。本节选取税收居民身份、受益所有人、常设机构、享受协定待遇程序等税收协定的四个重点方面，对遵从要点、难点进行解析。

一、遵从要点

（一）税收居民身份

1. 居民身份的判别

判别居民身份是执行税收协定的第一步。根据税收协定“人的范围”条款的规定，税收协定适用于缔约一方居民或者同时为双方居民的人。因此，除其他条款另有约定外，税收协定一般不适用于任何第三方居民。税收协定“居民”条款对“缔约一方居民”作出以下定义：

“缔约一方居民”一语是指按照该缔约国法律，由于住所、居所、成立地、实际管理机构所在地或其他类似标准，在该缔约国负有纳税义务的人，并且包括该缔约国及其行政区或地方当局。但是，这一语不包括仅因来源于该缔约国的所得而在该缔约国负有纳税义务的人。

根据上述定义，判别居民身份需要参考缔约国法律。在我国，根据《企业所得税法》的规定，居民企业是指依法在中国境内成立，或者依照外国（地区）法律成立但实际管理机构在中国境内的企业，应当就其来源于中国境内、境外的所得缴纳企业所得税。根据《个人所得税法》的规定，居民个人是指在中国境内有住所，或者无住所而一个纳税年度内在中国境内居住累计满183天的个人，应就其从中国境内和境外取得的所得缴纳个人所得税。

但需要注意的是，构成缔约国法律规定的居民，不一定构成税收协定规定的缔约国一方居民。在部分情形中，纳税人构成缔约国法律规定的居民，但在该国并不负有全面纳税义务。在这种情况下，该纳税人便不是税收协定规定的“缔约一方居民”。

2. 双重居民身份的协调

由于各国法律规定对居民判定标准存在差异，跨境纳税人可能因各国执行不同的居民判定标准而被两个国家同时认定为居民，并同时在该两国负有全面纳税义务，形成重复征税。为消除双重居民身份带来的问题，税收协定“居民”条款引入了用以协调双重居民身份的加比规则。

（1）双重居民个人。

对于双重居民个人，税收协定“居民”条款通常规定，应依次按照其永久性住所、重要利益中心、习惯性居处、国籍等标准，确定其仅为一方的居民。需特别注意的是，这些标准的使用是有先后顺序的，只有当使用前一标准无法解决问题时，才使用后一标准。

第一，同时为缔约国双方居民的个人，应认为仅是其永久性住所所在国的居民。永久性住所包括任何形式的住所，例如由个人租用的住宅或公寓、租用的房间等，但该住所必须具有永久性，即个人已安排长期居住，而不是为了某些原因（如旅游、商务考察等）临时逗留。

第二，如果在缔约国双方同时有永久性住所，应认为仅是与其个人和经济关系更密切（即重要利益中心）的缔约国的居民。重要利益中心要参考个人家庭和社会关系、职业、政治、文化和其他活动、营业地点、管理财产所在地等因素综合评判。其中特别注重的是个人的行为，即个人一直居住、工作并且拥有家庭和财产的国家通常为其重要利益中心之所在。

第三，在出现以下两种情况之一时，应采用习惯性居处的标准来判定个人居民身份的归属：一是个人在缔约国双方均有永久性住所且无法确定重要经济利益中心所在国；二是个人的永久性住所不在缔约国任何一方，如该个人不断地穿梭于缔约国一方和另一方旅馆之间。第一种情况下对习惯性居处的判定，要注意其在双方永久性住所的停留时间，同时还应考虑其在同一个国家不同地点停留的时间。第二种情况下对习惯性居处的判定，要将此人在一个国家所有的停留时间加总考虑，而不问其停留的原因。

第四，如果其在缔约国双方都有或者都没有习惯性居处，应认为仅是其国籍所属国家的居民。

第五，当采用上述标准依次判断仍然无法确定其身份时，可由缔约国双方税务主管当局通过相互协商解决。

（2）双重居民企业。

对于双重居民企业，税收协定“居民”条款通常规定，应根据其实际管理机构所在国，确定其仅为一方的居民。需要注意的是，BEPS 第 2 项行动计划提出了对双重居民企业加比规则的完善建议。根据修改后的规则，构成双重居民企业的，应由缔约国双方税务主管当局通过相互协商确认其居民身份，在协商过程中应考虑其实际管理机构所在地、注册地、成立地等因素，如协商未能达成一致，则该人不能享受协定规定的任何税收减免优惠，但缔约国双方税务主管当局就其享受协定待遇的程度和方式达成一致意见的情况除外。中国部分税收协定已引入上述修改后的双重居民企业加比规则。

3. 居民身份证明

中国居民从其他国家或地区取得所得，缔约对方主管当局要求其提供中国居民身份证明以享受协定待遇的，纳税人可以根据《国家税务总局关于调整〈中国税收居民身份证明〉有关事项的公告》（国家税务总局公告 2019 年第 17 号），向主管其所得税的县级税务局（以下称主管税务机关）申请开具《税收居民证明》。中国居民企业的境内、境外分支机构应由其中国总机构向总机构主管税务机关申请。合伙企业应当以其中国居民合伙人作为申请人，向中国居民合伙人主管税务机关申请。

非居民纳税人在中国境内发生纳税义务，自行判断并申报享受协定待遇的，应根据《非居民纳税人享受协定待遇管理办法》（国家税务总局公告 2019 年第 35 号）的要求，将由协定缔约对方税务主管当局开具的证明非居民纳税人取得所得的当年度或上一年度税收居民身份的税收居民身份证明等留存备查。

（二）受益所有人

在税收协定“股息”“利息”“特许权使用费”条款中，为了防范协定滥用，规定只有“受益所有人”是对方居民的情况下，才适用税收协定规定的优惠税率。对于“受益所有人”概念，税收协定范本却长时间未明确。为规范“受益所有人”概念的应用，国家税务总局于 2009 年发布《关于如何理解和认定税收协定中“受益所有人”的通知》（国税函〔2009〕601 号，以下简称 601 号文件），明确了“受益所有人”的概念，即“受益所有人”是指对所得或所得据以产生的权利或财产具有所有权和支配权的人，并对如何判定“受益所有人”做了规定。2012 年，国家税务总局发布了《关于认定税收协定中“受益所有人”的公告》（国家税务总局公告 2012 年第 30 号），规定满足一定条件时，不再依据 601 号文件规定的因素进行综合分析，直接认定申请人具有“受益所有人”身份，即对“受益所有人”身份的认定设置了安全港，进一步完善了“受益所有人”规则。为加强税收协定执行工作，进一步完善“受益所有人”规则，国家税务总局于 2018 年发布《关于税收协定中“受益所有人”有关问题的公告》（国家税务总局 2018 年第 9 号，以下简称 9 号公告），一方面，旨在允许没有滥用协定目的和结果的安排得以享受税收协定待遇，并提高其享受税收协定待遇的确定性，减少征纳双方成本，进一步优化营商环境；另一方面，借鉴 BEPS 第 6 项行动计划（防止税收协定待遇的不当授予）成果，提高“受益所有人”判定标准的刚性，对滥用协定风险较高的安排进行更加有效的防范。

“受益所有人”主要规则如下。

1. 一般综合分析

9号公告规定，判定需要享受税收协定待遇的缔约对方居民（以下简称申请人）“受益所有人”身份时，应根据下列因素，结合具体案例的实际情况进行综合分析。一般来说，下列因素不利于对申请人“受益所有人”身份的判定：

（1）申请人有义务在收到所得的12个月内将所得的50%以上支付给第三国（地区）居民，“有义务”包括约定义务和虽未约定义务但已形成支付事实的情形。

（2）申请人从事的经营活动不构成实质性经营活动。实质性经营活动包括具有实质性的制造、经销、管理等活动。申请人从事的经营活动是否具有实质性，应根据其实际履行的功能及承担的风险进行判定。

申请人从事的具有实质性的投资控股管理活动，可以构成实质性经营活动；申请人从事不构成实质性经营活动的投资控股管理活动，同时从事其他经营活动的，如果其他经营活动不够显著，不构成实质性经营活动。

（3）缔约对方国家（地区）对有关所得不征税或免税，或征税但实际税率极低。

（4）在利息据以产生和支付的贷款合同之外，存在债权人与第三人之间在数额、利率和签订时间等方面相近的其他贷款或存款合同。

（5）在特许权使用费据以产生和支付的版权、专利、技术等使用权转让合同之外，存在申请人与第三人之间在有关版权、专利、技术等的使用权或所有权方面的转让合同。

2. “宽限”规则

9号公告规定，申请人从中国取得的所得为股息时，申请人虽不符合“受益所有人”条件，但直接或间接持有申请人100%股份的人符合“受益所有人”条件，并且属于以下两种情形之一的，应认为申请人具有“受益所有人”身份：

（1）上述符合“受益所有人”条件的人为申请人所属居民国（地区）居民；

（2）上述符合“受益所有人”条件的人虽不为申请人所属居民国（地区）居民，但该人和间接持有股份情形下的中间层均为符合条件的人。

“符合‘受益所有人’条件”是指根据上述一般综合分析后可以判定具有“受益所有人”身份。

“符合条件的人”是指该人从中国取得的所得为股息时，根据中国与其所属居民国（地区）签署的税收协定可享受的税收协定待遇和申请人可享受的税收协定待遇相同或更为优惠。

3. “安全港”规则

9 号公告规定，下列申请人从中国取得的所得为股息时，可不根据上述一般综合分析所列的因素，直接判定申请人具有“受益所有人”身份：

（1）缔约对方政府；

（2）缔约对方居民且在缔约对方上市的公司；

（3）缔约对方居民个人；

（4）申请人被以上第（1）项至第（3）项中的一人或多人直接或间接持有100%股份，且间接持有股份情形下的中间层为中国居民或缔约对方居民。

（三）常设机构

“常设机构”条款是税收协定的重要条款，它主要与“营业利润”条款结合，组成对缔约一方所取得营业利润的征税规则，以限制所得来源国的征税权，实现避免双重征税的目的。

税收协定对常设机构的范围、认定条件等内容作出了较为具体的规定。根据协定“常设机构”条款的规定，中国不得对缔约对方居民企业的利润征税，除非该企业通过其设在中国的常设机构进行营业。根据我国税收法律规定，非居民纳税人在中国境内设立机构、场所，则我国对该非居民纳税人有关所得有征税权；《税收征收管理法》同时规定，我国同外国缔结的有关税收的条约、协定同该法有不同规定的，依照条约、协定的规定办理。因此，实际执行时，优先采用税收协定对该非居民是否构成常设机构进行判定，确定我国是否具有税收管辖权。

“常设机构”条款通常包括一般定义、常设机构列举、建筑工程项目（即建筑工程型常设机构）、劳务活动（即劳务型常设机构）、不构成常设机构的情况、非独立代理人、独立代理人、子公司等条款。其中，一般定义和常设机构列举为常设机构的一般性规定，其余条款为特殊规定。

在一般定义中，常设机构是指企业进行全部或部分营业的固定营业场所。根据《〈中华人民共和国政府和新加坡共和国政府关于对所得避免双重征税和防止偷漏税的协定〉及议定书条文解释》（国税发〔2010〕75 号，以下简称 75 号文件）对常设机构判定标准的相关解读，通常情况下，常设机构具备以下特点：

1. 该营业场所是实质存在的。

这类场所：一是没有规模或范围上的限制，如机器、仓库、摊位等；二是没有所有权的限制，不论是企业自有的，还是租用的；三是没有使用上的限制，即不管房屋、场地、设施或设备是否有一部分被用于其他活动，一个场所可能仅占用市场一角，或是长期租用的仓库的一部分（用于存放应税商品），或设在另一企业内部等；四是没有地点上的限制，只要有一定可支配的空间，即可视为具有营业场所。

《国家税务总局关于税收协定执行若干问题的公告》（国家税务总局公告 2018 年第 11 号）明确，不具有法人资格的中外合作办学机构，以及中外合作办学项目中开展教育教学活动的场所，可以不考虑该场所在境内的持续时间，直接判定其构成协定缔约对方居民在中国的常设机构。

2. 该营业场所是相对固定的，在时间上具有一定的持久性。该特征应从以下几个方面理解：

一是固定的营业场所，包括办事处、分支机构、办公室、酒店长期租用的房间等。

二是对某些经常在相邻的地点之间移动的营业活动，虽然营业场所看似不固定，但如果这种在一定区域内的移动是该营业活动的固有性质，一般可认定为存在单一固定场所。

例如，某办事处根据需要在一个宾馆内租用不同的房间，或租用不同的楼层，该宾馆可被视为一个营业场所。再如，某商人在同一个商场或集市内的不同地点设立摊位，该商场或集市也可构成该商人的营业场所。

三是该营业场所应在时间上具有一定程度的持久性，营业活动暂时的间断或者停顿并不影响场所时间上的持久性。

四是如果某一营业场所是基于短期使用目的而设立，但实际存在时间却超出了临时性的范围，可以追溯性地构成常设机构。与之相反，一个以持久性为目的的营业场所如果发生特殊情况，例如投资失败提前清算，即使实际只存在了一段很短的时间，同样可以判定自其设立起就构成常设机构。

3. 全部或部分的营业活动是通过该营业场所进行的。

一是不包括在常设机构之外的地方直接从事营业活动，即如果非居民纳税人不通过常设机构从事经营活动，在另外一个活动经营场所从事经营活动，则不能将这两个场所视同一个常设机构。

二是如果非居民纳税人通过在中国的常设机构，在中国的不同地点进行营业活动，则应判定其只有一个常设机构存在，且应将不同地点的营业活动产生的利润归属于该常设机构。

三是如果非居民纳税人是在中国不同地点直接从事营业活动，则该非居民纳税人有可能在中国不同地点构成多个常设机构。

此外，“常设机构”条款对“股息”“利息”“特许权使用费”“非独立个人劳务”等条款的适用具有重要影响，在处理本条与其他条款关系时，通常应遵循“常设机构”条款优先的原则。例如，若据以支付股息、利息或特许权使用费的股权、债权、权利或财产等与常设机构有实际联系的，有关所得应该归属于常设机构的利润征税。

（四）享受协定待遇程序

2009 年，国家税务总局建立了以审批为主的享受税收协定待遇程序。2015 年，为深化“放管服”改革，审批改为备案。2019 年，为进一步优化税收营商环境，提高非居民纳税人享受协定待遇的便捷性，国家税务总局制发了《非居民纳税人享受协定待遇管理办法》（国家税务总局公告 2019 年第 35 号，以下简称 35 号公告），对非居民纳税人享受协定待遇的原则、方式和后续管理等程序进行了简便优化，主要包括以下内容。

1. 一般原则

非居民纳税人享受协定待遇，采取“自行判断、申报享受、相关资料留存备查”的方式办理。非居民纳税人自行判断符合享受协定待遇条件的，可在纳税申报时，或通过扣缴义务人在扣缴申报时，自行享受协定待遇，同时按照该办法的规定归集和留存相关资料备查，并接受税务机关后续管理。

2. 协定适用和申报方式

非居民纳税人自行申报的，自行判断符合享受协定待遇条件且需要享受协定待遇，应在申报时报送《非居民纳税人享受协定待遇信息报告表》，并按规定归集和留存相关资料备查。

在源泉扣缴和指定扣缴情况下，非居民纳税人自行判断符合享受协定待遇条件且需要享受协定待遇的，应当如实填写《非居民纳税人享受协定待遇信息报告表》，主动提交给扣缴义务人，并按规定归集和留存相关资料备查。扣缴义务人收到《非居民纳税人享受协定待遇信息报告表》后，确认非居民纳税人填报信息完整的，依国内税收法律规定和协定规定扣缴，并如实将《非居民纳税人享受协定待遇信息报告表》作为扣缴申报的附表报送主管税务机关。

非居民纳税人未主动提交《非居民纳税人享受协定待遇信息报告表》给扣缴义务人或填报信息不完整的，扣缴义务人依国内税收法律规定扣缴。

非居民纳税人需要留存备查的资料包括：

（1）由协定缔约对方税务主管当局开具的证明非居民纳税人取得所得的当年度或上一年度税收居民身份的税收居民身份证明；享受税收协定国际运输条款或

国际运输协定待遇的，可用能够证明符合协定规定身份的证明代替税收居民身份证明。

（2）与取得相关所得有关的合同、协议、董事会或股东会决议、支付凭证等权属证明资料。

（3）享受“股息”“利息”“特许权使用费”条款协定待遇的，应留存证明“受益所有人”身份的相关资料。

（4）非居民纳税人认为能够证明其符合享受协定待遇条件的其他资料。

非居民纳税人对《非居民纳税人享受协定待遇信息报告表》填报信息和留存备查资料的真实性、准确性、合法性承担法律责任。非居民纳税人发现不应享受而享受了协定待遇，并少缴或未缴税款的，应当主动向主管税务机关申报补税。

3. 后续管理

税务机关会依照文件规定对非居民纳税人享受协定待遇开展后续管理，准确执行协定，防范协定滥用和逃避税风险。在后续管理时，非居民纳税人应按主管税务机关要求限期提供留存备查资料。

非居民纳税人的资料不足以证明符合享受协定待遇条件，或存在逃避税嫌疑的，应按主管税务机关要求限期提供相关资料并配合调查。

非居民纳税人、扣缴义务人应配合主管税务机关进行非居民纳税人享受协定待遇的后续管理与调查。非居民纳税人、扣缴义务人均未按照税务机关要求提供相关资料，或逃避、拒绝、阻挠税务机关进行后续调查，主管税务机关无法查实其是否符合享受协定待遇条件的，应视为不符合享受协定待遇条件。

二、难点解析

（一）税收居民身份问题

1. 涉及第三国的情形

（1）一人同时构成缔约对方和第三国法律规定的居民，同时根据缔约对方与第三国的税收协定，该人为第三国居民。在这种情况下，根据缔约对方与第三国的税收协定，该人在缔约对方将不负有全面纳税义务。因此，该人不是我国与缔约对方税收协定规定的缔约对方居民，不适用我国与缔约对方的税收协定，而应适用我国与第三国的税收协定。如果我国与该第三国没有税收协定，则适用我国国内法的规定征税。

（2）一人为我国与缔约对方税收协定规定的缔约对方居民，其设在第三国的常设机构是该居民企业的组成部分，与该居民企业属同一法律实体，则该人不属于第三国居民，其从我国取得的所得适用我国与缔约对方的税收协定。

（3）一人为我国与缔约对方税收协定规定的我国居民，其设在第三国的常设机构是该居民企业的组成部分，不属于第三国居民，则其从缔约对方取得的所得适用我国与缔约对方的税收协定。

（4）一人为我国与缔约对方税收协定规定的我国居民，其设在缔约对方的常设机构是该居民企业的组成部分，则其从第三国取得的所得，涉及缴纳第三国税款时适用我国与该第三国的协定。需要注意的是，上述中国居民企业设在缔约对方的常设机构取得来源于中国境内的所得，在按我国国内法相关规定纳税时，该常设机构不能以缔约对方居民身份对上述来源于中国境内的所得，向中国税务机关要求享受我国与缔约对方税收协定待遇。

2. 涉及合伙企业的情形

（1）合伙企业设在中国境内的情形。我国《合伙企业法》第二条规定："本法所称合伙企业，是指自然人、法人和其他组织依照本法在中国境内设立的普通合伙企业和有限合伙企业。"第六条规定："合伙企业的生产经营所得和其他所得，按照国家有关税收规定，由合伙人分别缴纳所得税。"因此，依照该法在中国境内成立的合伙企业，其合伙人是中国所得税的纳税人。如果合伙人为税收协定缔约对方居民，则该合伙人属于税收协定适用的范围，该合伙人在中国负有纳税义务的所得被缔约对方视为其居民取得的部分，可以享受协定待遇。

（2）合伙企业设在中国境外的情形。依照外国（地区）法律成立的合伙企业不属于《企业所得税法》第一条规定的排除范围，应适用《企业所得税法》的规定。我国《企业所得税法》第二条规定："本法所称非居民企业，是指依照外国（地区）法律成立且实际管理机构不在中国境内，但在中国境内设立机构、场所的，或者在中国境内未设立机构、场所，但有来源于中国境内所得的企业。"因此，依照外国（地区）法律成立且实际管理机构不在中国境内，但在中国境内设立机构、场所的，或者在中国境内未设立机构、场所，但有来源于中国境内所得的合伙企业，是我国企业所得税的非居民企业纳税人。在适用税收协定时，除非协定另有规定，否则，只有当该合伙企业是缔约对方居民时，其在中国负有纳税义务的所得才能享受协定待遇。如果根据缔约对方国内法，合伙企业不是其居民，则该合伙企业不适用税收协定。

需要注意的是，根据 35 号公告要求留存备查的合伙企业税收居民身份证明，应能证明其根据缔约对方国内法，因住所、居所、成立地、实际管理机构所在地或其他类似标准，在缔约对方负有纳税义务。如果根据缔约对方国内法，合伙企业不符合上述条件，则即使缔约对方税务主管当局以享受协定待遇为目的开具了税收居民身份证明，也不能充分证明该合伙企业为税收协定意义上的缔约对方居民。

（二）受益所有人问题

1. 投资控股管理活动是否构成实质性经营活动问题

9 号公告规定："申请人从事的具有实质性的投资控股管理活动，可以构成实质性经营活动。"投资控股管理活动作为管理活动的一种，可以构成实质性经营活动，但需要符合一定条件，即实际履行的功能及承担的风险足以证实其活动具有实质性。一般而言，申请人需要从事投资前期研究、评估分析、投资决策、投资实施以及投资后续管理等活动。

为了便于理解，下文举例进行说明，同时假设：按照中国与 A 国、B 国的税收协定，A 国居民可享受的股息优惠税率为 10%，B 国居民可享受的股息优惠税率为 5%。

以下案例中，B 国公司声称的投资控股管理活动不具有实质性：A 国公司通过设立在 B 国的子公司投资中国，B 国公司拟就其从中国取得的股息所得享受税收协定待遇。B 国公司声称其从事投资控股管理活动并有 5 名雇员，但经核实，B 国公司并未开展行业研究、市场分析等，未履行投资控股管理等功能，其声称的 5 名雇员实际与 A 国公司签订合同并履行 A 国公司的职能；其收到的股息暂无投资计划，在账户中闲置；中国公司的外方董事不是由其直接股东 B 国公司派出而是由 A 国公司直接派出；中国公司的章程称该公司的招聘、培训、融资、财务等责任由 B 国公司承担，但 B 国公司并无承担上述责任的人员，经核实上述责任实际为 A 国公司在北京的办事处承担；B 国公司对中国公司和从中国公司取得的股息不承担相应风险。该案例中 B 国公司虽声称从事投资控股管理活动，但实际履行的功能及承担的风险有限，不足以证实其活动具有实质性。

以下案例中，B 国公司承担的区域总部功能具有一定实质性：A 国公司在 B 国设立公司作为亚洲区域总部，B 国公司除投资中国外，还投资日本、韩国、新加坡、越南等十余个国家近 50 家公司。虽然中国境内的市场调研、行业研究等部分功能由设在中国的投资公司承担，但评估分析、投资决策以及亚洲区域内各公司之间的资金统筹调配等功能由 B 国公司承担，应认为 B 国公司承担的区域总部功能具有一定实质性。如果相关功能表面上由 B 国公司承担，但 B 国公司仅有 8 名员工，不足以承担相关功能，实际由 A 国公司承担或 A 国公司团队提供支撑，应认为 B 国公司从事的活动不具有实质性。

以下案例中，B 国公司承担的融资功能具有一定实质性：A 国公司计划投资中国，但自有资金仅为所需资金的 70%，故选择在金融业较为发达、资本较为充足、融资较为便利的 B 国设立公司作为融资平台，从符合“安全港”规则的 B 国的非关联公司募集完成所需资金的 30% 后，由 B 国公司投资中国并取得股息。该案例中，B 国公司作为融资平台，履行了一定功能，承担了一定风险，并且所需资金的 30% 从 B 国融入，与 B 国有一定联系，应认为 B 国公司承担的融资功能具有一定实质性。

2. 其他经营活动是否构成实质性经营活动问题

9 号公告规定：“申请人从事不构成实质性经营活动的投资控股管理活动，同时从事其他经营活动的，如果其他经营活动不够显著，不构成实质性经营活动。”

以下案例中，其他经营活动不够显著，不构成实质性经营活动：A 国公司自 20 世纪 90 年代以来陆续在中国直接投资设立十余家子公司并直接取得股息。2007 年，A 国公司在 B 国设立子公司，并进行集团内重组，由 B 国公司控股内地各子公司并取得股息。B 国公司从事的投资控股管理活动不构成实质性经营活动，同时向集团内其他公司提供采购服务并收取服务费，或者从集团外其他公司采购然后销售给集团内公司并赚取进销差价。但是，经核实，相关采购活动之前由 A 国公司设立在中国某省的子公司从事，2010 年集团将相关采购活动调整为由 B 国公司从事，B 国公司无法证明做此调整的商业必要性，并且 B 国公司从事的采购等其他经营活动取得的所得占其全部所得（含从中国境内取得的全部所得）的比例仅为 8%。上述案例可以认为申请人从事的其他经营活动不够显著，不构成实质性经营活动。

（三）常设机构问题

1. 建筑工程型常设机构问题

非居民纳税人在境内的建筑工地，建筑、装配或安装工程，或者与其有关的监督管理活动，仅在此类工地、工程或活动持续时间为一定时间以上（多数协定规定为 6 个月）的，构成常设机构，未达到该规定时间的则不构成常设机构。

关于“6 个月”，确定上述活动的起止日期，一般是按其所签订的合同从实施合同（包括一切准备活动）开始之日起，至作业（包括试运行作业）全部结束交付使用之日止进行计算。

关于“与其有关的监督管理活动”，是指伴随建筑工地，建筑、装配或安装工程发生的监督管理活动，既包括在项目分包情况时，由分承包商进行作业，总承包商负责指挥监督的活动，也包括独立监理企业从事的监督管理活动。对由总承包商负责的监督管理活动，其时间的计算与整个工地、工程的持续时间一致；对由独立监理企业承包的监督管理活动，应视其为独立项目，并根据其负责监理的工地、工程或项目的持续时间进行活动时间的判定。

2. 劳务型常设机构问题

（1）在华提供劳务活动时间

非居民纳税人派其雇员或其雇用的其他人员来华提供劳务活动（包括咨询劳务活动），仅以该性质的活动（为同一项目或相关联的项目）在任何 12 个月内，连续或累计超过一定时间（一般为 6 个月或者 183 天），构成常设机构。

关于“雇员或雇用的其他人员”，是指企业的员工，或者该企业聘用的在其控制下按照其指示向缔约对方提供劳务的个人。

关于“劳务活动”，是指从事工程、技术、管理、设计、培训、咨询等专业服务活动。例如：对工程作业项目的实施提供技术指导、协助、咨询等服务（不负责具体的施工和作业）；对生产技术的使用和改革、经营管理的改进、项目可行性分析以及设计方案的选择等提供的服务；对企业经营、管理等提供的专业服务等。

关于“同一项目或相关联的项目”，是指同一企业从事的有商业相关性或连贯性的若干个项目。这里所说的“商业相关性或连贯性”，需视具体情况而定，在判断若干个项目是否为关联项目时，应考虑下列因素：这些项目是否被包含在同一个总合同里；如果这些项目分属于不同的合同，这些合同是否与同一人或相关联的人所签订；前一项目的实施是否是后一项目实施的必要条件；这些项目的性质是否相同；这些项目是否由相同的人员实施；等等。

（2）与专有技术费用的区分

在转让或许可专有技术使用权过程中，如技术许可方派人员为该项技术的使用提供有关支持、指导等服务并收取服务费，无论是单独收取还是包括在技术价款中，均应视为特许权使用费，适用税收协定“特许权使用费”条款的规定。

在服务合同中，如果服务提供方提供服务形成的成果属于税收协定特许权使用费定义范围，并且服务提供方仍保有该项成果的所有权，服务接受方对此成果仅有使用权，则此类服务产生的所得，适用税收协定特许权使用费条款的规定。

3. 不构成常设机构的情况

非居民纳税人虽在境内有固定场所，但如果是仅因仓储、展览、采购及信息收集等活动的目的设立的具有准备性或辅助性的固定场所，仍可以不被认定为常设机构。从事“准备性或辅助性”活动的场所通常具备以下特点：一是该场所不独立从事经营活动，并且其活动也不构成企业整体活动基本的或重要的组成部分；二是该场所的活动仅为本企业服务，不为其他企业服务；三是其职责限于事务性服务，且不起直接营利作用。

以下机构场所可能在形式上符合准备性或辅助性的条件，但因其业务实质仍应认定为常设机构：

（1）非居民纳税人设立在境内的机构场所的业务性质与非居民纳税人总部的业务性质完全相同的。

（2）非居民纳税人设立在境内的机构场所从事的活动是企业总部为客户服务的基本及重要组成部分的，如该机构场所维修、保养该非居民纳税人销售给中国客户的机器设备，或专为中国客户提供零配件的。

（3）非居民纳税人设立在境内的机构场所，不仅为本企业进行业务宣传，同时也为其他企业进行业务宣传的。

（4）非居民纳税人设立在境内的机构场所既从事不构成常设机构的活动，也从事构成常设机构的活动，则应视其构成常设机构，并对这两项营业活动的所得合并征税。例如，企业用于交付货物的仓库同时也兼营商品销售，应判定为常设机构并征税。

三、风险示例

（一）案例1：税收居民身份

【示例情况】

2020年，S先生与中国内地C公司签订无固定期限劳动合同，担任运营总监，合同约定其主要工作地点为内地某市。自2021年起，S先生兼任中国香港D公司（为C公司位于中国香港的子公司）的常务理事，并同时在中国香港履职。

S先生持有中国香港税务机关开具的2021年度和2022年度税收居民身份证明。S先生在上述年度中同时构成内地税收居民。因此，需要根据《内地和香港特别行政区关于对所得避免双重征税和防止偷漏税的安排》“居民”条款中的双重居民个人加比规则，解决其双重居民身份问题。

【法理分析】

（1）个人所得税法的适用

根据《个人所得税法》及其实施条例的规定，对居民个人的判定有住所和停留时间两个标准，满足其一即可判定为我国居民。住所标准是指“因户籍、家庭、经济利益关系而在中国境内习惯性居住”。所谓习惯性居住，是判定纳税义务人是居民或非居民的一个法律意义上的标准，不是指实际居住或在某一个特定时期内的居住地。个人如因学习、工作、探亲、旅游等而在中国境外居住，在其原因消除之后，必须回到中国境内居住的，则中国即为其习惯性居住地。在实际管理中，户籍是判断是否有住所的重要标准。S 先生提交的居民身份证复印件显示，其户籍所在地为内地，且 S 先生是由于工作原因由内地 C 公司派至中国香港工作而形成在中国香港居住的事实，外派工作结束后仍会回到内地居住。综合上述情况，应认为 S 先生构成税法规定的内地税收居民。

（2）税收安排加比规则的适用

永久性住所包括任何形式的住所，例如由个人租用的住宅或公寓、租用的房间等，但该住所必须具有永久性，即个人已安排长期居住，而不是为了某些原因（如旅游、商务考察等）临时逗留。S 先生在内地某市拥有 3 套自住房产，S 先生在派往中国香港任职之前以及任职期间回某市时均居住在其中一套，因此，应认为其在内地有永久性住所。同时，为了工作方便，S 先生在中国香港租住了一处房屋，其在中国香港工作期间，一直在该房屋居住，非临时居留，该房屋也可视为永久性住所。也就是说，S 先生在内地和中国香港都有永久性住所。根据此标准无法明确判定 S 先生是哪一方税收居民，需要运用下一标准，即重要利益中心标准。

重要利益中心要参考个人家庭和社会关系、职业、政治、文化和其他活动、营业地点、管理财产所在地等因素综合评判。其中特别注重的是个人的行为，即个人一直居住、工作并且拥有家庭和财产的国家通常为其重要利益中心之所在。S 先生受雇于内地 C 公司，同时在其中国香港子公司 D 公司任职，在与 C 公司签订的劳动合同中明确约定了主要工作地点为内地某市，其在中国香港子公司履职的行为，实质上是在履行该合同规定的义务。其主要收入均来源于与 C 公司的劳动合同，由 C 公司向其支付工资，C 公司还为 S 先生在内地缴纳社会保险和住房公积金，而 D 公司没有为 S 先生在中国香港缴纳保险。S 先生长期在内地工作，2021 年度在内地停留时间为 220 天，2022 年度在内地停留时间为 160 天，其长期生活、工作在内地。第三方信息显示 S 先生多数亲属均居住在内地，在内地具有稳定的社会关系，其家庭财产主要集中在内地，包括存款、股票、现金、车辆和 3 套房产等。而在中国香港，S 先生仅有一处租住的房屋和一辆汽车。S 先生的妻女虽然取得了非永久香港居民身份，但其妻子为家庭主妇，女儿在中国香港某中学读书。

【税务处理】

综合考虑家庭、社会关系和财产状况等各方面因素，S 先生显然与内地具有更为紧密的关系，其重要利益中心在内地而非中国香港，因此应认为 S 先生为内地税收居民。

（二）案例2：受益所有人

【示例情况】

A公司是一家内地和中国香港合资企业，注册成立于1980年，其中，内地股东持股比例为60%，中国香港股东B公司持股比例为40%，主要经营范围为酒店管理。B公司是在中国香港注册成立的一家酒店管理公司，其100%持股方为C公司。C公司注册成立于英属维尔京群岛，是中国香港上市公司M公司的全资子公司。M公司成立于百慕大，于1998年在中国香港上市，主要从事酒店管理。集团股权结构如图7－1所示。

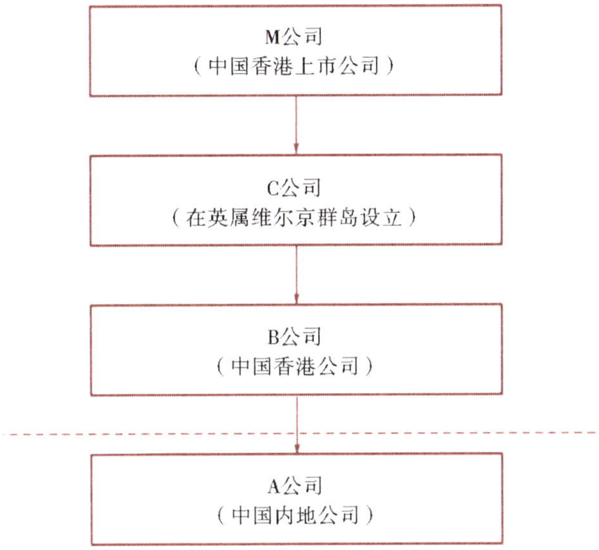

图7－1 集团股权结构

2022年5月，A公司作出董事会决议，向其股东分配2020年度的股息，其中，B公司取得股息702万元。在取得股息的当月，B公司通过A公司在扣缴申报时一并享受税收安排待遇。

B公司认为其符合享受税收安排待遇条件，并陈述理由如下：

第一，B公司在2022年取得了中国香港税务机关出具的税收居民身份证明，可以证明其在2020年度是中国香港的税收居民。

第二，B公司对A公司的直接持股比例为40%，且在取得股息前连续12个月以内持股比例未发生变化，符合“股息”条款适用5%限制税率的持股比例和时间要求。

第三，B 公司对从 A 公司取得的股息拥有支配权，没有义务在 12 个月内将这笔股息的 50% 以上支付给第三国（地区）居民。

第四，B 公司虽然没有实质的制造、经销等活动，但其作为控股公司的主要职能是在亚洲地区寻求投资业务。B 公司通过有效的管理，对 A 公司的经营决策作出判断、指导和监督。因此，B 公司认为其从事的是具有实质性的投资控股管理活动。

【法理分析】

主管税务机关对 B 公司提供的相关资料进行了综合分析，认为 B 公司的“受益所有人”身份判定存在以下不利因素：

第一，B 公司声明对取得的股息享有支配权，并列示了该笔资金的用途，承诺 12 个月内不会向第三国（地区）居民支付。但从 B 公司的审计报告来看，B 公司连续三年在收到股息的 12 个月内将股息所得的 50% 以上支付给了 C 公司，形成了支付事实。因此，B 公司的承诺是否真实可信存在较大的不确定性。

第二，从 B 公司的审计报告显示，2021 年，B 公司取得股息收入 130 万美元，占全部收入的比重为 98.6%，除股息外的其他收入为利息收入和汇兑损益，合计 2 万美元。B 公司全年发生行政管理费用 5 万美元，其中工资薪金福利费用 4 万美元，从费用构成来看，其人员规模不足以支撑公司对子公司的投资管理活动。

第三，B 公司称其从事了具有实质性的投资控股管理活动，对 A 公司进行管理和指导，但未能提供任何可以证明其具体从事了哪些管理活动的证据材料。

综合以上分析，主管税务机关认为，B 公司在“受益所有人”身份判定方面存在多项不利因素。

经过多次沟通，B 公司对主管税务机关的判定意见表示认同，但是希望可以按照 9 号公告第三条“申请人从中国取得的所得为股息时，申请人虽不符合‘受益所有人’条件，但直接或间接持有申请人 100% 股份的人符合‘受益所有人’条件并且属于符合‘受益所有人’条件的人为申请人所属居民国（地区）居民情形的，应认为申请人具有‘受益所有人’身份”的规定，以 M 公司作为“受益所有人”的测试对象，对企业享受税收安排待遇情况进行判定。因此，B 公司补充提交了 M 公司的相关资料，包括税收居民身份证明、审计报告、资金流向记录、董事会决议、人力和物力配备情况说明、相关费用支出等资料。

主管税务机关再次认真梳理了企业提供的资料，对 M 公司是否符合“受益所有人”条件进行了深入分析：

第一，2022 年 3 月，M 公司取得了中国香港税务机关出具的税收居民身份证明，证明其 2020 年度是中国香港的税收居民。

第二，从持股关系来看，M 公司不仅提供了完整的股权结构图，也提供了从 M 公司到 B 公司每一层的持股关系证明，可以证明 M 公司间接持有 B 公司 100% 的股份，符合 9 号公告第三条对持股比例的要求。

第三，从股息流向来看，B 公司连续三年在收到股息的 12 个月内将股息所得的 50% 以上支付给了 C 公司。C 公司在极短的时间内，又将收到的股息全部支付给了 M 公司，且 M 公司也不存在 12 个月内将收到所得的 50% 以上支付给第三国（地区）居民的情形。因此，可以证明股息的最终流向是 M 公司。

第四，M 公司作为集团的控股公司，1998 年在中国香港上市，主要从事投资控股管理活动，其所在集团公司是世界知名的酒店管理集团之一，在亚太地区、欧洲、北美及中东地区拥有或经营多家豪华酒店和度假酒店。

从 M 公司组织架构来看，M 公司有严格的风险管理和投资决策机制，董事会下设审核委员会，直接对董事会负责，履行审核职能。除此之外，还设有综合职能部、法律事务部、财务审计部、投资发展部等行政和决策机构。

从 M 公司的人员、资产情况来看，2021 年，全年平均员工数为 261 名，营业收入 8 225 万美元，营业利润 2 348 万美元，归属于 M 公司的净资产 76 120 万美元，行政费用 3 041 万美元，资产规模与人员情况相匹配。

从是否从事实质经营活动情况来看，M 公司每年定期召开董事会，并作出重大经营决策，如新设酒店、下设酒店业务调整等，同时 M 公司在亚洲其他地区也进行投资活动。在中国香港联交所披露的报告显示，M 公司资本充足，且在融资便利的中国香港运营，拥有承担投资控股功能的团队，也可以为其投资的项目提供融资服务，具有一定的投融资功能。因此，可以认定其从事的是具有实质性的投资控股管理活动。

【税务处理】

主管税务机关认为 M 公司通过“受益所有人”的测试，可以根据 9 号公告中第三条“申请人虽不符合‘受益所有人’条件，但直接或间接持有申请人 100% 股份的人符合‘受益所有人’条件的情况”的规定，认为 B 公司为“受益所有人”，享受税收安排待遇。

（三）案例 3：常设机构

【示例情况】

我国某学院于 2020 年 9 月与德国某大学签订《合作办学协议》，规定学生前三年的时间，在国内学院学习基础课程和部分专业课程，后一年半的时间，在德国大学完成其他专业课程学习、毕业实习和毕业论文。同时规定，国内学院按每位学生前三年 5 700 欧元、后一年半 4 300 欧元的标准向德国大学支付学费。

2022 年 7 月，德国大学就其取得的上述所得申请享受税收协定待遇，依据是中德税收协定第五条规定，缔约国一方企业通过雇员或者其他人员，在缔约国另一方为同一个项目或相关联的项目提供的劳务，包括咨询劳务，仅以在任何 12 个月中连续或累计超过 6 个月的为限。该大学认为在整个办学期间，其外籍教师在境内教学时间未达到构成常设机构标准，因此可以适用协定免税待遇。

【法理分析】

主管税务机关对纳税人提交的材料进行了审核，与该德国大学进行了多次沟通，对以下内容进行了核实：

（1）关于是否构成常设机构问题

该德国大学称，中德税收协定第五条规定，企业提供劳务，仅以在任何 12 个月中连续或累计超过 6 个月才构成常设机构，因该项目外籍教师入境教学的时间不长，任何 12 个月内入境教学都不满 6 个月，因此并不构成常设机构。

税务机关指出，根据中德税收协定第五条及 75 号文件规定，常设机构判定不仅局限于建筑工程型、劳务型常设机构，企业进行全部或部分营业的固定营业场所构成固定场所型常设机构。就中外合作办学项目而言，完全符合固定场所型常设机构，表现在以下三个方面：

一是固定性。德国大学和我国内学院的合作办学项目，通过国内学院的教学场所进行，虽然所采用的授课教室在不同年度会有所调整，但都是在学院内部，因此学院构成了德国大学在境内的营业场所，该营业场所是实质存在的，具有固定性。同时，外籍教师授课时，对授课教室可支配使用，其对营业场所具有支配权。

二是持久性。合作办学项目是长期事项，而非短期行为，合作双方签订协议书，协议持续时间与国内学制挂钩，总时长为四年半。在办学期间，德国大学派遣来华的外籍教师虽会有轮换，也会有短暂的放假安排，但这些暂时性的间断并不影响办学项目时间上的持久性。此外，根据合作协议，双方建立项目管理委员会，委员会由双方学校管理人员任职，且各出一人担任联合项目管理主任，长期任职于国内学校内。综上，可以判断德国大学在我国内学院内的营业场所具有持久性。

三是经营性。德国大学通过教学活动取得收入，且相应收入不属于我国税法规定的非营利组织免税收入，具有经营性和营利性特征。

（2）关于常设机构利润归属问题

该合作办学项目已经构成常设机构，应就归属于该常设机构的利润在中国缴税。合作办学不仅限于所谓外籍教师入境提供教学服务，所有为该合作办学项目从事的活动如招生管理、教学计划制定和实施、学生培养和考核等都属于常设机构从事的活动，在计算归属该常设机构的利润时均应予考虑。虽然该合作办学形式上分为两个阶段，但从整体看，是同一教学项目，应作为一个合同项下的整体事项来处理。而且，《合作办学协议》中明确规定，德国大学的职责包含组织外籍教师承担前一教学阶段在国内学院进行的部分基础课程和专业课程的教学及考试工作，学院需要就此阶段的教学及管理向境外的德国大学支付相关费用。

【税务处理】

综上，德国大学在境内的为该合作办学项目提供教育教学活动的场所构成在境内的固定场所型常设机构，归属于该常设机构的利润应在中国缴税。最终，德国大学认同了税务机关的意见，并补缴了60余万元税款。

第二节 非居民企业遵从

非居民企业，是指依照外国（地区）法律成立且实际管理机构不在中国境内，但在中国境内设立机构、场所的，或者在中国境内未设立机构、场所，但有来源于中国境内所得的企业。本节主要从源泉扣缴、非居民企业派遣人员、非居民企业间接财产转让、境外投资者从中国境内居民企业分配的利润，用于境内直接投资暂不征收预提所得税等角度对非居民企业遵从要点、难点进行解析。

一、遵从要点

（一）源泉扣缴

对在中国境内未设立机构、场所，或者虽设立机构、场所但取得的所得与其所设机构、场所没有实际联系的非居民企业，其来源于中国境内的所得应缴纳的所得税，实行源泉扣缴，以支付人为扣缴义务人。税款由扣缴义务人在每次支付或者到期应支付时，从支付或者到期应支付的款项中扣缴。

1. 扣缴义务人与非居民企业签订与上述所得有关的业务合同时，凡合同中约定由扣缴义务人实际承担应纳税款的，应将非居民企业取得的不含税所得换算为含税所得计算并解缴应扣税款。

2. 扣缴义务人应当自扣缴义务发生之日起 7 日内向扣缴义务人所在地主管税务机关申报和解缴代扣税款。扣缴义务人发生到期应支付而未支付情形，应按照《国家税务总局关于非居民企业所得税管理若干问题的公告》（国家税务总局公告 2011 年第 24 号，以下简称 24 号公告）第一条规定①进行税务处理。

非居民企业取得应源泉扣缴的所得为股息、红利等权益性投资收益的，相关应纳税款扣缴义务发生之日为股息、红利等权益性投资收益实际支付之日。

非居民企业采取分期收款方式取得应源泉扣缴所得税的同一项财产转让所得的，其分期收取的款项可先视为收回以前投资财产的成本，待成本全部收回后，再计算并扣缴应扣税款。

3. 扣缴义务人未依法扣缴或者无法履行扣缴义务的，取得所得的非居民企业应当按照《企业所得税法》第三十九条规定②，向所得发生地主管税务机关申报缴纳未扣缴税款，并填报《中华人民共和国扣缴企业所得税报告表》。

非居民企业未按照《企业所得税法》第三十九条规定申报缴纳税款的，税务机关可以责令限期缴纳，非居民企业应当按照税务机关确定的期限申报缴纳税款；非居民企业在税务机关责令限期缴纳前自行申报缴纳税款的，视为已按期缴纳税款。

（二）非居民企业派遣人员

非居民企业（以下统称派遣企业）派遣人员在中国境内提供劳务，如果派遣企业对被派遣人员工作结果承担部分或全部责任和风险，通常考核评估被派遣人员的工作业绩，应视为派遣企业在中国境内设立机构、场所提供劳务；如果派遣企业属于税收协定缔约对方企业，且提供劳务的机构、场所具有相对的固定性和持久性，该机构、场所构成在中国境内设立的常设机构。在作出上述判断时，应结合下列因素予以确定：

1. 接收劳务的境内企业（以下统称接收企业）向派遣企业支付管理费、服务费性质的款项；

---

① 中国境内企业和非居民企业签订与利息、租金、特许权使用费等所得有关的合同或协议，如果未按照合同或协议约定的日期支付上述所得款项，或者变更或修改合同或协议延期支付，但已计入企业当期成本、费用，并在企业所得税年度纳税申报中作税前扣除的，应在企业所得税年度纳税申报时按照企业所得税法有关规定代扣代缴企业所得税。

② 依照企业所得税法规定应当扣缴的所得税，扣缴义务人未依法扣缴或者无法履行扣缴义务的，由纳税人在所得发生地缴纳。纳税人未依法缴纳的，税务机关可以从该纳税人在中国境内其他收入项目的支付人应付的款项中，追缴该纳税人的应纳税款。

2. 接收企业向派遣企业支付的款项金额超出派遣企业代垫、代付被派遣人员的工资、薪金、社会保险费及其他费用；

3. 派遣企业并未将接收企业支付的相关费用全部发放给被派遣人员，而是保留了一定数额的款项；

4. 派遣企业负担的被派遣人员的工资、薪金未全额在中国缴纳个人所得税；

5. 派遣企业确定被派遣人员的数量、任职资格、薪酬标准及其在中国境内的工作地点。

如果派遣企业仅为在接收企业行使股东权利、保障其合法股东权益而派遣人员在中国境内提供劳务，包括被派遣人员为派遣企业提供对接收企业投资的有关建议、代表派遣企业参加接收企业股东大会或董事会议等活动，均不因该活动在接收企业营业场所进行而认定为派遣企业在中国境内设立机构、场所或常设机构。

（三）合理商业目的判定

非居民企业在间接财产转让中“合理商业目的”的判定结果，决定了中国税务机关是否需要重新定性该间接转让交易，将其确认为直接转让中国居民企业股权等财产，从而行使征税权的问题。因此也是间接转让财产的非居民企业最关注的问题。

税务机关判断非居民企业间接转让中国应税财产是否具有合理商业目的，将结合实际情况，根据《国家税务总局关于非居民企业间接转让财产企业所得税若干问题的公告》（国家税务总局公告2015年第7号，以下简称7号公告）第三条中列举的以下因素进行综合分析：

1. 境外企业股权主要价值是否直接或间接来自中国应税财产；

2. 境外企业资产是否主要由直接或间接在中国境内的投资构成，或其取得的收入是否主要直接或间接来源于中国境内；

3. 境外企业及直接或间接持有中国应税财产的下属企业实际履行的功能和承担的风险是否能够证实企业架构具有经济实质；

4. 境外企业股东、业务模式及相关组织架构的存续时间；

5. 间接转让中国应税财产交易在境外应缴纳所得税情况；

6. 股权转让方间接投资、间接转让中国应税财产交易与直接投资、直接转让中国应税财产交易的可替代性；

7. 间接转让中国应税财产所得在中国可适用的税收协定或安排情况；

8. 其他相关因素。

（四）再投资递延纳税

再投资递延纳税政策，即“境外投资者从中国境内居民企业分配的利润，用于境内直接投资暂不征收预提所得税”政策，是指企业在符合条件的情况下，将所得利润以及部分或全部盈余留存至企业内部继续投资，并在相关期限内实现再投资后的收益，允许推迟缴纳企业所得税的一种优惠政策。

再投资递延纳税须同时满足以下三个条件：

（1）境外投资者以分得利润进行的直接投资，包括境外投资者以分得利润进行的增资、新建、股权收购等权益性投资行为，但不包括新增、转增、收购上市公司股份（符合条件的战略投资除外）。具体是指：

①新增或转增中国境内居民企业实收资本或者资本公积；

②中国境内投资新建居民企业；

③从非关联方收购中国境内居民企业股权；

④财政部、国家税务总局规定的其他方式。

境外投资者采取上述投资行为所投资的企业统称为被投资企业。

（2）境外投资者分得的利润属于中国境内居民企业向投资者实际分配已经实现的留存收益而形成的股息、红利等权益性投资收益。

（3）境外投资者用于直接投资的利润以现金形式支付的，相关款项从利润分配企业的账户直接转入被投资企业或股权转让方账户，在直接投资前不得在境内外其他账户周转；境外投资者用于直接投资的利润以实物、有价证券等非现金形式支付的，相关资产所有权直接从利润分配企业转入被投资企业或股权转让方，在直接投资前不得由其他企业、个人代为持有或临时持有。

值得注意的是，境外投资者以分得的利润用于补缴其在境内居民企业已经认缴的注册资本，增加实收资本或资本公积的，属于“①新增或转增中国境内居民企业实收资本或者资本公积”情形。

境外投资者按照金融主管部门的规定，通过人民币再投资专用存款账户划转再投资资金，并在相关款项从利润分配企业账户转入境外投资者人民币再投资专用存款账户的当日，再由境外投资者人民币再投资专用存款账户转入被投资企业或股权转让方账户的，视为符合“（3）境外投资者用于直接投资的利润以现金形式支付的，相关款项从利润分配企业的账户直接转入被投资企业或股权转让方账户，在直接投资前不得在境内外其他账户周转”的规定。

二、难点解析

（一）非居民源泉扣缴问题

1. 扣缴义务发生之日及外汇换算问题

根据《国家税务总局关于非居民企业所得税源泉扣缴有关问题的公告》（国家税务总局公告2017年第37号，以下简称37号公告）第四条第（一）项规定，扣缴义务发生之日为相关款项实际支付或者到期应支付之日。此外，如果应源泉扣缴税款由非居民企业纳税人申报缴纳，按照37号公告第四条第（二）项和第（三）项规定，应当分纳税人自行申报缴纳税款和主管税务机关责令限期缴纳税款两种情形，相应按照填开税收缴款书之日前一日或主管税务机关作出限期缴纳税款决定之日前一日人民币汇率中间价进行外汇折算。

2. 支付股息的扣缴义务时间问题

根据《企业所得税法》第三十七条规定，应该源泉扣缴的税款由扣缴义务人在每次支付或者到期应支付时，从支付或到期应支付的款项中扣缴。37号公告第四条第（一）项明确，扣缴义务发生之日为相关款项实际支付或者到期应支付之日。关于到期应支付情形下扣缴所得税问题，37号公告第七条第一款明确，继续按照24号公告第一条规定执行。基于这些规定，鉴于股息是由企业的税后利润派发给股东的，不应计入扣缴义务人的成本、费用，不会发生到期应支付情形，37号公告第七条第二款进一步明确，非居民企业取得应纳税的股息所得，相关税款扣缴义务发生之日即是股息的实际支付之日。扣缴义务人应在实际支付之日代扣税款，并在扣缴义务发生之日起7日内向扣缴义务人所在地主管税务机关申报和解缴代扣税款。该规定改变了24号公告第五条的规定，不再以作出利润分配决定的日期作为扣缴义务发生之日。

3. 财产转让所得的外汇换算问题

财产转让收入或财产净值以人民币以外的货币计价的，分扣缴义务人扣缴税款、纳税人自行申报缴纳税款和主管税务机关责令限期缴纳税款三种情形，先将以非人民币计价项目金额按照37号公告第四条规定的时点汇率折合成人民币金额，再按《企业所得税法》第十九条第二项及相关规定计算非居民企业财产转让所得应纳税所得额。举例说明如下：

境外A企业为非居民企业，境内B企业和C企业为居民企业，A企业经过前后两次投资C企业，合计持有C企业40%的股权，2008年8月1日第一次出资100万美元（假设当时人民币汇率中间价为：1美元＝8.6元人民币），2010年9

月1日第二次投资50万欧元（假设当时人民币汇率中间价为：1欧元=8.9元人民币）。2016年1月10日，A企业以人民币2 000万元将该项股权转让给B企业，合同于当天生效，B企业于2016年1月15日向A企业支付了股权转让款2 000万元。假设2016年1月15日，人民币兑美元和欧元的中间价分别为：1美元=6.6元人民币，1欧元=7.2元人民币。则本次交易财产转让收入为2 000万元人民币，本次交易财产净值为1 020万元人民币（100×6.6+50×7.2），本次交易应纳税所得额为980万元人民币（2 000－1 020）。

4. 分期收款方式的扣缴问题

37号公告第七条第三款规定，如果非居民企业采取分期收款方式取得应源泉扣缴所得税的同一项转让财产所得，其分期收取的款项可先视为收回以前投资财产的成本，待相关成本全部收回后，再计算并扣缴应扣缴税款。举例说明如下：

境外A企业为非居民企业，境内B企业和C企业均为居民企业，A企业和B企业各持有C企业50%股权，A企业投资取得C企业50%股权的成本为500万元人民币。2016年1月10日，A企业以1 000万元人民币将该项股权一次转让给B企业，但按股权转让合同约定，B企业分别于2016年2月10日、2016年3月10日和2016年4月10日支付转让价款300万元、400万元和300万元。在本次交易中，B企业于2016年2月10日支付的300万元人民币价款可视为A企业收回500万元股权转让成本中的300万元；B企业于2016年3月10日支付的400万元人民币价款中的200万元为A企业收回500万元股权转让成本中的剩余200万元，其余200万元价款应作为股权转让收益计算扣缴税款；B企业于2016年4月10日支付的300万元人民币价款全部作为股权转让收益计算扣缴税款。

5. 应扣未扣情况下自行申报纳税问题

扣缴义务人未依法扣缴或者无法扣缴应扣缴税款的，按照《企业所得税法》第三十九条规定，由取得收入的非居民企业在所得发生地申报纳税。根据37号公告第九条第二款规定，在扣缴义务人未依法履行或者无法履行扣缴义务的情况下，非居民企业在主管税务机关责令限期缴纳税款前自行申报缴纳未扣缴税款的，或者在主管税务机关限期缴纳税款期限内申报缴纳税款的，均视为按期缴纳了税款。此外，按照《企业所得税法实施条例》第一百零七条规定，非居民企业取得的应税所得在境内存在多个所得发生地的，由纳税人选择一地申报缴纳企业所得税。

（二）非居民企业间接财产转让问题

1. “合理商业目的”判定

在实务中，税务机关和纳税人要基于具体交易，按照“实质重于形式”的原则，根据7号公告第三条对交易整体安排和所有要素进行综合分析判断，不应依据单一因素或者部分因素予以认定。

其中第1项和第2项因素，要求从被转让的境外企业股权价值来源以及境外企业资产和收入构成着手，判断间接转让交易的主要标的是否为中国应税财产。

第3项因素，要求通过功能风险分析来判断被转让的境外企业及下属其他境外中间层公司的经济实质。通常从相关企业股权设置以及人员、财产、收入等经营情况和财务信息入手，分析被转让企业股权与相关企业实际履行功能和承担风险的关联性，以及其在企业集团架构中的实质经济意义，但要注意行业差异和特点。

第4项因素，要求从时间间隔上考量间接转让交易及相关安排的筹划痕迹。举例而言，如果境外股权转让方在转让前短时间内搭建了中间层公司并完成间接转让，那么这种交易安排就具有明显的筹划痕迹，非常不利于合理商业目的的判定。

第5项因素，要求从境外应缴税情况判断是否存在跨国税收利益。境外应缴纳所得税情况包括股权转让方在其居民国应缴税情况和被转让方所在地应缴税情况。应缴税情况不仅考虑间接转让交易在境外实际缴纳的税款，还要考虑境外盈亏抵补、亏损结转等影响境外所得税税基的境外税收法律适用情况。如果在股权转让方居民国和被转让方所在地总体应缴纳的所得税低于该间接转让交易在我国应缴税额，那么就可以证明间接转让中国应税财产交易存在跨国税收利益。

第6项因素，要求从直接投资、直接转让中国应税财产交易与间接投资、间接转让中国应税财产交易间的可替代性分析，判定间接交易是否存在合理商业实质。可替代性分析要考虑市场准入、交易审查、交易合规和交易目标等多种商业和非商业因素，不应仅凭单一因素（如市场准入限制）予以认定。

第7项因素，要求考虑交易适用税收协定（安排）的影响，包括适用税收协定（安排）的可能性和结果（含反滥用税收协定规则的适用结果）。

2. 归属于中国应税财产数额的问题

如果一项间接转让中国应税财产交易因不具有合理商业目的被调整定性为直接转让中国应税财产交易，则按照《企业所得税法》及其实施条例和7号公告规定，可以就间接转让中国应税财产所得征收企业所得税。但如果被转让境外企业股权价值来源包括中国应税财产因素和非中国应税财产因素，则需按照合理方法，将转让境外企业股权所得划分为归属于中国应税财产所得和归属于非中国应税财产所得，然后转让方只需就归属于中国应税财产所得调整征税。

举例而言，一家设立在开曼的境外企业（不属于境外注册中国居民企业）持有中国应税财产和非中国应税财产两项资产，非居民企业转让开曼企业股权所得为100，假设其中归属于中国应税财产的所得对应为80，归属于非中国应税财产所得对应为20，在这种情况下，只就归属于中国应税财产的80部分适用7号公告规定征税；假设其中归属于中国应税财产的所得对应为120，归属于非中国应税财产的所得对应为-20，那么即便转让开曼企业股权所得为100，仍需就归属于中国应税财产的120适用7号公告规定征税。

3. 间接财产转让涉及多地问题

对间接转让涉及两个以上且不在同一省（市）中国居民企业股权的，可选择向其中一个居民企业所在地的主管税务机关报送资料，由该主管税务机关与其他省（市）税务机关协商是否征税并报国家税务总局。经确定征税的，纳税人应分别到中国居民企业所在地主管税务机关缴纳税款。该规定允许转让方选择向一地税务机关报送资料，避免多地重复报告负担。交易相关方可以自行选择向一地或多地税务机关提交资料。对于应该缴纳的企业所得税涉及多个主管税务机关的情形，应按照属地管辖的原则分别到主管税务机关所在地申报纳税。

4. 部分转让同项股权中的成本计算问题

如果非居民企业通过多次投资或收购而持有一项股权，但仅部分对外转让，根据37号公告第三条第四款规定，应从该项股权全部成本中按照转让比例计算确定被转让股权对应的成本。举例说明如下：

境外A企业为非居民企业，境内B企业和C企业为居民企业。A企业经过前后三次投资C企业，合计持有C企业40%的股权，第一次投资人民币100万元，第二次投资人民币200万元，第三次投资人民币400万元。2016年1月8日，A企业与B企业签订股权转让合同，以人民币1 000万元的价格转让其持有的C企业30%的股权给B企业。则A企业持有C企业40%股权的全部成本为700万元（100+200+400），本次交易转让比例为75%（30%÷40%），被转让的C企业30%股权对应的成本则为525万元（700×75%），本次股权转让交易的应纳税所得额为475万元（1 000-525）。

（三）再投资递延纳税问题

1. 业务操作流程

（1）境外投资者应当填写《非居民企业递延缴纳预提所得税信息报告表》，并提交给利润分配企业。

境外投资者按照《财政部　税务总局　国家发展改革委　商务部关于扩大境外投资者以分配利润直接投资暂不征收预提所得税政策适用范围的通知》（财税〔2018〕102号）第五条规定追补享受暂不征税政策时，应向利润分配企业主管税务机关提交《非居民企业递延缴纳预提所得税信息报告表》以及相关合同、支付凭证等办理退税的其他资料。

（2）利润分配企业应当按照规定审核境外投资者提交的资料信息，并确认以下结果后，执行暂不征税政策：

①境外投资者填报的信息完整，没有缺项；

②利润实际支付过程与境外投资者填报信息吻合；

③境外投资者填报信息涉及利润分配企业的内容真实、准确。

需要注意的是，利润分配企业已按规定执行暂不征税政策的，应在实际支付利润之日起 7 日内，向主管税务机关提交以下资料：

①由利润分配企业填写的《中华人民共和国扣缴企业所得税报告表》；

②由境外投资者提交并经利润分配企业补填信息后的《非居民企业递延缴纳预提所得税信息报告表》。

2. 遵从责任划分

（1）利润分配企业未按规定审核确认境外投资者提交的资料信息，致使不应享受暂不征税政策的境外投资者实际享受了暂不征税政策的，利润分配企业主管税务机关依照有关规定追究利润分配企业应扣未扣税款的责任，并依法向境外投资者追缴应当缴纳的税款。

（2）境外投资者填报信息有误，致使其本不应享受暂不征税政策，但实际享受暂不征税政策的，利润分配企业主管税务机关将依法追究延迟纳税责任，税款延迟缴纳期限自相关利润支付之日起计算。

3. 特殊情形处理

（1）境外投资者通过股权转让、回购、清算等方式实际收回享受暂不征收预提所得税政策待遇的直接投资，在实际收取相应款项后 7 日内，按规定程序向税务部门申报补缴递延的税款。

（2）境外投资者享受暂不征税待遇后，被投资企业发生重组符合特殊性税务处理条件，并实际按照特殊性税务处理进行税务处理的，可继续享受暂不征税政策待遇，无须补缴递延的税款。

（3）境外投资者部分处置持有的包含已享受暂不征税政策和未享受暂不征税政策的同一项中国境内居民企业投资，视为先行处置已享受暂不征税政策的投资。境外投资者未按规定补缴递延税款的，利润分配企业主管税务机关追究境外投资者延迟缴纳税款责任，税款延迟缴纳期限自实际收取相关款项后第 8 日（含第 8 日）起计算。

（4）纳税人补缴税款的，境外投资者仍可按照有关规定享受税收协定待遇，但是仅可适用相关利润支付时有效的税收协定。后续税收协定另有规定的，按后续税收协定执行。

三、风险示例

（一）“境外劳务”与“特许权使用费”判定问题

【示例情况】

某国外知名酒店集团A公司与某省B酒店管理有限公司签订一份集设备采购、加盟和服务于一体的合同，合同约定：第一，B公司向A集团采购某大型酒店设备，总价300万美元，其中包括设备价款240万美元，工程设计费60万美元。第二，A公司同意B公司加盟并提供技术服务，收取工程技术服务费，合同金额为100万美元。

企业认为，合同中的“工程设计费”“工程技术服务费”等内容为发生在境外的服务，并且为外方人员在网上提供，按照劳务发生地原则，不应在我国缴纳企业所得税。

【法理分析】

税务机关对合同中的各项服务费进行了逐条分析，并深入调查研究，得到如下信息：第一，关于酒店设备的“工程设计费”。税务机关发现在设计阶段，A公司承担的职能为：①担任买方设计顾问，提供设计咨询；②提供操作及维修手册；③检测设备并核发检测凭证；④提供设备图纸等。同时对方在“知识产权与保密”条款中约定，卖方保留其所提供作为某种设备设计审核与维修的手册与其他技术文件的知识产权的所有权，且买方不得将卖方所提供的图纸、计算机程序复制、销售、拆分或租赁给其他第三方。

税务机关认为，根据《国家税务总局关于执行税收协定特许权使用费条款有关问题的通知》（国税函〔2009〕507号）第四条规定：“在服务合同中，如果服务提供方提供服务过程中使用了某些专门知识和技术，但并不转让或许可这些技术，则此类服务不属于特许权使用费范围。但如果服务提供方提供服务形成的成果属于税收协定特许权使用费定义范围，并且服务提供方仍保有该项成果的所有权，服务接受方对此成果仅有使用权，则此类服务产生的所得，适用税收协定特许权使用费条款的规定。”据此，判定一项技术服务是属于“劳务”还是属于“特许权使用费”，关键要看“服务成果”的内容以及“服务成果”所有权的归属。A集团提供的服务内容如设计图纸、操作手册等属于特许权使用费的范畴，并非普通的设计公司通过单纯的设计劳务可以完成，且 A 公司对这些设计成果保留所有权，B 公司仅有使用权。因此，该工程设计服务应按照特许权使用费征收企业所得税。

第二，关于酒店“工程技术服务费”。税务机关发现，A 公司收取该费用的依据是向 B 公司提供酒店工程相关的咨询服务，同时包括《使用技术标准》和《设计指南和酒店标准》等酒店统一规格文件。特别值得注意的是，合同约定，B 公司须对 A 公司提供的所有服务内容和纸质电子材料等履行保密义务，不得转让给第三方。

经了解，A 集团不仅拥有大量的会员和忠实的客户群体，还拥有一套完整成熟的酒店设计标准和体系，并根据加盟方在日常经营中获取的经营经验和不足不断进行调整完善。B 公司加盟 A 酒店品牌，一是看重 A 品牌全球知名的品牌价值；二是通过加盟能够获得 A 集团的冠名，可以实现原有客户群体的接收，迅速实现盈利。

酒店管理有关的设计和技术具有很高的商业价值，构成了其品牌的一部分，符合《国家税务总局关于执行税收协定特许权使用费条款有关问题的通知》（国税函〔2009〕507 号，以下简称国税函〔2009〕507 号文件）第二条关于特许权使用费的定义。同时，根据国税函〔2009〕507 号文件第五条规定，“在转让或许可专有技术使用权过程中如技术许可方派人员为该项技术的使用提供有关支持、指导等服务并收取服务费，无论是单独收取还是包括在技术价款中，均应视为特许权使用费”，该“工程技术服务费”应属于特许权使用费。

【税务处理】

税务机关对 A 集团收取的“工程设计费”“工程技术服务费”进行重新定性，根据对合同条款分析和实地调研情况，依据国税函〔2009〕507 号文件，将上述两项服务费判定为特许权使用费征收预提税。最终税企达成一致。

（二）再投资递延纳税

【示例情况】

境内 A 企业由境外 B 企业投资。2019 年 A 企业向投资方 B 企业共分配 3 000 万元利润。其中，直接汇往境外利润为 1 000 万元，剩余 2 000 万元分别用来增加境内 C 企业注册资本和 C 企业资本公积。C 企业从事电子产品的制造。股权架构详见图 7－2。在这种情况下，A 企业应当如何享受“境外投资者以分配利润直接投资暂不征收预提所得税”政策？

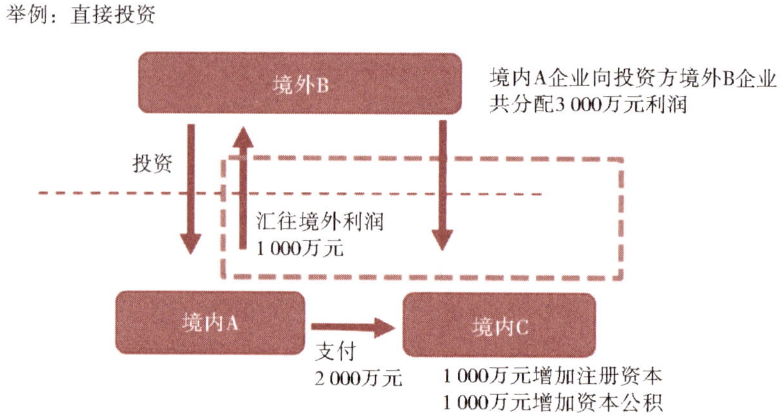

图 7－2 案例示意

【法理分析】

（1）被投资企业 C 从事电子产品制造，根据《国家税务总局关于扩大境外投资者以分配利润直接投资暂不征收预提所得税政策适用范围有关问题的公告》（国家税务总局公告 2018 年第 53 号，以下简称 53 号公告）第一条规定，属于“非禁止外商投资的项目”。

（2）53 告公告第二条规定：“境外投资者暂不征收预提所得税须同时满足以下条件：（一）境外投资者以分得利润进行的直接投资，包括境外投资者以分得利润进行的增资、新建、股权收购等权益性投资行为，但不包括新增、转增、收购上市公司股份（符合条件的战略投资除外）。具体是指：新增或转增中国境内居民企业实收资本或者资本公积。”

境外投资者以分得的利润用于补缴其在境内居民企业已经认缴的注册资本，增加实收资本或资本公积的，属于符合“新增或转增中国境内居民企业实收资本或者资本公积”情形。

【税务处理】

（1）A 企业 1 000 万元利润直接汇回 B 企业，不得享受再投资递延纳税。

（2）境外投资者以分得利润对境内 C 企业增加实收资本和资本公积的 2 000 万元，属于 53 号公告规定的“直接投资”，允许享受递延纳税的优惠政策。

第三节 境外税收遵从

随着我国“走出去”企业的不断发展壮大，境外税收遵从问题日益引起纳税人的关注，本节主要从境外注册中资控股企业、境外税收抵免、中资企业海外并购等三个重点方面，对境外税收遵从的要点、难点进行解析。

一、遵从要点

（一）境外注册中资控股企业

境外注册中资控股企业是指由中国内地企业或者企业集团作为主要控股投资者，在中国内地以外国家或地区（含中国香港、中国澳门和中国台湾）注册成立的企业。

《国家税务总局关于境外注册中资控股企业依据实际管理机构标准认定为居民企业的有关问题的通知》(国税发〔2009〕82 号）规定，境外中资企业同时符合以下条件的，将会被判定为实际管理机构在中国的居民企业，即中国税收居民。从而其应当就其来源于中国境内、境外的所得缴纳 25% 的中国企业所得税：

1. 企业负责实施日常生产经营管理运作的高层管理人员及其高层管理部门履行职责的场所主要位于中国境内；

2. 企业的财务决策（如借款、放款、融资、财务风险管理等）和人事决策(如任命、解聘和薪酬等）由位于中国境内的机构或人员决定，或需要得到位于中国境内的机构或人员批准；

3. 企业的主要财产、会计账簿、公司印章、董事会和股东会议纪要档案等位于或存放于中国境内；

4. 企业 1/2（含 1/2）以上有投票权的董事或高层管理人员经常居住于中国境内。

此外，在香港特别行政区成立为法团的公司，或在香港特别行政区以外地区成立为法团而通常是在香港特别行政区进行管理或控制的公司，构成香港税收居民。为避免误解或纠纷，根据《内地和香港特别行政区关于对所得避免双重征税和防止偷漏税的安排》规定，同时为双方居民的纳税人，应认为是其实际管理机构所在一方的居民。

（二）境外税收抵免

根据我国税法的规定，居民企业可以就其取得的境外所得直接缴纳和间接负担的境外企业所得税性质的税额进行抵免。境外所得税抵免的方法分为直接抵免和间接抵免。

直接抵免，指企业直接作为纳税人，就其境外所得在境外缴纳的所得税额在我国应纳税额中抵免。主要适用于企业就来源于境外的营业利润所得在境外所缴纳的企业所得税，以及就来源于或发生于境外的股息、红利等权益性投资所得、利息、租金、特许权使用费、财产转让等所得在境外被源泉扣缴的所得税。

间接抵免，指境外企业就分配股息前的利润缴纳的外国所得税额中由我国居民企业就该项分得的股息性质的所得间接负担的部分，在我国的应纳税额中抵免。适用范围为居民企业从其符合规定的境外子公司取得的股息、红利等权益性投资收益所得。

根据《国家税务总局关于发布〈企业境外所得税收抵免操作指南〉的公告》（国家税务总局公告 2010 年第 1 号）规定，可抵免的境外所得税税额的基本条件为：

1. 企业来源于中国境外的所得依照中国境外税收法律以及相关规定计算而缴纳的税额。

2. 缴纳的具有企业所得税性质的税额，而不拘泥于名称。在不同的国家，对于企业所得税的称呼有着不同的表述，如法人所得税、公司所得税等。判定是否属于企业所得税性质的税额，主要看其是否是针对企业净所得征收的税额。

3. 限于企业应当缴纳且已实际缴纳的税额。税收抵免旨在解决重复征税问题，仅限于企业应当缴纳且已实际缴纳的税额，另有饶让抵免或其他规定除外。

4. 可抵免的企业所得税税额，若是税收协定非适用所得税项目，或来自非协定国家的所得，无法判定是否属于对企业征收的所得税税额的，应层报国家税务总局裁定。

但企业应注意的是，可抵免的企业所得税税额不包括以下项目：

（1）按照境外所得税法律及相关规定属于错缴或错征的境外所得税税款；

（2）按照税收协定规定不应征收的境外所得税税款；

（3）因少缴或迟缴境外所得税而追加的利息、滞纳金或罚款；

（4）境外所得税纳税人或者其利害关系人从境外征税主体得到实际返还或补偿的境外所得税税款；

（5）按照我国《企业所得税法》及其实施条例规定，已经免征我国企业所得税的境外所得所负担的境外所得税税款；

（6）按照国务院财政、税务主管部门有关规定已经从企业境外应纳税所得额中扣除的境外所得税税款。

（三）中资企业海外并购

中资企业需要对海外并购项目进行专业的税务管理，对跨国经营过程中常见的税收政策、征管方式进行事前的管理和规划。

《国家税务总局关于居民企业报告境外投资和所得信息有关问题的公告》(国家税务总局公告2014年第38号)规定，居民企业成立或参股外国企业，或者处置已持有的外国企业股份或有表决权股份，符合以下情形之一，且按照中国会计制度可确认的，应当在办理企业所得税预缴申报时向主管税务机关填报《居民企业参股外国企业信息报告表》。

1. 在该公告施行之日(2014年9月1日)，居民企业直接或间接持有外国企业股份或有表决权股份达到10%(含)以上；

2. 在该公告施行之日后，居民企业在被投资外国企业中直接或间接持有的股份或有表决权股份自不足10%的状态改变为达到或超过10%的状态；

3. 在该公告施行之日后，居民企业在被投资外国企业中直接或间接持有的股份或有表决权股份自达到或超过10%的状态改变为不足10%的状态。

居民企业在办理企业所得税年度申报时，还应附报以下与境外所得相关的资料信息：有适用《企业所得税法》第四十五条情形①或者需要适用《特别纳税调整实施办法(试行)》(国税发〔2009〕2号)第八十四条规定②的居民企业，填报《受控外国企业信息报告表》。

根据《国家税务总局关于完善关联申报和同期资料管理有关事项的公告》(国家税务总局公告2016年第42号，以下简称42号公告)要求，符合报送要求的企业应及时报送关联申报表、国别报告，准备好同期资料。

二、难点解析

(一) 境外注册中资控股企业问题

我国《企业所得税法》采用了登记注册地标准和实际管理机构地标准相结合的办法来界定居民企业与非居民企业。而境外注册中资控股居民企业，指的是因实际管理机构在中国境内而被认定为中国居民企业的境外注册中资控股企业。

根据《国家税务总局关于境外注册中资控股企业依据实际管理机构标准认定为居民企业有关问题的通知》(国税发〔2009〕82号)的规定，实际管理机构的

---

① 《企业所得税法》第四十五条规定，由居民企业，或者由居民企业和中国居民控制的设立在实际税负明显低于规定税率水平的国家(地区)的企业，并非由于合理的经营需要而对利润不作分配或者减少分配的，上述利润中应归属于该居民企业的部分，应当计入该居民企业的当期收入。

② 《特别纳税调整实施办法(试行)》(国税发〔2009〕2号)第八十四条规定，中国居民企业股东能够提供资料证明其控制的外国企业满足以下条件之一的，可免于将外国企业不作分配或减少分配的利润视同股息分配额，计入中国居民企业股东的当期所得：设立在国家税务总局指定的非低税率国家(地区)，主要取得积极经营活动所得，年度利润总额低于500万元人民币。

认定，涉及4个核心要素（即生产经营、人员、财务、财产）和1个关键认定标准，即全面管理和控制。

根据《境外注册中资控股居民企业所得税管理办法（试行）》（国家税务总局公告2011年第45号），企业需要提供如下信息以证明实际管理机构是否在中国境内：企业法律身份证明文件，企业集团组织结构说明及生产经营概况，企业上一个纳税年度的公证会计师审计报告，负责企业生产经营等事项的高层管理机构履行职责场所的地址证明，企业上一年度及当年度董事及高层管理人员在中国境内居住的记录，企业上一年度及当年度重大事项的董事会决议及会议记录等。

（二）境外税收抵免问题

境外税收抵免实务中，一些企业在跨境并购后的运营中，由于种种原因，并没有足额享受到税收抵免政策，从而导致所得在境内外重复征税，提高了企业整体税负。根据我国企业所得税法相关规定，我国居民企业应就来源于全球所得纳税，这可能会导致跨境并购企业的同一笔所得在境内外重复征收企业所得税的情况。为解决上述问题，我国采用“抵免法”消除国际重复征税，即企业取得的境外所得直接缴纳和间接负担的境外企业所得税性质的税额，可从其当期应纳税额中抵免。

自2017年7月1日起，我国企业可以选择按“分国（地区）不分项”或者“不分国（地区）不分项”来计算其来源于境外的应纳税所得额，并按照有关规定分别计算其可抵免境外所得税税额和抵免限额；使用间接抵免的外国企业进行持股比例的计算时，企业在境外取得的股息所得，在按规定计算该企业境外股息所得的可抵免所得税额和抵免限额时，由该企业直接或者间接持有20%以上股份的外国企业，由之前确定的三层外国企业变为了五层外国企业。这一变化使得该计算变得更加复杂，因此企业应该及时掌握我国税法税收抵免相关的政策，尽可能足额享受税收抵免优惠。

此外，中国企业在计算汇总缴纳企业所得税时，要注意避免错误地使用境外亏损来抵减境内的盈利。因为根据税法的规定，境内分支机构之间的盈亏允许互抵，境外同一国家（地区）分支机构之间的盈亏允许互抵，境外不同国家（地区）分支机构之间的盈亏不得互抵，境内与境外分支机构之间的盈亏也不得互抵。境内与境外分支机构之间的盈亏不得互抵，是指境外营业机构的亏损不得抵减境内营业机构的盈利，但境外营业机构的盈利可以弥补境内营业机构的亏损。

申请税收抵免时，由于不同国家的税制和征管差异较大，企业需要及时准确地提供完税凭证。企业需要提供以下众多材料：

（1）与境外所得相关的完税证明或纳税凭证（原件或复印件）。

（2）不同类型的境外所得申报税收抵免还需分别提供：

①取得境外分支机构的营业利润所得，须提供境外分支机构会计报表；境外分支机构所得依照中国境内《企业所得税法》及其实施条例的规定计算的应纳税额的计算过程及说明资料；具有资质的机构出具的有关分支机构审计报告等。

②取得境外股息、红利所得需提供集团组织架构图；被投资公司章程复印件；境外企业有权决定利润分配的机构作出的决定书等。

③取得境外利息、租金、特许权使用费、转让财产等所得需提供依照中国境内《企业所得税法》及其实施条例规定计算的应纳税额的资料及计算过程；项目合同复印件等。

（三）中资企业海外并购问题

中资企业海外并购指的是中国企业通过收购或合并的方式，获得海外公司的所有权或控制权。这种行为可以帮助中国企业获得国际化的经营机会，拓展海外市场，提升企业的国际影响力。税务合规是海外并购过程中非常重要的一环，企业在控股架构设计、税务尽职调查以及跨境并购中介机构的选用方面需要考虑得更加周全。如果企业在这些方面没有做好充足的准备和谨慎的选择，则可能产生一系列税务风险，这些风险可能直接影响企业合法性、财务安全和经济效益，甚至可能导致企业面临罚款、资产冻结等严重后果。因此，企业需要充分理解海外并购涉及的税务法规、遵循当地合规要求、合理设计控股架构、充分做好尽职调查，并选择有经验、资质合法的中介机构，避免税务风险给企业造成不必要的损失和困扰。

1. 控股架构设计中的难点

控股架构的设计，可以分为直接控股和间接控股两种。这需要企业根据自身的经营战略，比较目标投资国（地区）与中国之间，以及目标投资国（地区）与中间控股公司所在国家（地区）之间、中国与中间控股公司所在国家（地区）之间的税收协定，来决定采用直接控股或间接控股的方式进行跨国并购。而如果企业选择采用间接控股的方式进行跨境并购，可以通过对比上述的国家（地区）当地的税法以及相关税收协定，选择中间控股公司的候选地。再结合这些候选地的政治、经济、法律与文化环境，如所在国（地区）与中国的政治友好度、社会稳定程度、经济发展水平、外汇管制要求、设立与经营成本、文化背景等方面，选择出一个最适合作为中间控股公司所在地的国家（地区）。

直接控股是指位于中国的公司直接控制位于境外的目标公司。该形式的优点是架构简单，省去了要到境外设立和经营公司的各种成本，但缺点是如果中国与目标公司所在国（地区）没有双边税收协定优惠，会导致海外公司后期利润汇回时需要缴纳较高的预提所得税。

间接控股是指中国公司利用在境外建立的中间控股公司来控制目标公司。间接控股的优势较多，主要体现在可以通过合理利用中国、目标投资国（地区）、中间控股公司所在国家（地区）之间的税收协定优惠，来降低整体税负水平。此外，公司可以利用中间控股公司作为资金池，将利润留存在境外进行更多投资，且如果所在国（地区）没有外汇管制，更可以提高资金使用效率，便于未来资本运作。

中国公司设立海外中间控股公司，不仅应考虑可以借此获得的税收收益，还应结合公司自身的经营战略和投资计划，增加中间控股公司的商业实质。公司在设立海外中间控股公司时，应该注意避免激进的避税筹划，增加中间控股公司的商业实质，以免被税务机关认定为仅为避税目的而设立控股架构，从而无法享受税收优惠。

2. 税务尽职调查不充分

（1）目标企业历史经营期税务风险

我国企业在正式启动进行跨境并购前，需要考虑跨境并购与境内并购的差异。由于我国企业在跨境并购时多采取股权收购的方式，在并购后需要承担目标公司并购前的历史遗留税务问题，因此必须对跨境并购的目标企业进行详细的税务尽职调查。目标企业为了促成并购交易达成，有意或无意隐瞒并购前的涉税交易事项、涉税风险或其他财务问题等，造成了我国企业在跨境并购交易中的信息不对称。企业在进行跨境并购时，如果没有进行税务尽职调查，或者税务尽职调查不充分，都有可能导致潜在的涉税风险。

中国企业在跨境并购的税务尽职调查中，一方面可以查阅目标企业的税务资料，另一方面可以采用访谈的形式，与目标公司的管理层、税务人员和中介顾问沟通，从而收集有关目标公司的涉税信息，如应计未计、应缴未缴的税款和其他税务风险点。

（2）税务尽职调查缺乏整体考量

许多中国企业在跨境并购时意识到了要进行历史经营期税务风险调查，但由于一些境外并购项目体量庞大，时间跨度长，需要持续关注目标企业的涉税风险问题。

通常中国企业在进行并购相关的纳税尽职调查时，目标企业仍在运营，在并购期间会产生大量的涉税问题。特别是并购周期较长的项目，企业往往会忽略并购开始到并购完成的这段时期，导致新的涉税风险。

此外，企业在进行跨境并购时，存在只重视企业所得税而忽视其他税种的问题。在进行税务尽职调查时，应当全方位考虑目标公司的税务问题，包括考虑在并购过程中可能发生的税费。企业应全面了解目标公司所在国（地区）的税种，并确认是否存在当地或某些行业特有的税种，以及这些税种在当地的税率。如果企业在并购前不能准确了解这些情况，在并购成本测算时就有可能产生较大偏差。

3. 跨境并购中介的职业能力和操守风险

选择合适的中介机构是中国企业进行海外并购前需要考虑的重要问题。

企业需要选择专业能力与要进行的跨境并购项目相匹配的中介机构来作为财税顾问。跨境并购需要中介机构在短时间内协助企业完成对目标企业涉税风险的排查、并购中架构的设计、并购后的企业涉税事项安排。中介机构如果能在目标企业所在地具有当地专家资源，则更有利于协助企业掌握当地的并购相关政策，也便于与政府部门的沟通，减少可能发生的摩擦。

具有丰富跨境并购经验的中介机构相对较少，且企业更需要寻找职业操守较好的中介机构。由于中介机构的收费模式往往是需要项目交易成功才可以获得全部收费，或者收费与交易金额相关联，因此中介机构希望能够促成并购交易的达成。在处理并购中的涉税问题时，中介机构可能会夸大自己的能力，例如可以取得某些税收优惠、处理某些涉税风险，吸引企业聘用自己，增加了我国企业在进行跨境并购时的税务风险。

4. 融资架构设计的风险

中国企业在进行跨境并购时，通过控股架构的筹划可以降低境外子公司向境内母公司进行股息分配以及将来股权退出时的整体税负。而在筹划融资架构时，相比于股权投资，国内企业更倾向于通过债权方式进行投资，此时需考虑各国的资本弱化条款以及利息支付相关条款与公司资金管理需要，合理设计融资架构。

企业往往希望将利息费用在高税率国家抵扣，将利息收入在低税率国家纳税，试图通过向第三方或关联方支付利息达到收益分配和利润转移的效果。但各国税法对可以税前扣除的利息费用性质、可抵扣限额以及跨境支付预提所得税的规定不尽相同。从而为企业搭建海外融资架构增加了遵从风险。需要结合跨国公司整体税收筹划计划进行合理安排。

三、风险示例

【示例情况】

某中国股东在新加坡设立投资贸易公司，投资架构如图 7－3 所示，以新加坡为控股平台协定网络见表 7－1。

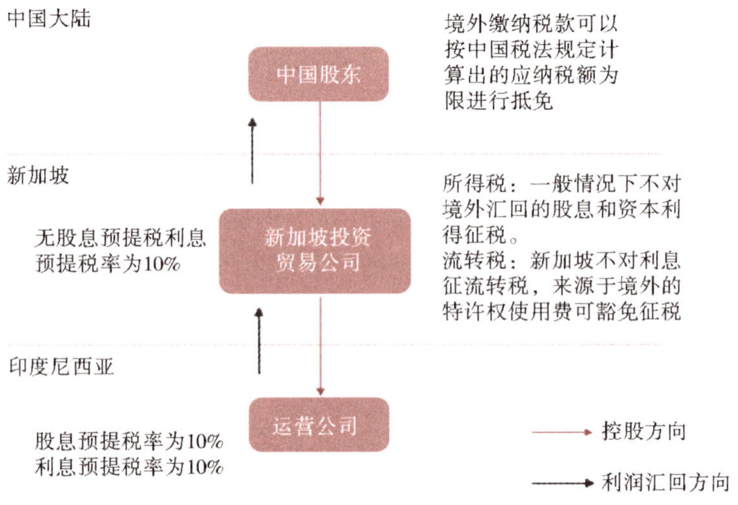

图 7－3　投资架构

表 7－1　以新加坡为控股平台协定网络

双边税收协定缔约国	协定税率（%）		
	股息	利息	特许权使用费
新加坡→中国大陆	0（注1）	7/10（注2）	10
利润汇往控股平台			
印度尼西亚→新加坡	10/15（注3）	0（注4）/10	15

注 1：新加坡居民公司支付给中国居民的股息，如果收款人是股息受益所有人，在新加坡除对公司利润或所得应征收的税收以外，应对股息免征任何税收。

注 2：新加坡向中国大陆支付利息预提税如下。

①对银行或金融机构取得的利息，为利息总额的 7%；

②在所有其他情况下，为利息总额的 10%。

注 3：超过 25% 的新加坡公司支付股息，适用预提税率为 10%（如果持股比例不超过 25% 则适用税率为 15%）。但印度尼西亚反滥用税收协定法规对享受协定待遇提出了一些程序上的要求（例如提供符合要求的 DGT－1 表格）。

注 4：以下情况下，印度尼西亚不对向新加坡支付的利息征收预提税如下。

①由政府或其他地方机关发行的债权或其他债务；

②由印度尼西亚中央银行或其他指定机构提供担保的贷款或信用展期。

【法理分析】

第一，及时跟踪税法政策及实操动态，及时确认所得及抵免年度等。根据《财政部　税务总局关于完善企业境外所得税收抵免政策问题的通知》（财税〔2017〕84 号）的相关规定，允许取得境外所得的企业选择“分国抵免法”（即“分国不分项”）或者“综合抵免法”（即“不分国不分项”），计算来源于境外的应纳税所得额，并按照规定的税率，分别计算其可抵免境外所得税额和抵免限额。

第二，积极获取并妥善保存与境外所得相关的证据资料。在申请税收抵免时，企业须向主管税务机关提交与境外所得相关的完税证明或纳税凭证、项目合同复印件、被投资公司章程复印件等资料。企业应考虑在合同订立阶段即约定对方有义务协助取得完税证明或纳税凭证，并在项目实施过程中以及在境外完税后及时申请获得完税证明及分割单等。

【税务处理】

中国居民企业来源于中国境外的应税所得已在境外缴纳的所得税税额，可以从其当期应纳税额中抵免，抵免限额为该项所得依照中国企业所得税法规定计算的应纳税额。

建议企业及时掌握抵免相关税收规定，及时按规定确认境外所得的实现年度及其税额抵免年度，及时准备相关资料，及时申报境外所得，尽可能充分地享受抵免政策，避免双重纳税。

第四节　反避税遵从

伴随着企业和个人跨境活动增加，与跨境纳税人和跨境所得项联系的国际避税与国际反避税，成为国际税收领域的一个重要问题。国际避税的主要形式包括利用转让定价转移利润、利用避税地规避纳税义务、滥用国际税收协定、利用混合错配安排避税等。近年来，我国建立起“管理、服务、调查”三位一体的反避税防控体系，并步入“管理前置、服务优化、调查精准”的科学规范新阶段。本节主要从关联关系判定、国别报告申报、同期资料准备、预约定价安排和转让定价对反避税遵从要点、难点进行解析。

一、遵从要点

（一）关联关系判定

判定关联关系，是反避税的起点。

根据《企业所得税法》第四十一条规定，企业与其关联方之间的业务往来，不符合独立交易原则而减少企业或者其关联方应纳税收入或者所得额的，税务机关有权按照合理方法调整。《企业所得税法实施条例》第一百零九条规定："企业所得税法第四十一条所称关联方，是指与企业有下列关联关系之一的企业、其他组织或者个人：（一）在资金、经营、购销等方面存在直接或者间接的控制关系；（二）直接或者间接地同为第三者控制；（三）在利益上具有相关联的其他关系。"

企业与其他企业、组织或者个人具有下列关系之一的，构成"关联关系"，并需要按照42号公告的规定，就其与关联方之间的业务往来进行关联申报。

1. 一方直接或者间接持有另一方的股份总和达到25%以上，双方直接或者间接同为第三方所持有的股份达到25%以上。

如果一方通过中间方对另一方间接持有股份，只要其对中间方持股比例达到25%以上，则其对另一方的持股比例按照中间方对另一方的持股比例计算。

两个以上具有夫妻、直系血亲、兄弟姐妹以及其他抚养、赡养关系的自然人共同持股同一企业，在判定关联关系时持股比例合并计算。

2. 双方存在持股关系或者同为第三方持股，虽持股比例未达到第1项规定，但双方之间借贷资金总额占任一方实收资本比例达到50%以上，或者一方全部借贷资金总额的10%以上由另一方担保（与独立金融机构之间的借贷或者担保除外）。

$$\begin{matrix}\text{借贷资金总额}\\\text{占实收资本比例}\end{matrix}=\begin{matrix}\text{年度加权平}\\\text{均借贷资金}\end{matrix}\div\begin{matrix}\text{年度加权平}\\\text{均实收资本}\end{matrix}$$

其中：

$$\begin{matrix}\text{年度加权平}\\\text{均借贷资金}\end{matrix}=\begin{matrix}i\text{ 笔借入或者}\\\text{贷出资金账面金额}\end{matrix}\times\begin{matrix}i\text{ 笔借入或者贷出资金}\\\text{年度实际占用天数}\end{matrix}\div 365$$

$$\begin{matrix}\text{年度加权平}\\\text{均实收资本}\end{matrix}=\begin{matrix}i\text{ 笔实收资本}\\\text{账面金额}\end{matrix}\times\begin{matrix}i\text{ 笔实收资本年度}\\\text{实际占用天数}\end{matrix}\div 365$$

3. 双方存在持股关系或者同为第三方持股，虽持股比例未达到第1项规定，但一方的生产经营活动必须由另一方提供专利权、非专利技术、商标权、著作权等特许权才能正常进行。

4. 双方存在持股关系或者同为第三方持股，虽持股比例未达到第 1 项规定，但一方的购买、销售、接受劳务、提供劳务等经营活动由另一方控制。

其中，控制是指一方有权决定另一方的财务和经营政策，并能据以从另一方的经营活动中获取利益。

5. 一方半数以上董事或者半数以上高级管理人员（包括上市公司董事会秘书、经理、副经理、财务负责人和公司章程规定的其他人员）由另一方任命或者委派，或者同时担任另一方的董事或者高级管理人员；或者双方各自半数以上董事或者半数以上高级管理人员同为第三方任命或者委派。

6. 具有夫妻、直系血亲、兄弟姐妹以及其他抚养、赡养关系的两个自然人分别与双方具有以上第 1 项至第 5 项关系之一。

7. 双方在实质上具有其他共同利益。

除第 2 项规定外，上述关联关系年度内发生变化的，关联关系按照实际存续期间认定。

仅因国家持股或者由国有资产管理部门委派董事、高级管理人员而存在以上第 1 项至第 5 项关系的，不构成关联关系。

（二）填报国别报告

国别报告主要披露最终控股企业所属跨国企业集团所有成员实体的全球所得、税收和业务活动的国别分布情况。根据 42 号公告规定，符合一定条件的跨国集团企业应该向税务机关报告国别报告。

1. 根据 42 号公告，存在下列情形之一的居民企业，应当在报送年度关联业务往来报告表时，填报国别报告：

（1）该居民企业为跨国企业集团的最终控股企业，且其上一会计年度合并财务报表中的各类收入金额合计超过 55 亿元。

最终控股企业是指能够合并其所属跨国企业集团所有成员实体财务报表，且不能被其他企业纳入合并财务报表的企业。

成员实体应当包括：

①实际已被纳入跨国企业集团合并财务报表的任一实体；

②跨国企业集团持有该实体股权且按公开证券市场交易要求应被纳入但实际未被纳入跨国企业集团合并财务报表的任一实体；

③仅由于业务规模或者重要性程度而未被纳入跨国企业集团合并财务报表的任一实体；

④独立核算并编制财务报表的常设机构。

（2）该居民企业被跨国企业集团指定为国别报告的报送企业。

国别报告主要披露最终控股企业所属跨国企业集团所有成员实体的全球所得、税收和业务活动的国别分布情况。

2. 最终控股企业为中国居民企业的跨国企业集团，其信息涉及国家安全的，可以按照国家有关规定，豁免填报部分或者全部国别报告。

3. 税务机关可以按照我国对外签订的协定、协议或者安排实施国别报告的信息交换。

4. 企业虽不属于上述第 1 项规定填报国别报告的范围，但其所属跨国企业集团按照其他国家有关规定应当准备国别报告，且符合下列条件之一的，税务机关可以在实施特别纳税调查时要求企业提供国别报告：

（1）跨国企业集团未向任何国家提供国别报告。

（2）虽然跨国企业集团已向其他国家提供国别报告，但我国与该国尚未建立国别报告信息交换机制。

（3）虽然跨国企业集团已向其他国家提供国别报告，且我国与该国已建立国别报告信息交换机制，但国别报告实际未成功交换至我国。

（三）准备同期资料

同期资料又称同期文档、同期证明文件，是指根据各国和地区的相关税法规定，纳税人对于关联交易发生时准备、保存、提供的转让定价相关资料或证明文件。

企业向税务机关报送年度企业所得税纳税申报表时，应当依据《企业所得税法实施条例》第一百一十四条的规定，按纳税年度准备并按税务机关要求提供其关联交易的同期资料。

同期资料包括主体文档、本地文档和特殊事项文档。

主体文档主要披露最终控股企业所属集团的全球业务整体情况，包括组织架构、企业集团业务、无形资产、融资活动、财务与税务情况。

本地文档主要披露企业关联交易的详细信息，包括企业概况、关联关系、关联交易、可比性分析、转让定价方法的选择和使用。

特殊事项文档包括成本分摊协议特殊事项文档和资本弱化特殊事项文档。

（四）转让定价

转让定价是特别纳税调整的核心内容之一。转让定价一般是指关联方之间在销售货物、提供劳务、转让无形资产等时制定的价格。根据《企业所得税法》第四十一条规定，企业与其关联方之间的业务往来，不符合独立交易原则而减少企业或者其关联方应纳税收入或者所得额的，税务机关有权按照合理方法调整。

《企业所得税法实施条例》明确了上述条款中关联方、独立交易原则两个关键概念的定义。关联方，是指与企业有下列关联关系之一的企业、其他组织或者个人：一是在资金、经营、购销等方面存在直接或者间接的控制关系；二是直接或者间接地同为第三者控制；三是在利益上具有相关联的其他关系。独立交易原则，是指没有关联关系的交易各方，按照公平成交价格和营业常规进行业务往来遵循的原则。而上述条款中的合理方法包括：一是可比非受控价格法，是指按照没有关联关系的交易各方进行相同或者类似业务往来的价格进行定价的方法；二是再销售价格法，是指按照从关联方购进商品再销售给没有关联关系的交易方的价格，减除相同或者类似业务的销售毛利进行定价的方法；三是成本加成法，是指按照成本加合理的费用和利润进行定价的方法；四是交易净利润法，是指按照没有关联关系的交易各方进行相同或者类似业务往来取得的净利润水平确定利润的方法；五是利润分割法，是指将企业与其关联方的合并利润或者亏损在各方之间采用合理标准进行分配的方法；六是其他符合独立交易原则的方法。

（五）预约定价安排

预约定价安排，是指企业就其未来年度关联交易的定价原则和计算方法，向税务机关提出申请，与税务机关按照独立交易原则协商、确认后达成的协议。根据《企业所得税法》第四十二条规定，企业可以向税务机关提出与其关联方之间业务往来的定价原则和计算方法，税务机关与企业协商、确认后，达成预约定价安排。

根据《国家税务总局关于完善预约定价安排管理有关事项的公告》（国家税务总局公告2016年第64号，以下简称64号公告），预约定价安排的谈签与执行包括预备会谈、谈签意向、分析评估、正式申请、协商签署和监控执行6个阶段：

1. 预备会谈。企业有谈签预约定价安排意向的，应当向税务机关书面提出预备会谈申请。税务机关可以与企业开展预备会谈。

2. 谈签意向。税务机关和企业在预备会谈期间达成一致意见的，主管税务机关向企业送达同意其提交谈签意向的《税务事项通知书》。企业收到《税务事项通知书》后向税务机关提出谈签意向。

3. 分析评估。企业提交谈签意向后，税务机关应当分析预约定价安排申请草案内容，评估其是否符合独立交易原则。根据分析评估的具体情况可以要求企业补充提供有关资料。

4. 正式申请。税务机关认为预约定价安排申请草案符合独立交易原则的，主管税务机关向企业送达同意其提交正式申请的《税务事项通知书》，企业收到通知后，可以向税务机关提交《预约定价安排正式申请书》，并附送预约定价安排正式申请报告。

5. 协商签署。税务机关应当在分析评估的基础上形成协商方案，并据此开展协商工作。预约定价安排文本达成一致后，进行预约定价安排的签署。

6. 监控执行。税务机关后续应当监控预约定价安排的执行情况。

64 号公告是对预约定价安排管理的一般性规定，而《国家税务总局关于单边预约定价安排适用简易程序有关事项的公告》（国家税务总局公告 2021 年第 24 号，以下简称 24 号公告）是对符合一定条件的企业申请单边预约定价安排，在适用程序上的特殊规定。根据 24 号公告，企业按照 64 号公告的有关规定申请单边预约定价安排，符合 24 号公告要求的，可以适用简易程序。简易程序包括申请评估、协商签署和监控执行 3 个阶段：

1. 申请评估。企业应当向主管税务机关提出适用简易程序的申请，主管税务机关分析评估后，决定是否受理。

2. 协商签署。主管税务机关受理企业申请后，应当与企业就其关联交易是否符合独立交易原则进行协商。主管税务机关与企业协商一致的，应当拟定单边预约定价安排文本。双方的法定代表人或法定代表人授权的代表签署单边预约定价安排。

3. 监控执行。税务机关后续应当按照 64 号公告的要求，做好单边预约定价安排的监控执行工作。

二、难点解析

（一）关联申报问题

转让定价是针对关联交易的内部定价机制，做好转让定价税收遵从的第一步是准确识别关联关系。42 号公告列举了以下 7 种关联关系类型：

1. 股权关联关系

股权关联关系是从投资角度判断，即双方的持股比例只要达到股权控制的要求（“25% 以上”），就会被判定为关联关系。

股权关联关系判定需要注意以下两点：

（1）个人亲属关系持股需要合并计算。两个以上具有夫妻、直系血亲、兄弟姐妹以及其他抚养、赡养关系的自然人共同持股同一企业，判定关联关系时持股比例合并计算。

（2）“以上”包含了本数。根据全国人大法制委员会 2009 年发布的《立法技术规范（试行）（一）》第 24 条规定：规范年龄、期限、尺度、重量等数量关系，“以上、以下、以内”均含本数，“不满、超过”均不含本数。

2. 借贷资金关联关系

借贷资金关联关系是从融资和担保角度判断，即双方的持股比例虽然未达到股权控制的要求，但双方如果在借贷资金规模或借贷担保规模上达到一定比例（50% 以上或 10% 以上），也会被判定为关联关系。

借贷资金关联关系需要注意以下两点：

（1）强调首先要有持股关系，即双方如果不存在投资关系，即使一方需依赖资金借贷关系才能正常进行生产经营，借贷和担保业务达到一定比例，也不能判定为关联关系。

（2）明确了借贷资金总额占实收资本比例的计算方法：借贷资金规模的计算标准以年度为单位；针对每个交易方计算；借入、借出合并计算。详细分析可参考本节第三部分风险示例中“转让定价案例”的情形（四）。

3. 特许权关联关系

特许权关联关系是从生产经营活动角度判断，即双方的持股关系虽然未达到股权控制的要求，但实践中只要一方的主要生产经营活动是需要另一方提供的特许权（专利权、非专利技术、商标权、著作权等）才能正常进行的，就可以认定双方具有关联关系。

特许权关联关系强调首先要有持股关系，如果双方为彼此不存在持股关系的独立企业，即使一方依赖另一方的特许权才能正常经营，也不属于具有关联关系的情形。持股关系规定能有效防止人为扩大关联关系的范围。

4. 购销及劳务关联关系

购销及劳务关联关系是从财务和经营决策角度判断，即双方的持股关系虽然未达到股权控制的要求，但一方的经营活动（购买、销售、接受劳务、提供劳务等）由另一方控制，也会判定为关联关系。

购销及劳务关联关系需要注意以下两点：

（1）强调首先要有持股关系，需要以双方存在持股关系或者同为第三方持股作为前提条件。

（2）增加了对“控制”的解释。该解释基本与《企业会计准则第 36 号——关联方披露》的规定表述一致。《企业会计准则第 36 号——关联方披露》第三条第二款规定："控制，是指有权决定一个企业的财务和经营政策，并能据以从该企业的经营活动中获取利益。"因此，控制包含两层需要具备的要件：一是一方对另一方的财务和经营策略有决定权，比如交易条件、交易定价原则等；二是一方通过决定另一方的购买、销售、劳务等经营活动，而从该经营活动中获得现在或未来的经济利益。只有同时符合这两个要件才能认定双方构成关联关系。

5. 任命或委派关联关系

任命或委派关联关系是从管理角度判断，即双方不需要有持股关系，只要董事、高管任命或者委派存在"管理"控制，也会被判定为关联关系。

任命或委派关联关系需要注意以下两点：

（1）对高级管理人员的范围进行了提示性列举。高级管理人员的范围口径依据《中华人民共和国公司法》（以下简称《公司法》）进行明确。依据《公司法》第二百一十六条第（一）项的规定，高级管理人员是指公司的经理、副经理、财务负责人，上市公司董事会秘书和公司章程规定的其他人员。

（2）修改董事会成员控制条款，明确了"半数以上"的标准。明确需要半数以上董事或高管由另一方或同为第三方任命或者委派，才能判定为关联关系。具体包括三种情形，详细分析可参考本节第三部分风险示例中"转让定价案例"的情形（六）。

6. 亲属关联关系

亲属关联关系是从"个人"角度判断，即个人也可以作为关联关系的认定主体。两个具有特定关系的自然人（包括夫妻、直系血亲、兄弟姐妹以及其他抚养、赡养关系）分别与待判定是否构成关联关系的双方构成关联关系（包括因持股关系、资金借贷关系、生产经营需依赖特定特许权交易、控制关系以及董事或高级管理人员的任职等原因构成关联关系）的，待判定的双方也构成关联关系。例如，丈夫与A公司构成关联关系，妻子与B公司构成关联关系，则A公司和B公司构成关联关系。

7. 实质关联关系

实质关联关系是兜底条款，即双方如果在上述持股、借贷、担保、经营、管理、控制上没有达到规定的标准要求，但存在重要的共同利益，就可以认定为具有关联关系。至于什么是其他共同利益，什么情况下才算具有共同利益，需要根据具体情况谨慎使用，不能滥用。

8. 豁免情形

关联关系判定存在一种豁免情形，即国家持股或委派董事及高管不构成关联关系。该豁免参考了《企业会计准则第36号——关联方披露》第六条“仅仅同受国家控制而不存在其他关联方关系的企业，不构成关联方”的规定。

综上，关联关系判定可参考图7－4。

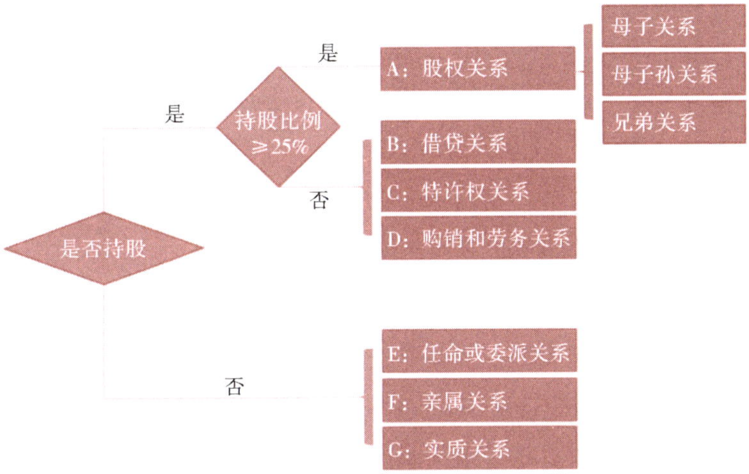

图7－4　关联关系判定流程

注：以上内容根据42号公告整理。

（二）国别报告问题

做好国别报告的税收遵从，应该重点把握以下几个问题：

1. 报送主体

一般来说，上一会计年度合并财务报表中的收入金额合计超过55亿元人民币，且最终控股企业为中国居民企业的跨国企业集团，应该由其最终控股企业向中国税务机关申报国别报告。需要注意的是，跨国企业集团的最终控股企业不是中国居民企业的情况下，如果跨国企业集团指定其在中国的成员企业为报送企业时，也可向中国税务机关申报国别报告。

报送主体判定需要注意以下几点：

（1）是否达到55亿元人民币报送门槛，应该根据最终控股企业国别报告填报属期上一会计年度的合并收入进行判断。例如，当集团 X 年的各类收入合计超过55亿元人民币时，应在 $X+2$ 年填报 $X+1$ 年度的国别报告。

（2）最终控股企业，是指集团合并财务报表最顶层母公司。需要注意的是，对于一家企业而言，最终控股企业可能并非只有一个。例如，两家公司各按50%比例出资设立一个新公司，根据会计准则的规定，两家公司均为控股企业。

（3）填报提交国别报告的特殊情形。

①税务机关要求提供国别报告的情形。当企业在接受主管税务机关特别纳税调查时，即使企业不是最终控股企业，也不是被集团指定报送的企业，只要属于所属跨国企业集团按照其他国家有关规定应当准备国别报告，但我国信息交换未成功的，也可能被税务机关要求提供国别报告。

②豁免填报国别报告的情形。如果企业国别报告涉密，信息涉及国家安全，可以按照国家有关规定豁免填报部分或者全部国别报告。

2. 主要内容

国别报告的主要内容包括集团所有成员实体的全球所得、纳税和业务活动的国别分布情况。进行内容填报时需要注意以下几点：

（1）成员实体的确定。确定成员实体是填报国别报告的重要前提，符合国别报告成员实体定义的有四大类：一是已被纳入跨国企业集团合并财务报表的任一实体；二是虽未被纳入跨国企业集团合并财务报表，但跨国企业集团持有该实体股权，且按公开证券市场交易要求应被纳入合并财务报表的任一实体；三是仅由于业务规模或者重要性程度而未被纳入跨国企业集团合并财务报表的任一实体；四是独立核算并编制财务报表的常设机构。

（2）填报语言问题。国别报告应当以中、英文两种语言分别进行填报。如果部分成员实体既无中文名称，也无英文名称，企业应当自行进行翻译，并在《国别报告——附加说明表》中进行说明。

（3）会计准则适用问题。国别报告所填数据可以来源于各成员实体依据所在地会计准则编制的财务报表，也可来源于各成员实体依据国际财务报告准则编制的财务报表，但应当在《国别报告——附加说明表》说明编制数据所使用的会计准则，且无特殊原因不得更改。对于因国家（地区）间的会计准则不同导致数据存在差异的情况，无须进行调整。

（4）本位币不一致问题。采用各成员实体的法定财务报表数据进行披露时，如果记账本位币与最终控股企业不一致，应当按照填报数据所属年度平均汇率折算成最终控股企业使用的货币单位，并在《国别报告——附加说明表》中进行说明。

（5）成员实体会计截止日期不一致问题。国别报告应当涵盖最终控股企业的完整会计年度。成员实体与最终控股企业会计年度截止日期不一致的，成员实体信息披露期间可以采用以下方式之一：一是使用成员实体的会计年度，即成员实体会计年度截止日期在最终控股企业会计年度截止日期前 12 个月内的会计年度；二是使用最终控股企业会计年度。上述方法一经确定，无特殊情况不得修改。

（三）同期资料问题

做好同期资料的税收遵从，应该重点把握以下几点：

1. 同期资料准备条件

同期资料分为三种文档：主体文档、本地文档和特殊事项文档。如表 7－2 所示，每种文档分别设定了准备条件，企业只要满足其中一种文档的准备条件就需要准备该种同期资料，因此存在企业需要准备一种或多种文档的可能性。

表 7－2　　同期资料具体内容

文档类别	主体文档	本地文档	特殊事项文档
报送或准备门槛	（1）年度发生跨境关联交易，且合并该企业财务报表的最终控股企业所属企业集团已准备主体文档。 （2）年度关联交易总额超过 10 亿元	（1）有形资产所有权转让金额（来料加工业务按照年度进出口报关价格计算）超过 2 亿元。 （2）金融资产转让金额超过 1 亿元。 （3）无形资产所有权转让金额超过 1 亿元。 （4）其他关联交易金额合计超过 4 000 万元	（1）特殊事项文档包括成本分摊协议特殊事项文档和资本弱化特殊事项文档。 （2）企业签订或者执行成本分摊协议的，应当准备成本分摊协议特殊事项文档。 （3）企业关联债资比例超过标准比例需要说明符合独立交易原则的，应当准备资本弱化特殊事项文档
特殊说明	（1）结合豁免条款，主体文档只针对年度内发生跨境关联交易的企业。 （2）只要企业有跨境关联交易，应自行了解合并其财务报表的最终控股企业集团是否已经准备主体文档，如果准备了翻译成中文，并按照中国主体文档要求补充部分内容	（1）有形资产和无形资产转让标准中强调的是所有权，因此如果是使用权则应属于其他关联交易。 （2）金融资产转让金额应包括关联股权转让金额，如果关联股权转让金额超过 1 亿元也需要准备本地文档。 （3）关联融通资金按利息收付金额计算。 （4）只要满足其中一个条件则需要准备本地文档，本地文档应当披露全部关联交易的内容	仅与境内关联方发生关联交易的，可以不准备特殊事项文档，如果企业与境内关联方借贷，债资比超过 2∶1 或 5∶1，且向低税负境内关联方支付利息，也免于准备特殊事项文档，但并非免于特别纳税调整。税务机关在风险分析时，可以要求企业提供资料说明其符合独立交易原则
		企业执行预约定价安排的，可以不准备预约定价安排涉及关联交易的本地文档和特殊事项文档，且关联交易金额不计入本地文档准备门槛的关联交易金额范围	
	企业仅与境内关联方发生关联交易的，可以不准备主体文档，本地文档和特殊事项文档		

注：以上内容根据 42 号公告整理。

2. 同期资料相关时限

42 号公告规定了同期资料的准备时限。企业应该按照表 7－3 的要求，对同期资料进行准备、保存与提供。

表 7－3 同期资料准备时限

文档类别	主体文档	本地文档	特殊事项文档
准备时限	企业集团最终控股企业会计年度终了之日起 12 个月	次年 6 月 30 日	
提交时限	自要求之日起 30 日		
保存时限	10 年，发生重大重组等事项后由合并、分立后的企业继续		

注：以上内容根据 42 号公告整理。

3. 同期资料合规性遵从风险

企业如果未按规定准备、保存和提供同期资料，将面临相应的合规性遵从风险，风险类型可能包括：

（1）对未保存同期资料或其他相关资料的，依照《税收征收管理法》第六十条和第六十二条规定处理，将可能受到罚款处罚；对拒绝提供同期资料等关联交易的相关资料，或者提供虚假、不完整资料，未能真实反映其关联业务往来情况的，依照《税收征收管理法》第七十条、《税收征收管理法实施细则》第九十六条、《企业所得税法》第四十四条、《企业所得税法实施条例》第一百一十五条规定处理，将可能受到罚款、核定应纳税所得额等处罚。

（2）企业未按规定准备、保存和提供有关成本分摊协议的同期资料的，其自行分摊的成本不得在企业所得税税前扣除。

（3）企业未按规定准备、保存和提供同期资料证明关联债权投资金额、利率、期限、融资条件以及债资比例等符合独立交易原则的，其超过标准比例的关联方利息支出，不得在计算应纳税所得额时扣除。

（4）企业未按规定准备、保存和提供同期资料的，税务机关可以拒绝企业提交谈签预约定价安排的意向。

（5）税务机关对企业作出特别纳税调整，企业免于准备同期资料，但经税务机关调查，其实际关联交易额达到必须准备同期资料标准的，税务机关对补征税款加收利息，利息率按照税款所属纳税年度 12 月 31 日实行的与补税期间同期的中国人民银行人民币贷款基准利率加 5 个百分点计算。

（四）转让定价问题

转让定价问题主要体现在五类交易中，包括有形资产使用权或者所有权的转让、金融资产的转让、无形资产使用权或者所有权的转让、资金融通以及劳务交易。首先，处理这些交易遵循的根本原则是独立交易原则，该原则也是国际性的转让定价准则，《企业所得税法实施条例》第一百一十条对该原则做了定义：独立交易原则是指没有关联关系的交易各方，按照公平成交价格和营业常规进行业务往来所遵循的原则。其次，税务机关实施转让定价调查时，会遵循独立交易原则进行可比性分析，一般包括分析交易资产或者劳务特性，交易各方执行的功能、承担的风险和使用的资产，合同条款，经济环境以及经营策略五方面内容。最后，税务机关在可比性分析的基础上，会选择合理的转让定价方法，对企业关联交易进行分析评估。转让定价方法包括可比非受控价格法、再销售价格法、成本加成法、交易净利润法、利润分割法及其他符合独立交易原则的方法。

虽然分析该五类交易的思路大同小异，但分析难度和关注重点却差别较大。以下将重点针对实务中出现频率较高，难点疑点较多的无形资产使用权或者所有权的转让以及劳务交易两类交易进行解析。

1. 无形资产使用权的转让问题

无形资产是指企业拥有或控制以便在商业活动中使用的没有实物形态的非金融资产，独立企业间在可比情形下对该资产的使用或转让会支付对价。在考量涉及无形资产使用权的转让交易时，需要重点关注以下三方面问题：

一是如何判定企业及其关联方对无形资产价值的贡献及其收益相匹配。根据《特别纳税调查调整及相互协商程序管理办法》（国家税务总局公告 2017 年第 6 号，以下简称 6 号公告）第三十条，判定企业及其关联方对无形资产价值的贡献程度及相应的收益分配时，应当全面分析企业所属企业集团的全球营运流程，充分考虑各方在无形资产开发、价值提升、维护、保护、应用和推广中的价值贡献，无形资产价值的实现方式，无形资产与集团内其他业务的功能、风险和资产的相互作用。

对于企业仅拥有无形资产所有权而未对无形资产价值作出贡献的，不应当参与无形资产收益分配。无形资产形成和使用过程中，仅提供资金而未实际执行相关功能和承担相应风险的，应当仅获得合理的资金成本回报。

二是在何种情形下应对企业与其关联方转让或者受让无形资产使用权而收取或者支付的特许权使用费进行适时调整。根据 6 号公告第三十一条，企业与其关联方转让或者受让无形资产使用权而收取或者支付的特许权使用费，应当根据下列情形适时调整，未适时调整的，税务机关可以实施特别纳税调整：

（1）无形资产价值发生根本性变化；

（2）按照营业常规，非关联方之间的可比交易应当存在特许权使用费调整机制；

（3）无形资产使用过程中，企业及其关联方执行的功能、承担的风险或者使用的资产发生变化；

（4）企业及其关联方对无形资产进行后续开发、价值提升、维护、保护、应用和推广作出贡献而未得到合理补偿。

三是如何确定符合独立交易原则的特许权使用费。根据6号公告第三十二条，企业与其关联方转让或者受让无形资产使用权而收取或者支付的特许权使用费，应当与无形资产为企业或者其关联方带来的经济利益相匹配。与经济利益不匹配而减少企业或者其关联方应纳税收入或者所得额的，税务机关可以实施特别纳税调整。未带来经济利益，且不符合独立交易原则的，税务机关可以按照已税前扣除的金额全额实施特别纳税调整。

企业向仅拥有无形资产所有权而未对其价值创造作出贡献的关联方支付特许权使用费，不符合独立交易原则的，税务机关可以按照已税前扣除的金额全额实施特别纳税调整。

2. 劳务交易问题

几乎每个跨国企业集团都需要为其成员提供多种多样的劳务，尤其是行政、技术、财务及商务等，提供这些劳务的成本最初可能是由母公司、特别指定的一个或多个集团成员（集团劳务中心）或者其他集团成员承担。当一个独立企业需要某项劳务时，它可以向专业从事此类劳务的供应商购买，也可以选择自行开展此项劳务（如内部劳务）。

6号公告对于劳务交易的转让定价问题进行了明确，企业与其关联方发生劳务交易支付或者收取价款不符合独立交易原则而减少企业或者其关联方应纳税收入或者所得额的，税务机关可以实施特别纳税调整。符合独立交易原则的关联劳务交易应当是受益性劳务交易，并且按照非关联方在相同或者类似情形下的营业常规和公平成交价格进行定价。因此，当分析关联劳务交易的转让定价问题时，需要重点关注两个问题，一是受益性劳务交易的判定问题，二是关联劳务交易的定价问题。

（1）受益性劳务交易的判定问题。

按照独立交易原则，当集团内一个成员为一个或多个其他成员提供一项劳务时，判断其是否为受益性劳务交易应重点关注该行为是否为集团内成员带来经济或商业价值以提升或维持商业地位。这可以通过如下方式确定：独立企业在可比的环境下是否愿意为另一独立企业提供的该项行为支付费用，或由自身内部部门来开展这项行为。如果独立企业不愿意为这项行为支付费用，也不愿意自我开展这项行为，按照独立交易原则，这项活动通常就不具备受益性。

6 号公告通过正反两个方面对于受益性劳务进行规定，第三十四条对受益性劳务做了定义：受益性劳务是指能够为劳务接受方带来直接或者间接经济利益，且非关联方在相同或者类似情形下，愿意购买或者愿意自行实施的劳务活动。第三十五条采用反向列举的方式，确定了六种非受益性劳务的情形，并允许税务机关在这些情形下按照企业已税前扣除的金额全额实施特别纳税调整。该六种情形包括：一是劳务接受方从其关联方接受的，已经购买或者自行实施的劳务活动；二是劳务接受方从其关联方接受的，为保障劳务接受方的直接或者间接投资方的投资利益而实施的控制、管理和监督等劳务活动；三是劳务接受方从其关联方接受的，并非针对其具体实施的，只是因附属于企业集团而获得额外收益的劳务活动；四是劳务接受方从其关联方接受的，已经在其他关联交易中给予补偿的劳务活动；五是与劳务接受方执行的功能和承担的风险无关，或者不符合劳务接受方经营需要的关联劳务活动；六是其他不能为劳务接受方带来直接或者间接经济利益，或者非关联方不愿意购买或者不愿意自行实施的关联劳务活动。

（2）关联劳务交易的定价问题。

一旦确定了集团内劳务具有受益性，就如同其他集团内部交易一样，都需要确定费用金额是否符合独立交易原则。这意味着集团内劳务的收费方式和费用金额应该是独立企业在可比条件下能够制定和接受的，这需要从劳务的提供方和接受方两个角度进行考量，并重点关注三个因素：劳务接受方接受劳务的价值、可比企业在可比的条件下愿意支付的劳务费用额以及劳务提供方的成本。

6 号公告第三十六条为确定关联劳务交易的定价是否符合独立交易原则提供了两项原则：

一是对受益性劳务选择合理的转让定价方法时，应当充分考虑劳务的具体内容和特性，劳务提供方的功能、风险、成本和费用，劳务接受方的受益情况、市场环境，交易双方的财务状况，以及可比交易的定价情况等因素，按照6 号公告的有关规定选择合理的转让定价方法。

二是根据关联劳务能否分别按照各劳务接受方、劳务项目为核算单位归集相关劳务成本费用，来确定不同的处理方式。如果关联劳务能够分别按照各劳务接受方、劳务项目为核算单位归集相关劳务成本费用，应当以劳务接受方、劳务项目合理的成本费用为基础，确定交易价格；如果关联劳务不能分别按照各劳务接受方、劳务项目为核算单位归集相关劳务成本费用，应当采用合理标准和比例向各劳务接受方分配，并以分配的成本费用为基础，确定交易价格。分配标准应当根据劳务性质合理确定，可以根据实际情况采用营业收入、营运资产、人员数量、人员工资、设备使用量、数据流量、工作时间以及其他合理指标，分配结果应当与劳务接受方的受益程度相匹配。非受益性劳务的相关成本费用支出不得计入分配基数。

（五）预约定价安排问题

根据64号公告，预约定价安排由纳税人正式启动，需要由纳税人、一个或多个关联企业，以及一个或多个税务机关进行协商。预约定价安排能够在一定程度上使纳税人在一段约定时间内获得对安排中涉及的转让定价问题税务处理的确定性，该确定性能使纳税人可以更好地预测其纳税义务，从而创造有利于投资的税收环境。当前，预约定价安排涉及的重难点主要包括两个方面：一是其适用性问题，二是预约定价安排常规程序与简易程序的比较分析。

1. 适用性问题

预约定价安排的适用性主要包括三个方面：

（1）适用条件。64号公告第四条指出，预约定价安排一般适用于主管税务机关向企业送达接收其谈签意向的《税务事项通知书》之日所属纳税年度前3个年度每年度发生的关联交易金额4 000万元人民币以上的企业。

（2）适用时间。64号公告第三条指出，预约定价安排适用于主管税务机关向企业送达接收其谈签意向的《税务事项通知书》之日所属纳税年度起3～5个年度的关联交易。企业以前年度的关联交易与预约定价安排适用年度相同或者类似的，经企业申请，税务机关可以将预约定价安排确定的定价原则和计算方法追溯适用于以前年度该关联交易的评估和调整。追溯期最长为10年。

（3）优先受理条件。64号公告第十六条指出，有下列情形之一的，税务机关可以优先受理企业提交的申请：

①企业关联申报和同期资料完备合理，披露充分；

②企业纳税信用等级为A级；

③税务机关曾经对企业实施特别纳税调查调整，并已经结案；

④签署的预约定价安排执行期满，企业申请续签，且预约定价安排所述事实和经营环境没有发生实质性变化；

⑤企业提交的申请材料齐备，对价值链或者供应链的分析完整、清晰，充分

考虑成本节约、市场溢价等地域特殊因素，拟采用的定价原则和计算方法合理；

⑥企业积极配合税务机关开展预约定价安排谈签工作；

⑦申请双边或者多边预约定价安排的，所涉及的税收协定缔约对方税务主管当局有较强的谈签意愿，对预约定价安排的重视程度较高；

⑧其他有利于预约定价安排谈签的因素。

2. 预约定价安排常规程序与简易程序的比较

64 号公告是对预约定价安排管理的一般性规定，而 24 号公告是对符合一定条件的企业申请单边预约定价安排，在适用程序上的特殊规定。以下对两个公告的不同点进行了详细的整理。详见表 7－4。

表 7－4　　预约定价安排常规程序与简易程序的比较

	64 号公告	24 号公告
适用条件	企业在主管税务机关向其送达受理申请的《税务事项通知书》之日所属纳税年度前 3 个年度，每年度发生的关联交易金额 4 000 万元人民币以上	
	无额外条件	并且符合下列条件之一： 1. 已向主管税务机关提供拟提交申请所属年度前 3 个纳税年度的、符合 42 号公告规定的同期资料； 2. 自企业提交申请之日所属纳税年度前 10 个年度内，曾执行预约定价安排，且执行结果符合安排要求的； 3. 自企业提交申请之日所属纳税年度前 10 个年度内，曾受到税务机关特别纳税调查调整且结案的
申请流程	预约定价安排的谈签和执行要经过六个阶段：预备会谈→谈签意向→分析评估→正式申请→协商签署→监控执行	简易程序仅包括三个阶段：申请评估→协商签署→监控执行 （简易程序省去了常规程序中的预备会谈环节，同时，将谈签意向、分析评估和正式申请三个阶段压缩为申请评估）
时间设定	1. 未限定具体谈签时间。 2. 完成时间取决于多种因素： （1）预约定价安排类型（单边、双边或多边）； （2）涉及的关联交易及有关问题的复杂程度； （3）税务主管当局审核材料的速度； （4）企业申请材料的质量； （5）企业配合程度（提供资料是否及时、完整）等	限定具体谈签时间： 税务机关在收到企业的申请后，在 90 日内进行分析评估及功能和风险实地访谈，并向企业送达《税务事项通知书》告知其受理结果； 主管税务机关在向企业送达受理申请的《税务事项通知书》后 6 个月内与企业协商完毕（不含企业补充提交资料时间）

续表

	64号公告	24号公告
税务机关拒绝谈签/不予受理的情形	有下列情形之一的，税务机关可以拒绝企业提交谈签意向： 1. 税务机关已经对企业实施特别纳税调整立案调查或者其他涉税案件调查，且尚未结案的； 2. 企业未按照有关规定填报年度关联业务往来报告表； 3. 企业未按照有关规定准备、保存和提供同期资料； 4. 预备会谈阶段税务机关和企业无法达成一致意见	有下列情形之一的，主管税务机关不予受理企业提交的申请： 1. 税务机关已经对企业实施特别纳税调整立案调查或者其他涉税案件调查，且尚未结案； 2. 企业未按照有关规定填报年度关联业务往来报告表，且不按时更正； 3. 企业未按照有关规定准备、保存和提供同期资料； 4. 企业未按照本公告要求提供相关资料或者提供的资料不符合税务机关要求，且不按时补正或者更正； 5. 企业拒不配合税务机关进行功能和风险实地访谈
适用范围	预约定价安排同时涉及两个或者两个以上省、自治区、直辖市和计划单列市税务机关的，由国家税务总局统一组织协调	同时涉及两个或者两个以上省、自治区、直辖市和计划单列市税务机关的单边预约定价安排，暂不适用简易程序

注：以上内容根据64号公告和24号公告整理。

三、风险示例

（一）转让定价案例——关联申报案例

【示例情况】

中国内地A公司正在进行2021年关联申报，请根据42号公告判断，A公司在下列情形中是否与相关公司存在关联关系。若存在，请同时判断关联关系类型。

【法理分析及税务处理】

情形（一）：如图7-5所示，A公司持有B公司25%以上股份，A公司与B公司是否存在关联关系？

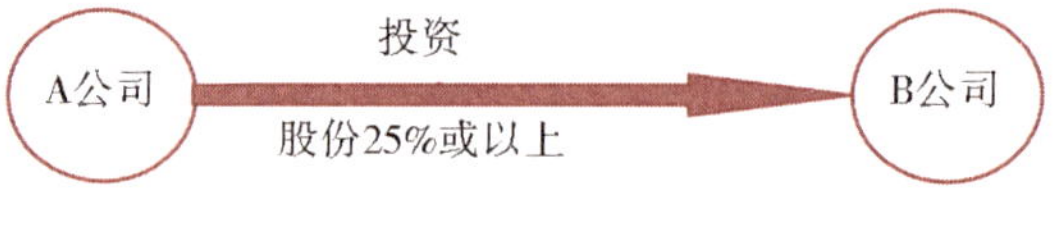

图7-5 情形（一）示意

该情形属于“一方直接持有另一方的股份总和达到25%以上”，B公司为A公司关联方，关联关系类型为“A：股份关系”。

情形（二）：如图 7－6 所示，A 公司对中间方持股达到 25% 以上，中间方对 B 公司持股 30%，A 公司与 B 公司是否存在关联关系？

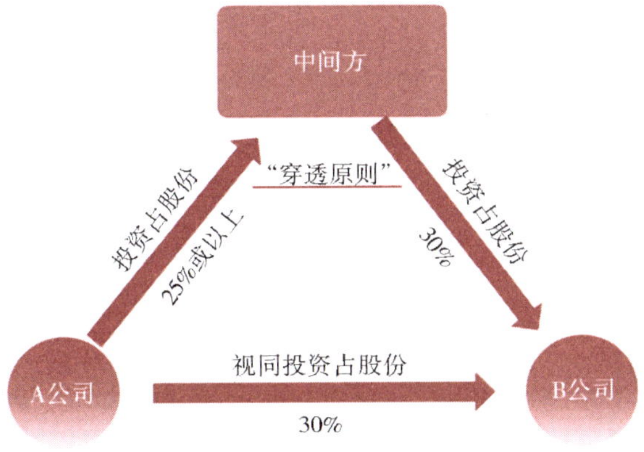

图 7－6　情形（二）示意

该情况下，判定 A 公司对 B 公司的关联关系时，按照中间方对 B 公司的持股比例进行计算，实施“穿透原则”，视同 A 公司持有 B 公司 30% 股份。该情形属于“一方间接持有另一方的股份总和达到 25% 以上”，B 公司为 A 公司关联方，关联关系类型为“A：股份关系”。

情形（三）：如图 7－7 所示，C 公司持有中间方 X 公司 25% 的股份、中间方 Y 公司 25% 的股份，中间方 X 公司持有 A 公司 25% 的股份，中间方 Y 公司持有 B 公司 25% 的股份，A 公司与 B 公司是否存在关联关系？

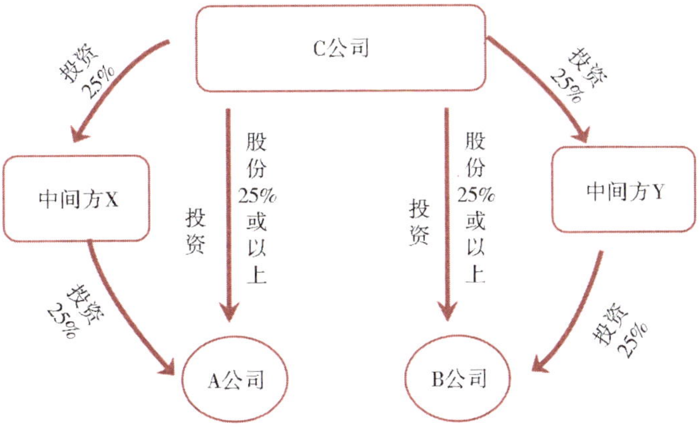

图 7－7　情形（三）示意

该情况下，计算C公司对A公司和B公司的持股比例时实施“穿透原则”，视同C公司分别持有A公司与B公司25%的股份。该情形属于“双方直接或者间接同为第三方所持有的股份达到25%以上”，B公司为A公司关联方，关联关系类型为“A：股份关系”。

情形（四）：A公司直接持有B公司24%的股权。2021年，A公司从B公司借入3笔借款分别为3 000万元（使用50天），2 000万元（使用60天），1 000万元（使用30天）。A公司2021年实收资本为3 000万元，且全年无变化。B公司2021年实收资本为1 500万元，且全年无变化。A公司与B公司是否存在关联关系？

A公司、B公司双方年度借贷资金总额占A公司实收资本比例=（3 000×50+2 000×60+1 000×30）÷365÷3 000×100%=27.4%，从A公司来看未达到50%。A公司、B公司双方年度借贷资金总额占B公司实收资本比例=（3 000×50+2 000×60+1 000×30）÷365÷1 500×100%=54.8%，从B公司来看，已经达到借贷资金控制的认定标准，B公司为A公司关联方，关联关系类型为“B：资金借贷关系”。

情形（五）：如图7-8所示，A公司持有B公司24%股份，A公司向B公司提供必需的专利权、非专利技术、商标权、著作权等特许权，且A公司对B公司的财务和经营策略（比如交易条件、交易定价原则等）有决定权，并从该经营活动中获得现在或未来的经济利益。A公司与B公司是否存在关联关系？

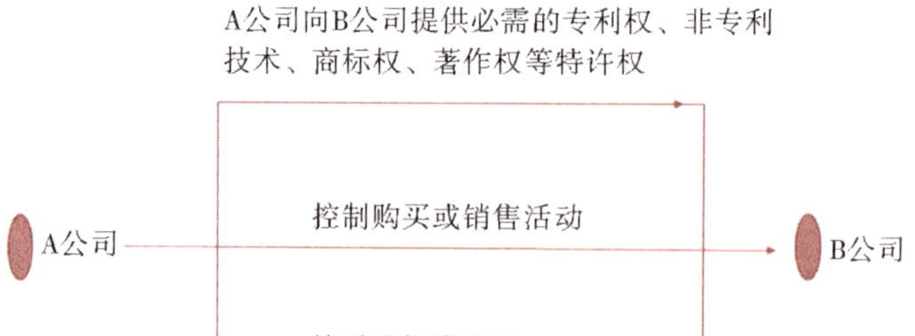

图7-8 情形（五）示意

该情况下，A公司对B公司已经达到特许权控制与购销及劳务控制的条件，B公司为A公司关联方，关联关系类型为“C：特许权关系”“D：购销劳务关系”。

情形（六）：如图7-9所示，A公司与B公司在董事或高管的委派或任用上存在以下三种情况：A 公司向 B 公司任命或委派半数以上的董事或者半数以上的高管；A 公司与 B 公司半数以上的董事或半数以上高管相互任职；A 公司与 B 公司半数以上的董事或者半数以上的高级管理人员由 C 公司委派或任命。A 公司与 B 公司是否存在关联关系？

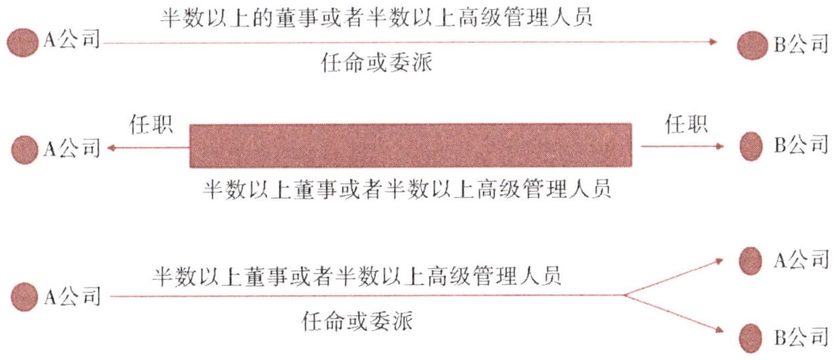

图 7－9　情形（六）示意

上述三种情况为董事或高管控制的三种具体情形，只要符合其中任何一种情形，就可以判定 B 公司为 A 公司关联方，关联关系类型为“E：任命或委派关系”。

情形（七）：丈夫对 A 公司持股 30%，A 公司对 B 公司持股 30%。妻子对 C 公司持股 15%，且向 C 公司借款金额占 C 公司实收资本 60% 以上。详见图7－10。A 公司与 B 公司、C 公司是否存在关联关系？

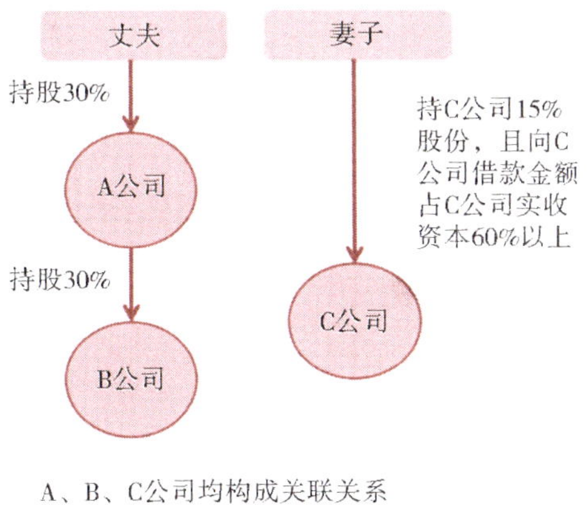

图 7－10　情形（七）示意

该情况下，通过“穿透原则”，丈夫对A公司实施股权控制。妻子对C公司满足资金借贷控制的条件。根据亲属关系判定关联方的判定标准，丈夫与A公司、B公司构成关联关系，妻子与B公司构成关联关系，则A公司、B公司、C公司均构成关联关系。

关联关系的认定是关联申报与同期资料准确报送的第一步，准确判定关联关系有助于企业防范转让定价调查风险，是国际税法遵从的重要体现。42号公告将关联关系归结为股权关系、资金借贷关系、特许权关系、购销和劳务关系、任命或委派关系、亲属关系、实质关系七种，并对关联关系年度变化认定与豁免情形进行了规定。纳税人应参照相关条款规定，准确识别关联方，并以之为起点，按规定进行关联申报与同期资料报送。

（二）转让定价案例——无形资产案例

6号公告第三十二条突出强调了企业收取的特许权使用费必须与其对无形资产价值创造的贡献相匹配，这些贡献包括对无形资产开发、价值提升、维护、保护、应用和推广中的价值贡献。虽然6号公告第三十条至第三十二条对处理无形资产的转让定价问题提供了较为明确的政策指导，但在实践中，因为跨国集团组织架构、运营流程、收费模式错综复杂，所以将理论运用于实践并不简单，需要依赖于长期的实践探索。本部分旨在围绕同一案例的四种情形，初步探讨涉及无形资产的转让定价问题。

【示例情况】

A公司是某跨国集团的母公司，B公司是A公司在境内的子公司，C公司是B公司的子公司，以下将围绕不同情形下该集团无形资产使用权和所有权的转让交易进行风险示例。

【法理分析及税务处理】

情形（一）：A公司长期投入自有资金独立执行研发职能。当研发成果可申请专利时，A公司会将该专利涉及的所有权利以1元的对价转让给B公司，B公司雇用2名律师负责该专利的注册工作。在该专利注册完成后，其在A公司的控制下将专利出售给某独立企业。

在这种情况下，A公司除不负责注册该项专利外，执行与该项无形资产开发、价值提升、维护、保护和利用相关的所有功能。用以开发和利用该项专利的所有资产全部由A公司提供并使用，并且A公司承担了所有或绝大部分与该无形资产的相关风险。在这种情况下，B公司仅能获得提供专利注册服务的补偿，A公司应该获得该项专利权转让所得扣除上述补偿后的收益。

情形（二）：A 公司长期投入自有资金独立执行研发职能，当其研发成果可申请专利时，A 公司会将该专利涉及的所有权利以 1 元的对价转让给 B 公司，以便其集中管理全球专利，此后由 B 公司负责对注册专利进行维护。B 公司授权 C 公司使用该专利，并依据可比许可方取得的回报，向其收取特许权使用费。

在这种情况下，A 公司除不管理该项专利外，执行与该项无形资产开发、价值提升、维护、保护和利用相关的所有功能。用以开发和利用该项专利的所有资产全部由 A 公司提供并使用，并且 A 公司承担了所有或绝大部分与该无形资产的相关风险。B 公司仅能获得提供专利管理服务的补偿，A 公司应该获得该项专利权所取得特许权使用费收入扣除上述补偿后的收益。

情形（三）：由 A 公司和 B 公司共同研发一项无形资产，根据 A 公司和 B 公司达成的研发协议，B 公司将执行并控制与该无形资产的开发、价值提升、维护、保护和利用工作。A 公司将提供该无形资产开发的所有资金，并且成为该无形资产的法律所有权人。C 公司从 A 公司取得该无形资产的使用权，并依据可比许可方取得的回报，向其支付特许权使用费。

此情形下，虽然 A 公司是该无形资产的法律所有权人，但其在交易中的贡献仅限于投入无形资产的研发资金。分析显示，A 公司依合同约定承担投入资金相关的财务风险，具有承担该风险的财务能力，并对该风险实施控制，考虑到 A 公司的贡献，其预计收益应该是一个经风险调整后的出资回报，而 B 公司应该获得该项专利权所取得特许权使用费收入扣除 A 公司预期收益后的余额。

情形（四）：A 公司负责集团的整体研究项目，包括研究项目的设计、预算制定及控制、研发领域决策、所有研发项目的进度监控，以及集团研发功能的控制。B 公司负责执行 A 公司分配的研发任务，B 公司对研究项目的修改意见须得到 A 公司的正式批准。B 公司需要至少每月向 A 公司的管理人员报告项目进度。如果 B 公司的项目支出超过 A 公司制定的项目预算，超过部分需要申请 A 公司管理层的批准。A 公司与 B 公司签订的合同明确规定，A 公司将承担所有 B 公司研发项目的风险及成本。根据双方签订的合同，所有 B 公司开发的无形资产都将注册在 A 公司名下。A 公司就 B 公司所进行的研发活动向其支付服务费。C 公司从 A 公司取得该无形资产的使用权，并依据可比许可方取得的回报，向其支付特许权使用费。

此情形下，A 公司构成无形资产的法律所有权人，且其控制并管理 B 公司的研发工作，执行研发活动中的重要功能，包括制定预算、成立研究项目、设计项目、提供资金以及控制支出等。因此，A 公司有权取得利用 B 公司研发无形资产的回报。而B公司有权获得与之执行的功能、使用的资产以及承担的风险相匹配的补偿。在确定B公司的补偿金额时，B公司研发人员的工作技能及效率、研究项目的性质，以及其他影响无形资产价值的因素都应当作为可比性因素加以考虑。如果需要进行转让定价调整以体现可比研发服务提供商可取得的服务费，该调整一般只针对服务提供年度，不会影响A公司未来利用B公司所研发的无形资产获得收益的权利。

第八章　税法遵从的税会差异处理

财务核算、会计处理和税收管理分属不同的法律体系。纳税人在经济活动中的财务核算、会计处理、税收管理应分别依据不同的法律规范进行处理。由于财务核算、会计处理是税收管理的基础，因此纳税人的财务核算、会计处理等财会制度对纳税人的税法遵从度有着极大的影响。

目前，纳税主体在财务、会计方面，应遵守的基本法律规范有《中华人民共和国会计法》（以下简称《会计法》）、《企业财务通则》（财政部令第41号）、《金融企业财务规则》（财政部令第42号）、《企业会计准则》和《小企业会计准则》等；在税务方面，应遵守的基本税收法律规范是《税收征收管理法》及其实施细则，各税种的法律、法规、规章及规范性文件等。这些财务、会计和税收方面的法律、法规的规定和要求都必须自觉遵守，否则就会存在税收风险，影响税法遵从效果。

第一节　税收优惠财务核算的税法遵从

财务核算，是以价值形式反映和监督企业及企业内部各核算单位生产经营过程的劳动消耗、物质消耗和资金占用及其经济效果的方法。企业财务核算的基本法律依据是《会计法》和《企业财务通则》《金融企业财务规则》等法律、法规及规章。

现行财务政策规定，企业“应当确定内部财务管理体制，建立健全财务管理制度”，同时还要求，“企业应当依法纳税。企业财务处理与税收法律、行政法规规定不一致的，纳税时应当依法进行调整”。这一原则也是纳税人财务核算税法遵从的基本原则。

在本节中，分别介绍纳税人兼营不同税率业务、兼营不同税收优惠项目税收政策对财务核算的特殊要求。

一、遵从要点

（一）兼营不同税率业务的会计核算

（1）纳税人兼营不同增值税税率项目的，应当分别核算不同税率项目的销售额；未分别核算销售额的，从高适用税率。

（2）纳税人兼营不同税率应当缴纳消费税消费品（以下简称应税消费品）的，应当分别核算不同税率应税消费品的销售额、销售数量；未分别核算销售额、销售数量，或者将不同税率的应税消费品组成成套消费品销售的，从高适用税率。

（3）一件印花税应税凭证中载有两个以上税目事项并分别列明金额的，按照各自适用的税目税率分别计算应纳税额；未分别列明金额的，从高适用税率。

（二）兼营不同税收优惠项目的会计核算

（1）纳税人兼营增值税免税、减税项目的，应当分别核算免税、减税项目的销售额；未分别核算销售额的，不得免税、减税。

（2）企业同时从事适用不同企业所得税（税率或优惠）待遇项目的，其优惠项目应当单独计算所得，并合理分摊企业的期间费用；没有单独计算的，不得享受企业所得税优惠。

二、难点解析

（一）关于对税法中兼营的理解

税法中的兼营，是指一个纳税人在同一时间内，同时经营适用两个及两个以上增值税税率的应税项目或者增值税免税、减税项目；或者同时经营适用两个及两个以上的消费税税率的应税消费品；或者同时从事适用不同企业所得税（税率或优惠）待遇项目等行为。

目前，税法中兼营主要体现在五个税种中，分别是增值税、消费税、印花税、房产税和企业所得税。

税法中的兼营与企业经营中的兼营既有区别又有联系。

企业经营范围中的兼营一般根据《国民经济行业分类》国家标准来判断。当一个企业在同一时间段内，同时生产、销售或服务两个及两个以上的国民经济门类行业或大类行业的业务时，一般会认为这个企业存在业务兼营行为。如 A 公司 2023 年度的经营项目有两个，分别是服装制造和厂房出租。在《国民经济行业分类》（GB/T 4754—2017）中，服装制造归属“C 制造业”门类、“C18 纺织服装、服饰业”大类；厂房出租归属“K 房地产业”门类、“K70 房地产业”大类。因此，对 A 公司的两项经营业务一般称为兼营。

再如，B 汽车制造公司 2023 年生产三种燃油汽车，分别是乘用车（两款，排气量分别为 1.5 升和 2.5 升）、客车（11 座一款）和货车（载重量 1.5 吨 1 款）。在《国民经济行业分类》（GB/T 4754—2017）中，这三种汽车都归属一个行业

（“C 制造业”门类、“C36 汽车制造业”大类、“C361 汽车整车制造”中类和“C3611 汽柴油车整车制造”小类）。对 B 公司生产三种汽车的行为一般不称为兼营。

以上是从企业的经营角度判断。

如果从税收角度来看，假设 A 公司的增值税按一般纳税人管理，则 A 公司和 B 公司都属于税收上的兼营，A 公司属于增值税的兼营，B 公司属于消费税的兼营。其原因如下：

（1）服装制造业务的增值税税率为 13%，房屋出租为增值税的“不动产租赁服务”项目，税率为 9%，A 公司同时经营两种增值税税率业务。因此，A 公司属于增值税中的兼营。

（2）排气量 1.5 升燃油乘用车的消费税税率为 3%，排气量 2.5 升燃油乘用车的消费税税率为 9%，11 座小客车的消费税税率为 5%，货车不征消费税。因此，B 公司属于消费税中的兼营。

因此，根据税法的规定，在实际操作中，如果 A 公司不分别核算服装的销售额和房屋出租的销售额，将统一按 13% 的税率计提增值税的销项税额。如果 B 公司不分别核算排气量为 1.5 升和 2.5 升燃油乘用车、小客车以及小货车的销售额，将统一按 9% 的税率缴纳消费税。

（二）纳税人存在兼营时应分别核算销售额的目的

增值税、印花税等税种的不同税率分别适用相应的征税项目而非整个纳税主体，如增值税一般纳税人销售的多数货物税率为 13%，但销售饲料、化肥、农药、农机、农膜等特殊货物税率为 9%；销售服务、无形资产（除另有规定的外）税率为 6%；纳税人出口货物税率为零（但国务院另有规定的除外）。企业所得税的部分减免政策也是仅对应相应的经营项目而非整个纳税主体，如国债利息收入属于免税收入项目，从事农、林、牧、渔业属于企业所得可以免征、减征企业所得税项目等。

对纳税人有兼营不同税率、减免税项目要分别核算销售额（金额、所得额）的目的，是使纳税人能够准确核算和反映免税、减税项目的销售额（金额、所得额），将分别核算作为纳税人享受低税率（征收率）、减免税优惠的前置条件。对未分别核算销售额（金额、所得额）的，将不得享受低税率（征收率）、免税、减税优惠。

（三）纳税人兼营不同税率业务的财务核算要点

税收是法定的，计算缴纳税款有严格的要求。如果少缴税款，将存在税收违法风险，如果多缴税款，则存在税法遵从不到位问题。通常，应缴税款等于计税基础（计税额）乘以税率（或单位税额），因此，计税基础（计税依据）是税收的主要要素。要准确计算税款，计税基础的准确性就显得非常重要。

在现实中，纳税人因兼营行为导致适用不同税率的现象很常见。目前，有多个税种存在多档税率，如增值税就有13%、9%、6%和零税率。纳税人在兼营不同税率的业务中，如果存在核算不清计税基础（销售额）的，产生的法律后果是不能适用低税率计算税款。如增值税政策规定，纳税人销售货物、加工修理修配劳务、服务、无形资产或者不动产适用不同税率或者征收率的，应当分别核算适用不同税率或者征收率的销售额，未分别核算销售额的，就要按照以下方法适用税率或者征收率：

一是兼有不同税率的销售货物、加工修理修配劳务、服务、无形资产或者不动产，从高适用税率。

二是兼有不同征收率的销售货物、加工修理修配劳务、服务、无形资产或者不动产，从高适用征收率。

三是兼有不同税率和征收率的销售货物、加工修理修配劳务、服务、无形资产或者不动产，从高适用税率。

（四）对从高适用税率中“高”的掌握

目前，有多个税种存在两档及两档以上税率，如增值税目前就有13%、9%、6%和零等税率。如果纳税人兼营13%、9%、6%三种业务，未分别核算销售额的，则全部要按13%的税率计算销项税额。如果纳税人兼营9%和6%两种业务，未分别核算销售额的，则全部要按9%的税率计算销项税额。

（五）对税收角度的分别核算销售额的掌握

如果仅从税收分别核算销售额的角度来看，企业在“主营业务收入”“其他业务收入”“投资收益”及“营业外收入”的科目下分别按13%、9%、6%和零税率设置明细科目（如二级科目或三级科目等），即能核算不同税率业务的销售额。但从税法遵从的角度来看，仅按不同税率分别核算销售额还是不够的。因为，税额的计算还要涉及其他要素，如增值税当期应纳税额等于当期销项税额减去当期进项税额，如果增值税一般纳税人同时兼营免税业务或简易计税业务的，还需要掌握各项业务的进项税额的数据；再如，企业所得税的应纳税额还涉及成本、费用等要素，因此，建议企业至少应按收入项目类别、税率类别、业务类别等维度进行核算，以此方便各种税额的准确计算。

另外，增值税、消费税、房产税、印花税和企业所得税等税种都实行多档不同的税率。如果纳税人同时兼营不同税率业务，在会计上都要分别核算其销售额、计税额和收入额等，否则将无法享受低税率待遇。如《消费税暂行条例》规定，纳税人生产销售两种税率以上的应税消费品，应当分别核算不同税率应税消费品的销售额、销售数量；未分别核算销售额、销售数量，或者将不同税率的应税消费品组成成套消费品销售的，从高适用税率。

（六）纳税人享受税收优惠项目财务核算的基本要求

纳税人兼营税收优惠项目业务时，相关的财务规范如下：

（1）纳税人兼营增值税免税、减税项目的，应当分别核算免税、减税项目的销售额；未分别核算销售额的不得免税、减税。

（2）企业同时从事适用不同企业所得税待遇项目的，其优惠项目应当单独计算所得，并合理分摊企业的期间费用；没有单独计算的不得享受企业所得税优惠。

（3）企业同时从事适用不同企业所得税政策项目的，应分别核算，单独计算优惠项目的计税依据及优惠数额；分别核算不清的，可由主管税务机关按照比例分摊法或其他合理方法进行核定。

（4）对研发活动和非研发活动（如生产经营等）共同发生的人员费用、设备费用、材料费用、无形资产摊销等费用应分别核算，准确、合理归集各项费用支出，对划分不清的不得实行加计扣除。

三、风险示例

（一）兼营不同税率业务未分别核算

【示例情况】

B1 公司[①]是一家新成立的建筑设备租赁公司，主要从事建筑施工设备出租，包括一般设备租赁和配操作员设备租赁（由于部分建筑施工设备操作复杂，在出租设备时需配备专业操作人员）。2022 年，该企业由于未分别核算一般设备租赁和配操作员设备租赁的收入额，公司全部按设备租赁 13% 的税率计提了增值税销项税额。2023 年初，在一次税务机关组织召开的税收政策辅导会上，B1 公司的财务人员获悉配操作员的设备租赁业务可适用“建筑服务”项目缴纳增值税，税率为 9%。后经主管税务机关为企业进行业务合同梳理和政策辅导，从 2023 年 1 月开始，B1 公司分别按 13% 和 9% 税率开具一般设备租赁、配操作员设备租赁业务发票，分别核算一般设备租赁、配操作员设备租赁业务收入。经过模拟计算，因分

---

① 为方便阅读，本章示例中的企业名称均以序号表示，“B1”表示本章第一个示例中的企业名称。

别核算销售收入，企业2023年可节省增值税约120万元。

【法理分析】

在增值税的管理上，“一般设备租赁”与“配操作员设备租赁”是增值税的不同征税项目。《营业税改征增值税试点实施办法》（财税〔2016〕36号附件1）规定，建筑施工设备出租属于增值税的“提供有形动产租赁服务”，税率为13%。同时，《财政部 国家税务总局关于明确金融 房地产开发 教育辅助服务等增值税政策的通知》（财税〔2016〕140号）第十六条规定，纳税人将建筑施工设备出租给他人使用并配备操作人员的，按照“建筑服务”缴纳增值税。“建筑服务”的增值税税率为9%。前者税率比后者高4个百分点。

《增值税暂行条例》第三条规定，纳税人兼营不同税率的项目，应当分别核算不同税率项目的销售额；未分别核算销售额的，从高适用税率。因此，如果纳税人兼营不同税率的项目，未分别核算销售额的，从高适用税率。在本案例中，B1公司兼营“一般设备租赁”与“配操作员设备租赁”业务，如果不能分别核算这两项业务的销售额，则只能全部按13%的税率计提增值税的销项税额。

【税务处理】

2023年度，由于B1公司分别核算了“一般设备租赁”与“配操作员设备租赁”的销售额，并分别按不同税率开具增值税发票，满足了分别计提增值税销项税额的要求，因此可以适用不同税率的税收处理。

（二）兼营税收优惠项目未分别核算

【示例情况】

2023年初，S区税务局在分析B2机器人（上海）有限公司（以下简称B2机器人公司）2022年的纳税申报数据时发现，企业2022年度的即征即退增值税申报中的销售软件收入仅为600多万元，与其生产规模不匹配。为此，S区税务局领导调研了该企业。

B2机器人公司的主要产品是晶硅太阳能光伏组件生产线自动化成套设备，拥有国内首条以工业机器人为主的生产线，在行业内居领先地位。此前，企业在大型硬件产品的销售中，由于对其附带的软件产品没有进行分开核算，销售合同也没有分别描述，导致合同的形式和内容等不符合软件产品即征即退要求。另外，由于企业软件开发的成本核算较为复杂，销售部门、财务、研发等部门之间沟通衔接不畅，财务核算数据不准确，企业担心存在税收风险，便对企业软件产品销售收入未全部申报增值税即征即退。针对上述情况，税务人员与企业管理人员进行了深入交流，为企业用好税收优惠政策开出了一张“良方”：一是建议企业指定专人负责软件产品收入及成本项目核算，加强各部门之间的数据交换和信息沟通；二是建议企业在签订产品销售合同时，分别列明软件产品与机器硬件的收入金额和执行要素；三是在发票开具时，单独写明软件产品的名称、金额和税率；四是准确核算各项销售收入额，确保软件产品即征即退申报数据与业务数据能一一对应。

在得到税务的“良方”后，企业对当年的经营成果进行了初步测算，如果当年公司的软件销售收入能够达到预定目标，且全部符合增值税即征即退条件，企业可以增加利润约 1 200 万元。

【法理分析】

目前，自动化生产线成套设备是典型的包含嵌入式软件产品的软硬件集成产品。税收政策规定，集成产品销售中的嵌入式软件产品收入可以享受嵌入式软件产品增值税即征即退政策，但必须准确计算当期嵌入式软件产品销售额。《财政部 国家税务总局关于软件产品增值税政策的通知》（财税〔2011〕100 号）明确，嵌入式软件产品，是指嵌入在计算机硬件、机器设备中并随其一并销售，构成计算机硬件、机器设备组成部分的软件产品。

$$\text{嵌入式软件产品增值税即征即退税额} = \text{当期嵌入式软件产品增值税应纳税额} - \text{当期嵌入式软件产品销售额} \times 3\%$$

$$\text{当期嵌入式软件产品销售额} = \text{当期嵌入式软件产品与计算机硬件、机器设备销售额合计} - \text{当期计算机硬件、机器设备销售额}$$

因此，企业要想享受嵌入式软件产品增值税即征即退优惠政策，必须准确计算当期嵌入式软件产品的增值税销售额、销项税额和增值税应纳税额。

【税务处理】

从 2023 年 1 月开始，B2 机器人公司的财务部门做了四项安排：一是指定专人负责软件产品收入及成本、增值税项目核算；二是在签订带软件产品的生产线自动化成套设备销售合同时，分别列明软件产品与机器硬件的收入金额和执行要素；三是在开具发票时，单独写明软件产品的名称、金额和税率；四是分别核算软硬件的销售收入，确保软件产品即征即退申报数据与业务数据能一一对应。

第二节　税会差异的税法遵从

税会差异，是指对于同一项经济业务，税法规定的税务处理方法（结果）与会计准则规定的会计处理方法（结果）存在差异。

一项业务产生税会差异的主要原因是，会计与税法对资产、负债、收益、费用或损失的确认和计量原则不同，从而导致会计核算的利润总额与按照税法规定计算的计税额之间存在差异。

尽管税法与财务会计制度分属不同的法律体系，但是二者之间紧密相关、互为影响、相辅相成。税法与财务会计制度的规定不完全相同，税法的执行既要依靠财务会计又要独立于财务会计，这就使得部分经济业务事项会产生税会差异。如会计的利润总额是计算企业所得税的基础，但应交企业所得税税额又是影响会计净利润的因素之一。

会计政策的出发点是提高会计信息质量，将企业在一定时期的实际经营成果真实地反映出来给报表使用者；税法的出发点是确保国家税收工作的顺利开展，保证税收足额、及时收缴。因此，会计和税法差异是纳税人要直接面对和应对的问题。

目前，对产生的税会差异，财务制定、税法规定的处理原则基本是一致的。《企业财务通则》（财政部令第 41 号）第六条规定："企业财务处理与税收法律、行政法规规定不一致的，纳税时应当依法进行调整。"《企业所得税法》第二十一条规定："在计算应纳税所得额时，企业财务、会计处理办法与税收法律、行政法规的规定不一致的，应当依照税收法律、行政法规的规定计算。"

对于税会差异的解决办法，是通过纳税申报（如企业所得税汇算清缴申报等），以申报表为载体，调整会计与税法之间的差异，将会计上的收入额（利润总额、计税额）调整为税款的计税基础（销售额、应纳税所得额和计税额等）的过程，继而计算出税额（如当期企业所得税税额等）。

本节选择八个常见的、较重要的税会差异事项，对其税会政策要点、理解难点和操作要点进行解析，以此提高纳税人处理此类事项的税法遵从度。

本节第一部分遵从要点中的（一）至（四）事项为通用税会差异，适用于所有企业，后四个税会差异仅适用执行企业会计准则的企业。

一、遵从要点

（一）固定资产税务加速折旧税会差异

1. 固定资产税务加速折旧税前扣除基本政策

（1）适用于所有行业企业、所有固定资产的税务加速折旧政策

①由于技术进步等原因，企业的固定资产确需加速折旧的，可以缩短折旧年限或者采取加速折旧的方法。

②自2014年1月1日起，企业持有的单位价值不超过5 000元的固定资产，允许一次性计入当期成本费用，在计算应纳税所得额时扣除，不再分年度计算折旧。

（2）适用于所有行业企业的新购进的仪器、设备税务加速折旧政策

①2014年1月1日后，企业新购进的专门用于研发的仪器、设备，单位价值不超过100万元的，允许一次性计入当期成本费用，在计算应纳税所得额时扣除，不再分年度计算折旧；单位价值超过100万元的，可缩短折旧年限或采取加速折旧的方法。

②2018年1月1日至2023年12月31日期间，企业新购进的仪器、设备，单位价值不超过500万元的，允许一次性计入当期成本费用，在计算应纳税所得额时扣除，不再分年度计算折旧。

（3）适用于部分行业企业的所有固定资产税务加速折旧政策

自2019年1月1日起[①]，对主营业务归属《国民经济行业分类与代码》（GB/T 4754—2017）中的“信息传输、软件和信息技术服务业”大类和“制造业”门类的企业，新购进的固定资产，企业可选择缩短税务最低折旧年限或采取加速折旧的方法。

2. 固定资产会计折旧基本政策

（1）企业会计准则固定资产折旧基本规定

《企业会计准则第4号——固定资产》明确：

①企业应当对所有固定资产计提折旧。但是，已提足折旧仍继续使用的固定资产和单独计价入账的土地除外。

②固定资产应当按月计提折旧，并根据用途计入相关资产的成本或者当期损益。

③企业应当根据与固定资产有关的经济利益的预期实现方式，合理选择固定资产折旧方法。可选用的折旧方法包括年限平均法、工作量法、双倍余额递减和年数总和法等。固定资产的折旧方法一经确定，不得随意变更，但是会计准则另有规定的除外。

（2）小企业会计准则固定资产会计折旧基本规定

《小企业会计准则》规定：

①小企业应当对所有固定资产计提折旧，但已提足折旧仍继续使用的固定资

---

① 其中，“信息传输、软件和信息技术服务业”大类行业企业自2014年1月1日起执行，部分制造业中的大类行业企业政策开始执行时间为2014年1月1日和2015年1月1日。

产和单独计价入账的土地不得计提折旧。

②小企业应当按照年限平均法（即直线法）计提折旧。

③小企业的固定资产由于技术进步等原因，确需加速折旧的，可以采用双倍余额递减法和年数总和法。

（二）研发费用税收加计扣除税会差异

1. 研发费用税前加计扣除基本规定

企业所得税法规定，企业为开发新技术、新产品、新工艺发生的研究开发费用，未形成无形资产计入当期损益的，在按照规定据实扣除的基础上，按照研究开发费用的50%加计扣除；形成无形资产的，按照无形资产成本的150%摊销。①

2. 研发费用会计基本规定

企业的研发费用支出按实际发生额列入成本（费用）。

3. 研发费用税前加计扣除税会差异要点

会计上的“研发费用”与税法中的“税前扣除研发费用”“税前加计扣除研发费用基数”三项内容的口径、金额不完全相同。

（三）计征房产税房屋原值税会差异

房屋原值既反映房屋的价值又是房产税的计税基础之一，但二者的构成计算略有不同。

1. 计征房产税房屋原值组成的特殊规定

对按照房产原值计税的房产，无论会计上如何核算，计税的房产原值均应包含地价，即包括为取得土地使用权支付的价款、开发土地发生的成本费用等。

另外，当宗地容积率低于0.5时，应按房产建筑面积的2倍计算土地面积并据此确定计入房产原值的地价。

2. 房产原值计量的会计规定

企业在取得的土地使用权资产上“自行开发建造厂房等建筑物，相关的土地使用权与建筑物应当分别进行处理（核算）”。即通常情况下，会计上的房产原值不含地价。

3. 房产原值税会差异要点

计征房产税的房产原值包含土地价款，通常情况下的会计房产原值不含地价。

（四）视同销售业务收入税会差异

视同销售是税收概念，是指对部分在会计上不作为收入核算，但根据各税种

---

① 目前，加计扣除比例已提高到75%或100%。

的相关规定，属于相关税种的计税收入（计税基础）的业务（项目），在计算相关税种税额时将其纳入税种的计税额（计税基础）的行为。如企业所得税视同销售业务，即对企业发生的部分非日常活动，如将外购的货物用于职工福利等，在会计上不作为销售（收入）处理，而在税收上要按视同销售确定收入。

1. 企业所得税视同销售业务的规定

根据企业所得税政策规定，企业下列情形下将资产移送他人的，应按规定视同销售确定收入：

（1）用于市场推广或销售；

（2）用于交际应酬；

（3）用于职工奖励或福利；

（4）用于股息分配；

（5）用于对外捐赠等。

2. 视同销售税会差异要点

视同销售就是会计上不作为销售核算，而在税收上要作为收入（计税依据）核算，这就是视同销售税会差异产生的根本原因。

（五）代理人销售收入税会差异

1. 增值税销售额确认政策

（1）增值税的销售额为纳税人发生应税销售行为收取的全部价款和价外费用，但是不包括收取的销项税额。

（2）纳税人发生应税销售行为的增值税纳税义务发生时间，为收讫销售款项或者取得索取销售款项凭据的当天；先开具发票的，为开具发票的当天。

2. 企业所得税收入确认政策

（1）企业以货币形式和非货币形式从各种来源取得的收入，为收入总额。包括：销售货物收入，提供劳务收入，转让财产收入，股息、红利等权益性投资收益，利息收入，租金收入，特许权使用费收入，接受捐赠收入和其他收入等。

（2）《A100000 中华人民共和国企业所得税年度纳税申报表（A 类）》填报说明明确，第 1 ~ 13 行参照国家统一会计制度规定填写。该表是在纳税人会计利润总额的基础上，加减纳税调整等金额后计算出“纳税调整后所得”。会计与税法的差异（包括收入类、扣除类、资产类等差异）通过《纳税调整项目明细表》（A105000）集中填报。

3. 代理人身份会计收入确认政策

（1）企业在向客户转让商品前能够控制该商品的，企业为主要责任人，应当按照已收或应收对价总额确认收入。

（2）企业在向客户转让商品前不能够控制该商品的，企业为代理人，应当按照预期有权收取的佣金或手续费的金额确认收入。即该金额应当按照已收或应收对价总额扣除应支付给其他相关方的价款后的净额，或者按照既定的佣金金额或比例等确定。

4. 代理人身份确认收入税会差异要点

企业所得税申报表中的“营业收入”“营业成本”和“利润总额”等栏次数据与利润表中的数据相同。由于代理人身份的会计收入按净额确认，因此会产生差异。

此项税会差异仅在执行企业会计准则的企业中产生。

（六）不能区分商品和服务费销售收入税会差异

1. 带服务商品销售业务企业所得税收入确认政策

企业所得税法明确，在商品售价内可区分的服务费，在提供服务的期间分期确认收入。即对不能区分商品和服务费收入的业务应按全额计为商品销售收入。

2. 带服务商品销售业务会计收入确认政策

新收入准则明确，在合同开始日，企业应当对合同进行评估，识别该合同所包含的各单项履约义务。因此，带服务的商品销售业务在新收入准则中属于“一项销售分为多项履约义务”业务，应确定各单项履约义务是在某一时段内履行，还是在某一时点履行，然后，在履行了各单项履约义务时分别确认收入。

3. 不能区分服务和商品销售业务税会差异要点

税会差异要点是在服务收入的确认时间上税会不同。

（1）企业所得税：带服务的商品销售业务，在商品售价内不可区分的服务费，在将商品所有权相关的主要风险和报酬转移给购货方时确认企业所得税收入。

（2）会计：执行企业会计准则的企业，发生带服务的商品销售业务时，在各项履约义务完成时确认会计收入。

此项税会差异仅在执行企业会计准则的企业中产生。

（七）附有销售退回条款销售收入税会差异

企业将商品转让给客户之后，可能会因为各种原因允许客户选择退货（如客户对所购商品的款式不满意等）。附有销售退回条款的销售，是指客户依照有关合同有权退货的销售方式。

1. 销售退回业务增值税销售额确认政策

（1）增值税一般纳税人因销售货物退回而退还给购买方的增值税税额，应从发生销售货物退回当期的销项税额中扣减。

一般纳税人销售货物或者应税劳务，开具增值税专用发票后，发生销售货物退回等情形，应按国家税务总局的规定开具红字增值税专用发票。未按规定开具红字增值税专用发票的增值税税额不得从销项税额中扣减。

（2）增值税小规模纳税人因销售货物退回退还给购买方的销售额，应从发生销售货物退回当期的销售额中扣减。

2. 销售退回业务企业所得税收入确认政策

企业因售出商品质量、品种不符合要求等原因而发生的退货属于销售退回。

企业已经确认销售收入的售出商品发生销售退回的，应当在发生当期冲减当期销售商品收入。

3. 销售退回业务会计收入核算政策

对于附有销售退回条款的销售，企业应当在客户取得相关商品控制权时，按照因向客户转让商品而预期有权收取的对价金额（即不包含预期因销售退回将退还的金额）确认收入，按照预期因销售退回将退还的金额确认负债。

4. 销售退回业务收入税会差异要点

销售退回业务收入税会差异要点是税会对处理退回金额冲减收入（销售额）的时点等不同步。

此项税会差异产生的原因是新收入准则修改了收入计量原则，而增值税、企业所得税并未同步调整相关政策。因此，此项税会差异仅在执行企业会计准则的企业中产生。

（八）经营租赁承租人租赁成本税会差异

经营租赁承租人的租赁成本主要体现为租金费用等支出。

1. 经营租赁成本企业所得税税前扣除规定

（1）企业以经营租赁方式租入固定资产发生的租赁费支出，按照租赁期限均匀扣除。

（2）在计算应纳税所得额时，企业财务、会计处理办法与税收法律、行政法规的规定不一致的，应当依照税收法律、行政法规的规定计算。

2. 经营租赁成本列支会计处理规定

（1）在租赁期开始日后，承租人应当参照《企业会计准则第 4 号——固定资产》有关折旧的规定，对使用权资产计提折旧。

（2）承租人能够合理确定租赁期届满时取得租赁资产所有权的，应当在租赁资产剩余使用寿命内计提折旧。无法合理确定租赁期届满时能够取得租赁资产所有权的，应当在租赁期与租赁资产剩余使用寿命两者孰短的期间内计提折旧。

3. 经营租赁成本税会差异要点

税会差异的主要项目为租赁成本的组成项目和计量方法不同。

在会计上，经营租赁的承租人要对租入的租赁物（短期租赁和低价值资产租赁除外）按资产进行财务管理，并且“应当参照《企业会计准则第 4 号——固定资产》有关折旧规定，对使用权资产计提折旧”。租赁物的折旧额是租赁的成本（费用）项目之一。

在企业所得税上，当期的应付租金是租赁的计税基础。

另外，租赁业务中发生的“初始直接费用”“或有租金”“利息费用”等税会列支时间也存在差异。

此项税会差异仅在执行企业会计准则的企业中产生。

二、难点解析

（一）固定资产税务加速折旧税会差异

1. 固定资产税务加速折旧含义

税务上的固定资产加速折旧，是指允许税前扣除的固定资产折旧额可以高于按税法规定的最低折旧年限计算的折旧额。其主要特点是，在固定资产使用的初期允许税前扣除的折旧额多于后期允许税前扣除的折旧额。

2. 对固定资产实行税务加速折旧的原因

按照《企业所得税法》及其实施条例规定，固定资产应按照不短于税法规定的最低折旧年限计算折旧额并在税前扣除。为顺应新技术革命潮流，推动我国经济向中高端水平迈进，自 2014 年以来，国家先后出台并逐步完善了一系列固定资产加速折旧政策，加大企业购置设备器具等的税前扣除金额，减少前期的应纳税额，通过减轻税负引导企业加快设备更新、科技研发创新，扩大制造业投资，促进大众创业。

3. 固定资产税务加速折旧的主要方法

目前，税务上的固定资产加速折旧方法主要有三种：一是对购置的符合条件固定资产一次性税前扣除，二是对符合条件的企业新购进的固定资产缩短税法规定的最低折旧年限计提税务折旧额并在税前扣除，三是对符合条件的企业新购进的固定资产采取加速折旧计算法计提税务折旧额并在税前扣除。

（1）固定资产一次性税前扣除法，是指在购进固定资产投入使用的次月的所属年度，允许一次性计入当期税收成本、费用并在计算应纳税所得额时扣除，不再分年度计算税收折旧额。主要适用范围为部分行业企业新购置的非不动产固定资产，如仪器、设备等。

（2）固定资产缩短税法规定的最低折旧年限法，是指按不低于《企业所得税法实施条例》第六十条规定的最低折旧年限的60%计算的固定资产的折旧并在计算应纳税所得额时扣除。适用范围为部分行业企业新购置的所有固定资产。

（3）固定资产采取加速折旧计算方法，是指按双倍余额递减法或者年数总和法计算固定资产的折旧额并在计算应纳税所得额时扣除。适用范围为所有行业企业新购置的固定资产。

4. 不是所有的固定资产税务加速折旧都会产生税会差异

根据前面的税收政策、会计政策介绍可以发现，对固定资产而言，税务上有加速折旧政策，会计上也有加速折旧政策，但二者既有联系更有区别。

（1）二者有联系的地方。

一是固定资产的范围基本相同。

企业所得税法中，固定资产是指企业为生产产品、提供劳务、出租或者经营管理而持有的、使用时间超过12个月的非货币性资产，包括房屋、建筑物、机器、机械、运输工具以及其他与生产经营活动有关的设备、器具、工具等。

企业会计准则中，固定资产是指同时具有以下两个特征的有形资产：

一个特征是为生产商品、提供劳务、出租或经营管理而持有的；另一个特征是使用寿命超过一个会计年度。使用寿命，是指企业使用固定资产的预计期间，或者该固定资产所能生产产品或提供劳务的数量。

二是二者使用的固定资产折旧方法中的“加速折旧方法”相同。这里的“加速折旧方法”仅指使用双倍余额递减法或者年数总和法。

（2）二者之间的区别，即产生税会差异的地方。

一是“一次性税前扣除”只是税收政策，会计上无此政策，产生税会差异。

二是缩短税务最低折旧年限只是税收政策，会计上无此政策，产生税会差异。

三是采用“加速折旧方法”（仅指双倍余额递减法或者年数总和法折旧方法），是否产生税会差异需根据具体情况判定。

税务上对固定资产采用“加速折旧方法”计提的折旧额（仅指超过常规折旧额的部分）可以税前扣除有较多的限制条件。

会计上可以采用“加速折旧方法”的限制条件较少，对企业的所属行业没有明确限定。因此，会计上可采用“加速折旧方法”的范围要大于税务上的适用范围。固定资产税务、会计折旧规定的区别见表8－1。

表 8-1　　固定资产税务、会计折旧规定的区别

项目	税务政策	会计政策	是否产生税会差异
一次性税前扣除	有	无	是
缩短税务最低折旧年限	有	无	是[注1]
加速折旧方法	有	有	不一定

注1：在特殊情况下，如果企业会计估计确定的固定资产折旧年限与税法规定的最低折旧年限的60%一致，理论上也不产生税会差异。

5. 固定资产加速折旧中的“购进”

固定资产加速折旧中的“购进”，包括以货币形式购进和自行建造两种取得方式，不包括融资租入、接受捐赠、接受投资、非货币性资产交换、债务重组等取得方式。

将自行建造也纳入享受优惠的范围，主要是考虑到自行建造固定资产所使用的材料实际也是购进的，因此把自行建造的固定资产也看作是“购进”的。

6. 加速折旧固定资产的购进时点确认

（1）以货币形式购进的固定资产，按发票开具时间确认。其中以分期付款或赊销方式购进的固定资产，按固定资产到货时间确认。

（2）自行建造的固定资产按竣工结算时间确认。

7. 固定资产“新购进”规定

“新购进”的固定资产，包括购进已使用的固定资产。“新购进”不是仅指新购进全新的固定资产，也包括企业购进的使用过的固定资产。

8. 企业国民经济行业归属的判断

企业主营业务国民经济行业归属，为企业新购置的固定资产投入使用当年主营业务收入中占收入总额比例超过50%的行业。收入总额是指《企业所得税法》第六条规定的收入总额。

如某制造业企业，2022年12月购置机器设备一台，单价400万元，2023年1月投入使用。该企业主营业务为家电制造、技术服务等。如果该企业2023年度主营业务收入中制造业收入占企业收入总额50%（不含）以上，则该企业2023年属于新购置固定资产可一次性扣除的制造业企业。

另外，国家有关部门调整国民经济行业分类的，按调整后的行业分类判断企业的所属行业。

9. 一次性税前扣除所属年度的确认

《企业所得税法实施条例》规定，企业应当自固定资产投入使用月份的次月起计算折旧。固定资产一次性税前扣除政策是固定资产折旧税前扣除的一种特殊方式，因此，其税前扣除的时点应与固定资产计算折旧的处理原则保持一致。如某企业于2022年12月购进了一项单位价值为400万元的设备并投入使用，则该设备可在2023年度汇算清缴时或2023年1月（或第一季度）预缴申报时一次性税前扣除。

10. 固定资产单位价值的确定

“单位价值”是单项资产的价值。单位价值的计算方法与《企业所得税法实施条例》第五十八条规定的固定资产计税基础的计算方法保持一致。即以货币形式购进的固定资产，以购买价款和支付的相关税费以及直接归属于使该资产达到预定用途发生的其他支出确定单位价值；自行建造的固定资产，以竣工结算前发生的支出确定单位价值。如果纳税人批量购入设备、器具，只要单项资产价值不超过限额（如500万元）的，即可享受一次性税前扣除优惠政策。

另外，在具体判断固定资产的单位价值时，还要考虑增值税因素。单位价值是否包含增值税税额，不同类型增值税纳税人有不同的判定方法。小规模纳税人因不得抵扣进项税额，取得资产的增值税计入资产价值，即此时的单位价值是含税价格。而一般纳税人购入资产的价值是否包含增值税需区分不同情形，如取得合法有效的扣税凭证并按规定进行认证抵扣了进项税额，则该固定资产的单位价值不含增值税税额；如取得增值税普通发票或虽取得合法有效的扣税凭证但纳税人放弃抵扣的，则该固定资产的单位价值包含增值税税额。

11. 会计上对固定资产税务加速折旧额的处理

《国家税务总局关于企业所得税应纳税所得额若干问题的公告》（国家税务总局公告2014年第29号）第五条第（四）项规定，“企业按税法规定实行加速折旧的，其按加速折旧办法计算的折旧额可全额在税前扣除”。因此，无论企业在会计处理上是否采取加速折旧方法，都不影响企业享受加速折旧税收优惠政策，即企业在享受固定资产加速折旧税收优惠政策时，不需要会计上也同时采取与税收上相同的折旧方法。

税务上仅有的固定资产加速折旧不需要进行会计处理，但企业按会计政策确定加速折旧政策应进行会计核算。

（二）研发费用税收加计扣除税会差异

企业研发费用（也称“技术开发费”），是指企业在产品、技术、材料、工艺、标准的研究、开发过程中发生的各项费用。

1. 允许加计扣除研发费用的范围

（1）直接从事研发活动人员人工费用（工资薪金及“五险一金”）。

（2）研发活动直接投入费用。

（3）用于研发活动的仪器、设备的折旧费。

（4）用于研发活动无形资产的摊销费用。

（5）新产品设计费、新工艺规程制定费、新药研制的临床试验费、勘探开发技术的现场试验费。

（6）与研发活动直接相关的其他费用。此项费用总额不得超过前 5 项可加计扣除研发费用总额的 10%。

（7）限比例的境外委托研发费用支出和应实际分摊的合作研发费用支出。

2. 不可税前加计扣除的技术费用支出范围

（1）企业产品（服务）的常规性升级。

（2）对某项科研成果的直接应用，如直接采用公开的新工艺、材料、装置、产品、服务或知识等。

（3）企业在商品化后为顾客提供的技术支持活动。

（4）对现存产品、服务、技术、材料或工艺流程进行的重复或简单改变。

（5）市场调查研究、效率调查或管理研究。

（6）作为工业（服务）流程环节或常规的质量控制、测试分析、维修维护。

（7）社会科学、艺术或人文学方面的研究。

（8）企业取得作为不征税收入处理的财政性资金用于研发活动所形成的费用或无形资产，不得计算加计扣除或摊销。

（9）不允许企业所得税前扣除的费用和支出项目。

（10）已计入无形资产但不属于允许加计扣除研发费用范围的摊销额。

3. 研发费用加计扣除对会计核算的基本要求

（1）研发费用加计扣除政策仅适用于会计核算健全、实行查账征收并能够准确归集研发费用的居民企业。

（2）对研发活动和非研发活动（如生产经营等）共同发生的人员费用、设备费用、材料费用、无形资产摊销等费用应分别核算，准确、合理归集各项费用支出，对划分不清的，不得实行加计扣除。

另外，企业研发费用的主要财务、会计政策包括《财政部关于企业加强研发费用财务管理的若干意见》（财企〔2007〕194 号）和《企业会计准则第 6 号——无形资产》《小企业会计准则》等。

4. 会计上无须对研发费用加计扣除事项进行会计处理

对研发费用税前加计扣除是企业所得税政策，会计上无须进行直接的会计处理。

5. 研发费用归集的税会差异点

（1）会计上的研发费用，根据会计政策核算统计，执行企业会计政策。

（2）研发费用税前扣除额，根据企业所得税法律法规确认，执行企业所得税的基本税收成本、费用支出政策。

（3）研发费用税前加计扣除额，根据企业所得税法的研发费用税前加计扣除规定确认，执行企业所得税的特别税前扣除政策。

上述三者之间既有联系，又有区别。

理论上讲，研发费用会计额是其他二者的基础，研发费用税前扣除额因受税收政策的限制，应比研发费用会计额小（减少的部分通过纳税调减实现）；由于研发费用税前加计扣除额的归集口径与研发费用会计额、研发费用税前扣除额略有不相同，如自行研发形成的无形资产（假如此无形资产仅用于主营产品制造），研发费用会计额、研发费用税前扣除额中不含形成的无形资产成本，而研发费用加计扣除额基数则包含了形成无形资产成本和形成的无形资产在当年计提的摊销额。

如某制造业企业 2022 年度研发支出 2 000 万元，其中，不符合资本化条件计入利润表中“研发费用”的为 1 000 万元，符合资本化条件转为无形资产的研发支出 1 000 万元，研发支出形成的无形资产的摊销期为 5 年，当年计提会计摊销额 100 万元。由于福利费超支的原因，允许税前扣除的研发费用为 980 万元。假如在没有其他不得税前扣除项目的情况下，该企业 2022 年度税前加计扣除研发费用额为 1 080 万元［（980 + 100）×100%］。

6. 研发人员人工费用的三个口径

（1）会计口径最大。会计口径中，研发人员包括研发管理人员；薪酬包括补充医疗保险、补充养老保险、职工教育经费、福利费、工会经费等。

（2）税前扣除口径与会计口径相同。但应注意补充医疗保险、补充养老保险、职工教育经费、福利费、工会经费等的税务限额调整规定。

（3）加计扣除口径最小。加计扣除口径中，研发人员，指直接从事研发活动人员包括研究人员、技术人员、辅助人员，不包括研发管理人员。职工薪酬中的补充医疗保险、补充养老保险、福利费计入其他费用中，不包括工会经费、职工教育经费等。

工资薪金包括按规定可以在税前扣除的对研发人员股权激励的支出。

直接从事研发活动的人员、外聘研发人员同时从事非研发活动的，企业应对其人员活动情况做必要记录，并将其实际发生的相关费用按实际工时占比等合理方法在研发费用和生产经营费用间分配，未分配的不得加计扣除。

7. 研发过程中产出的产品或副产品对外销售的处理规定

（1）会计处理政策

自 2022 年 1 月 1 日起，企业将研发过程中产出的产品或副产品对外销售（以下统称试运行销售）的，应当按照新收入准则、《企业会计准则第 1 号——存货》等规定，对试运行销售相关的收入和成本分别进行会计处理，计入当期损益，不应将试运行销售相关收入抵销相关成本后的净额冲减研发支出。试运行产出的有关产品或副产品在对外销售前，符合《企业会计准则第 1 号——存货》规定的应当确认为存货，符合其他相关企业会计准则中有关资产确认条件的应当确认为相关资产。判断属于日常活动的，在“营业收入”“营业成本”科目中核算和列报，属于非日常活动的，在“资产处置收益”等项目列示。

（2）税务处理政策

企业研发活动直接形成产品或作为组成部分形成的产品对外销售的，研发费用中对应的材料费用不得加计扣除。产品销售与对应的材料费用发生在不同纳税年度且材料费用已计入研发费用的，可在销售当年以对应的材料费用发生额直接冲减当年的研发费用，不足冲减的，结转以后年度继续冲减。

8. 固定资产折旧的三个口径

固定资产折旧的会计口径、税前扣除口径和税前加计扣除口径这三个口径中有两个口径不同。

一是房屋建筑物固定资产折旧费，可以税前扣除，但不得加计扣除。

二是新购置的仪器、设备用于研发的，可以一次性税前扣除，但不得加计扣除（另有明确规定的除外）。

用于研发活动的仪器、设备，同时用于非研发活动的，企业应对其仪器设备使用情况做必要记录，并将其实际发生的折旧费按实际工时占比等合理方法在研发费用和生产经营费用间分配，未分配的不得加计扣除。企业用于研发活动的仪器、设备，符合税法规定且选择加速折旧优惠政策的，在享受研发费用税前加计扣除政策时，就税前扣除的折旧部分计算加计扣除。

9. 研发活动无形资产摊销的口径

用于研发活动的无形资产，同时用于非研发活动的，企业应对其无形资产使用情况做必要记录，并将其实际发生的摊销费按实际工时占比等合理方法在研发费用和生产经营费用间分配，未分配的不得加计扣除。

用于研发活动的无形资产，符合税法规定且选择缩短摊销年限的，在享受研发费用税前加计扣除政策时，就税前扣除的摊销部分计算加计扣除。

10. 其他相关研发费用的计算

其他相关研发费用总额不得超过除其他相关研发费用之外允许加计扣除研发费用总额的 10%。

自 2021 年度起，企业在一个纳税年度内同时开展多项研发活动的，由原来按照每一研发项目分别计算"其他相关费用"限额，改为统一计算全部研发项目"其他相关费用"限额。

"其他相关费用"的限额计算公式为：

$$\text{全部研发项目的其他相关费用限额} = \text{全部研发项目的人员人工等五项费用之和} \times 10\% / (1-10\%)$$

"人员人工等五项费用"是指《财政部　国家税务总局　科技部关于完善研究开发费用税前加计扣除政策的通知》(财税〔2015〕119 号）第一条第（一）项"允许加计扣除的研发费用"第 1 目至第 5 目费用，包括"人员人工费用""直接投入费用""折旧费用""无形资产摊销"和"新产品设计费、新工艺规程制定费、新药研制的临床试验费、勘探开发技术的现场试验费"。

当"其他相关费用"实际发生数小于限额时，按实际发生数计算税前加计扣除额；当"其他相关费用"实际发生数大于限额时，按限额计算税前加计扣除额。

11. 委托境外进行研发活动支出扣除规定

自 2018 年 1 月 1 日起，委托境外进行研发活动（不包括委托境外个人进行的研发活动）支出可以加计扣除。

委托境外进行研发活动应签订技术开发合同，并由委托方到科技行政主管部门进行登记。

（三）计征房产税房屋原值税会差异

房产原值是一个典型的税（房产税）会差异事项。差异要点是，会计上的房产原值不含土地使用权价值，房产税计税依据中的房产原值要包含土地使用权价值。

1. 房产原值会计计量政策的调整过程

20 世纪 90 年代土地实行有偿使用后，企业会计制度明确要对土地进行价值核算：企业买地建房的，需要把有关地价结转到固定资产房屋的价值中；直接购买房地产的，按买价计入固定资产。因此，在执行《企业会计制度》时期，房屋原值中包含地价。

执行《企业会计准则》《小企业会计准则》后，企业在取得的土地使用权上自行开发建造厂房等建筑物的，建筑物的原值不含土地使用权价值。如 2006 年 1 月 1 日开始执行的《〈企业会计准则第 6 号——无形资产〉应用指南》规定，在取得的土地使用权资产上“自行开发建造厂房等建筑物，相关的土地使用权与建筑物应当分别进行处理”。《小企业会计准则》也有相同的规定。

2. 房产税的房产原值构成和计量

税法规定，对按照房产原值计税的房产，无论会计上如何核算，计税的房产原值均应包含地价，即包括为取得土地使用权支付的价款、开发土地发生的成本费用（如拆迁补偿费、规划设计、勘探费、“七通一平”费用）等。另外，当宗地容积率低于 0. 5 时，应按房产建筑面积的 2 倍计算土地面积并据此确定计入房产原值的地价。

3. 宗地和容积率含义

（1）宗地是土地权属界址线围成的地块，是土地登记和地籍调查的基本单位。通常一宗土地为一个权属单位。

（2）容积率，是指一宗土地上建筑物（不含地下建筑物）总建筑面积与该宗土地面积之比，是反映土地使用强度的指标。

（3）建筑面积，是指建筑物各层水平平面面积的总和，其计算范围必须包含有永久性顶盖但无围护结构的站台、加油站、收费站等，但独立的烟囱、烟道、地沟、油罐等不计算建筑面积。加油站的加油罩棚虽不征收房产税，但需要用其建筑面积计算容积率。

4. 宗地容积率低于 0. 5 按房产建筑面积的 2 倍计算土地价值的原因

从 2007 年 1 月 1 日开始，部分企业开始执行《企业会计准则》，企业可将土地单独进行会计核算，据此，买地建房的企业地价就不再计入房产原值，使得适用不同会计制度的企业，由于会计处理不同，在纳税人之间产生了税负不公，并且还出现了将已计入房产原值的地价剥离出来的情形。为维护税收公平，2010 年国家出台了《财政部　国家税务总局关于安置残疾人就业单位城镇土地使用税等政策的通知》（财税〔2010〕121 号），规定：“对按照房产原值计税的房产，无论会计上如何核算，房产原值均应包含地价，包括为取得土地使用权支付的价款、开发土地发生的成本费用等。宗地容积率低于 0. 5 的，按房产建筑面积的 2 倍计算土地面积并据此确定计入房产原值的地价。”

地随房走、房依地建，房屋和土地是不可分割的，按照当时的《中华人民共和国物权法》《中华人民共和国城市房地产管理法》等规定的“房地一致”原则，应将房产用地的价值计入房产原值征收房产税，这在一定程度上提高了土地利用成本，有利于促进节约集约用地。由于现行房产税计税依据为房产“原值”，为保持房、地价值计量口径的一致，计入房产原值的土地也应是“原值”。为此，规定计入房产原值的地价是指为取得土地使用权支付的价款、契税和开发土地发生的成本费用等。

另外，考虑到将地价计入房产原值后，部分行业企业，如仓储、物流企业等由于生产经营的特殊性，占地面积大，可能税负增加较多，对这类“大地小房”的情况须给予一定照顾，允许其只将部分土地的地价计入房产原值征税。参考国土资源部（现为自然资源部）《工业项目建设用地控制指标》（国土资发〔2008〕24 号），最终将宗地容积率 0. 5（工业用地最低容积率）作为界定“大地小房”的标准。宗地容积率低于 0. 5 的属于“大地小房”，可仅将部分土地的地价计入计税房产原值，计入的土地面积按应税房产建筑面积的 2 倍计算，宗地容积率高于 0. 5 的，将全部低价计入计税房产原值。

5. 将地价计入房产原值计征房产税与土地征收城镇土地使用税不属于重复缴税

在制定《财政部　国家税务总局关于房产税城镇土地使用税有关问题的通知》（财税〔2008〕152 号）时，财政部、国家税务总局曾与国务院有关立法部门进行了沟通。相关部门认为，房产税与城镇土地使用税在调节目的、税种属性等方面均不相同，将地价计入房产原值与征收城镇土地使用税并不矛盾。

6. 几种特殊情形的土地价款计入房产原值政策

（1）划拨土地不需要计入房产原值。目前，仍有部分企业（主要是老的国有企业）的土地是国家划拨的，取得土地时没有支付成本。随着国有企业改制，部分划拨土地虽以国家授权经营、作价入股等方式对土地进行了价值评估，但这种评估价值不属于取得土地使用权支付的价款，不需要计入房产原值。

（2）土地价值应在不同建设期的房产中分摊。如果一宗土地上既有已经建成并投入使用的房产，又有在建或规划建设的房产，在将土地价值计入房产原值征收房产税时，在建房产和待建房产尚未建成使用的，按照现行房产税有关规定不属于应税房产，不应当缴纳房产税，其占用土地的价值也不应该作为房产税的计税依据缴税。因此，该宗土地的地价，应按照建成和在建（包括待建）房产的建筑面积比例进行分摊。其中：建成房产所分摊的土地价值应计入房产原值征收房产税；在建和待建房产分摊的土地价值，待房产建成后再计入房产原值征收房产税。

(3) 非应税建筑物所占土地的价值应予以扣除。现行房产税政策明确，独立于房屋之外的建筑物，如游泳池、烟囱、水塔等，不属于房产，不是房产税的征税对象，其所占用土地的价值也不应该计入应税房产的原值征收房产税。因此，在计算应计入房产原值的地价时，应将非房产税征税对象的建筑物所占的土地价值进行扣除。

(4) 土地价值应包括支付的契税。纳税人购买土地所缴纳的契税属于地价的组成部分，应计入房产原值计征房产税。

(5) 当宗地容积率大于或等于0.5时地价应全部计入房产原值。当宗地容积率低于0.5的，按房产建筑面积的2倍计算土地面积并据此确定计入房产原值的地价；当宗地容积率等于或高于0.5的，一律将地价全额计入房产原值计征房产税，包括为取得土地使用权支付的价款、开发土地发生的成本费用等。

如甲工厂有一宗土地，占地20 000平方米，每平方米平均地价1万元，该宗土地上房屋建筑面积8 000平方米，通过计算可知该宗地容积率为0.4（8 000 ÷ 20 000），因此，计入房产原值的地价 = 应税房产建筑面积 ×2 × 土地单价 = 8 000平方米 ×2 ×1万元/平方米 = 16 000（万元）。

再如，乙企业以8 000万元购置了一宗建筑面积为5 000平方米的房地产，其中，该宗土地面积1 000平方米，地价为2 000万元，通过计算可知宗地容积率为5，因此，应将全部地价2 000万元计入房产原值计征房产税（计税房产原值为8 000万元）。

(6) 房屋的装修改建费用要计入计税房产原值。通常情况下，为了满足特殊的使用需要一般要对现有的房屋进行改建、装修。以房屋为载体、不可随意移动的附属设备和配套设施的改建、装修费，应计入房产原值计算缴纳房产税。

(四) 视同销售业务收入税会差异

企业所得税中的视同销售种类比较多，本节以企业将外购商品用于职工福利业务作为代表介绍视同销售收入的税会差异。

1. 企业将外购商品用于职工福利业务财务会计政策

新收入准则和《小企业会计准则》规定，企业将外购的商品（如月饼等）发给职工，不是企业的“日常活动”、不会导致所有者权益增加，不作销售处理，不计入营业收入。

(1)《企业财务通则》规定，企业将商品（含外购和自产）分发给企业的职工，属于企业的非货币性福利支出。

（2）根据《企业会计准则》和《小企业会计准则》的规定，在会计上，对此项业务企业应按非货币性福利费处理，应通过“库存商品”“应付职工薪酬——福利费”等科目核算，分别计入“生产成本”“制造费用”“管理费用”“销售费用”等损益科目。账务处理分别为：

购进月饼时：

借：库存商品——月饼/应付职工薪酬——非货币性福利

　　应交税费——应交增值税（进项税额）（如果取得增值税专用发票）

　　贷：银行存款/库存现金/应付账款等

发放购进的月饼时（结合前面的账务处理）：

借：应付职工薪酬——非货币性福利

　　贷：库存商品

　　　　应交税费——应交增值税（进项税额转出）

月末计算职工薪酬时：

借：生产成本/制造费用/管理费用/销售费用等

　　贷：应付职工薪酬——非货币性福利

需要注意，在上述各环节中，企业应按公允价值对发放的月饼价值进行计量，由于企业并不生产月饼，可将月饼的购买价作为公允价值。

2. 企业将外购商品用于职工福利税收政策

（1）增值税（不视同销售）

企业将外购商品分发给企业职工的行为，属于用于职工福利的行为，增值税不属于视同销售，其进项税额不得抵扣。如果取得了增值税专用发票，并进行了发票认证，需要在发放时将进项税额转出，将转出的进项税额计入商品的采购成本中。

（2）个人所得税

企业员工分得的月饼，应按公允价值（含增值税税额）计入员工的“工资薪金所得”项目中，由企业在发放的月份随同工资一同代扣代缴个人所得税。

（3）企业所得税

企业将资产用于职工奖励或福利的，因资产所有权属已发生改变，应按公允价值确定视同销售收入额并计算视同销售成本。

3. 视同销售业务在增值税方面常见的税收风险

将外购商品用于职工福利，在增值税政策适用上的主要风险，是适用进项税额不得抵扣政策还是适用增值税视同销售政策。

按现行增值税政策规定，企业将外购商品分发给企业职工行为属于增值税的“用于个人消费的购进货物”，其取得的“进项税额不得从销项税额中抵扣”，不适用于增值税的视同销售。因此，企业将外购商品分发给企业职工的行为，增值税处理与会计处理一致，不存在税会差异。

4. 在企业所得税方面常见的税收风险

多个案例显示，企业将外购的商品发放给职工，在企业所得税方面常见的税收风险有两个，一是由于税会差异带来的税收风险（未进行视同销售处理），二是发放的货物未按公允价值计量带来的税收风险。

如企业向职工发放月饼的支出，在财务会计上属于职工薪酬——福利费支出，而在企业所得税所得管理方面，向职工发放月饼属于企业所得税的视同销售，在企业所得税年度汇算中需要对该事项进行纳税调整处理。相关政策如下：

（1）企业将资产用于职工福利，应分别适用货物视同销售政策和职工福利费支出税前扣除政策。

（2）企业所得税税收政策规定，企业将资产用于职工福利的，因资产所有权属已发生改变而不属于内部处置资产，应按照被移送资产的公允价值确定视同销售收入。企业为职工卫生保健、生活、住房、交通等所发放的各项补贴和非货币性福利，属于企业所得税的福利费支出。企业发生的职工福利费支出，不超过工资、薪金总额14%的部分准予扣除。

（3）发放货物视同销售收入的确定。《国家税务总局关于企业处置资产所得税处理问题的通知》（国税函〔2008〕828号）第二条规定，企业发生“用于职工奖励或福利”等六种情形的，除另有规定外，应按照被移送资产的公允价值确定销售收入。

5. 对视同销售“公允价值”的理解

对于“公允价值”，《企业会计准则》和企业所得税法分别进行了定义。

《企业会计准则——基本准则》（财政部令第76号修正）第四十二条第一款第（五）项规定，“在公允价值计量下，资产和负债按照市场参与者在计量日发生的有序交易中，出售资产所能收到或者转移负债所需支付的价格计量”。

企业所得税法明确，“公允价值，是指按照市场价格确定的价值”。

尽管二者的表述略有不同，但基本原则是一致的，“公允价值”即业务发生时资产的“市场价格”。

“公允价值”即业务事项交易日的市场交易价格。以一个电子器件制造企业发放月饼为例，由于月饼是从市场中购买的，因此，发放月饼的“公允价值”就是买价（含购买的费用等）。其原因，一是月饼的购买和发放的相距时间较短，二是企业不生产月饼没有同期同类产品的销售价格进行比较。因此，企业采用购买价作为发放月饼计入职工薪酬——福利费的“公允价值”是合理的。

另外，需要注意，如果是食品制造企业将自己生产的月饼发放给职工的，发放的月饼在会计上按销售处理，不存在税（企业所得税）会差异，不做纳税调整处理，但应按产品的实际成本结转销售成本，通常情况下，销售收入与销售成本不相等。

（五）代理人销售收入税会差异

新收入准则将商品的销售人分为主要责任人和代理人两种类型。不同身份的销售人，在会计上确认商品销售收入额的方法不同。

新收入准则明确，代理人按净额法确认收入。因此，按代理人身份确认销售货物的会计收入与增值税销售额、企业所得税收入存在税会差异。

1. 认定商品销售人代理人身份的原则

当企业向客户销售商品涉及其他方参与其中时，企业应当确定其自身在该交易中的身份是主要责任人还是代理人。企业在判断其是主要责任人还是代理人时，应当根据其承诺的性质，也就是履约义务的性质，确定企业在某项交易中的身份是主要责任人还是代理人。

企业承诺自行向客户提供特定商品的，其身份是主要责任人；企业承诺安排他人提供特定商品的，即为他人提供协助的，其身份是代理人。

2. 代理人销售商品收入的确认原则

企业在向客户转让商品前不能够控制该商品的，企业为代理人，应当按照预期有权收取的佣金或手续费的金额确认收入。即该金额应当按照已收或应收对价总额扣除应支付给其他相关方的价款后的净额，或者按照既定的佣金金额或比例等确定。

企业财务报表（利润表）的“营业收入”项目反映企业销售商品和提供劳务所实现的收入总额，应根据“主营业务收入”“其他业务收入”科目的发生额合计填列。

3. 销售代理人的增值税销售额确认政策

《增值税暂行条例》规定，销售额为纳税人发生应税销售行为收取的全部价款和价外费用，但是不包括收取的销项税额。价外费用包括价外向购买方收取的手续费、补贴、基金、集资费、返还利润、奖励费、违约金、滞纳金、延期付款利息、赔偿金、代收款项、代垫款项、包装费、包装物租金、储备费、优质费、运输装卸费以及其他各种性质的价外收费。

纳税人发生应税销售行为的增值税纳税义务发生时间，为收讫销售款项或者取得索取销售款项凭据的当天；先开具发票的，为开具发票的当天。

通常情况下，增值税一般纳税人的“一般项目”当期增值税销售额等于开具增值税专用发票额、开具其他发票额、未开具发票额和纳税检查调整额之和。

注意要点：每个申报所属期的增值税销售额都应按纳税义务发生时间确定，没有开具发票的也应按纳税义务发生时间确定。对当期没有开具发票已申报的销售额，在后期开具发票时可在“未开具发票额”项中按补开发票金额填报负数。填报的负数的绝对值不得大于此前各期“未开具发票额”的合计额。

4. 企业所得税收入的确认原则

企业以货币形式和非货币形式从各种来源取得的收入，为收入总额。包括：销售货物收入，提供劳务收入，转让财产收入，股息、红利等权益性投资收益，利息收入，租金收入，特许权使用费收入，接受捐赠收入和其他收入等。

企业所得税的预缴申报表和年度纳税申报表中的“营业收入”“营业成本”等栏次根据企业当期利润表中相应栏次数据填报。因此，“营业收入”“营业成本”和“利润总额”栏次数据，企业所得税申报表数据与利润表数据是相同的。

对于存在的收入额税会差异应通过纳税调整的方式处理。

5. 下列企业通常会被确认为销售代理人身份

（1）与品牌商品供应商合作经营模式的百货公司。

（2）互联网销售平台公司。

（3）商品销售代理公司等。

（六）不能区分商品和服务费销售收入税会差异

1. 不能区分服务费的商品销售业务企业所得税收入的确认原则

除《企业所得税法》及其实施条例另有规定外，企业销售收入的确认必须遵循权责发生制原则和实质重于形式原则。

2. 企业销售商品同时满足四个条件才能确认收入的实现

（1）商品销售合同已经签订，企业已将商品所有权相关的主要风险和报酬转移给购货方；

（2）企业对已售出的商品既没有保留通常与所有权相联系的继续管理权，也没有实施有效控制；

（3）收入的金额能够可靠地计量；

（4）已发生或将发生的销售方的成本能够可靠地核算。

上述收入的确认原则与2006年版的《企业会计准则第14号——收入》《企业会计准则第15号——建造合同》和《小企业会计准则》确认会计收入实现原则基本相同，带服务的商品销售业务一般不产生税会差异。

3. “一项销售分为多项履约义务”的会计收入确认原则

新收入准则修订了会计收入的确认原则。

（1）带服务的商品销售业务一般与会计准则上的“一项销售分为多项履约义务”业务相对应，在会计上应根据新收入准则的“在履行了各单项履约义务时分别确认收入”原则处理。

（2）新收入准则中的履约义务，是指合同中企业向客户转让可明确区分商品的承诺。在合同开始日，企业应当对合同进行评估，识别该合同所包含的各单项履约义务，并确定各单项履约义务是在某一时段内履行，还是在某一时点履行，然后在履行了各单项履约义务时分别确认收入。

（3）满足下列条件之一的，属于在某一时段内履行履约义务；否则属于在某一时点履行履约义务：

①客户在企业履约的同时即取得并消耗企业履约所带来的经济利益。

②客户能够控制企业履约过程中在建的商品。

③企业履约过程中所产出的商品具有不可替代用途，且该企业在整个合同期间内有权就累计至今已完成的履约部分收取款项。

（七）附有销售退回条款销售收入税会差异

1. 销售退回的含义

企业将商品转让给客户之后，可能会因为各种原因允许客户选择退货（如客户对所购商品的款式不满意等）。

附有销售退回条款的销售，是指客户依照有关合同有权退货的销售方式。

2. 销售退回业务收入税会差异产生的原因

销售退回业务收入税会差异产生的原因，是新收入准则关于销售退回会计政策发生了变化，即企业发生销售退回由原准则的在实际发生时冲减销售收入变为在销售时按扣除预计的退货金额后的金额确认收入，即将销售退回提前在会计上体现出来。而企业所得税收入确认原则与原收入准则的原则相同，新收入准则实施后企业所得税政策并未随之调整。

多个实务案例显示，销售退回业务收入税会差异税法遵从的难点主要有两个。一是是否所有的销售退回都会产生税会差异，二是预计的退货金额是否合理。

另外，还要重视销售退回在增值税管理中的形式要件——发票的开具。

3. 不是所有的销售退回都会产生税会差异

从税法和会计的处理原理上讲，并不是所有的“附有销售退回条款的销售”都会产生税会差异，是否会产生税会差异取决销售退回的时间点。

对销售退回业务一般应关注四个时间点：一是货物的销售时间点，二是销售退回的时间点，三是资产负债表日（月、季、半年、年度），四是财务报告批准报出日。如图 8－1 所示。

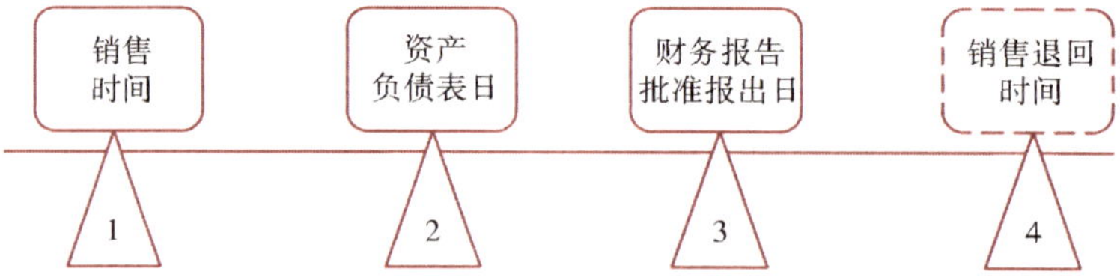

图 8－1　销售退回应关注的四个时间点

（1）当货物的销售时间和销售退回时间发生在同一个月份内（适用按月申报增值税、企业所得税的纳税人，下同）或同一季度内（适用按季度申报增值税、企业所得税的纳税人，下同）的，不产生税会差异；

（2）当货物销售时间和销售退回时间跨月份或季度的，但不跨年度的，则增值税销售额与会计收入产生税会差异，企业所得税不产生税会差异；

（3）当货物的销售时间和销售退回时间跨年度的，但销售退回时间在财务报告批准报出日之前的，企业所得税不产生税会差异；

（4）当销售退回时间发生在财务报告批准报出日之后的，企业所得税会产生税会差异。

4. 预计退货金额的确定

新收入准则规定，对于附有销售退回条款的销售，企业应当在客户取得相关商品控制权时，按照因向客户转让商品而预期有权收取的对价金额（即减去预期因销售退回将退还的金额）确认销售收入，并且在每一个资产负债表日，企业应当重新估计未来的销售退回情况，如有变化应当作为会计估计变更进行会计处理。因此，预期因销售退回将退还的金额将影响企业会计销售收入的确认。

预计退货金额的计量属于会计估计。在产品控制权转移时，企业应根据历史经验、退货情况的历史数据对预计退货金额进行估计。

注意要点：

（1）附有销售退回条款的销售，在客户要求退货时，如果企业有权向客户收取一定金额的退货费，则企业在估计预期有权收取的对价金额时应当将该退货费包括在内（即减去金额不包括应收取的退货费）。

（2）附有销售退回条款的销售，该合同的对价是可变的。如果公司缺乏有关退货情况的历史数据，在合同开始日不能将可变对价计入交易价格，则在产品控制权转移时确认的收入为0。在退货期满后，根据实际退货情况，按照预期有权收取的对价金额确定交易价格。

（3）客户以一项商品换取类型、质量、状况及价格均相同的另一项商品的，不应视为退货。

（4）如果合同约定客户可以将质量有瑕疵的商品退回以换取正常的商品，企业应当按照附有质量保证条款的销售进行会计处理。

5. 销售退回业务的税务处理

在销售退回业务中，冲减增值税销售额的主要依据是发票。因此，企业应根据业务的形式和发票的管理规定，分别采取收回发票联等所有联次并作废、不符合作废规定的开具红字发票方式等处理。没有收回发票作废或开具红字发票的不得冲减增值税销售额。

（1）作废发票。纳税人在开具增值税专用发票当月发生销货退回等情形的，退回的发票联、抵扣联符合作废条件的，按作废处理。在系统中将相应的数据电文按“作废”处理，在纸质增值税专用发票（含未打印的增值税专用发票）各联次上注明“作废”字样，全联次留存。

同时具有下列情形的发票符合作废条件：

①收到退回的发票联、抵扣联，且时间未超过销售方开票当月；

②销售方未抄税且未记账；

③购买方未认证或者认证结果为“纳税人识别号认证不符”“增值税专用发票代码、号码认证不符”。

（2）开具红字发票。增值税一般纳税人开具增值税专用发票后，发生销货退回等情形但不符合发票作废条件，需要开具红字专用发票的，按以下方法处理：

①购买方取得专用发票已用于申报抵扣的，购买方可在增值税发票管理系统中填开并上传《开具红字增值税专用发票信息表》（以下简称《信息表》），在填开《信息表》时不填写相对应的蓝字专用发票信息，应暂依《信息表》所列增值税税额从当期进项税额中转出，待取得销售方开具的红字专用发票后，与《信息表》

一并作为记账凭证。

购买方取得专用发票未用于申报抵扣、但发票联或抵扣联无法退回的，购买方填开《信息表》时应填写相对应的蓝字专用发票信息。

销售方开具专用发票尚未交付购买方，以及购买方未用于申报抵扣并将发票联及抵扣联退回的，销售方可在系统中填开并上传《信息表》。销售方填开《信息表》时应填写相对应的蓝字专用发票信息。

②主管税务机关通过网络接收纳税人上传的《信息表》，系统自动校验通过后，生成带有“红字发票信息表编号”的《信息表》，并将信息同步至纳税人端系统中。

③销售方凭税务机关系统校验通过的《信息表》开具红字专用发票，在系统中以销项负数开具。红字专用发票应与《信息表》一一对应。

提示：

（1）纳税人也可凭《信息表》电子信息或纸质资料到税务机关对《信息表》内容进行系统校验。

（2）税务机关为小规模纳税人代开专用发票，需要开具红字专用发票的，按照一般纳税人开具红字专用发票的方法处理。

（3）纳税人需要开具红字增值税普通发票的，可以在所对应的蓝字发票金额范围内开具多份红字发票。

（4）红字机动车销售统一发票须与原蓝字机动车销售统一发票一一对应。

（八）经营租赁承租人租赁成本税会差异

2018 年版的《企业会计准则第 21 号——租赁》（以下简称新租赁准则）变化的内容较多，经营租赁承租方的会计核算发生了重大变化，由于企业所得税政策没有相应调整，因此，执行新租赁准则后承租方的经营租赁成本产生了税会差异。

1. 租赁资产的初始计量

（1）租赁负债，按照租赁期开始日尚未支付的租赁付款额的现值进行初始计量。

租赁付款额，是指承租人向出租人支付的与在租赁期内使用租赁资产的权利相关的款项。

（2）使用权资产按照成本进行初始计量。主要包括：①租赁负债的初始计量金额；②已支付的租赁付款额，存在租赁激励的，扣除已享受的租赁激励相关金额；③承租人发生的初始直接费用。

初始直接费用，是指为达成租赁所发生的增量成本。

增量成本，是指若企业不取得该租赁，则不会发生的成本。

2. 租赁资产的后续计量

在租赁期开始日后，承租人应当参照固定资产会计准则有关折旧规定，对使用权资产计提折旧。

承租人能够合理确定租赁期届满时取得租赁资产所有权的，应当在租赁资产剩余使用寿命内计提折旧。

3. 承租方经营租赁成本税前扣除规定

（1）企业以经营租赁方式租入固定资产发生的租赁费支出，按照租赁期限均匀扣除。

（2）在计算应纳税所得额时，企业财务、会计处理办法与税收法律、行政法规的规定不一致的，应当依照税收法律、行政法规的规定计算。

对经营租赁承租方产生税会差异的税务处理，与通常税会差异处理原则一样，在预缴所得税时不处理这种差异，仅在进行企业所得税年度纳税时通过填报纳税申报表的纳税调整表完成税会差异的税收合规处理。

4. 租赁成本税会差异产生的原因

新租赁准则修订了经营租赁承租方的会计处理，即对经营租赁也适用原融资租赁的会计处理政策，从而导致企业执行新租赁准则后，经营租赁承租方的会计处理变得复杂。由于2006年版的《企业会计准则第21号——租赁》（以下简称原租赁准则）修订后企业所得税政策并未随之调整，这就产生了税会差异。

5. 承租人经营租赁成本的四个主要税会差异点

（1）“初始直接费用”列支的税会差异；

（2）“租金”列支的税会差异；

（3）“或有租金”处理的税会差异；

（4）利息费用处理的税会差异。

新租赁准则、企业所得税和新租赁准则中经营租赁承租方的税会差异点见表8－2。

表8－2　新旧租赁准则下经营租赁承租方税会差异点

项目	原租赁准则	企业所得税	新租赁准则
租金	在租赁期内各个期间按照直线法计入相关资产成本或当期损益；其他方法更为系统合理的，也可以采用其他方法	租金在租赁期均匀扣除，折旧不得税前扣除	全部“租金”（租赁付款额）计入“使用权资产”，参照固定资产进行折旧摊销

续表

项目	原租赁准则	企业所得税	新租赁准则
初始直接费用	计入当期损益	在实际发生时扣除	计入使用权资产初始价值
或有租金	实际发生时计入当期损益	在实际发生时扣除	计入“使用权资产”“租赁负债”中
利息费用	无	不得税前扣除	计入当期损益

三、风险示例

（一）固定资产税务加速折旧税会差异

【示例情况】

B3公司是一家制造业企业，执行企业会计准则，是增值税一般纳税人，2020年10月通过高新技术企业资质认定，高新技术企业有效期为2020—2022年度。企业的会计处理办法规定，房屋建筑物的折旧年限为15～30年，其中，公司门卫房等折旧年限为15年，残值率为4%，门卫房屋的年折旧率为6.4%［（1－4%）/15］。公司有四个门卫房，账面记载：“固定资产——房屋建筑物——门卫房”账面原值200万元。2022年初，公司对财务核算系统进行了重大升级，2022年4月，公司原办税人员休产假，临时安排一名财务人员负责2021年度企业所得税的汇算工作。5月10日，公司通过电子税务局完成了年度企业所得税的汇算申报工作。5月20日，B3公司的主管税务机关——区税务局第二税务所收到了市局税收大数据和风险管理局下发的税收风险核查任务单：B3公司企业所得税年度申报表《A105080资产折旧、摊销及纳税调整明细表》显示，2021年度“固定资产——房屋、建筑物”原值列数据与上年数据相等，但1行9列“纳税调整金额”2021年度为0，上年为32 000元。请核实。

【法理分析】

税务机关的税收风险提示逻辑及依据有以下两点：

（1）2020年度B3公司“固定资产——房屋、建筑物”行的“纳税调整金额”项目有金额，说明企业可能存在会计政策与企业所得税法律、法规有不一致的地方（主要是资产的计税基础、折旧年限等）。实际的情况也确实如此。通过前面的案例背景资料可以发现，公司制定的门卫房等折旧年限为15年，低于企业所得税法规定的“固定资产——房屋、建筑物”计算折旧的最低年限为20年的规定。因此，企业在2020年度企业所得税年度申报中对由此产生的税会差异进行了纳税调整。

（2）通常，由固定资产折旧年限原因产生的纳税调整是长期的，调整年限一般为该类固定资产的税法最大折旧年限，如房屋、建筑物为 20 年；其他生产设备为 10 年等。因此，税务机关对 B3 公司作出税收风险提示是有逻辑基础的，即企业上年《A105080 资产折旧、摊销及纳税调整明细表》的 1 行 9 列值不等于 0，次年此项值也不应等于 0。

【税务处理】

接到上级转来的税收风险提示后，区局第二税务所的税收管理人员调取了 B3 公司两个年度的企业所得税申报表，提取了相关申报数据并与该企业的财务办税人员取得了联系。在企业前后两名办税人员共同查找下，发现了存在问题的原因，由于新的负责办税人员经验不足，忽视这部分资产存在税会差异，没有填报到纳税申报表中，导致此项内容申报错误。经过税收管理人员的提示，企业对 2021 年度企业所得税进行了补充申报，纠正了此前的错误申报。

补充申报后，企业财务人员将处理结果告知税收管理人员，并表示“非常感谢税务机关的精准税收风险提示，及时发现了企业的税收风险点，防止税收风险的出现”。

此案例是一个非常典型的纳税申报失误导致税收风险案例，在税务机关及时风险提示、企业认真核实下，有效化解了一起由于企业纳税申报不实可能酿成的税收风险。

结合本案例，为了有效控制企业的税收风险，提高纳税人的税法遵从度，对纳税人的纳税申报工作有以下几点建议：

（1）纳税人要重视纳税申报工作，将纳税申报实现纳入企业的内控体系中。

（2）更换企业办税人员时要做好交接手续，将税收台账、固定的纳税调整事项、特别税收处理事项交接清楚。

（3）提前做好纳税申报准备工作，编制本期纳税申报表时要留意上期纳税申报表的特别编制点。

（4）月度纳税申报最好在申报期结束前的 2 ~ 3 天完成申报，如果发现错误可以在申报期内补充申报；企业所得税的年度纳税申报要在申报期结束前的 10 天完成申报，给税务机关提出税收风险留出时间，并充分利用好税收风险提示功能及时纠正失误。

（二）研发费用税收加计扣除税会差异

【示例情况】

B4 公司是一家生产电子元器件的有限公司。2022 年 6 月 B4 公司新购进一台生产和研发共用的检测设备，单价 200 万元（不含增值税），取得发票的开具时间为 2022 年 6 月 25 日，收到设备时间是 7 月 10 日，经过调试，设备于 9 月 15 日投入使用。合同约定货款于 9 月 30 日之前一次付清。此项设备会计折旧年限为 5 年。公司按季度预缴企业所得税。结合公司上半年实际经营情况，财务部门预计全年可实现盈利。根据现行税收政策的规定，公司管理层决定对新购进的检测设备选择执行一次性税前扣除政策。

【法理分析】

（1）B4 公司是否可以对新购进的检测设备选择执行一次性税前扣除政策？

根据业务背景介绍，该公司可以对新购进的检测设备选择执行一次性税前扣除政策。根据《财政部　税务总局关于设备　器具扣除有关企业所得税政策的通知》（财税〔2018〕54 号）及《财政部　税务总局关于延长部分税收优惠政策执行期限的公告》（财政部　税务总局公告 2021 年第 6 号）第一条的规定，所有居民企业在 2018 年 1 月 1 日至 2023 年 12 月 31 日期间新购进的单位价值不超过 500 万元的设备、器具，允许在计算应纳税所得额时一次性扣除，不再分年度计算折旧，也不再对固定资产的用途进行限制。设备、器具是指除房屋、建筑物以外的固定资产。B4 公司 2022 年 6 月新购进的生产和研发共用的检测设备，单价 200 万元（不含增值税），符合政策的规定。因此，B4 公司可对新购进的检测设备选择执行一次性税前扣除政策。

（2）可以选择执行一次性税前扣除的最早申报时间是哪个月？

根据《国家税务总局关于设备　器具扣除有关企业所得税政策执行问题的公告》（国家税务总局公告 2018 年第 46 号）、《财政部　税务总局关于延长部分税收优惠政策执行期限的公告》（财政部　税务总局公告 2021 年第 6 号）的规定，2018 年 1 月 1 日至 2023 年 12 月 31 日，固定资产在投入使用月份的次月所属年度一次性税前扣除。企业新购进的设备于 2022 年 9 月 15 日投入使用，因此，就此项资产，若企业选择在投入使用月份的次月所属年度一次性税前扣除，则最早可在 2022 年 10 月（2022 年第四季度）一次性税前扣除；若企业未选择该政策，则在 2022 年企业所得税年度纳税申报时一次性扣除。

另外，如果企业未在 2022 年企业所得税年度纳税申报时一次性税前扣除，按目前的政策规定则不可以在以后年度对此项资产再选择一次性税前扣除。

【税务处理】

企业应在办理企业所得税预缴申报和年度纳税申报时，通过自行填报申报表即可享受该项税收优惠。

（1）第四季度预缴申报

填报表8－4《A200000企业所得税月（季）度预缴纳税申报表（A类）》和表8－3《A201020资产加速折旧、摊销（扣除）优惠明细表》。

根据购进设备、器具具体情况，在《A201020资产加速折旧、摊销（扣除）优惠明细表》第2行“二、一次性扣除”下的明细行次，按国家税务总局公布的《企业所得税申报事项目录》填写（电子申报界面为下拉菜单选择）相应的优惠事项名称及其具体信息。

将“纳税调减金额”列次的合计值（第3行第5列）填写在《A200000企业所得税月（季）度预缴纳税申报表（A类）》第6行“资产加速折旧、摊销（扣除）调减额”中。

在《A200000企业所得税月（季）度预缴纳税申报表（A类）》第7行“减：免税收入、减计收入、加计扣除”下的明细行次，按国家税务总局公布的《企业所得税申报事项目录》填写（电子申报界面为下拉菜单选择）填报加计扣除情况。

在本案例中，填写或选择的优惠事项名称为“500万元以下设备器具一次性扣除”。在不考虑其他的优惠情况下，各表填报情况见表8－3、表8－4。

表8－3　　A201020资产加速折旧、摊销（扣除）优惠明细表（局部）

单位：元

行次	项目	本年享受优惠的资产原值	本年累计折旧\摊销（扣除）金额				
			账载折旧\摊销金额	按照税收一般规定计算的折旧\摊销金额	享受加速政策计算的折旧\摊销金额	纳税调减金额	享受加速政策优惠金额
		1	2	3	4	5	6（4－3）
	……						
2	二、一次性扣除（2.1＋2.2＋……）	2 000 000.00	100 000.00	100 000.00	2 000 000.00	1 900 000.00	1 900 000.00
2.1	500万元以下设备器具一次性扣除	2 000 000.00	100 000.00	100 000.00	2 000 000.00	1 900 000.00	1 900 000.00

表8－4　　A200000企业所得税月（季）度预缴纳税申报表（A类，局部）

单位：元

	……	
	预缴税款计算	本年累计
	……	

续表

6	减：资产加速折旧、摊销（扣除）调减额（填写 A201020）	1 900 000. 00
7	减：免税收入、减计收入、加计扣除（7. 1 +7. 2 + ……）	2 000 000. 00
7. 1	500 万元以下设备器具一次性扣除	2 000 000. 00
8	……	

提示：如果企业未在第四季度预缴申报时一次性扣除，可在年度纳税申报表时扣除。

（2）年度纳税申报

分别填报《企业所得税年度纳税申报表（A 类，2017 版）》的《A105080 资产折旧、摊销及纳税调整明细表》和《A107010 免税、减计收入及加计扣除优惠明细表》有关栏次。

提示：为适应税收征管改革，方便纳税人办税，国家税务总局会经常完善办税程序、修订各种纳税申报表，纳税人应及时关注征管流程、纳税申报表的变化情况。

（3）企业应准备资料

根据现行税收政策规定，固定资产加速折旧优惠，由企业按照“自行判别，申报享受，相关资料留存备查”的方式享受。应留存备查的主要资料有：

①有关固定资产购进时点的资料（如以货币形式购进固定资产的发票，以分期付款或赊销方式购进固定资产的到货时间说明，自行建造固定资产的竣工决算情况说明等）；

②固定资产记账凭证；

③购置设备、器具有关资产税务处理与会计处理差异的台账。

提示：由于上述资料多属于会计的原始资料，为此，建议企业在实际工作中通过两种方式留存上述资料，一种是电子资料（按加速折旧的固定资产分别制作文件夹，文件为纸质资料的扫描件），另一种是纸质资料（按加速折旧的固定资产分别装订成册，文件为纸质资料的复印件）。

（4）如果企业在 2022 年度未选择享受一次性税前扣除，在以后年度不可再选择享受

由于新购置固定资产一次性税前扣除是一项税收优惠，是纳税人的一项权利，纳税人可以自主选择是否享受优惠。因此，相关政策规定，企业根据自身生产经营需要，可自行选择享受一次性税前扣除政策。但为避免随意选择享受税收优惠，

文件还明确企业在应享受的年度未选择享受的，以后年度不得再变更（即再选择享受）。需要注意的是，以后年度不得再变更的规定仅针对单个新购置的固定资产，这个固定资产未选择享受的不影响其他固定资产选择享受一次性税前扣除政策。如企业2022年度购置10件（台）单价500万元以下设备、仪器，根据使用情况，企业决定对两件设备不选择享受一次性税前扣除，则其余的8件设备、仪器仍可在2022年度享受一次性税前扣除。

（三）计征房产税房屋原值税会差异

【示例情况】

B5公司是一家执行《小企业会计准则》的制造业企业。2021年7月通过招标购置了一宗国有建筑用地，用途为工业用地，土地证面积20 000平方米，土地购置价款9 000万元，8月办好了土地使用权手续，办证手续（含契税）费用合计500万元，土地使用权资产当月入账。根据公司董事会决议，2021年10月开始在这宗地上建造厂房。2022年3月25日，8 000平方米的车间厂房建造完成，通过竣工验收并投入使用。竣工决算书显示的厂房造价为800万元（不含土地价款），并转入“固定资产——房屋建筑物”。B5公司的房产税税种鉴定为按季申报、缴纳，计税依据为房产原值的70%，年税率为1.2%。2022年7月，B5公司申报第二季度房产税。申报表中的房产原值为800万元。

【法理分析】

这是一个典型的房产税计税依据——房产原值的确认问题。一个新设立企业，特别是在购置土地上新建房屋（办公楼、厂房、仓库等建筑物）企业常遇到的问题，当纳税人没有注意到房产税计税原值确认政策的特殊性，极易产生税收风险问题。

现行房产税政策规定，房产税以房产原值为计税依据的，房产原值包括地价。企业第二季度房产税申报表中的房产税原值没有包括土地价款，存在申报错误。

【税务处理】

B5公司申报房产税的房产原值应为8 400万元，计算过程如下：

（1）容积率

容积率＝8 000÷20 000＝0.4，低于0.5。

（2）应计入房产税房产原值的土地使用权价值

计入房产税房产原值的土地使用权面积＝8 000平方米×2＝16 000（平方米）。

计入房产税房产原值的土地使用权价值＝（9 000＋500）×16 000÷20 000＝7 600（万元）。

（3）申报房产税的房产原值 = 计入房产税房产原值的土地使用权价值 + 房屋账面价值 =7 600 +800 =8 400（万元）。

（四）视同销售业务收入税会差异

【示例情况】

2022 年中秋节前，主营电子器材制造的 B6 企业（增值税一般纳税人）外购了 500 盒月饼作为职工福利分给企业职工，购买价为每盒 100 元（含增值税，此处不考虑运输费用等购买费用），货款已支付，并取得增值税专用发票，已作进项税额认证。中秋节前已将月饼全部发给了企业职工，每人两盒。企业执行《企业会计准则》，在财务上计入当期损益。在 2022 年度企业所得税汇算清缴时，企业没有对视同销售进行申报。

【法理分析】

企业将外购商品分发给企业职工的行为，在财务上，属于给职工发放非货币福利，应通过“应付职工薪酬——福利费”进行核算；在会计上，根据企业会计制度的规定，企业购买、发放的外购商品（如月饼等）不属于企业的“日常活动”、不会导致所有者权益增加，因此，不作销售处理，不计入收入；在税收方面，根据税法规定，该事项涉及增值税、印花税、个人所得税、企业所得税处理。

【税务处理】

财会处理：

根据《企业财务通则》等政策规定，企业将外购商品作为非货币性福利发放给职工的，在财务上，将发放的月饼支出归为职工薪酬——福利费支出。

根据《企业会计准则》等政策规定，企业将外购商品作为非货币性福利发放给职工的，在会计上，不确认销售，按月饼的公允价值和相关税费确定为职工薪酬金额，计入相关资产成本、费用中。各环节的账务处理为：

（1）购进月饼时

借：库存商品——月饼/应付职工薪酬——非货币性福利　　44 247. 79

　　应交税费——应交增值税（进项税额）

　　　　　　（如果取得增值税专用发票）　　5 752. 21

　　贷：银行存款　　50 000. 00

注：有专家学者认为，可通过负债科目“应付职工薪酬——非货币性福利”直接核算。

提示：如果企业购买月饼指定用于福利等不得抵扣进项税额事项的，建议索取增值税普通发票，这样可减少核算等操作中的步骤。

（2）发放月饼时

借：应付职工薪酬——非货币性福利 50 000.00

贷：库存商品——月饼 44 247.79

应交税费——应交增值税（进项税额转出） 5 752.21

或

借：应付职工薪酬——非货币性福利 5 752.21

贷：应交税费——应交增值税（进项税额转出） 5 752.21

（3）月末计算职工薪酬

借：生产成本/制造费用/管理费用/销售费用等 50 000.00

贷：应付职工薪酬——非货币性福利 50 000.00

提示：在上述环节中，企业按公允价值对发放的月饼价值进行计量，由于企业并不生产月饼，月饼的购买价就是公允价值。

税务处理：

（1）增值税

如果采购月饼时取得了增值税专用发票，取得发票的当月要进行认证处理并进行会计处理。如果取得增值税普通发票，则不需要对增值税的进项税额进行核算。

在发放月饼时，对进项税额应作转出处理，转出的进项税额计入应付职工薪酬中。

在10月初的增值税申报中，应将转出的进项税额5 752.21元填报在《增值税及附加税费申报表附列资料（二）》（本期进项税额明细）的第15行“税额”项中。

（2）印花税

企业购买月饼时按买卖合同44 247.79元价款的万分之三缴纳印花税。

（3）代扣代缴个人所得税

在发放月饼的当月，对每位收到月饼的职工增加“工资薪金”收入200元，并扣缴代缴个人所得税。

提示：如果企业发放月饼与发放工资的时间不同步或编制工资表时还没确定发放月饼事项或发放的金额标准的，在次月的个人所得税代扣代缴申报时要将每位收到月饼职工的“工资薪金”收入增加200元，对增加扣缴的个人所得税税款可从申报税款月份的实发工资额（预扣税款后）中扣除。

（4）企业所得税

①企业在预缴企业所得税时对视同销售事项不进行处理。

②用于福利支出视同销售的申报。纳税人在填报企业所得税年度纳税申报表时，应将视同销售业务填报在《A105010 视同销售和房地产开发企业特定业务纳税调整明细表》和《A105000 纳税调整项目明细表》中。视同销售收入为 50 000 元、视同销售成本为 50 000 元，结果不产生纳税调整额。

企业所得税年度申报表的填报情况见表 8－5（假如企业当年没有发生其他的视同销售业务）。

表 8－5　A105010 视同销售和房地产开发企业特定业务纳税调整明细表（局部）

行次	项目	税收金额	纳税调整金额
		1	2
1	一、视同销售（营业）收入（2＋3＋4＋5＋6＋7＋8＋9＋10）	50 000. 00	50 000. 00
2	（一）非货币性资产交换视同销售收入		
3	（二）用于市场推广或销售视同销售收入		
4	（三）用于交际应酬视同销售收入		
5	（四）用于职工奖励或福利视同销售收入	50 000. 00	50 000. 00
6	（五）用于股息分配视同销售收入		
7	（六）用于对外捐赠视同销售收入		
8	（七）用于对外投资项目视同销售收入		
9	（八）提供劳务视同销售收入		
10	（九）其他		
11	二、视同销售（营业）成本（12＋13＋14＋15＋16＋17＋18＋19＋20）	50 000. 00	50 000. 00
12	（一）非货币性资产交换视同销售成本		
13	（二）用于市场推广或销售视同销售成本		
14	（三）用于交际应酬视同销售成本		
15	（四）用于职工奖励或福利视同销售成本	50 000. 00	50 000. 00
16	（五）用于股息分配视同销售成本		
17	（六）用于对外捐赠视同销售成本		
18	（七）用于对外投资项目视同销售成本		
19	（八）提供劳务视同销售成本		
20	（九）其他		

然后将《A105010 视同销售和房地产开发企业特定业务纳税调整明细表》的视同销售栏次金额转入表 8－6《A105000 纳税调整项目明细表》的相应栏次中（其他项目填报略）。

表 8－6　　A105000 纳税调整项目明细表（局部）

行次	项目	账载金额	税收金额	调增金额	调减金额
		1	2	3	4
1	一、收入类调整项目（2＋3＋……＋8＋10＋11）	*	*		
2	（一）视同销售收入（填写 A105010）	*	50 000. 00	50 000. 00	*
3	（二）未按权责发生制原则确认的收入（填写 A105020）				
4	（三）投资收益（填写 A105030）				
5	（四）按权益法核算长期股权投资对初始投资成本调整确认收益	*	*	*	
6	（五）交易性金融资产初始投资调整	*	*		*
7	（六）公允价值变动净损益		*		
8	（七）不征税收入	*	*		
9	其中：专项用途财政性资金（填写 A105040）	*	*		
10	（八）销售折扣、折让和退回				
11	（九）其他				
12	二、扣除类调整项目（13＋14＋……＋24＋26＋27＋28＋29＋30）	*	*		
13	（一）视同销售成本（填写 A105010）	*	50 000. 00	*	50 000. 00
14	（二）职工薪酬（填写 A105050）				
15	（三）业务招待费支出				*

③对福利费支出的申报

福利费支出无税会差异，因此，预缴申报和年报申报无须进行特殊处理。

预缴申报表不单独显示福利费支出。

在企业所得税年度申报时，福利费支出填报在表 8－7《A105050 职工薪酬支出及纳税调整明细表》中（其他项目填报略）。

表 8－7　《A105050 职工薪酬支出及纳税调整明细表》（局部）

行次	项目	账载金额	实际发生额	税收规定扣除率	以前年度累计结转扣除额	税收金额	纳税调整金额	累计结转以后年度扣除额
		1	2	3	4	5	6（1－5）	7（2＋4－5）
1	一、工资薪金支出							
2	其中：股权激励							
3	二、职工福利费支出	50 000.00	50 000.00	14%	0.00	（略）	（略）	（略）
4	三、职工教育经费支出							

（五）代理人销售收入税会差异

【示例情况】

B7 公司为上市公司百货板块子公司，主要从事高端品牌服装销售业务，是增值税一般纳税人，执行《企业会计准则》。目前，采用与品牌服装供应商合作的经营模式。各品牌服装供应商在 B7 公司指定区域设立专柜（或专卖店）提供约定的品牌商品，并委派营业员销售商品，公司与品牌服装供应商未签订商场租赁协议。《商场租赁协议》约定，品牌服装供应商负责专柜内的商品保管、出售、调配或下架，承担丢失和毁损风险，拥有未售商品的所有权；负责销售服装的实际定价。B7 公司负责对百货公司内销售的商品统一收款，开具发票，将收到客户款项扣除 10% 后支付给品牌服装供应商，如客户购买某品牌服装商品，B7 公司收取销货款 1 000 元（含税），扣除 100 元后支付给品牌服装供应商 900 元。公司可自行决定为客户办理退换货、赔偿等事项，之后可向品牌服装供应商追偿。经过与审计机构充分讨论后，根据新收入准则的规定确定，B7 公司在此种业务模式中为代理人，“应当按照预期有权收取的佣金或手续费的金额确认收入，该金额应当按照已收或应收对价总额扣除应支付给其他相关方的价款后的净额，或者按照既定的佣金金额或比例等确定。”2022 年 1—3 月，B7 公司收取服装销售款 1 500 万元，开具发票 1 500 万元（价税合计，不含增值税金额为 13 274 336.28 元），截至 4 月 5 日向各品牌服装供应商合计支付第一季度服装款 1 350 万元，取得增值税专用发票 1 350 万元（价税合计额）。根据《企业会计准则》的规定，B7 公司 2022 年第一季度会计营业收入为 1 327 433.63 元。4 月上旬，在申报第一季度企业所得税时，电子税务局申报系统提示：同期的增值税销售额与企业所得税的“营业收入”额差异较大：2022 年 1—3 月申报增值税销售额合计为 13 274 336. 28 元、2022 年 1—3 月营业收入为 1 327 433. 63 元。经沟通后，B7 公司仍按此数据进行了纳税申报。

【法理分析】

这是企业执行新收入准则后一个典型的税（增值税）会差异问题。

B7 公司在申报第一季度企业所得税时，电子税务局申报系统发出了税收风险提示：同期的增值税销售额与企业所得税营业收入额差异较大，2022 年 1—3 月增值税销售额为 13 274 336. 28 元，而同期企业所得税的营业收入为 1 327 433. 63 元。根据前面的政策及实务介绍，这个提示对该企业而言不存在实际的税收风险，差异的主要原因是该企业“营业收入”存在税会差异。

（1）企业的会计“营业收入”额

在合作经营业务模式下，企业系代理人身份。在本案例中，应根据 B7 公司在向客户转让商品前是否拥有对该商品的控制权来判断其从事交易时的身份是主要责任人还是代理人。在客户付款购买商品之前，品牌服装供应商能够主导商品的使用，如出售、调配或下架等，并从中获得几乎全部的经济利益，因此拥有对出售商品的控制权，是主要责任人，在客户取得商品控制权时确认收入 1 000 元。B7 公司在商品转移给客户之前，不能自行或者要求或禁止品牌服装供应商把这些商品用于其他用途，因此，B7 公司没有获得对该商品的控制权，只是负责协助品牌服装供应商进行商品销售，是代理人，在客户取得商品控制权时确认收入 100 元。

（2）企业第一季度的会计“营业收入”额

新收入准则规定，对代理人，应当按照预期有权收取的佣金或手续费的金额确认收入，该金额应当按照已收或应收对价总额扣除应支付给其他相关方的价款后的净额，或者按照既定的佣金金额或比例等确定。

2022 年 1—3 月，B7 公司收取服装销售款 1 500 万元，开具发票 1 500 万元（价税合计，不含增值税金额为 13 274 336. 28 元），截至 4 月 5 日向各品牌服装商合计支付第一季度服装款 1 350 万元，取得增值税专用发票 1 350 万元（价税合计额）。根据前述会计准则的规定，确定 2022 年第一季度 B7 公司的会计营业收入为 1 327 433. 63元。因此，企业利润表中第一季度的“营业收入”为 1 327 433. 63 元，符合会计准则的规定。

（3）第一季度企业所得税预缴申报表中“营业收入”1 327 433. 63 元是否存在税收风险

根据企业所得税预缴申报表的填报规则，《A200000 企业所得税月（季）度预缴纳税申报表（A 类）》中的“营业收入”等项目，“填报纳税人截至本税款所属期末，按照国家统一会计制度规定核算的本年累计营业收入”。企业第一季度利润表的“营业收入”为1 327 433.63元，因此，企业第一季度《A200000企业所得税月（季）度预缴纳税申报表（A类）》中的“营业收入”填报1 327 433.63元是符合规定的。

【税务处理】

B7公司应按净额法的收入填报年度企业所得税申报表主表。

（1）企业所得税政策

在前述案例中，从客户的角度来看，B7公司负责销售服装商品并统一收款、开具发票，承担退换货和赔偿的主要责任，是商品的销售方。根据企业所得税原理及《国家税务总局关于确认企业所得税收入若干问题的通知》（国税函〔2008〕875号）第一条第（一）项的规定，由于公司销售商品的价格、成本可以准确计量，应按全额确认收入，按公司与品牌服装供应商的结算价确认成本。

（2）B7公司年度企业所得税申报表的填报

第一步，将收入的差额11 946 902.65元（13 274 336.28－1 327 433.63）填入表8－8《A105020未按权责发生制确认收入纳税调整明细表》的第13行“四、其他未按权责发生制确认收入”项目中（假如没有其他的调整业务）。

表8－8　A105020未按权责发生制确认收入纳税调整明细表（局部）

单位：元

行次	项目	合同金额（交易金额）	账载金额		税收金额		纳税调整金额
			本年	累计	本年	累计	
		1	2	3	4	5	6（4－2）
1	一、跨期收取的租金、利息、特许权使用费收入（2＋3＋4）						
	……						
13	四、其他未按权责发生制确认收入	13 274 336.28	1 327 433.63	1 327 433.63	13 274 336.28	13 274 336.28	11 946 902.65
14	合计（1＋5＋9＋13）						

第二步，将表8－8中的合计数据转入表8－9的第2行中。

第三步，将成本差额的11 946 902.65元填入表8－9的第45行“六、其他”中。

表 8－9 A105000 纳税调整项目明细表（局部）

单位：元

行次	项目	账载金额	税收金额	调增金额	调减金额
		1	2	3	4
1	一、收入类调整项目（2＋3＋……＋8＋10＋11）	*	*		
2	（一）视同销售收入（填写A105010）	*	13 274 336. 28	11 946 902. 65	*
3	（二）未按权责发生制原则确认的收入（填写A105020）				
4	（三）投资收益（填写A105030）				
	……				
45	六、其他	*	*		11 946 902. 65
46	合计（1＋12＋31＋36＋44＋45）	*	*	11 946 902. 65	11 946 902. 65

提示：通常情况下，与收入总额法相比较，收入净额法仅影响“营业收入”和“营业成本”额，并且影响的金额相等，两种核算方法的结果是“营业利润”“利润总额”相等，即在企业执行新收入准则后，将原收入总额法变为收入净额法后利润额不发生变化。

（六）未区分商品和服务费销售收入税会差异

【示例情况】

B8 公司是一家品牌汽车销售企业（4S 店），主要从事乘用车的经销及售后服务等汽车特许经营业务。B8 公司通过与汽车制造厂商签订授权经销合同，设立集整车销售（Sale）、零配件（Sparepart）、售后服务（Service）、信息反馈（Survey）服务为一体的4S 店，利用总部、区域、店面三级管理架构进行业务管理，在授权范围内从事品牌汽车的销售。根据国家的法律、法规及规章的规定，公司在整车销售业务中执行国家的“家用汽车产品修理、更换、退货三包责任”规定，销售合同中统一约定包修期为 3 年或者行驶里程 80 000 公里，销售汽车的免费包修服务由 B8 公司负责。

B8 公司于 2021 年 1 月 1 日开始执行新收入准则，为增值税一般纳税人。在会计上，公司按照销售整车和提供包修服务两个单项履约义务将交易价格分摊至两项履约业务收入中。对于提供的免费包修服务，企业根据经验值推算出不同车型的平均包修率，然后确认免费包修服务金额。对于尚未发生的免费包修服务不确认收入，作为合同负债核算。

在申报季度企业所得税时，系统提示增值税的销售额与企业所得税的收入额不同。

【法理分析】

这是一个典型的执行新收入准则（一项销售业务分为多个履约义务，收入按多个时点或多个时间段分别确认）后产生的税款差异问题，如果纳税人对此处理不当，很容易产生税收风险。

根据《家用汽车产品修理更换退货责任规定》（国家市场监督管理总局令第43号）等法律、法规及规章的规定，汽车销售者应依法承担销售汽车的修理、更换和退货等“三包”责任（本专题仅讨论“三包”责任中的包修责任业务）。因此，在汽车整车销售中，一项汽车销售业务应至少包括交付汽车、提供包修期汽车包修服务等两项业务。汽车包修服务名义上是免费的服务，实质是整车销售业务的一个法定组成部分，是一项有偿的销售业务。

B8公司以往销售车辆的平均包修量约占汽车销售总收入的5%，因此，公司应按汽车售价总额（不含增值税）的95:5比例分别确定汽车销售收入和包修服务收入。假如B8公司2022年7月1日向客户销售一辆整车，含税售价为22.6万元，则确认汽车销售收入为19万元［22.6÷（1+13%）×95%］，包修服务收入为1万元［22.6÷（1+13%）×5%］。销售款22.6万元已收到，《机动车销售统一发票》已开出，客户已提走整车。

【税务处理】

对4S店以后年度实际发生的包修业务支出，应作为实际发生时的当期费用在税前扣除。汽车销售商在转移车辆控制权时即产生增值税纳税义务，增值税的纳税义务发生时间与企业所得税收入实现、会计上销售整车的“营业收入”实现在时点上是一致的，税会差异主要体现在收入（销售额）计量金额上。

（1）开具发票

《机动车销售统一发票》中的“价税合计”栏，按全额（本案例为226 000元）填报、“不含税价”栏，按全额（本案例为200 000元）填报。

（2）账务处理

假如2022年7月公司仅销售这一台车。公司就此笔整车销售业务在2022年7月确认主营业务收入（销售汽车）190 000元，确认合同负债10 000元。

对估计的包修服务收入（合同负债）10 000元，公司根据《会计核算办法》拟分三期确定收入，2022年按25%在12月确认收入（2 500元）、2023年按50%

在12月确认收入（5 000元），2024年按25%在6月确认收入（2 500元）。

账务处理如下：

在向客户移交整车时：

借：银行存款　226 000

　贷：主营业务收入——整车销售　190 000

　　合同负债　10 000

　　应交税费——应交增值税（销项税额）　26 000

说明：关于增值税销项税额的计算，由于在销售车辆时已全额开具发票，因此，销售车辆的全额收入已产生增值税纳税义务。

2022年12月账务处理：

借：合同负债　2 500

　贷：主营业务收入——包修服务收入　2 500

（3）7月份的增值税申报

公司应在表8－10《增值税及附加税费申报表——主表》的2栏次（应税货物销售额）“一般项目——本月数”列中填报200 000.00元；应在表8－11《增值税及附加税费申报表附列资料（一）》的第1行第1列（开具增值税专用发票销售额）项目中填报200 000.00元。

表8－10　增值税及附加税费申报表——主表（局部）

（一般纳税人适用）

项目		栏次	一般项目		即征即退项目	
			本月数	本年累计	本月数	本年累计
销售额	（一）按适用税率计税销售额	1				
	其中：应税货物销售额	2	200 000.00			
	应税劳务销售额	3				
	纳税检查调整的销售额	4				

表 8－11　　增值税及附加税费申报表附列资料（一）（局部）

（本期销售情况明细）

项目及栏次				开具增值税专用发票		开具其他发票	
				销售额	销项（应纳）税额	销售额	销项（应纳）税额
				1	2	3	4
一、一般计税方法计税	全部征税项目	13%税率的货物及加工修理修配劳务	1	200 000.00	26 000.00		
		13%税率的服务、不动产和无形资产	2				

（4）第三季度预缴企业所得税的申报

表 8－12《A200000 企业所得税月（季）度预缴纳税申报表（A 类）》的第 1 行“营业收入”的“本年累计”按第三季度利润表的“营业收入”数据填报。金额为 190 000 元。

表 8－12　　A200000 企业所得税月（季）度预缴纳税申报表（A 类，局部）

	预缴税款计算	本年累计
1	营业收入	取利润表数据
2	营业成本	取利润表数据
3	利润总额	取利润表数据
	……	

（5）2022 年度企业所得税汇算清缴纳税申报表的填报

第一步，将合同负债余额的 10 000 元填入表 8－13《A105020 未按权责发生制确认收入纳税调整明细表》的第 8 行第 6 列“（三）其他分期确认收入”中。

表 8－13　　A105020 未按权责发生制确认收入纳税调整明细表

行次	项目	合同金额（交易金额）	账载金额		税收金额		纳税调整金额
			本年	累计	本年	累计	
		1	2	3	4	5	6（4－2）
1	一、跨期收取的租金、利息、特许权使用费收入（2＋3＋4）						
2	（一）租金						

续表

行次	项目	合同金额（交易金额）	账载金额		税收金额		纳税调整金额
			本年	累计	本年	累计	
		1	2	3	4	5	6（4－2）
3	（二）利息						
4	（三）特许权使用费						
5	二、分期确认收入（6＋7＋8）						
6	（一）分期收款方式销售货物收入						
7	（二）持续时间超过12个月的建造合同收入						
8	（三）其他分期确认收入	200 000.00	190 000.00	190 000.00	200 000.00	200 000.00	10 000.00
9	三、政府补助递延收入（10＋11＋12）						
10	（一）与收益相关的政府补助						
11	（二）与资产相关的政府补助						
12	（三）其他						
13	四、其他未按权责发生制确认收入						
14	合计（1＋5＋9＋13）	200 000.00	190 000.00	190 000.00	200 000.00	200 000.00	10 000.00

第二步，将A105020表的合计数据转入表8－14《A105000纳税调整项目明细表》第3行中。

表8－14　　A105000纳税调整项目明细表（局部）

行次	项目	账载金额	税收金额	调增金额	调减金额
		1	2	3	4
1	一、收入类调整项目（2＋3＋……＋8＋10＋11）	*	*		
2	（一）视同销售收入（填写A105010）	*			*
3	（二）未按权责发生制原则确认的收入（填写A105020）	190 000.00	200 000.00	10 000.00	
4	（三）投资收益（填写A105030）				
	……				
46	合计（1＋12＋31＋36＋44＋45）	*	*	10 000.00	

（七）附有销售退回条款销售收入税会差异

【示例情况】

B9公司是一家体育健身器材制造公司，执行《企业会计准则》，为增值税一般纳税人。2022年12月10日，B9公司向乙体育用品经销公司（以下简称乙公司）销售5 000件健身器材，单位销售价格为500元（含增值税），单位成本为400元。当日乙公司提走5 000件健身器材，B9公司开具增值税专用发票，发票的价税合计额为250万元（销售额2 212 389.38元，销项税额287 610.62元）。销售协议约定，乙公司在2022年12月31日之前支付货款，在2023年6月30日之前有权退货。公司以往数据显示，健身器材的退货率约为2%。2022年12月30日，B9公司收到销货款250万元；2022年12月31日，公司估计未来销售退回率仍为2%。

2023年5月20日，乙公司退回健身器材100件，B9公司当日给乙公司开具了红字发票，合同约定退货款在退货后30日内支付。公司2022年度财务报告批准报出日为2023年4月30日。

根据新收入准则关于“附有销售退回条款的销售”的规定，B9公司对此笔业务在2022年12月确认销售收入2 168 141.59元［（5 000－5 000×2%）×500÷（1＋13%）］。假设2022年度公司没有其他销售业务。

在申报季度企业所得税时，系统提示增值税的销售额与企业所得税的收入额不同。

【法理分析】

这是典型的由新旧收入准则差异导致的税（增值税、企业所得税）会（营业收入）差异问题。

（1）新收入准则政策要点

企业将商品转让给客户之后，可能会因为各种原因（法律规定或销售承诺等）允许客户选择退货（如客户对所购商品的款式不满意等）。为此，新收入准则规定，对于附有销售退回条款的销售，企业应当在客户取得相关商品控制权时，按照因向客户转让商品而预期有权收取的对价金额（即不包含预期因销售退回将退还的金额）确认销售收入，按照预期因销售退回将退还的金额确认负债；同时，按照预期将退回商品在转让时的账面价值扣除收回该商品预计发生的成本（包括退回商品的价值减损）后的余额确认为一项资产，按照所转让商品转让时的账面价值，扣除上述资产成本的净额结转成本。每一个资产负债表日，企业应当重新估计未来的销售退回情况，如有变化应当作为会计估计变更进行会计处理。

而原收入准则规定，企业已经确认销售商品收入的售出商品发生销售退回的，应当在发生时冲减当期销售商品收入。

在本案例中，由于客户退回的100件健身器材发生在2023年5月20日，在公司2022年度财务报告批准报出日2023年4月30日之后，因此退回事项不属于《企业会计准则第29号——资产负债表日后事项》，不应当调整资产负债表日的财务报表。公司2022年度利润表的“营业收入”为2 168 141.59元，与货物销售日的“主营业务收入”及第四季度利润表的“营业收入”数据相同。

（2）销售退回发票的开具

发生销货退回或者结算退款的，可以按照规定开具红字发票。

增值税一般纳税人在开具专用发票的当月发生销货退回等情形，收到退回的发票联、抵扣联符合作废条件的，按作废处理。

在本案例中，2022年12月10日，B9公司向乙公司销售5 000件健身器材，当日客户提走5 000件健身器材，公司开具了全额增值税专用发票。因此，B9公司2022年12月10日的增值税销售额为2 212 389.38元［2 500 000÷（1+13%）］，销项税额为287 610.62元。会计上预计的销售退回金额在未实际发生时不得冲减销售额。

【税务处理】

（1）2022年12月公司的增值税销售额为2 212 389.38元［2 500 000÷（1+13%）］。

（2）2022年第四季度企业所得税预缴申报表中的“营业收入”为2 168 141.59元［（5 000－5 000×2%）×500÷（1+13%）］。与利润表的“营业收入”额相同。

2022年12月销售业务的会计账务处理：

A. 12月10日在销售健身器材时。

借：应收账款——乙公司	2 500 000	
贷：主营业务收入——健身器材		2 168 141.59
预计负债——应付退货款		44 247.79
应交税费——应交增值税（销项税额）		287 610.62
借：主营业务成本	1 960 000	
应收退货成本	40 000	
贷：库存商品		2 000 000

B. 2022 年 12 月 30 日收到货款 2 500 000 元。

借：银行存款——销售款　　　　2 500 000

　　贷：应收账款——乙公司　　　　2 500 000

C. 2022 年 12 月 31 日 B9 公司对退货率进行重新评估，退货率不变，不进行账务处理。

（3）主要注意事项。

一是按照会计制度编制企业 2022 年度的财务报告（四表一注）。其中，2022 年度利润表中的“营业收入”金额为 2 168 141. 59 元，营业成本为 1 960 000 元。

二是按照企业所得税法等相关规定及《企业所得税年度申报表》的填报规则，将纳税调整数据填报在 2022 年度的《企业所得税年度申报表》附表《A105000 纳税调整项目明细表》中。由于填报规则并没有明确如何填报，结合报表的填报说明及便于后期处理，建议可选择两个填报口径：

按净额（收入调增额－成本调增额）填报在《A105000 纳税调整项目明细表》的“六、其他”行中，净额大于 0 的，填在第 3 列“调增金额”栏中；净额小于 0 的，填在第 4 列“调减金额”栏中。

填报依据为第 45 行“六、其他”的填报说明。填报其他会计处理与税收规定存在差异需纳税调整的项目金额，包括企业执行新收入准则产生税会差异纳税调整金额①，填报在表 8－15《A105000 纳税调整项目明细表》的“（八）销售折扣、折让和退回”项目行中。

表 8－15　　A105000 纳税调整项目明细表（局部）

单位：元

行次	项目	账载金额	税收金额	调增金额	调减金额
		1	2	3	4
1	一、收入类调整项目（2＋3＋……＋8＋10＋11）				
……					
10	（八）销售折扣、折让和退回（注1）	44 247. 79（注2）	40 000. 00（注3）	4 247. 79	
……					
45	六、其他（注4）	*	*	4 247. 79	
46	合计（1＋12＋31＋36＋44＋45）	*	*		

① 见《国家税务总局关于企业所得税年度纳税申报有关事项的公告》（国家税务总局公告 2022 年第 27 号）的附件。

注1：第10行“（八）销售折扣、折让和退回”：填报不符合税收规定的销售折扣、折让应进行纳税调整的金额和发生的销售退回因会计处理与税收规定有差异需纳税调整的金额。若第1列≥第2列，第3列“调增金额”填报第1－2列金额。若第1列<第2列，第4列“调减金额”填报第1－2列金额的绝对值，第4列仅为销货退回影响损益的跨期时间性差异。

注2：第1列“账载金额”填报纳税人会计核算的销售折扣、折让金额和销货退回的追溯处理的净调整额。本问题中2022年调增销售收入44 247.79元。

注3：第2列“税收金额”填报根据税收规定可以税前扣除的折扣、折让的金额和销货退回业务影响当期损益的金额。本问题中2022年调增销售成本（影响当期损益）40 000.00元。

注4：收入调增44 247.79元，成本调增40 000.00元，调整净额4 247.79元，大于0，填在第3列中。

根据表8－15得知，上述两种填报口径调整结果是相同的。

三是在填报《A105000纳税调整项目明细表》“（三）业务招待费支出”“税收金额”的“销售（营业）收入”基数和《A105060广告费和业务宣传费跨年度纳税调整明细表》“三、本年计算广告费和业务宣传费扣除限额的销售（营业）收入”额应包括调增的销售收入。

（八）经营租赁承租人租赁成本税会差异

【示例情况】

2021年12月24日，B10公司与A市某大厦有限公司签订房屋租赁合同，约定租赁大厦的301房间作为公司在A市的产品售后服务办公室，租赁期10年（2022年1月1日至2031年12月31日），租金每年100 000元（不含增值税，物业管理费、水费、电费等另外收取），房屋用途为办公场所，租金每年年初支付。另外，为获得该项租赁，公司发生了初始直接费用（房地产中介佣金等）15 000元。B10公司无法确定租赁内含利率，其增量借款利率为每年5%。B10公司于2021年1月1日开始执行新租赁准则。公司只有这一项承租业务。

B10公司在2022年度的企业所得税申报中没有纳税调整数据。

【法理分析】

根据经验常识，B10公司2022年度存在税会差异，应在2022年度的企业所得税申报中有纳税调整数据。

经营租赁承租人的会计处理及账务处理：

（1）租赁期开始日（2022年1月1日）相关金额（不含增值税）

剩余9年期的租赁付款额＝100 000×9＝900 000（元）。

租赁负债＝剩余9期租赁付款额的现值＝100 000×（P/A，5%，9）＝710 782（元）。

第 1 年的租赁付款额 100 000 元（已支付）。

初始直接费用 15 000 元。

使用权资产 = 100 000 + 710 782 + 15 000 = 825 782（元）。

未确认融资费用 = 900 000 − 710 782 = 189 218（元）。

（2）2022 年账务处理

租赁资产初始计量账务处理。

支付第一年租金：

借：租赁负债——租赁付款额	100 000	
贷：银行存款		100 000

确认使用权资产：

借：使用权资产	825 782	
租赁负债——未确认融资费用	189 218	
贷：租赁负债——租赁付款额		900 000
银行存款（支付首年租金）		100 000
银行存款（支付初始直接费用）		15 000

租赁资产 2022 年后续计量账务处理。

租赁期按直线法摊销，2022 年计提折旧额 82 578.2 元（825 782 ÷ 10）。

借：销售费用——折旧	82 578.2	
贷：使用权资产累计折旧		82 578.2

2022 年按照实际利率确认的融资费用（利息支出）。

利息支出 = 租赁负债期初余额 × 年利率 = 710 782 × 5% = 35 539.1（元）。

借：财务费用——租赁负债利息支出	35 539.1	
贷：租赁负债——未确认融资费用		35 539.1

租赁资产计入 2022 年度会计损益的支出金额 = 118 117.30 元（82 578.2 + 35 539.1）。

【税务处理】

《企业所得税法实施条例》第四十七条规定，企业根据生产经营活动的需要，以经营租赁方式租入固定资产发生的租赁费支出，按照租赁期限均匀扣除。另外，《企业所得税法》第二十一条规定，在计算应纳税所得额时，企业财务、会计处理办法与税收法律、行政法规的规定不一致的，应当依照税收法律、行政法规的规定计算。因此，在本案例中，公司 2022 年度在会计上计入当期损益的租赁资产折旧费用、利息支出不得在税前扣除，应作纳税调增处理；对公司 2022 年度根据合同约定实际支付的100 000元租金支出可据实税前扣除（即作纳税调减处理），另外，对实际发生的初始直接费用15 000元可以在2022年度一次性全额税前扣除或按其他长期待摊费用分期摊销（摊销期为租赁期限与3年的孰小值）。2022年租赁业务成本税会差异纳税调整明细表见表8－16。

表8－16　　　　2022年租赁业务成本税会差异纳税调整明细表

单位：元

费用项目	会计金额	税前扣除	纳税调增	纳税调减
使用权资产折旧	82 578.20	0	82 578.20	
租赁利息摊销	35 539.10	0	35 539.10	
已支付租赁费用	0.00	100 000.00	0.00	100 000.00
初始直接费用	0.00	15 000.00	0.00	15 000.00
合计	118 117.30	115 000.00	118 117.30	115 000.00

说明：初始直接费用，会计计入“使用权资产”中。

企业所得税年度纳税申报表略。

附录：某火力发电企业税法遵从评价案例

一、企业背景资料

（一）企业概况

企业名称：N发电有限公司（以下简称N公司）

成立时间：2005年8月24日

企业类型：有限责任公司

主营业务国民经济行业分类：

门类：D电力、热力、燃气及水生产和供应业

大类：D44电力、热力生产和供应业

中类：D441电力生产

小类：D4411火力发电

经营范围：电力、煤矿建设、经营管理，火力发电，煤炭开采、生产、销售。

增值税类型：增值税一般纳税人

公司规模：大型企业

会计制度：《企业会计准则》

会计软件：* U8

固定资产计价方法：历史成本法

固定资产折旧方法：平均年限法

无形资产摊销方法：平均年限法

企业涉及税种：增值税及附加税费、企业所得税（查账征收，税率为25%）、房产税（原值减除20%）、城镇土地使用税、资源税、印花税等，以及代扣代缴个人所得税。

（二）评价期间经营概况

评价期间，N公司以煤炭开采、销售和火力发电为主营业务。N公司依托拥有采矿权的煤矿一座，将开采的煤炭洗选后，部分煤炭通过公司下设销售公司直接对外销售，部分煤炭供应给公司的发电部门进行火力发电。

火力发电是通过化石燃料等的燃烧将化学能转换为热能，再用动力机械转换

为机械能驱动发电机发电。火力发电厂的主要生产系统包括汽水系统、燃烧系统及电气系统。其主要工作原理是通过水在锅炉中加热后蒸发成蒸汽，然后经管道送入汽轮机，转化为电能，通过输变电设施将电能送入电力系统或直接供电给用户。火电厂按发电燃料不同可以分为燃煤发电、燃油发电和燃气发电。

电力生产具有很强的特殊性，即电力的生产、销售在瞬间同时完成，无在产品，也不存在电力产品退回。因此，公司采取预开票的方式进行预结算，最终在月终按双方确认的抄表电量确认电力产品销售收入。

2019 年、2020 年 N 公司经营状况如下：

2019 年（期末）资产总额 107 亿元，营业总收入 75 亿元，利润总额 36 亿元。

2020 年（期末）资产总额 100 亿元，营业总收入 70 亿元，利润总额 34 亿元。

（三）评价期间主要财务、会计、税收数据

N 公司 2018—2020 年资产负债表部分数据见表 1、表 2。

表 1　N 公司 2018—2020 年资产负债表资产部分数据

单位：元

资产	行次	2020 年 12 月 31 日	2019 年 12 月 31 日	2018 年 12 月 31 日
流动资产：	1			
货币资金	2	304 434 022. 12	185 371 636. 60	56 153 118. 63
以公允价值计量且其变动计入当期损益的金融资产	6	—	—	—
应收票据	8	7 619 047. 62	70 874 623. 39	63 658 308. 86
应收账款	9	446 163 311. 14	482 716 083. 59	478 286 551. 70
其中：应收电费	10	334 133 292. 90	398 177 951. 95	387 446 039. 68
新能源价格补贴	11	—	—	—
应收煤款	13	81 865 998. 03	74 966 893. 19	90 629 502. 50
减：坏账准备	14	—	—	—
应收账款净额	15	446 163 311. 14	482 716 083. 59	478 286 551. 70
☆应收款项融资	16	—	—	—
预付款项	17	97 015 014. 33	63 566 763. 75	3 412 223. 72
应收利息	21	—	—	—
应收股利	22	—	—	—
其他应收款	23	74 192 135. 30	76 342 156. 05	62 773 935. 12
减：坏账准备	24	—	—	—
其他应收款净额	25	74 192 135. 30	76 342 156. 05	62 773 935. 12
存货	27	40 087 352. 02	42 225 467. 18	38 505 907. 12

续表

资产	行次	2020 年 12 月 31 日	2019 年 12 月 31 日	2018 年 12 月 31 日
其中：原材料	28	36 271 641. 83	33 594 186. 18	35 747 223. 68
燃料	29	—	—	—
库存商品（产成品）	30	3 815 710. 19	8 631 281. 00	2 758 683. 45
其中：煤炭	31	3 811 750. 27	8 627 320. 99	2 754 723. 44
工程施工	32	—	—	—
☆合同资产	33	—	—	—
持有待售资产	34	—	—	—
一年内到期的非流动资产	35	—	—	—
其他流动资产	36	900 551 019. 98	1 192 879 166. 29	1 873 376 845. 61
流动资产合计	37	1 870 061 902. 51	2 113 975 896. 85	2 576 166 890. 76
非流动资产：	38	—	—	—
可供出售金融资产	41	—	—	—
持有至到期投资	43	—	—	—
长期应收款	44	—	—	—
长期股权投资	45	82 935 637. 14	82 935 637. 14	82 935 637. 14
拨付所属资金	48	—	—	—
投资性房地产	49	24 550 128. 76	25 196 184. 78	25 842 240. 80
固定资产原值	50	14 725 852 138. 29	11 849 678 223. 38	11 894 804 250. 83
减：累计折旧	51	7 315 076 339. 80	6 734 737 247. 26	6 265 779 656. 10
固定资产净值	52	7 410 775 798. 49	5 114 940 976. 12	5 629 024 594. 72
减：固定资产减值准备	53	1 779 944. 37	1 779 944. 37	25 416 101. 18
固定资产净额	54	7 408 995 854. 11	5 113 161 031. 75	5 603 608 493. 54
在建工程	55	261 741 442. 90	1 900 581 250. 06	393 301 078. 49
固定资产清理	57	1 083 005. 77	—	—
生产性生物资产	58	—	—	—
☆使用权资产	60	—	—	—
无形资产	61	177 249 023. 98	180 499 567. 58	144 576 559. 08
其中：土地使用权	62	100 762 644. 32	103 132 124. 36	67 124 937. 74
开发支出	63	—	—	—
商誉	64	—	—	—
长期待摊费用	65	32 631 335. 60	57 049 919. 26	32 965 535. 86
递延所得税资产	66	84 545 656. 86	120 155 066. 10	121 077 026. 06
其他非流动资产	67	23 922 424. 46	1 098 710 942. 76	926 637 102. 38
其中：特准储备物资	68	—	—	—
非流动资产合计	69	8 097 654 509. 58	8 578 289 599. 43	7 330 943 673. 35
资产总计	78	9 967 716 412. 09	10 692 265 496. 28	9 907 110 564. 11

表 2　　N 公司 2018—2020 年度资产负债表负债和所有者权益部分数据

单位：元

负债和所有者权益（或股东权益）	行次	2020 年 12 月 31 日	2019 年 12 月 31 日	2018 年 12 月 31 日
流动负债：	79			
短期借款	80	—	—	—
以公允价值计量且其变动计入当期损益的金融负债	84	—	—	—
衍生金融负债	85	—	—	—
应付票据	86	—	—	—
应付账款	87	455 150 752. 14	1 143 611 964. 38	415 266 786. 10
预收款项	88	784 492. 62	508 039. 89	354 259. 72
☆合同负债	89	—	—	—
应付职工薪酬	94	27 372 676. 10	25 714 172. 58	22 133 171. 75
其中：应付工资	95	6 506 552. 50	6 506 552. 50	6 506 552. 50
应交税费	98	366 417 227. 61	292 060 372. 84	562 095 489. 31
其中：应交税金	99	242 224 872. 70	168 830 904. 70	436 753 657. 93
应付利息	100	721 397. 79	935 229. 87	283 583. 15
应付股利	101	—	—	—
其他应付款	102	28 003 780. 96	114 355 679. 05	223 661 422. 99
内部往来	105	—	—	—
持有待售负债	106	—	—	—
一年内到期的非流动负债	107	—	—	5 144 026. 77
其他流动负债	108	—	15 878 571. 43	15 807 142. 86
流动负债合计	109	878 450 327. 22	1 593 064 030. 04	1 244 745 882. 65
非流动负债：	110	—	—	—
长期借款	112	551 811 580. 19	353 046 726. 57	192 185 714. 29
应付债券	113	—	—	—
☆租赁负债	116	—	—	—
长期应付款	117	—	—	—
长期应付职工薪酬	118	—	—	—
专项应付款	119	—	—	—
预计负债	120	237 903 079. 87	224 659 407. 77	207 008 962. 30
递延收益	121	23 436 912. 20	49 462 857. 14	49 462 857. 14
递延所得税负债	122	—	—	—
其他非流动负债	123	—	—	—
非流动负债合计	125	813 151 572. 26	627 168 991. 48	448 657 533. 73
负债合计	126	1 691 601 899. 48	2 220 233 021. 52	1 693 403 416. 38
所有者权益：	127			
实收资本（或股本）	128	2 620 354 285. 71	2 315 592 380. 95	2 188 571 428. 57

续表

负债和所有者权益（或股东权益）	行次	2020 年 12 月 31 日	2019 年 12 月 31 日	2018 年 12 月 31 日
国家资本	129	—	—	—
国有法人资本	130	2 620 354 285. 71	2 315 592 380. 95	2 188 571 428. 57
实收资本	135	2 620 354 285. 71	2 315 592 380. 95	2 188 571 428. 57
资本公积	140	—	—	—
减：库存股	141	—	—	—
其他综合收益	142	—	—	—
专项储备	144	657 852 055. 41	914 820 295. 86	808 789 924. 07
盈余公积	145	1 268 521 371. 12	1 268 521 371. 12	1 268 521 371. 12
其中：法定公积金	146	1 268 521 371. 12	1 268 521 371. 12	1 268 521 371. 12
任意公积金	147	—	—	—
未分配利润	152	3 729 386 800. 38	3 973 098 426. 83	3 947 824 423. 95
归属于母公司所有者权益合计	153	8 276 114 512. 62	8 472 032 474. 76	8 213 707 147. 71
所有者权益（或股东权益）合计	155	8 276 114 512. 62	8 472 032 474. 76	8 213 707 147. 71
负债和所有者权益（或股东权益）总计	156	9 967 716 412. 11	10 692 265 496. 28	9 907 110 564. 09

N 公司 2018—2020 年度利润表部分数据见表 3。

表 3　N 公司 2018—2020 年度利润表部分数据

单位：元

项目	行次	2020 年度	2019 年度	2018 年度
一、营业收入	1	7 015 122 278. 77	7 491 396 503. 06	7 438 290 543. 63
其中：主营业务收入	3	6 991 790 397. 01	7 469 826 989. 26	7 434 766 606. 32
其他业务收入	4	23 331 881. 76	21 569 513. 80	3 523 937. 31
二、营业成本	8	2 740 444 810. 60	2 815 477 571. 47	3 172 800 357. 28
其中：主营业务成本	10	2 746 719 463. 45	2 814 663 796. 93	3 172 180 864. 29
其他业务成本	11	-6 274 652. 85	813 774. 54	619 492. 99
三、税金及附加	19	573 171 785. 86	624 912 804. 92	462 242 869. 30
销售费用	20	—	—	—
管理费用	21	400 711 434. 58	485 740 038. 55	192 586 228. 40
研发费用	22	2 433 778. 11	7 491 688. 88	2 639 440. 47
财务费用	23	-15 319 344. 62	-18 495 724. 40	-12 330 863. 64
其中：利息支出	24	—	2 535 035. 05	10 010 856. 93
利息收入	25	28 604 005. 06	33 572 070. 33	28 753 743. 21
汇兑净损失	26	—	—	—

续表

项目	行次	2020 年度	2019 年度	2018 年度
其他	27	—	—	—
加：其他收益	28	349 403. 74	—	—
投资收益（损失以“－”号填列）	29	17 802 820. 36	11 420 009. 80	14 992 239. 72
其中：对联营企业和合营企业的投资收益	30	—	—	—
公允价值变动收益（损失以“－”号填列）	34	—	—	—
资产减值损失（损失以“－”号填列）	36	—	—	－3 437 278. 46
资产处置收益（损失以“－”号填列）	37	－2 825 722. 90	904 417. 70	－1 484 176. 38
四、营业利润（亏损以“－”号填列）	38	3 329 006 315. 44	3 588 594 551. 13	3 630 423 296. 70
加：营业外收入	39	43 719 103. 79	116 762. 03	877 017. 60
其中：政府补助	40	41 946 666. 67	—	673 809. 52
减：营业外支出	41	1 881 100. 00	2 250 701. 74	—
五、利润总额（亏损总额以“－”号填列）	42	3 370 844 319. 23	3 586 460 611. 42	3 631 300 314. 30
减：所得税费用	43	555 592 572. 85	539 343 764. 72	544 695 047. 14
六、净利润（净亏损以“－”号填列）	44	2 815 251 746. 38	3 047 116 846. 70	3 086 605 267. 16

N 公司 2019 年和 2020 年增值税申报表（主表）部分数据见表 4。

表 4　　N 公司 2019 年和 2020 年增值税申报表（主表）部分数据

单位：元

项目		栏次	一般项目	
			2020 年累计金额	2019 年累计金额
销售额	（一）按适用税率计税销售额	1	7 194 145 943. 18	7 527 770 579. 92
	其中：应税货物销售额	2	7 194 145 943. 18	7 527 770 580. 88
	应税劳务销售额	3	—	—
	纳税检查调整的销售额	4	—	—
	（二）按简易办法计税销售额	5	1 990 683. 00	3 391 491. 17
	其中：纳税检查调整的销售额	6	—	—
	（三）免、抵、退办法出口销售额	7	—	—
	（四）免税销售额	8	—	—
	其中：免税货物销售额	9	—	—
	免税劳务销售额	10	—	—

续表

项目		栏次	一般项目	
			2020 年累计金额	2019 年累计金额
税款计算	销项税额	11	932 775 633.90	1 043 288 945.84
	进项税额	12	435 162 651.80	446 787 706.03
	上期留抵税额	13	—	—
	进项税额转出	14	460 511.11	4 995 005.13
	免、抵、退应退税额	15	—	—
	按适用税率计算的纳税检查应补缴税额	16	—	—
	应抵扣税额合计	17	—	—
	实际抵扣税额	18	—	—
	应纳税额	19	426 859 469.44	711 665 879.44
	期末留抵税额	20	38 955 610.72	110 169 634.50
	简易计税办法计算的应纳税额	21	99 534.14	116 339.88
	按简易计税办法计算的纳税检查应补缴税额	22	—	—
	应纳税额减征额	23	—	—
	应纳税额合计（24 = 19 + 21 − 23）	24	426 959 003.58	711 782 219.32
税款缴纳	期初未缴税额（多缴为负数）	25	7 689.64	125 726 406.27
	实收出口开具专用缴款书退税额	26	—	—
	本期已缴税额	27	426 966 693.22	837 500 935.94
	①分次预缴税额	28	—	—
	②出口开具专用缴款书预缴税额	29	—	—
	③本期缴纳上期应纳税额	30	426 966 693.22	758 354 627.01
	④本期缴纳欠缴税额	31	—	79 146 308.93
	期末未缴税额（多缴为负数）	32	—	7 689.64
	其中：欠缴税额（≥0）	33	—	—
	本期应补（退）税额	34	—	—
	即征即退实际退税额	35	—	—
	期初未缴查补税额	36	—	—
	本期入库查补税额	37	—	—
	期末未缴查补税额	38	—	—

N公司2019年度和2020年度企业所得税年度申报表（主表）部分数据见表5。

表5　N公司2019年度和2020年度企业所得税年度申报表（主表）部分数据

单位：元

行次	类别	项目	2020年度	2019年度
1	利润总额计算	一、营业收入	7 015 122 278.77	7 491 396 503.06
2		减：营业成本	2 740 444 810.60	2 815 477 571.48
3		减：税金及附加	573 171 785.86	624 912 804.92
4		减：销售费用（填写A104000）	—	—
5		减：管理费用（填写A104000）	403 145 212.70	493 231 727.43
6		减：财务费用（填写A104000）	-15 319 344.62	-18 495 724.40
7		减：资产减值损失	—	—
8		加：公允价值变动收益	—	—
9		加：投资收益	17 802 820.36	11 420 009.80
10		二、营业利润（1-2-3-4-5-6-7+8+9）	3 331 482 634.59	3 587 690 133.43
11		加：营业外收入	44 478 544.20	1 021 179.72
12		减：营业外支出	5 116 859.57	2 250 701.74
13		三、利润总额（10+11-12）	3 370 844 319.23	3 586 460 611.41
14	应纳税所得额计算	减：境外所得（填写A108010）	—	—
15		加：纳税调整增加额	92 252 182.48	134 260 880.64
16		减：纳税调整减少额	78 328 727.87	23 636 156.81
17		减：免税、减计收入及加计扣除	849 056.60	14 914 618.99
18		加：境外应税所得抵减境内亏损	—	—
19		四、纳税调整后所得（13-14+15-16-17+18）	3 383 918 717.24	3 682 170 716.25
20		减：所得减免（填写A107020）	—	—
21		减：弥补以前年度亏损	—	—
22		减：抵扣应纳税所得额	—	—
23		五、应纳税所得额（19-20-21-22）	3 383 918 717.24	3 682 170 716.25
24	应纳税额计算	税率（25%）	0.25	0.25
25		六、应纳所得税额（23×24）	845 979 679.31	920 542 679.06
26		减：减免所得税额	338 391 871.72	368 217 071.62
27		减：抵免所得税额	—	—
28		七、应纳税额（25-26-27）	507 587 807.59	552 325 607.44
29		加：境外所得应纳所得税额	—	—
30		减：境外所得抵免所得税额	—	—

续表

行次	类别	项目	2020 年度	2019 年度
31	应纳税额计算	八、实际应纳所得税额（28+29-30）	507 587 807. 59	552 325 607. 44
32		减：本年累计实际已缴纳的所得税额	505 626 647. 89	537 969 091. 71
33		九、本年应补（退）所得税额（31-32）	1 961 159. 70	14 356 515. 73
34		其中：总机构分摊本年应补（退）所得税额（填写 A109000）	—	—
35		财政集中分配本年应补（退）所得税额（填写 A109000）	—	—
36		总机构主体生产经营部门分摊本年应补（退）所得税额	—	—

N 公司 2019 年和 2020 年城镇土地使用税申报数据见表 6。

表 6　　N 公司 2019 年和 2020 年城镇土地使用税申报数据

宗地号	土地等级	单位税额	土地总面积/平方米	2020 年税额/元	减免税额/元	2020 年应缴税额/元
1	城镇二级	5	2 255 979. 24	11 279 896. 20	2 368 111. 72	8 911 784. 48
2	城镇一级	8	53 473. 33	427 786. 64		427 786. 64
*	*	*	2 309 452. 57	11 707 682. 84	2 368 111. 72	9 339 571. 12
宗地号	土地等级	单位税额	土地总面积/平方米	2019 年税额/元	减免税额/元	2019 年应缴税额/元
1	城镇二级	5	2 255 979. 24	11 279 896. 20	2 368 111. 72	8 911 784. 48
2	城镇一级	8	53 473. 33	427 786. 64		427 786. 64
*	*	*	2 309 452. 57	11 707 682. 84	2 368 111. 72	9 339 571. 12

N 公司 2019 年和 2020 年房产税申报数据见表 7。

表 7　　N 公司 2019 年和 2020 年房产税申报数据

单位：元

项目		2019 年	2020 年
从价计征	计税房产原值	1 330 643 048. 13	1 330 643 048. 13
	其中：出租房产原值	0	0
	计税比例	80%	80%
	税率	1. 20%	1. 20%
	年税额	12 774 173. 26	12 774 173. 26

续表

项目		2019 年	2020 年
从租计征	租金收入	972 612. 00	1 087 969. 00
	税率	12%	12%
	年税额	116 713. 44	130 556. 28
年税额合计		12 890 886. 70	12 904 729. 54

二、税法遵从度测试与评价

（一）测试与评价方法

对企业税法遵从度测试与评价，可根据企业的不同情况采取灵活多样的测试与评价方法。主要方法有：

1. 对企业财务、税收资料（数据）进行案头初步审核比对，以确定进一步测试与评价的方向和重点；

2. 通过对各项指标与相关数据测算，设置相应的预警值，将企业的数值与预警值相比较；

3. 将企业税收申报数据与财务会计报表数据进行比较、与同行业相关数据或类似行业同期相关数据进行横向比较；

4. 将企业的当期数据与历史同期相关数据进行纵向比较；

5. 根据不同税种之间的关联性和钩稽关系，参照相关预警值进行税种之间的关联性分析，分析企业应纳税额的异常变化；

6. 通过对企业生产经营结构，主要产品能耗、物耗等生产经营要素的当期数据、历史平均数据、同行业平均数据以及其他相关经济指标进行比较，推测企业税收数据的风险度。

（二）税法遵从评价指标体系

企业税收风险评价指标分为两大类，分别为定性指标和定项指标。

1. 定性指标

定性指标的作用是依据常规逻辑判断，发现评估对象可能存在的逻辑异常及风险问题。

定性指标，通常运用趋势同步、对比行业平均值、对比历史平均值进行判断，包括整体及主要税种的税负率、销售毛利率等指标。

定性指标，可能由于检测目标的特殊原因、报表填报错误等原因导致其不符合常规或逻辑，却并不存在实质财税风险，但这需要评价对象进行合理的说明及修正报表。

说明：

（1）平均税负率是一定时期内样本的平均值，是评价的参考指标。平均值没有统一标准，也并非计算税额的标准。

行业税负率应根据该行业全部纳税人的平均税负生成（应按地域、规模等维度进行分类）。

（2）本部分的行业同期平均值，使用第三方数据（如万得数据、同花顺数据、BVD 数据库等）或根据大样本数据计算得出。由于行业的年度平均值存在年度差异、地域差异、企业规模差异，在使用时应注意年度的对应关系、地域的差异和可替代性。

（3）行业分类应使用《国民经济行业分类》（GB/T 4754—2017）标准。

2. 定项指标

定项指标的作用是依据报表间项目的钩稽关系、填报规范进行风险逻辑识别，发现存在的逻辑异常点及风险点等。

定项指标，通常运用数值比较、数值填报规范等对单个报表项目的异常结果进行识别，包括数值、业务的合理性、合规性等。这类指标较多。

定项指标的特点是有针对性、有指向性。

（三）评价标的可能存在的税收风险点

1. 房产税方面

相关数据显示，2020 年 N 公司固定资产增加 28.76 亿元，但计征房产税原值无变化。N 公司计税房产原值与固定资产原值数据见表 8。

表 8　　N 公司计税房产原值与固定资产原值数据

单位：元

项目	2020 年 12 月 31 日	2019 年 12 月 31 日	2018 年 12 月 31 日
计税房产原值	1 330 643 048. 13	1 330 643 048. 13	—
固定资产原值	14 725 852 138. 29	11 849 678 223. 38	11 894 804 250. 83

需要关注转固的固定资产中是否有应税房产。

2. 增值税方面

（1）2019 年进项税额转出金额较大。

N 公司 2019 年增值税申报表主表数据显示，2019 年按简易办法计税销售额为 3 391 491. 17 元，转出进项税额 4 995 005. 13 元。进项税额转出金额较大，初步判断为企业取得了不合规增值税专用发票所致。分析时可参考表 4 第 1 栏至第 15 栏。

（2）取得了超过千万元的投资收益。

利润表显示，2018—2020 年，N 公司每年取得超过千万元的投资收益；同期的资产负债表显示，N 公司没有投资的金融资产。相关数据见表 9。

表 9　　N 公司金融资产或负债与投资收益同期对比

单位：元

项目	2020 年度/2020 年 12 月 31 日	2019 年度/2019 年 12 月 31 日	2018 年度/2018 年 12 月 31 日
以公允价值计量且其变动计入当期损益的金融资产	—	—	—
可供出售金融资产	—	—	—
持有至到期投资	—	—	—
长期股权投资	82 935 637. 14	82 935 637. 14	82 935 637. 14
以公允价值计量且其变动计入当期损益的金融负债	—	—	—
衍生金融负债	—	—	—
投资收益（损失以“－”号填列）	17 802 820. 36	11 420 009. 80	14 992 239. 72
其中：对联营企业和合营企业的投资收益	—	—	—

应关注投资收益的来源是否涉及增值税。

3. 企业所得税方面

（1）2019 年未资本化“利息支出”达 2 535 035. 05 元。

N 公司资产负债表、利润表显示，2018—2020 年，N 公司长期借款期末余额在 1. 9 亿 ~5. 6 亿元；在建工程 2019 年同比增加约 15 亿元，2020 年同比减少约 16 亿元。未资本化“利息支出”2019 年为 2 535 035. 05 元，2020 年为 0。相关数据见表 10。

表 10　　N 公司资产与利息支出

单位：元

项目	2020 年度/2020 年 12 月 31 日	2019 年度/2019 年 12 月 31 日	2018 年度/2018 年 12 月 31 日
货币资金	304 434 022. 12	185 371 636. 60	56 153 118. 63
存货	40 087 352. 02	42 225 467. 18	38 505 907. 12
固定资产原值	14 725 852 138. 29	11 849 678 223. 38	11 894 804 250. 83
在建工程	261 741 442. 90	1 900 581 250. 06	393 301 078. 49
短期借款	—	—	—
长期借款	551 811 580. 19	353 046 726. 57	192 185 714. 29
应付债券	—	—	—
利息支出（利润表）	—	2 535 035. 05	10 010 856. 93

通过上述数据可以基本判断，N 公司经营资金有保证，N 公司长期借款 2019 年同比增加约 1. 6 亿元，而同期在建工程增加约 15. 1 亿元。长期借款是否主要用于购建固定资产，值得关注。2020 年，长期借款转固定资产 28. 76 亿元。

2020 年“财务费用”中的“利息支出”为 0，而 2019 年这个项目的金额为 2 535 035. 05元。需要关注 2019 年列支 2 535 035. 05 元“利息支出”的合理性，即是否符合会计准则的规定。

（2）2019 年管理费用同比增加 152. 22%。

数据资料显示，N 公司 2019 年营业收入同比增加 0. 71%，但管理费用同比增加 152. 22%。相关数据见表 11。

表 11　　N 公司收入与管理费用

单位：元

项目	2020 年度	2019 年度	2018 年度
营业收入	7 015 122 278. 77	7 491 396 503. 06	7 438 290 543. 63
管理费用	400 711 434. 58	485 740 038. 55	192 586 228. 40

应关注 2019 年管理费用同比增长 152. 22% 的合理性。

三、税法遵从的评价结果

（一）税法遵从评价指标值

税法遵从评价指标值（部分）见表12。

表12　　税法遵从评价指标值（部分）

指标名称	目标值		风险度
定性指标	2020年	2019年	
1. 报表的可靠性			
利润表部分数据值得关注	关注	关注	高
2. 趋势指标			
2.1 营业收入变动率与营业成本变动率分离系数	0.96	不适用	低
2.2 营业收入变动率与税金及附加变动率分离系数	1.02	不适用	低
2.3 营业收入变动率与销售费用/管理费用变动率分离系数	1.14	不适用	高
2.4 销售毛利率偏离率	0.98	不适用	低
3. 经营指标			
3.1 销售毛利率	60.94%	62.42%	低
3.2 应收账款周转率	15.10	15.59	低
3.3 存货周转率	不适用	不适用	
4. 税收指标			
4.1 企业所得税贡献率偏离率	0.98	不适用	低
4.2 企业所得税预缴率	99.61%	97.40%	低

（二）税收风险点及核实处理结果

1. 税收风险点

（1）2020年固定资产增加28.76亿元，计征房产税原值无变化。

（2）2019年转出进项税额金额较大。

（3）超过千万元投资收益的来源及是否涉及增值税。

（4）2019年未资本化“利息支出”2 535 035.05元是否符合会计准则的规定。

（5）2019年管理费用同比增加152.22%的合理性。

2. 税收风险点核实处理结果

经过调查核实，确认N公司存在以下税收问题：

（1）2020年增加的28.76亿元固定资产中，涉及应税房产计税原值为5 800万元，投入使用时间为2020年5月，应补缴房产税32.48万元（5 800×80%×1.2%×7÷12）。

（2）2019年取得了不符合抵扣条件的增值税专用发票，转出进项税额360万元。

（3）N公司将部分资金借给关联公司使用，按银行同期贷款利率收取利息，N公司将收到的利息通过“投资收益”科目核算。公司取得的借款利息收入应按6%缴纳增值税。经计算，2019年应补缴增值税646 415.65元、2020年应补缴增值税1 007 706.81元。

（4）N公司2019年长期借款全部用于固定资产建造，按会计准则的规定，2 535 035.05元利息支出应予以资本化。

（5）2019年，N公司发生了一次煤矿抢险事故，发生支出约8 000万元，N公司将其列入管理费用中。另外，2019年N公司开始为新增的发电设备投保财产险，每年的保费支出约1.5亿元，计入管理费用。此风险点不涉及企业所得税列支项目纳税调整。

后 记

为深入贯彻习近平法治思想，扎实推进依法治税向纵深发展，不断提高全社会税法遵从度，第十三届全国人大财经委委员、中国税务学会会长汪康，第十二届全国政协委员、中国注册税务师协会会长宋兰共同牵头组织全国税收理论教学和税收实务界的知名专家学者，历经一年多的时间，精心编著了这本《税法遵从》。

中国税务学会和中国注册税务师协会高度重视本书编写工作，成立由汪康、宋兰任主编，中国注册税务师协会常务副会长谢滨任常务副主编，中国税务学会副会长兼秘书长蔡宇，中国税务杂志社总编辑、中国税务学会副会长李万甫，北京大学法学院刘剑文教授，中国政法大学财税法研究中心主任施正文教授，中央财经大学财政税务学院院长樊勇教授，北京华政税务师事务所董事长董国云，北京永大税务师事务所董事长王伟明任副主编的编委会，围绕指导性、实用性、操作性的编写要求，多次组织编委会成员集中讨论书稿结构、研读完善书稿内容，创新发展税法遵从理念，构建税法遵从理论框架。

本书编委对书稿反复推敲修改，精心编写打磨，力求精益求精，在编著过程中发挥了重要作用。汪康精心组织、谋篇布章、审核定稿，全面主导本书编著工作。宋兰大力支持本书编著工作，全程关注、多次叮嘱，要求把本书编著成为体现理论与实践相结合的高质量的税法适用辅导用书。刘剑文、施正文、谢滨、蔡宇、李万甫全程参与了本书的研讨、修改和统稿工作。

本书各章节具体分工如下：

第一章由樊勇牵头，王怡璞（中央财经大学财政税务学院副教授）执笔。

第二章由王伟明牵头，唐守信（北京永大税务师事务所财税研究院研究员）执笔。

第三章由樊勇牵头，韩森（中央财经大学财政税务学院博士）、赵丹（中央财经大学财政税务学院博士生）执笔。

第四章由董国云牵头，吴小强（北京华政税务师事务所研究院院长）、王芳（北京华政税务师事务所高级专家）、许一丹（北京华政税务师事务所研究院研究员）执笔第一节至第三节、第五节、第六节，李菁菁（上海海关学院博士）执笔第四节。

第五章、第六章由董国云牵头，吴小强、王芳、许一丹执笔。

第七章由程坦［国家税务总局驻北京特派员办事处（驻北京稽查局）第四大队副大队长］、王增光［国家税务总局驻北京特派员办事处（驻北京稽查局）］、王伟安［国家税务总局驻北京特派员办事处（驻北京稽查局）］和陈帆（国家税务总局北京市税务局第三税务分局）执笔，巴海鹰（容诚税务师事务所合伙人）参与编写研究。

第八章由王伟明牵头，唐守信执笔。

附录由董国云、王伟明共同牵头，吴小强、王芳、许一丹、唐守信、王子霖和康红喜执笔。

在本书编著过程中，一些专家学者给予大力支持，为书稿的修改完善作出了贡献。他们是：方立新（中国税务学会副会长）、王振华（中国税务学会副秘书长）、李晓桐（国家税务总局办公厅）、孙仁发（中国税务学会办公室主任）、关迎军（中国注册税务师协会自律监管部主任）、刘璐（中国注册税务师协会综合调研组组长）、乔娇娇（中国注册税务师协会）、杨昳（中国注册税务师协会）。

在本书出版过程中，一些财税法领域专家编辑鼎力相助，为本书的出版发行作出了贡献。他们是：王静波（中国税务出版社副总编辑）、庞博（中国税务出版社编辑中心主任）、于明（高等教育出版社经管法事业部主任）、王琼（高等教育出版社经管法事业部管理分社副分社长）、高莉贤（中国税务出版社编辑）。

尽管本书编著过程中凝聚了各方的智慧和力量，但因水平所限，书中错误疏漏在所难免，敬请广大读者批评指正。

编　者

2023 年 5 月